Código de Procedimiento Civil de Chile

con títulos de artículos e índice analítico

ACCESO GRATIS *a la Lectura en la Nube*

Para visualizar el libro electrónico en la nube de lectura envíe junto a su nombre y apellidos una fotografía del código de barras situado en la contraportada del libro y otra del ticket de compra a la dirección:

ebooktirant@tirant.com

En un máximo de 72 horas laborales le enviaremos el código de acceso con sus instrucciones.

Código de Procedimiento Civil de Chile

con títulos de artículos e índice analítico

6ª edición

JAIME CARRASCO POBLETE
Doctor en Derecho
Magister en Derecho Público
Máster en Derecho de la Empresa
Profesor de Derecho Procesal
Universidad del Desarrollo (Chile)

tirant lo blanch
Valencia, 2025

EDITA: TIRANT LO BLANCH
C/ Artes Gráficas, 14 - 46010 - Valencia
TELFS.: 96/361 00 48 - 50
FAX: 96/369 41 51
Email: tlb@tirant.com
www.tirant.com
Librería virtual: https://editorial.tirant.com/cl
ISBN: 978-84-1095-600-1

Si tiene alguna queja o sugerencia, envíenos un mail a: *atencioncliente@tirant.com*. En caso de no ser atendida su sugerencia, por favor, lea en *www.tirant.net/index.php/empresa/politicas-de-empresa* nuestro Procedimiento de quejas.

Responsabilidad Social Corporativa: http://www.tirant.net/Docs/RSCTirant.pdf

ÍNDICE

LEY N° 1.552
APRUEBA CÓDIGO DE. PROCEDIMIENTO CIVIL

LIBRO PRIMERO
DISPOSICIONES COMUNES A TODO PROCEDIMIENTO

LIBRO SEGUNDO
DEL JUICIO ORDINARIO

LIBRO TERCERO
DE LOS JUICIOS ESPECIALES

LIBRO CUARTO
DE LOS ACTOS JUDICIALES NO CONTENCIOSOS

INTRODUCCIÓN

Una vez lograda la independencia nacional, surgieron diversas críticas al derecho vigente en dicha época, el que estaba compuesto por una gran cantidad de leyes castellano-indianas[1]. En efecto, en ese entonces coexistían, entre otros cuerpos normativos, la Novísima Recopilación (1805), la Nueva Recopilación (1567), las Leyes de Toro (1505), el Ordenamiento de Montalvo (1484), el Ordenamiento de Alcalá (1348), los Fueros Municipales, las Leyes de Estilo, el Fuero Real y las Siete Partidas (1256-1263). Dichas leyes contenían normas jurídicas de diversa naturaleza, pero eran complejas e incluían una serie de actuaciones judiciales que dilataban los pleitos[2].

La abundante normativa procedimental existente tornaba complejo determinar la legislación vigente al momento de aplicar el ordenamiento jurídico. En palabras de Brahm García, "cuando se inicia el régimen conservador, el derecho procesal en Chile seguía regulado, en lo fundamental por la normativa castellano-indiana. El sistema de procedimiento era particularmente complejo, lo que se agravaba por el hecho de que la legislación en la materia era muy abundante y se encontraba desperdigada en una se-

---

1 *Vid.* Brahm García, Enrique, *Mariano Egaña. Derecho y política en la fundación de la república conservadora*, Centro de Estudios Bicentenario, Santiago, 2007, p. 200. Sobre cómo el derecho indiano se aplicaba tanto a la organización de los tribunales de justicia como a los procedimientos *cfr.* Bravo Lira, Bernardino, "Bello y la Judicatura II. La codificación procesal", en *El juez entre el derecho y la ley, en el mundo hispánico,* LexisNexis, Santiago, 2006, pp. 471 y ss.; Muñoz Feliú, Raúl, *La real audiencia de Chile*, Escuela tipográfica La Gratitud Nacional, Santiago, 1937, *passim;* Corvalán Meléndez, Jorge, Castillo Fernández, Vicente, *Derecho procesal indiano (Memorias de licenciados. Historia del derecho)*, Editorial Jurídica de Chile, Santiago, 1951, pp. 45-47.

2 Beattie Cruz, Carolina, *Mariano Egaña y la codificación Procesal en Chile. Las instituciones de los Fueros, Implicancias y Recusaciones, Conciliación y Fundamentación de las Sentencias,* (Memoria de grado), Facultad de Derecho, Universidad de Chile, Santiago, 2009, pp. 13 y ss.

rie de textos distintos, siendo el más importante la Partida Tercera. Como consecuencia, en la práctica abogados y jueces muchas veces no consultaban directamente las normas aludidas sino que recurrían a resúmenes y recopilaciones —especie de manuales de práctica forense— elaborados por juristas particulares"[3].

Por ello, desde los albores de la república las autoridades manifestaron la intención de contar con una nueva legislación procesal que permitiera resolver los conflictos jurídicos de manera eficiente.

En este sentido, uno de los primeros cuerpos normativos dedicado a regular los procedimientos fue el *Reglamento de Administración de Justicia de 2 de junio de 1824,* cuyos primeros títulos tienen por objeto regular los juicios de menor cuantía, los juicios de conciliación, los juicios de primera instancia y los juicios prácticos. Este reglamento sin duda fue un aporte al ordenamiento jurídico nacional pues solucionó algunos de los problemas que afectaban a la administración de justicia. Sin embargo, fue insuficiente y recibió severas críticas[4]. En razón de lo anterior, hacia los años 1833 y 1834 Diego Portales encargó a Mariano Egaña la elaboración de un proyecto de reforma del sistema de administración de justicia. Egaña emprendió la tarea de codificar el Derecho Procesal chileno y su trabajo se

---

3 Brahm García, Enrique, *Mariano Egaña. Derecho y política en la fundación de la república conservadora, op. cit.*, p. 204. En este mismo sentido *vid.* Eyzaguirre, Jaime, *Historia del derecho, op. cit.*, p. 213, afirma que la compleja legislación procesal vigente movió a juristas particulares a elaborar recopilaciones y comentarios de textos legales para facilitar su uso a abogados y jueces. Ya a fines del siglo XVIII Francisco Gutiérrez de Escobar, jurista de Charcos había redactado un manual de práctica forense llamado vulgarmente el 'Cuadernillo de Gutiérrez'. Corrió largo tiempo manuscrito y fue impreso en Chuquisaca en 1830 y luego en Santiago en 1836. A este trabajo sucedió, a partir de 1844, el 'Prontuario de juicios' de Bernardino A. Vila, que pronto quedó superado por una obra de mayor envergadura que se debió al profesor de práctica forense, José Bernardo Lira. Fue su nombre: 'Prontuario de los juicios o tratado de procedimientos judiciales y administrativos con arreglo a la legislación chilena' y su primera edición apareció en 1867".

4 Bravo Lira, Bernardino, "Bello y la Judicatura II. La codificación procesal", en *El juez entre el derecho y la ley, en el mundo hispánico, op. cit.*, p. 476.

tradujo, posteriormente, en el *Proyecto de ley de Administración de Justicia y organización de Tribunales* de 1835.

El proyecto de Egaña, que constaba de 19 títulos y 963 artículos, pasó en su totalidad al Consejo de Estado, mas sólo se enviaron al Congreso algunas partes del proyecto consideradas las más urgentes, aprobándose, de esta manera, las leyes sobre "los juicios ejecutivos, concursos de acreedores, cesiones de bienes y esperas", "las implicancias y recusaciones" y, finalmente, la que reguló el "recurso de nulidad", todas conocidas como Leyes Marianas[5]. Así las cosas, puede afirmarse sin aspaviento que la codificación procesal civil en Chile fue la primera y que se inició con don Mariano Egaña, quien en 1835 fue el primer autor de un proyecto de Código de Procedimiento Civil.

También cabe destacar una serie de proyectos y comisiones que, a la postre, dieron origen al actual Código de Procedimiento Civil de 1902. En este sentido corresponde destacar el Proyecto de Código de Enjuiciamiento Civil para la República de Chile de don Florentino González, publicado por el Gobierno en 1861. Al año siguiente, don Francisco Vargas Fontecilla presentó un informe al libro primero del proyecto anterior. Posteriormente, don Joaquín Blest Gana continuó el trabajo y en 1871 y 1872 presentó los libros segundo y tercero del Proyecto de Código de Enjuiciamiento Civil, respectivamente.

En 1873 se designó una comisión informante del Proyecto anterior, la cual dio fruto en 1884, presentando un proyecto que contenía 1167 artículos. En 1888 se designó una nueva comisión —llamada revisora—, que en 1893 presentó su trabajo titulado "Proyecto de Código de Procedimiento Civil" al Presidente de la República. Luego, en 1900 se designó una Comisión Mixta para revisar el referido Proyecto, la que emitió su opinión el 13 de enero de 1902.

---

5 Brahm García, Enrique, *Mariano Egaña. Derecho y política en la fundación de la república conservadora, op. cit.*, pp. 204-236.

Finalmente, el Proyecto fue aprobado mediante la Ley N° 1552, de 28 de agosto de 1902, entrando en vigencia el 1 de marzo de 1903.

El Código consta de cuatro libros: el primero denominado "Normas comunes a todo procedimiento"; el segundo, "Del juicio ordinario"; el tercero, "De los juicios especiales"; y el cuarto, "De los actos judiciales no contenciosos". Cada libro se divide en títulos, párrafos y artículos.

Nuestro Código de Procedimiento Civil se ha reformado en varias ocasiones, siendo las reformas más importantes, a nuestro parecer, las introducidas por las Leyes N°s 3.390 de 1918; 7.760 de 1944; 18.120 de 1982; 18.705 de 1988; y 18.882 de 1989. Últimamente destaca la Ley N° 20.886, publicada en el Diario Oficial el 18 de diciembre de 2015, la cual modificó el Código de Procedimiento Civil para establecer la tramitación digital de los procedimientos judiciales.

Al leer el Código, se percibe que algunos artículos aparecen con una numeración entre paréntesis. Esto se debe a que la Ley Nº 7.760, de 5 de febrero de 1944, facultó al Presidente de la República para elaborar una nueva edición con una nueva numeración correlativa, pero dejando constancia del articulado primitivo u original. Dicho método es de gran utilidad porque permite al intérprete identificar fácilmente las normas primitivas del Código.

El Código de Procedimiento Civil es una gran obra que ha permitido, durante 120 años, dar solución a diversos conflictos de relevancia jurídica. Por la época en que se dictó omitió regular una serie de instituciones jurídicas procesales relevantes, como el concepto de acción, los presupuestos procesales, las partes, la legitimación, la intervención adhesiva litisconsorcial, las condenas de futuro, sólo por nombrar algunas de ellas.

Con todo, se trata de un Código que ha sido exitoso, pues ha pervivido, con varias modificaciones, por más de un siglo. En la actualidad es necesario actualizarlo en diversas materias con el objeto de hacer que los procedimientos sean más ágiles o quizás, incluso, elaborar un nuevo Código. El movimiento que insta por la creación de un nuevo "Código Procesal

Civil" ha tenido frutos, pues se han presentado dos proyectos de ley, uno el 16 de junio de 2009 (boletín 6567-07), que luego fue retirado, y otro presentado el 13 de marzo de 2012 (boletín 8197-07). Desde entonces, mucho se ha dicho sobre la eventual reforma procesal civil la que, al parecer, seguirá postergada.

Santiago, 22 de diciembre de 2022

Jaime Carrasco Poblete
Profesor de Derecho Procesal
Facultad de Derecho, Universidad del Desarrollo

MENSAJE DEL CÓDIGO DE PROCEDIMIENTO CIVIL

CONCIUDADANOS DEL SENADO Y DE LA CÁMARA DE DIPUTADOS:

Tengo la honra de someter a vuestra aprobación, oído el Consejo de Estado, el Proyecto del Código de Enjuiciamiento Civil.

Hasta el presente, el trabajo de codificación se ha dirigido principalmente a las leyes substantivas. Falta, sin embargo, dar a estas leyes un campo de acción expedito y obtener de ellas todo el fruto que deben rendir, dotándolas de procedimientos adecuados para el ejercicio y salvaguardia de los derechos que con mayor interés procuran amparar. Esta es la necesidad que se trata de llenar por medio del presente Código, uniformando las reglas de tramitación diseminadas hoy en leyes numerosas y no pocas veces contradictorias, y estableciendo procedimientos nuevos en armonía con las necesidades creadas por los otros Códigos ya en vigencia.

En las leyes de procedimiento, se hace preciso conciliar el interés de los litigantes, que exige una pronta solución de los pleitos, y el interés de la justicia, que requiere una concienzuda y acertada apreciación del derecho sobre que debe recaer el fallo. En obedecimiento a este doble propósito, se ha creído necesario, por una parte, simplificar en lo posible la tramitación y adoptar al mismo tiempo una serie de medidas encaminadas a hacer ineficaces los expedientes dilatorios a que apela la mala fe para retardar la solución de los pleitos; y, por otra parte, dar a los magistrados mayor latitud en sus atribuciones a fin de que puedan hacer sentir en mayor grado que hasta ahora su acción en la formación y marcha de los procesos. Confiados éstos a la sola iniciativa de las partes, se desvían a menudo de su verdadera marcha, resultando de allí que la acción de la justicia se hace más fatigosa y menos eficaz.

Según el plan adoptado, este Código comprende cuatro libros, destinándose el primero a fijar las reglas comunes a todo procedimiento; el segundo, a la tramitación del juicio ordinario, que es regla general para los casos no previstos; el tercero, a los juicios especiales, que por su naturaleza requieren una tramitación sencilla y breve o que no se ajustarían bien a las reglas del procedimiento ordinario, y el cuarto, finalmente, a los actos de jurisdicción no contenciosa.

En la constitución de los poderes judiciales, la aplicación práctica del artículo 395 de la ley de 15 de octubre de 1875, ha revelado inconvenientes que se ha creído oportuno subsanar, agregando nuevos medios para constituir esta clase de mandato, aplicables en especial a las personas que residen fuera de la cabecera de los departamentos o que representan intereses comunes. Se ha determinado también el alcance que debe tener el mandato judicial y la manera de ponerle término durante el juicio sin que perturbe la marcha de éste.

La acumulación de acciones en un mismo juicio puede originar dificultades que se ha tratado de allanar. Se ha procurado igualmente regularizar la comparecencia de diversas personas en una misma litis, sea como partes directas, sea como terceros coadyuvantes u opositores. El proyecto establece reglas para fijar las atribuciones de cada cual en estos casos, evitando que se entorpezca la tramitación.

Se ha estimado necesario limitar los casos en que pueden sacarse de la secretaría los procesos, tanto para la seguridad de éstos, cuanto para evitar en lo posible un trámite que, a más de retardar la marcha de los juicios, causa a las partes gastos inútiles. Con análogos propósitos se ha hecho más eficaz el apercibimiento en los casos de apremio, haciéndolo recaer sobre los verdaderos responsables.

Uno de los puntos más delicados del procedimiento es el relativo a la práctica de las notificaciones. Menester es que se impidan las excusas y evasivas maliciosas, pero al mismo tiempo deben adoptarse precauciones para que las resoluciones judiciales lleguen con seguridad a conocimiento de las partes. El sistema adoptado en el proyecto consiste en practicar una primera notificación personal al demandado, rodeándola de todas las seguridades necesarias para su regularidad, e imponer en seguida a las partes la obligación de mantener vigilancia activa sobre la marcha del proceso, autorizando para ello las notificaciones por cédula y aun por la simple inscripción en los estados de las secretarías.

Ha parecido conveniente mantener y aun extender y simplificar las notificaciones por medio de avisos, cuando el crecido número de los interesados o la circunstancia de no ser ellos conocidos, hagan excesivamente dispendiosa o dilatoria la práctica de la notificación personal.

La promoción de incidentes, con el solo fin de retardar la entrada en la litis o de paralizar su prosecución, es arbitrio de que con frecuencia usan los litigantes de mala fe. Para corregir este mal, se adoptan diversas precauciones, facultando a los jueces para rechazar de oficio los incidentes que aparecieren inconexos con el pleito, determinando el tiempo en que es lícito promoverlos, estableciendo que su tramitación se haga en ramo separado y no detenga la de la acción principal, salvo que sea ello absolutamente indispensable, y fijando penas para los litigantes que promovieren y perdieren más de tres incidentes dilatorios, pues hay en tal caso presunción vehemente de mala fe.

La recusación de secretarios y peritos es también motivo de entorpecimientos en los pleitos, y para atenuar sus efectos se ha establecido la necesidad de expresar causa que la autorice.

La Ley de Organización de Tribunales ha dado a las implicancias el carácter de verdaderas prohibiciones y ha parecido oportuno ampliar esta medida a diversos casos que aquella ley no contempla sino como causales de recusación, no obstante que suponen en el juez un interés que haría delicada y sospechosa su intervención en el juicio.

Para facilitar a las partes su tarea y también a los magistrados los medios de excusar su responsabilidad, se dispone que deberán éstos dar conocimiento de las causales tanto de implicancia como de recusación que les afecten; que podrán las últimas reclamarse ante los mismos jueces recusados; que una sola reclamación bastará para diversos juicios entre las mismas partes. Se establece, por fin, reglas para la marcha del proceso mientras dura el incidente.

Para que la condenación de costas sea un correctivo eficaz, habrá de imponerse en todo caso de pérdida, salvo que circunstancias muy calificadas hagan necesaria una declaración expresa del tribunal en sentido contrario. Pero en ningún caso podrán los tribunales eximir del pago de las que se causen en los incidentes dilatorios a la parte que los pierde. Para la estimación de las costas se tomará como base la avaluación de la parte que las cobra, sujeta naturalmente a la apreciación del juez.

El desistimiento de la demanda y el abandono de la instancia han sido objeto de especial reglamentación. Este último, sobre todo, que importa una reforma substancial, tiende a corregir la situación anómala que crea entre los litigantes la subsistencia de un juicio largo tiempo paralizado.

Los propósitos antes insinuados, de dar mayor latitud a la iniciativa e intervención del juez en la marcha del proceso, justifican la concesión de más amplias facultades para decretar de oficio medidas tendientes al esclarecimiento de los hechos cuestionados. El tribunal que debe dar sentencia dispondrá así de todos los medios necesarios para ilustrar su criterio y formar una apreciación completa y exacta de los puntos litigados.

Las dispersiones de votos que con frecuencia ocurren en los acuerdos de los tribunales colegiados, son causa de retardos perjudiciales. Se han adoptado medidas tendientes a impedirlas y a simplificar la solución de estas dificultades.

De acuerdo con lo establecido en otros Códigos extranjeros, se faculta a los tribunales para fallar separadamente y a medida que se encuentren en estado las diversas cuestiones que en un mismo juicio se ventilen. Se han adoptado reglas encaminadas a impedir que la avaluación de los frutos o perjuicios se haga por un nuevo juicio diverso de aquel en que se debate el derecho a cobrarlos, evitándose la promoción de nuevos pleitos.

Estudiado el efecto de las sentencias, ha sido preciso aclarar diversos puntos relativos al valor de la cosa juzgada, especialmente en cuanto los juicios civiles se relacionan con los criminales o suponen reclamaciones que a éstos corresponde hacer.

Las facultades de los jueces para enmendar o rectificar sus propias sentencias, han dado lugar a dudas que conviene se eviten en lo sucesivo estableciéndose reglas precisas sobre lo que es lícito hacer en esta materia.

En los trámites de la apelación se ha creído conveniente suprimir el señalamiento de estrados, que no corresponde a ninguna necesidad de la tramitación. Para que ésta continúe, bastará el certificado del respectivo secretario que acredita la no comparecencia de las partes.

Sin motivo suficiente se abstienen los tribunales de alzada de pronunciarse sobre las cuestiones subsidiarias debatidas en primera instancia, cuando no ha recaído sobre ellas un pronunciamiento especial, que el juez *a quo* excusa como incompatible con el fallo de la cuestión principal. El proyecto faculta a aquéllos para resolver dichas cuestiones por sí solos, evitando las dilaciones y aun el peligro de un prejuzgamiento, que se originan del procedimiento actual. Por análogas razones corresponderá al tribunal de segunda instancia fallar sin nuevos recursos los incidentes que ante él se promuevan.

La ejecución de las sentencias da lugar a dificultades que se ha tratado de subsanar, especialmente en lo relativo a las que emanan de tribunales extranjeros. Los tratados, la reciprocidad y, en último término, los principios de natural equidad, son las bases sobre que descansan estas disposiciones.

Los procedimientos del juicio ordinario han recibido modificaciones de trascendental importancia, fijándose además en muchos las reglas variables o de incierta aplicación aceptadas por la jurisprudencia de nuestros tribunales.

Convenía precisar los casos en que es admisible la ampliación o rectificación de la demanda, como asimismo dar reglas para el procedimiento de jactancia, sobre el cual nada determinado existe.

Enumera y reglamenta el proyecto las medidas prejudiciales que es lícito solicitar para que sea posible la entrada en el juicio, y aun acepta que puedan reclamarse con este carácter las medidas precautorias que la ley autoriza, pero estableciendo al mismo tiempo restricciones que impidan todo abuso del demandante y respondan de cualquier injusto perjuicio que pudiera ocasionarse.

Por una equitativa compensación, se ha creído necesario otorgar derechos análogos a los que fundadamente temen ser demandados, y se les autoriza para reclamar como medidas prejudiciales aquéllas que sean indispensables para preparar su defensa.

La reglamentación de las medidas precautorias, sobre lo cual nada fijo existe en nuestro actual procedimiento, es punto delicado, pues se hace preciso conciliar la seguridad del derecho del actor y el respeto a la propiedad del demandado. Menester es limitar dichas medidas a lo estrictamente indispensable para que no se burle la acción del demandante y evitar al mismo tiempo que con ellas sufra menoscabo el derecho de terceros. Se ha procurado alcanzar estos resultados en el proyecto, excusando molestias innecesarias y exigiendo la inscripción en el Conservador de las prohibiciones que se decreten sobre bienes raíces para que puedan afectar a personas extrañas al juicio.

Nuestro Código Civil reconoce el derecho del comprador evicto para reclamar la intervención del vendedor; pero para hacer eficaz este derecho ha sido necesario establecer reglas que fijen la manera de reclamarlo, reduciendo en lo posible las trabas que con ello se originan para la expedita marcha del juicio.

La disposición de la Ley de Organización y Atribuciones de los Tribunales, que determina cómo debe establecerse la competencia de los jueces en el caso de reconvención, ofrece inconvenientes en la práctica, que se ha tratado de salvar adoptando una regla diversa de la que aquella ley formula.

Los procedimientos de la prueba sufren un cambio radical en este proyecto. Según él, corresponde en todo caso al juez determinar los puntos sobre que debe recaer, en vista de las minutas de las partes; con lo cual se evitan preguntas innecesarias o impertinentes que obscurecen en vez de aclarar las cuestiones, y se reduce el debate a aquello que sea realmente útil para el pronunciamiento de la sentencia.

La duración incierta del término probatorio; la facilidad de dilatarlo por medio de prórrogas sucesivas; las cuestiones que nacen de las suspensiones de dicho término y sobre la validez de las declaraciones recibidas durante ellas, son causas de entorpecimientos graves para la pronta conclusión de los juicios. Se procura remediarlas, estableciendo un término que habrá de concederse íntegro desde luego y que, no obstante, las partes podrán reducir; se prohíben las suspensiones, y se da lugar a términos especiales complementarios que reemplacen los días en que haya habido impedimento real para rendir prueba.

Las declaraciones de los testigos serán públicas, y se concederá a las partes el derecho de interrogarlos para precisar el alcance de lo que se asevere. Las tachas deberán oponerse antes del examen de cada testigo. Estos procedimientos, que algunas leyes especiales tienen establecidos, no han dado el fruto que debieran, por haberse autorizado su renuncia, de lo cual aprovechan los litigantes o las personas que en su representación gestionan por motivos de conveniencia personal, pero con perjuicio de la regularidad del procedimiento. Ha habido, pues, necesidad de prohibir tales renuncias.

Aun cuando aparezca excesiva la tarea de los jueces en la tramitación que el proyecto acoge, debe tenerse presente que ella se simplifica considerablemente con la reducción del número de testigos a sólo seis por cada hecho, y del número de preguntas, que el mismo juez está encargado de formular, limitándolas a lo necesario para el esclarecimiento de la cuestión. El estudio de ésta, que el juez se ve obligado a hacer para el desempeño de su tarea en la rendición de la prueba, habrá de facilitar, por otra parte, el despacho de los juicios, permitiendo al magistrado apreciar desde luego el alcance e importancia de cada solicitud; lo cual no es siempre fácil que suceda cuando se reserva el estudio completo de los autos para el momento en que debe pronunciarse la sentencia.

Con respecto a los otros medios particulares de prueba, se determina la manera de establecer la autoridad de los documentos públicos otorgados dentro o fuera de la República. En la confesión, no se impone al que la solicita la obligación injustificada de hacer sólo preguntas asertivas, reconociendo forzosamente la existencia de los hechos sobre los cuales necesita indagar la opinión del contendor. La parte que exige la confesión podrá estar presente en el acto de tomarla, y aun hacer preguntas para fijar su alcance; pero en cambio se limita el número de veces que puede repetirse la confesión para excusar exigencias caprichosas o maliciosas, y se permite al confesante alegar y justificar que ha obrado por error, aun cuando no se trate de hechos personales. Ha parecido necesario establecer el alcance de la confesión calificada, sobre lo cual se han suscitado frecuentes dudas.

La apreciación de las varias pruebas y de su valor relativo es materia de reglamentación especial, para que se facilite la tarea de los jueces en la elección del fallo.

Reconocido el derecho de adherirse a la apelación deducida por una de las partes, ha sido preciso determinar con claridad la manera de ejercerlo, para evitar toda sorpresa al adversario.

Con este objeto, queda prohibida la adhesión verbal en estrados, aceptada en nuestro actual procedimiento.

La materia de los juicios especiales es la que ha recibido mayores modificaciones, porque corresponde en gran parte a las nuevas situaciones creadas por los otros Códigos ya aprobados.

En el juicio ejecutivo se ha creído conveniente dar cabida a una reforma reclamada tiempo ha, que exige la inscripción en el Conservador del embargo de bienes raíces para que pueda afectar a terceros. Con ello se llenan los propósitos que se tuvieron en vista al establecer el Registro de Conservadores, reuniendo allí y haciendo públicos todos los gravámenes que pesen sobre la propiedad raíz.

Ha sido materia de duda el valor de cosa juzgada que corresponda a las sentencias de los juicios ejecutivos con relación a la acción ordinaria en que se ventilen los mismos derechos, y ha parecido oportuno consignar reglas precisas que resuelvan aquella duda.

Se da lugar en este proyecto a la tercería del que pretende concurrir con el primer ejecutante en el pago de una obligación igualmente ejecutiva, siempre que no haya bienes suficientes para satisfacer a ambos acreedores. De esta manera se evitarán las dificultades que a menudo se ofrecen, adoptándose una regla equitativa que ampare los derechos del tercerista.

Para llenar un vacío del procedimiento actual, se establecen reglas para el caso de cesión de bienes a un solo acreedor, caso que el Código Civil contempla en su artículo 1614.

La acción ejecutiva puede recaer no sólo sobre obligaciones de dar, sino también sobre las de hacer, cuando el título en que se funda reúne las condiciones necesarias para que aparezca claro y expedito el derecho del acreedor. No hay razón para que el crédito en dinero merezca el amparo de la ley, y no se haga extensivo este amparo al que reclama la ejecución de un hecho cuya obligación conste de instrumento público vencido, ni sería equitativo imponerle la carga de seguir un juicio ordinario para obtener el pago de lo que se le adeuda en tales condiciones. En conformidad a lo que otros Códigos establecen, se ha ampliado el procedimiento ejecutivo a estos casos, dándose las reglas más apropiadas para facilitarlo.

Se ha procurado uniformar en lo posible la tramitación del concurso civil y de la quiebra mercantil, con lo cual gana en sencillez el procedimiento. Se reservan para la quiebra sólo aquellas disposiciones que, basadas en el Código de Comercio, y de índole peculiar a las operaciones mercantiles, no tengan cabida en el concurso civil.

Entre las reglas comunes a ambos procedimientos, conviene recordar las que se refieren a la acumulación de expedientes, a la subsistencia de embargos y medidas precautorias decretadas con anterioridad a la falencia, a la designación del síndico definitivo por los acreedores en la primera junta y a la determinación de su honorario. En cuanto a la duración de las funciones del síndico, ha parecido conveniente limitarla sólo a dieciocho meses como un estímulo para la pronta terminación de estos juicios, sin que sea permitido ampliar este plazo, y sí sólo renovar el nombramiento a su expiración.

Son bien conocidas la frecuencia y facilidad con que se abusa de los convenios en los concursos, y la dificultad que hay para establecer en muchos casos la falsedad de los créditos con que llegan a formarse fraudulentamente las mayorías. No es justo tampoco que la conveniencia de los más prive a los que rechazan el convenio del derecho de recibir desde luego la cuota, grande o pequeña, que habría de corresponderles en la liquidación. Un convenio impuesto por la fuerza es un verdadero contrasentido, y una injusticia que la ley no debe amparar. Para poner en práctica estas ideas, adopta el proyecto diversas medidas que modifican radicalmente las disposiciones actuales sobre esta materia. Se requiere, en primer lugar, unanimidad de los acreedores concurrentes para toda rebaja de créditos que llegue al cincuenta por ciento y para toda concesión de plazo que exceda de cuatro años. Además, el convenio no impedirá a los acreedores que se hubieren opuesto a él, exigir el pago de lo que les habría correspondido en la liquidación y reparto de los haberes del concurso.

La cuestión, muchas veces debatida, sobre si en las acciones posesorias debe darse conocimiento de la demanda al querellado, se resuelve en sentido afirmativo, pues lo contrario da lugar a vejaciones injustas. Para que el amparo del derecho del poseedor sea eficaz, basta adoptar un procedimiento que impida todo retardo innecesario en el juicio.

Del contrato de arrendamiento nacen acciones que exigen una tramitación brevísima, y que hoy se someten al procedimiento moroso de un juicio ordinario. El proyecto contiene un título especial destinado a subsanar esta falta.

Para llenar análogas necesidades, ha sido preciso reglamentar los procedimientos sobre permiso para contraer matrimonio y sobre autorización a la mujer casada para contratar.

A las disposiciones del juicio arbitral, se agrega un nuevo título sobre partición de bienes, adoptando en gran parte y regularizando lo que la práctica tiene ya establecido. Se ha procurado además aclarar algunas dudas que ocasionan los preceptos del Código Civil sobre particiones.

La distribución de aguas comunes da lugar a frecuentes y molestas dificultades, por falta de un procedimiento sencillo y breve que reglamente la manera de hacer el reparto. Establecido este procedimiento para sólo efectos pasajeros, se reserva al juicio ordinario la determinación definitiva del derecho de los comuneros.

A una necesidad análoga se atiende con el procedimiento sumario en aquellos casos en que la ley o la naturaleza del derecho discutido requieren un pronto fallo.

La rendición de cuentas da lugar a cuestiones en caso de negligencia de los obligados a presentarlas. Ha parecido conveniente establecer la responsabilidad que esta negligencia impone y la manera de subsanarla.

Para facilitar la unificación de la justicia de menor y de mínima cuantía que habrá de encomendarse a unos mismos funcionarios, se adopta un solo procedimiento para los juicios de que conocen los jueces de subdelegación y los de distrito.

Se ha ampliado este procedimiento, dando reglas para tramitar las acciones ejecutivas que ante dichos jueces se promuevan y se ha tratado de hacerlo estrictamente verbal, impidiéndose el abuso frecuente de formar expedientes voluminosos en litigios de muy reducido interés.

Las disposiciones especiales del Código de Comercio sobre avería común han hecho necesario un procedimiento apropiado para resolver las cuestiones que en esta materia pueden suscitarse.

No obstante lo dispuesto en el Código de Minería, se ha juzgado preferible equiparar los juicios de minas a los de comercio. El procedimiento adoptado por aquel Código no se armoniza con los que quedan establecidos para los juicios comunes, ni prevé los varios casos que pueden ocurrir en materia de incidentes, tachas, etc. Sus resultados no serían tampoco más rápidos que los que en materia comercial se obtienen. Para aquellos casos que requieren una tramitación más breve, se ha adoptado el procedimiento sumario que este mismo Código establece.

Las disposiciones que hoy rigen sobre matrimonio reclaman una forma especial para los juicios en que se ventilen cuestiones de nulidad y de divorcio, perpetuo o temporal, en armonía con la nueva situación creada por dichas disposiciones.

Faltaba asimismo un procedimiento apropiado para hacer efectivo el derecho de desposeimiento que el Código Civil concede al acreedor sobre el tercer poseedor de la finca hipotecada o acensuada. Ha sido necesario consignarlo.

Terminan los procedimientos especiales con el que debe servir para el recurso de casación en la forma y en el fondo. No difiere el primero esencialmente del actual recurso de nulidad; pero se ha procurado llenar los vacíos y aclarar las dudas que en él se notan. Se determinan con tal objeto los trámites cuya omisión da lugar al recurso, y se desconoce de un modo expreso la acción ordinaria de nulidad para invalidar sentencias, no admitiéndose otro camino que el de la casación para lograr este resultado; en obsequio a la brevedad de los procedimientos y al tranquilo goce de los derechos declarados en juicio.

La casación en el fondo introduce en nuestra legislación una novedad reclamada por las necesidades de dar uniforme aplicación a las leyes. Se ha limitado sólo a las sentencias de las Cortes de Alzada, como encargadas de dar la norma para el correcto funcionamiento de los tribunales inferiores.

Aun cuando, para conservar a la casación su verdadero y elevado carácter, aconsejan muchos jurisconsultos limitar las funciones del tribunal a sólo la declaración que invalida el fallo reclamado, se ha creído preferible encomendarle también la resolución del asunto en que la casación recae, con el fin de evitar dilaciones y gastos a los litigantes, y una organización más vasta del tribunal a quien se encarga esta misión.

La última parte del proyecto está consagrada a los actos de jurisdicción voluntaria, determinándose allí las facultades de los jueces para proceder y para dejar sin efecto sus resoluciones, una vez dictadas.

Los preceptos del Código Civil sobre legitimación, emancipación, reconocimiento de hijos naturales, habilitación de edad, nombramiento de tutores y curadores, han hecho necesario establecer reglas aplicables a cada uno de estos casos, consultando el espíritu de aquel Código.

Las medidas que reclama la apertura de una sucesión y los trámites que le son consiguientes, exigen un Título especial, que salven las frecuentes dudas que en la práctica se ofrecen. Especialmente ocurre esto al tratarse de la posesión de las herencias y de la manera como puede hacerse valer el título de heredero. Se ha estimado conveniente dar cierta publicidad a estos actos, para que los terceros interesados puedan hacer valer oportunamente sus derechos.

Reglamentada la manera de rendir informaciones para perpetua memoria, se determina el valor que debe atribuírseles.

Los trámites a que debe someterse la expropiación por causa de utilidad pública, en los casos en que una ley la autorice, son materia de un nuevo título que resume las disposiciones hoy en vigencia.

Santiago, 1º de febrero de 1893. JORGE MONTT. MÁXIMO DEL CAMPO.

MENSAJE CON QUE S. E. EL PRESIDENTE DE LA REPÚBLICA ACOMPAÑÓ AL CONGRESO NACIONAL EL PROYECTO DE LEY SOBRE MODIFICACIONES AL CÓDIGO DE PROCEDIMIENTO CIVIL

CONCIUDADANOS DEL SENADO Y DE LA CÁMARA DE DIPUTADOS:

El Presidente de la República solemnemente prometió al país una reforma en la Administración de Justicia.

El 3 de abril de 1942 se dirigió a la ciudadanía diciéndole: "El Gobierno resguardará celosamente las prerrogativas de los demás Poderes del Estado.

En cuanto le concierna, procurará facilitar y hacer más expedita la administración de justicia por medio de reformas prolijamente estudiadas".

Con anterioridad a esta declaración había dicho: "que la función de administrar justicia era la más delicada de todas las que puedan ejercitarse en una democracia; que poner una buena justicia al alcance de todos era el más alto ideal a que pudiera aspirar un gobernante; que la justicia, por definición, tenía que ser expedita y rápida, porque de lo contrario degeneraba en una mera función burocrática; que la justicia jugaba un rol importante como auxiliar en la producción de la riqueza y en la paz social, y que el signo más auténtico de evolución en una sociedad organizada era el que cada ciudadano tuviera la conciencia íntima de que en cualquier momento podía hallar amparo oportuno a sus derechos".

En camino hacia la realización de estas promesas es que el Ejecutivo envía este proyecto a la consideración de la Honorable Cámara.

Sus líneas más salientes dicen relación con conceptos procesales que ya el tiempo ha dejado de lado o con notorios vacíos que en forma adecuada se llenan.

He aquí en síntesis las reformas más importantes que se proponen: se reducen plazos; se eliminan muchos incidentes dilatorios y muchos trámites inútiles; se hace del privilegio de pobreza una gestión fácil, sin las complicaciones de la tramitación actual; se aprovecha la rapidez del juicio sumario para hacerlo extensivo a campos de acción que hoy no son suyos; se establece que los incidentes se fallarán en segunda instancia sin alegatos de abogados, salvo que la unanimidad del tribunal estime lo contrario; se ordena que todo juicio ordinario o sumario empiece por un intento de conciliación entre las partes; se suprimen los alegatos de bien probado y la expresión de agravios en el juicio ordinario; se estatuye que el recurso de casación contra sentencia de primera instancia se vea y falle conjuntamente con la apelación; se establece que el recurso de casación en la forma no procederá contra sentencia de segunda instancia que confirme sin modificación la de primera, salvo las causales de incompetencia y *ultra petita*; se amplían las atribuciones de los magistrados, que en numerosos casos hasta podrán proceder de oficio; a los jueces se les saca de su rol pasivo de meros espectadores en la contienda judicial, para llevarlos al plano de personeros activos de la justicia, premunidos de las facultades necesarias para establecer, con pleno conocimiento de causa, la verdad jurídica que permita, fundada y rápidamente, dar a cada uno lo que es suyo.

El Ejecutivo confía en que la Honorable Cámara, haciéndose intérprete de una necesidad que el país todo reclama, quiera aprobar estas reformas en el menor plazo posible; solicita su cooperación para una obra que, una vez realizada tanto para la vida económica cuanto para la vida moral de la República, será de inmensas y dilatadas proyecciones.

En la Comisión respectiva podrán los señores parlamentarios coadyuvar con todas aquellas iniciativas que tiendan a perfeccionar este proyecto. Eso sí, no distanciándose de las bases esquemáticas señaladas, porque cualesquiera iniciativas que se traduzcan en querer darle a esta reforma un exceso de amplitud, antes que facilitar su camino se lo obstaculizarán.

Dentro de lo dicho, se aceptarán cuantas indicaciones miren a hacer que esta reforma sea una conquista para el bien general.

En concepto del Ejecutivo, el mayor mal que se le puede hacer a la administración de justicia es substituir Códigos que estén en movimiento, que estén rigiendo, por Códigos nuevos y teóricos, así hayan sido ellos elaborados por las capacidades jurídicas que se quieran.

Un Código no es un hecho aislado, lo integran prácticas y jurisprudencias que, en conjunto, constituyen esas innúmeras y pequeñas raíces que, sumadas en un esfuerzo total, mantienen en pie el árbol de la justicia.

Un viejo país de Europa —la Inglaterra— da, a este respecto, un sabio ejemplo que empieza en sus seculares instituciones parlamentarias y termina en sus instituciones de derecho privado.

Además de la línea de conducta que se acaba de enunciar, todas las modificaciones que se pretenda hacer a la legislación —codificada o no— deberán inspirarse en las sabias palabras de un hombre que dejó huellas perdurables en el campo del Derecho, que honró como ciudadano a este país, y de cuyas ideas normativas no se puede prescindir.

Con una visión que victoriosa desafía al tiempo, desentrañaba la índole de esta clase de trabajos y emitía conceptos que serán de permanente actualidad. Decía don Andrés Bello:

"Yo no presumo ofreceros bajo estos respectos una obra perfecta; ninguna tal ha salido hasta ahora de la mano del hombre, la práctica descubrirá, sin duda, defectos en la ejecución de tan ardua empresa; pero la legislatura podrá fácilmente corregirlos con conocimiento de causa.

Será lo que haga el Ejecutivo una vez que se haya barrido del camino el inmenso obstáculo que implica eliminar un pasado caduco, con miras ansiosas enderezadas a erigir un futuro mejor.

Por estas consideraciones, pidiéndoos la urgencia en cada uno de los trámites constitucionales, someto a vuestro conocimiento, para que pueda ser tratado en el actual período extraordinario de sesiones, el siguiente Proyecto de Ley sobre modificaciones al Código de Procedimiento Civil.

Santiago, 24 de noviembre de 1942. JUAN ANTONIO RÍOS M. Óscar Gajardo V.

LEY Nº 1.552
APRUEBA CÓDIGO DE PROCEDIMIENTO CIVIL

Por cuanto el Congreso Nacional ha dado su aprobación al siguiente Proyecto de ley:

ARTÍCULO PRIMERO. Apruébase el adjunto Código de Procedimiento Civil que comenzará a rejir desde el 1° de marzo de 1903.

Dos ejemplares de una edicion correcta i esmerada, que deberá hacerse inmediatamente, autorizados por el Presidente de la República i signados con el sello del Ministerio de Justicia, se depositarán en la Secretaría de ámbas Cámaras, dos en el archivo de dicho Ministerio i otros dos en la Biblioteca Nacional.

El testo de esos ejemplares se tendrá por el testo auténtico del Código de Procedimiento Civil, i a él deberán conformarse las demas ediciones i publicaciones que del espresado Código se hicieren.

ART. 2.° La Corte Suprema se compondrá de diez miembros i tendrá un solo fiscal.

ART. 3.° Para conocer en los recursos de casacion en el fondo i de revision, la Corte Suprema funcionará en un solo cuerpo con la concurrencia de siete jueces, por lo ménos.

Para el despacho de los demas negocios judiciales, dicha Corte se dividirá en dos salas, ninguna de las cuales podrá funcionar con ménos de cuatro jueces.

ART. 4.° La distribucion de los miembros de la Corte Suprema entre las dos salas se verificará anualmente por sorteo, el cual se llevará a efecto en audiencia pública el primer dia hábil del año.

ART. 5.° El conocimiento de las causas de Hacienda, de que conoce actualmente la Corte Suprema, corresponderá a la Corte de Apelaciones de Santiago.

La representacion del Fisco, en juicio corresponderá a las personas que hoi la ejercen i el Director del Tesoro podrá asumir esta representacion por sí o por medio de mandatario, cuando lo estime por conveniente, cesando en tales casos la representacion de cualquier otro funcionario.

ART. 6.° Corresponderá a las Cortes de Apelaciones conocer en todos los asuntos que segun la Lei de Organizacion i Atribuciones de las Municipalidades, son actualmente de la competencia de la Corte Suprema.

ART. 7.° Las funciones del Fiscal de la Corte Suprema i de los fiscales de las Cortes de Apelaciones, se limitarán a los negocios judiciales i a los de carácter administrativo en que una lei requiera especialmente su intervencion.

ART. 8.° Los miembros de la Corte Suprema i el fiscal de este Tribunal gozarán del sueldo anual de quince mil pesos. El presidente tendrá una gratificacion, tambien anual, de mil pesos.

Los relatores i el secretario de la misma Corte percibirán un sueldo igual al designado a los jueces de letras de Santiago.

El oficial primero de la Secretaría de la Corte de Casacion tendrá un sueldo anual de tres mil quinientos pesos.

ART. 9.° Para los efectos de la jubilacion de los empleados a que se refiere el artículo anterior solo se tomará en cuenta el setenta i cinco por ciento de los sueldos que respectivamente se les asigna, sin perjuicio de lo dispuesto en la lei número 1,146, de 28 de Diciembre de 1898.

ART. 10. Los que hubieren desempeñado los cargos de Presidente de la República, Ministros de Estado, delegados presidenciales regionales, delegados presidenciales provinciales o gobernadores regionales no podrán ser nombrados miembros de los Tribunales Superiores de Justicia, Jueces letrados, fiscales, promotores fiscales, ni relatores, ya sea en propiedad, ya interinamente o como suplentes, sino un año despues de haber cesado en el desempeño de sus funciones administrativas[1].

ARTÍCULOS TRANSITORIOS

ARTÍCULO PRIMERO. Las disposiciones contenidas en los artículos 2.° i siguientes de esta lei, principiarán a rejir en la fecha espresada en el artículo 1.° La Corte Suprema continuará conociendo de las causas de Hacienda i de las reclamaciones municipales que estuvieren pendientes ante dicho Tribunal en la fecha indicada, no obstante lo dispuesto en los artículo 5.° i 6.°

ART. 2.° La reduccion de las plazas de fiscales de la Corte Suprema a una sola, se verificará cuando ocurra la primera vacante.

ART. 3.° Los actuales miembros de la Corte Suprema tendrán derecho a jubilar dentro de seis meses, con una pension equivalente a las cuarentavas partes que les correspondan por el número de años de servicio sobre la base del sueldo íntegro que esta lei les asigna, no pudiendo exceder dicha pension del setenta i cinco por ciento del referido sueldo.

ART. 4.° Concédese a don Luis Barriga la suma de seis mil pesos en remuneracion de los servicios que ha prestado como secretario de la Comision Mista de ámbas Cámaras, encargadas del estudio del Proyecto de Código de Procedimiento Civil.

I por cuanto, oido el Consejo de Estado, he tenido a bien aprobarlo i sancionarlo; por tanto, promúlguese i llévese a efecto en todas sus partes como lei de la República.

Santiago, a 28 de Agosto de 1902.- JERMAN RIESCO.- Rafael Balmaceda.

---

1 Artículo modificado por el número 1 del artículo 14 de la Ley N° 21.073, publicada en el Diario Oficial de 22 de febrero de 2018.

LIBRO PRIMERO
DISPOSICIONES COMUNES A TODO PROCEDIMIENTO

TÍTULO I
REGLAS GENERALES

[Ámbito de aplicación del Código de Procedimiento Civil]

Artículo 1°. Las disposiciones de este Código rigen el procedimiento de las contiendas civiles entre partes y de los actos de jurisdicción no contenciosa, cuyo conocimiento corresponda a los Tribunales de Justicia.

[Procedimiento ordinario y extraordinario]

Artículo 2°. El procedimiento es ordinario o extraordinario. Es ordinario el que se somete a la tramitación común ordenada por la ley, y extraordinario el que se rige por las disposiciones especiales que para determinados casos ella establece.

[Supletoriedad del procedimiento ordinario]

Artículo 3°. Se aplicará el procedimiento ordinario en todas las gestiones, trámites y actuaciones que no estén sometidos a una regla especial diversa, cualquiera que sea su naturaleza.

[Métodos autocompositivos de resolución de conflictos]

Artículo 3 bis. Es deber de los abogados, de los funcionarios de la administración de justicia y de los jueces, promover el empleo de métodos autocompositivos de resolución de conflictos, como la conciliación, la mediación, entre otros. Estos métodos no podrán restringir, sustituir o impedir la garantía de tutela jurisdiccional[2].

---

2 Artículo incorporado por el artículo 3, N° 1, de la Ley N° 21.394, publicada en el Diario Oficial de 30 de noviembre de 2021.

TÍTULO II
DE LA COMPARECENCIA EN JUICIO

[Forma de comparecer en juicio]

Artículo 4° (5°). Toda persona que deba comparecer en juicio a su propio nombre o como representante legal de otra, deberá hacerlo en la forma que determine la ley[3].

[Sucesión procesal por muerte de la parte que obra por sí misma]

Artículo 5° (6°). Si durante el juicio fallece alguna de las partes que obre por sí misma, quedará suspenso por este hecho el procedimiento, y se pondrá su estado en noticia de los herederos para que comparezcan a hacer uso de su derecho en un plazo igual al de emplazamiento para contestar demandas, que conceden los artículos 258 y 259.

[Postulación Procesal. Mandato judicial y agente oficioso]

Artículo 6° (7°). El que comparezca en juicio a nombre de otro, en desempeño de un mandato o en ejercicio de un cargo que requiera especial nombramiento, deberá exhibir el título que acredite su representación.

Para obrar como mandatario se considerará poder suficiente: 1° el constituido por escritura pública otorgada ante notario o ante oficial del Registro Civil a quien la ley confiera esta facultad; 2° el que conste de un acta extendida ante un juez de letras o ante un juez árbitro, y subscrita por todos los otorgantes; y 3° el que conste de una declaración escrita del mandante, autorizada por el secretario del tribunal que esté conociendo de la causa.

Podrá, sin embargo, admitirse la comparecencia al juicio de una persona que obre sin poder en beneficio de otra, con tal que ofrezca garantía de que el interesado aprobará lo que se haya obrado en su nombre.

---

3 Artículo modificado por el artículo 10 de la Ley N° 18.120, publicada en el Diario Oficial de 18 de mayo de 1982.

El tribunal, para aceptar la representación, calificará las circunstancias del caso y la garantía ofrecida, y fijará un plazo para la ratificación del interesado.

Los agentes oficiosos deberán ser personas capacitadas para comparecer ante el respectivo tribunal, en conformidad a la Ley Orgánica del Colegio de Abogados, o, en caso contrario, deberán hacerse representar en la forma que esa misma ley establece.

[Facultades del mandatario judicial]

Artículo 7° (8°). El poder para litigar se entenderá conferido para todo el juicio en que se presente, y aun cuando no exprese las facultades que se conceden, autorizará al procurador para tomar parte, del mismo modo que podría hacerlo el poderdante, en todos los trámites e incidentes del juicio y en todas las cuestiones que por vía de reconvención se promuevan, hasta la ejecución completa de la sentencia definitiva, salvo lo dispuesto en el artículo 4° o salvo que la ley exija intervención personal de la parte misma. Las cláusulas en que se nieguen o en que se limiten las facultades expresadas, son nulas. Podrá, asimismo, el procurador delegar el poder obligando al mandante, a menos que se le haya negado esta facultad.

Sin embargo, no se entenderán concedidas al procurador, sin expresa mención, las facultades de desistirse en primera instancia de la acción deducida, aceptar la demanda contraria, absolver posiciones, renunciar los recursos o los términos legales, transigir, comprometer, otorgar a los árbitros facultades de arbitradores, aprobar convenios y percibir.

[Representación de personas jurídicas]

Artículo 8° (9°). El gerente o administrador de sociedades civiles o comerciales, o el presidente de las corporaciones o fundaciones con personalidad jurídica, se entenderán autorizados para litigar a nombre de ellas con las facultades que expresa el inciso 1° del artículo anterior, no obstante cualquiera limitación establecida en los estatutos o actos constitutivos de la sociedad o corporación.

[Término de la representación judicial]

Artículo 9° (10). Si durante el curso del juicio termina por cualquiera causa el carácter con que una persona representa por ministerio de la ley derechos ajenos, continuará no obstante la representación y serán válidos los actos que ejecute, hasta la comparecencia de la parte representada, o hasta que haya testimonio en el proceso de haberse notificado a ésta la cesación de la representación y el estado del juicio. El representante deberá gestionar para que se practique esta diligencia dentro del plazo que el tribunal designe, bajo pena de pagar una multa de un cuarto a un sueldo vital y de abonar los perjuicios que resulten[4].

[Renuncia del mandatario]

Artículo 10 (11). Todo procurador legalmente constituido conservará su carácter de tal mientras en el proceso no haya testimonio de la expiración de su mandato.

Si la causa de la expiración del mandato es la renuncia del procurador, estará éste obligado a ponerla en conocimiento de su mandante, junto con el estado del juicio, y se entenderá vigente el poder hasta que haya transcurrido el término de emplazamiento desde la notificación de la renuncia al mandante.

[Representación del ausente que designa mandatario para obrar en juicio]

Artículo 11 (12). Cuando se ausente de la República alguna persona dejando procurador autorizado para obrar en juicio o encargado con poder general de administración, todo el que tenga interés en ello podrá exigir que tome la representación del ausente dicho procurador, justificando que ha aceptado el mandato expresamente o ha ejecutado una gestión cualquiera que importe aceptación.

---

4 Artículo modificado por el artículo 2°, letra a), del Decreto Ley N° 1.417, publicado en el Diario Oficial de 29 de abril de 1976.

Este derecho comprende aun la facultad de hacer notificar las nuevas demandas que se entablen contra el ausente, entendiéndose autorizado el procurador para aceptar la notificación, a menos que se establezca lo contrario de un modo expreso en el poder.

Si el poder para obrar en juicio se refiere a uno o más negocios determinados, sólo podrá hacerse valer el derecho que menciona el inciso precedente respecto del negocio o negocios para los cuales se ha conferido el mandato.

[Procurador común. Designación por las partes]

Artículo 12 (13). En los casos de que trata el artículo 19, el procurador común será nombrado por acuerdo de las partes a quienes haya de representar.

El nombramiento deberá hacerse dentro del término razonable que señale el tribunal.

[Procurador común. Designación por el tribunal]

Artículo 13 (14). Si por omisión de todas las partes o por falta de avenimiento entre ellas no se hace el nombramiento dentro del término indicado en el artículo anterior, lo hará el tribunal que conozca de la causa, debiendo, en este caso, recaer el nombramiento en un procurador del número o en una de las partes que haya concurrido.

Si la omisión es de alguna o algunas de las partes, el nombramiento hecho por la otra u otras valdrá respecto de todas.

[Revocación del procurador común]

Artículo 14 (15). Una vez hecho por las partes o por el tribunal el nombramiento de procurador común, podrá revocarse por acuerdo unánime de las mismas partes, o por el tribunal a petición de alguna de ellas, si en este caso hay motivos que justifiquen la revocación.

Los procedimientos a que dé lugar esta medida se seguirán en cuaderno separado y no suspenderán el curso del juicio.

Sea que se acuerde por las partes o que se decrete por el tribunal, la revocación no comenzará a producir sus efectos mientras no quede constituido el nuevo procurador.

[Actuación del procurador común]

Artículo 15 (16). El procurador común deberá ajustar, en lo posible, su procedimiento a las instrucciones y a la voluntad de las partes que representa; y, en los casos en que éstas no estén de acuerdo, podrá proceder por sí solo y como se lo aconseje la prudencia, teniendo siempre en mira la más fiel y expedita ejecución del mandato.

[Actuaciones separadas]

Artículo 16 (17). Cualquiera de las partes representadas por el procurador común que no se conforme con el procedimiento adoptado por él, podrá separadamente hacer las alegaciones y rendir las pruebas que estime conducentes, pero sin entorpecer la marcha regular del juicio y usando de los mismos plazos concedidos al procurador común. Podrá, asimismo, solicitar dichos plazos o su ampliación, o interponer los recursos a que haya lugar, tanto sobre las resoluciones que recaigan en estas solicitudes, como sobre cualquiera sentencia interlocutoria o definitiva.

TÍTULO III
DE LA PLURALIDAD DE ACCIONES O DE PARTES

[Acumulación inicial simple y subsidiaria de acciones]

Artículo 17 (18). En un mismo juicio podrán entablarse dos o más acciones con tal que no sean incompatibles.

Sin embargo, podrán proponerse en una misma demanda dos o más acciones incompatibles para que sean resueltas una como subsidiaria de otra.

[Litisconsorcio voluntario]

Artículo 18 (19). En un mismo juicio podrán intervenir como demandantes o demandados varias personas siempre que se deduzca la misma acción, o acciones que emanen directa e inmediatamente de un mismo hecho, o que se proceda conjuntamente por muchos o contra muchos en los casos que autoriza la ley.

[Procurador Común]

Artículo 19 (20). Si son dos o más las partes que entablan una demanda o gestión judicial y deducen las mismas acciones, deberán obrar todas conjuntamente, constituyendo un solo mandatario.

La misma regla se aplicará a los demandados cuando sean dos o más y opongan idénticas excepciones o defensas.

[Actuaciones separadas de los litisconsortes]

Artículo 20 (21). Si son distintas entre sí las acciones de los demandantes o las defensas de los demandados, cada uno de ellos podrá obrar separadamente en el juicio, salvo las excepciones legales.

Se concederá la facultad de gestionar por separado en los casos del artículo anterior desde que aparezca haber incompatibilidad de intereses entre las partes que litigan conjuntamente.

[Debida constitución del litisconsorcio activo]

Artículo 21 (22). Si la acción ejercida por alguna persona corresponde también a otra u otras personas determinadas, podrán los demandados pedir que se ponga la demanda en conocimiento de las que no hayan ocurrido a entablarla, quienes deberán expresar en el término de emplazamiento si se adhieren a ella.

Si las dichas personas se adhieren a la demanda, se aplicará lo dispuesto en los artículos 12 y 13; si declaran su resolución de no adherirse, caducará su derecho; y si nada dicen dentro del término legal, les afectará el resultado del proceso, sin nueva citación. En este último caso podrán comparecer en cualquier estado del juicio, pero respetando todo lo obrado con anterioridad.

[Tercero excluyente]

Artículo 22 (23). Si durante la secuela del juicio se presenta alguien reclamando sobre la cosa litigada derechos incompatibles con los de las otras partes, admitirá el tribunal sus gestiones en la forma establecida por el artículo 16 y se entenderá que acepta todo lo obrado antes de su presentación, continuando el juicio en el estado en que se encuentre.

[Tercero coadyuvante e independiente]

Artículo 23 (24). Los que, sin ser partes directas en el juicio, tengan interés actual en sus resultados, podrán en cualquier estado de él intervenir como coadyuvantes, y tendrán en tal caso los mismos derechos que concede el artículo 16 a cada una de las partes representadas por un procurador común, continuando el juicio en el estado en que se encuentre.

Se entenderá que hay interés actual siempre que exista comprometido un derecho y no una mera expectativa, salvo que la ley autorice especialmente la intervención fuera de estos casos.

Si el interés invocado por el tercero es independiente del que corresponde en el juicio a las dos partes, se observará lo dispuesto en el artículo anterior.

[Efecto de las resoluciones judiciales respecto de los terceros intervinientes]

Artículo 24 (25). Las resoluciones que se dicten en los casos de los dos artículos anteriores producirán respecto de las personas a quienes dichos artículos se refieren los mismos efectos que respecto de las partes principales.

TÍTULO IV
DE LAS CARGAS PECUNIARIAS A QUE ESTÁN SUJETOS LOS LITIGANTES

[Aranceles judiciales]

Artículo 25 (26). Todo litigante está obligado a pagar a los oficiales de la administración de justicia los derechos que los aranceles judiciales señalen para los servicios prestados en el proceso.

Cada parte pagará los derechos correspondientes a las diligencias que haya solicitado, y todas por cuotas iguales los de las diligencias comunes, sin perjuicio del reembolso a que haya lugar cuando por la ley o por resolución de los tribunales corresponda a otras personas hacer el pago.

[Exigibilidad]

Artículo 26 (27). Los derechos de cada diligencia se pagarán tan pronto como ésta se evacue; pero la falta de pago no podrá entorpecer en ningún caso la marcha del juicio.

[Responsabilidad en el pago de aranceles judiciales]

Artículo 27 (28). Cuando litiguen varias personas conjuntamente, cada una de ellas responderá solidariamente del pago de los derechos que a todas afecten en conformidad a los artículos anteriores, sin perjuicio de que las demás reembolsen a la que haya pagado la cuota que les corresponda, a prorrata de su interés en el juicio.

[Responsabilidad pecuniaria del mandatario judicial]

Artículo 28 (29). Los procuradores judiciales responderán personalmente del pago de las costas procesales generadas durante el ejercicio de sus funciones, que sean de cargo de sus mandantes, sin perjuicio de la responsabilidad de éstos[5].

---

[5] Artículo sustituido por la Ley Nº 18.834, publicada en el Diario Oficial de 9 de enero de 1985.

TÍTULO V
DE LA FORMACIÓN DEL PROCESO, DE SU CUSTODIA Y DE SU COMUNICACIÓN A LAS PARTES

[Formación del proceso]

Artículo 29. Se formará la carpeta electrónica con los escritos, documentos, resoluciones, actas de audiencias y actuaciones de toda especie que se presenten o verifiquen en el juicio. Estos antecedentes serán registrados y conservados íntegramente en orden sucesivo conforme a su fecha de presentación o verificación a través de cualquier medio que garantice la fidelidad, preservación y reproducción de su contenido, lo que se regulará mediante auto acordado de la Corte Suprema.

La carpeta electrónica estará disponible en el portal de internet del Poder Judicial, salvo que la ley establezca lo contrario o habilite al tribunal para restringir su publicidad, o la de alguna parte de ella.

Ninguna pieza de la carpeta electrónica podrá eliminarse sin que previamente lo decrete el tribunal que conoce de la causa[6].

[Oficina judicial virtual, suma en los escritos judiciales]

Artículo 30. Los escritos y documentos se presentarán por vía electrónica conforme se dispone en los artículos 5° y 6°, respectivamente, de la Ley General sobre Tramitación Electrónica de los Procedimientos Judiciales.

Los escritos se encabezarán con una suma que indique su contenido o el trámite de que se trata[7].

---

6 Artículo sustituido por el artículo 12, N° 1) de la Ley N° 20.886, publicada en el Diario Oficial de 18 de diciembre de 2015.

7 Artículo sustituido por el artículo 12, N° 1) de la Ley N° 20.886, publicada en el Diario Oficial de 18 de diciembre de 2015.

Artículo 31. Derogado[8].

[Obligaciones del secretario al recibir un escrito]

Artículo 32 (33). Entregado un escrito al secretario, deberá éste en el mismo día estampar en cada foja la fecha y su media firma, o un sello autorizado por la respectiva Corte de Apelaciones y que designe la oficina y la fecha de la presentación. Deberá, además, dar recibo de los documentos que se le entreguen, siempre que lo exija la parte que los presenta, sin que pueda cobrar derecho alguno por los servicios a que este artículo se refiere.

[Facultad de los secretarios letrados para dictar sentencias interlocutorias, autos y decretos]

Artículo 33. Los secretarios letrados de los juzgados civiles podrán dictar por sí solos las sentencias interlocutorias, autos y decretos, providencias o proveídos, salvo cuando ello pudiere importar poner término al juicio o hacer imposible su continuación. La reposición que sea procedente en contra de estas resoluciones, en su caso, será resuelta por el juez[9].

[Agregación de las piezas a la carpeta electrónica]

Artículo 34 (35). Todas las piezas que deben formar la carpeta electrónica se irán agregando sucesivamente según el orden de su presentación. El sistema de tramitación electrónica del Poder Judicial numerará automáticamente cada pieza de la carpeta electrónica en cifras y letras. Se exceptúan las piezas que, por su naturaleza, no puedan agregarse o que por motivos fundados se manden reservar fuera del proceso[10].

---

8 Artículo derogado por el artículo 12, N° 2) de la Ley N° 20.886, publicada en el Diario Oficial de 18 de diciembre de 2015.

9 Artículo sustituido por el artículo 12, N° 3), de la Ley N° 20.886, publicada en el Diario Oficial de 18 de diciembre de 2015.

10 Artículo modificado por el artículo 12, N° 4), letras a) y b), de la Ley N° 20.886, publicada en el Diario Oficial de 18 de diciembre de 2015.

Artículo 35. Derogado[11].

[Custodia del expediente]

Artículo 36. Las piezas que se presenten al tribunal se mantendrán bajo su custodia y responsabilidad. Éstas no podrán retirarse sino por las personas y en los casos expresamente contemplados en la ley. Corresponderá al tribunal velar por el estricto cumplimiento de lo establecido en el artículo 393 del Código Orgánico de Tribunales[12].

[Comunicación de la carpeta electrónica al Fiscal Judicial o Defensor Público]

Artículo 37. Cuando los tribunales pidan o hayan de oír dictamen por escrito del respectivo fiscal judicial o de los defensores públicos, les enviarán comunicación de la carpeta electrónica a la que deben acceder electrónicamente.

Si estos funcionarios retardan dicho dictamen, podrá el tribunal señalarles un plazo razonable para que lo envíen o agreguen a la carpeta electrónica.

En aquellos casos en que otro tribunal requiera la remisión del expediente original o de algún cuaderno o pieza del proceso, el trámite se cumplirá enviando la correspondiente comunicación de la carpeta electrónica a la que deben acceder a través del sistema de tramitación electrónica del Poder Judicial. Lo mismo se aplicará cada vez que la ley ordene la remisión, devolución o envío del proceso o de cualquiera de sus piezas a otro tribunal[13].

---

11 Artículo derogado por el artículo 12, N° 5), de la Ley Nº 20.886, publicada en el Diario Oficial de 18 de diciembre de 2015

12 Artículo reemplazado por el artículo 12, N° 6), de la Ley Nº 20.886, publicada en el Diario Oficial de 18 de diciembre de 2015.

13 Artículo reemplazado por artículo 12, N° 6), de la Ley Nº 20.886, publicada en el Diario Oficial de 18 de diciembre de 2015.

TÍTULO VI
DE LAS NOTIFICACIONES

[MOMENTO EN QUE PRODUCEN EFECTO LAS RESOLUCIONES JUDICIALES]

Artículo 38 (41). Las resoluciones judiciales sólo producen efecto en virtud de notificación hecha con arreglo a la ley, salvo los casos expresamente exceptuados por ella.

[CONSENTIMIENTO DEL NOTIFICADO ES INNECESARIO PARA LA VALIDEZ DE LA NOTIFICACIÓN]

Artículo 39 (42). Para la validez de la notificación no se requiere el consentimiento del notificado.

[NOTIFICACIÓN PERSONAL]

Artículo 40 (43). En toda gestión judicial, la primera notificación a las partes o personas a quienes hayan de afectar sus resultados, deberá hacérseles personalmente, entregándoseles copia íntegra de la resolución y de la solicitud en que haya recaído, cuando sea escrita.

Esta notificación se hará al actor en la forma establecida en el artículo 50.

[LUGARES, DÍAS Y HORAS HÁBILES PARA PRACTICAR LA NOTIFICACIÓN PERSONAL]

Artículo 41. En los lugares y recintos de libre acceso público, la notificación personal se podrá efectuar en cualquier día y a cualquier hora, procurando causar la menor molestia posible al notificado. En los juicios ejecutivos, no podrá efectuarse el requerimiento de pago en público y, de haberse notificado la demanda en un lugar o recinto de libre acceso público, se estará a lo establecido en el N° 1° del artículo 443.

Además, la notificación podrá hacerse en cualquier día, entre las seis y las veintidós horas, en la morada o lugar donde pernocta el notificado o en el lugar donde éste ordinariamente ejerce su industria, profesión o empleo, o en cualquier recinto privado en que éste se encuentre y al cual se permita el acceso del ministro de fe.

Si la notificación se realizare en día inhábil, los plazos comenzarán a correr desde las cero horas del día hábil inmediatamente siguiente, y si se hubiere practicado fuera del territorio jurisdiccional del tribunal, los plazos se aumentarán en la forma establecida en el artículo 259[14].

Igualmente, son lugares hábiles para practicar la notificación el oficio del secretario, la casa que sirva para despacho del tribunal y la oficina o despacho del ministro de fe que practique la notificación. Los jueces no podrán, sin embargo, ser notificados en el local en que desempeñan sus funciones[15].

[Habilitación de lugares]

Artículo 42 (45). Podrá el tribunal ordenar que se haga la notificación en otros lugares que los expresados en el artículo anterior, cuando la persona a quien se trate de notificar no tenga habitación conocida en el lugar en que ha de ser notificada. Esta circunstancia se acreditará por certificado de un ministro de fe que afirme haber hecho las indagaciones posibles, de las cuales dejará testimonio detallado en la respectiva diligencia.

[Certificado del ministro de fe]

Artículo 43 (46). La notificación se hará constar en el proceso por diligencia que subscribirán el notificado y el ministro de fe, y si el primero no puede o no quiere firmar, se dejará testimonio de este hecho en la misma diligencia.

La certificación deberá, además, señalar la fecha, hora y lugar donde se realizó la notificación y, de haber sido hecha en forma personal, precisar

---

14 Inciso reemplazado por el artículo 3, N° 2, de la Ley N° 21.394, publicada en el Diario Oficial de 30 de noviembre de 2021.

15 Artículo sustituido por el artículo único, N° 1, de la Ley N° 19.382, publicada en el Diario Oficial de 24 de mayo de 1995.

la manera o el medio con que el ministro de fe comprobó la identidad del notificado[16].

[Notificación personal subsidiaria por el artículo 44]

Artículo 44. Si buscada en dos días distintos en su habitación, o en el lugar donde habitualmente ejerce su industria, profesión o empleo, no es habida la persona a quien debe notificarse, se acreditará en el acto que ella se encuentra en el lugar del juicio y cuál es su morada o lugar donde ejerce su industria, profesión o empleo, bastando para comprobar estas circunstancias la debida certificación del ministro de fe[17].

Establecidos ambos hechos, en la segunda búsqueda, el ministro de fe procederá a su notificación en el mismo día y sin necesidad de nueva orden del tribunal, entregándole las copias a que se refiere el artículo 40 a cualquiera persona adulta que se encuentre en la morada o en el lugar donde la persona que se va a notificar ejerce su industria, profesión o empleo. Si nadie hay allí, o si por cualquiera otra causa no es posible entregar dichas copias a las personas que se encuentren en esos lugares, se fijará en la puerta un aviso que dé noticia de la demanda, con especificación exacta de las partes, materia de la causa, juez que conoce en ella y de las resoluciones que se notifican[18].

En caso que la morada o el lugar donde pernocta o el lugar donde habitualmente ejerce su industria, profesión o empleo, se encuentre en un edificio o recinto al que no se permite libre acceso, el aviso y las copias se entregarán al portero o encargado del edificio o recinto, dejándose testimonio expreso de esta circunstancia[19].

---

16 Inciso reemplazado por el artículo único, Nº 2, de la Ley Nº 19.382, publicada en el Diario Oficial de 24 de mayo de 1995.

17 Inciso modificado por el artículo 3, N° 3, letra a), de la Ley N° 21.394, publicada en el Diario Oficial de 30 de noviembre de 2021.

18 Inciso modificado por el artículo 3, N° 3, letra b), de la Ley N° 21.394, publicada en el Diario Oficial de 30 de noviembre de 2021.

19 Artículo sustituido por el artículo único, Nº 3, de la Ley Nº 19.382, publicada en el Diario Oficial del 24 de mayo de 1995.

[Certificado del ministro de fe]

Artículo 45 (48). La diligencia de notificación, en el caso del artículo precedente, se extenderá en la forma que determina el artículo 43, siendo obligada a subscribirla la persona que reciba las copias, si puede hacerlo, dejándose testimonio de su nombre, edad, profesión y domicilio.

[Envío de carta certificada dejando constancia de la notificación por el art. 44 CPC]

Artículo 46 (49). Cuando la notificación se efectúe en conformidad al artículo 44, el ministro de fe deberá dar aviso de ella al notificado, dirigiéndole con tal objeto carta certificada por correo, en el plazo de dos días contado desde la fecha de la notificación o desde que se reabran las oficinas de correo, si la notificación se hubiere efectuado en domingo o festivo. La carta podrá consistir en tarjeta abierta que llevará impreso el nombre y domicilio del receptor y deberá indicar el tribunal, el número de ingreso de la causa y el nombre de las partes. En el testimonio de la notificación deberá expresarse, además, el hecho del envío, la fecha, la oficina de correo donde se hizo y el número de comprobante emitido por tal oficina. Este comprobante deberá ser agregado al expediente a continuación del testimonio. La omisión en el envío de la carta no invalidará la notificación, pero hará responsable al infractor de los daños y perjuicios que se originen y el tribunal, previa audiencia del afectado, deberá imponerle alguna de las medidas que se señalan en los números 2, 3 y 4 del artículo 532 del Código Orgánico de Tribunales[20].

[Aplicación de la notificación personal y personal subsidiaria por el art. 44]

Artículo 47 (50). La forma de notificación de que tratan los artículos precedentes se empleará siempre que la ley disponga que se notifique a

---

[20] Artículo modificado por el artículo 12, N° 7), de la Ley N° 20.886, publicada en el Diario Oficial de 18 de diciembre de 2015.

alguna persona para la validez de ciertos actos, o cuando los tribunales lo ordenen expresamente.

Podrá, además, usarse en todo caso.

[Notificación por cédula]

Artículo 48 (51). Las sentencias definitivas, las resoluciones en que se reciba a prueba la causa, o se ordene la comparecencia personal de las partes, se notificarán por medio de cédulas que contengan la copia íntegra de la resolución y los datos necesarios para su acertada inteligencia. Con todo, estas resoluciones y los datos necesarios para su acertada inteligencia también se podrán notificar por el tribunal al medio de notificación electrónico señalado por las partes, sus abogados patrocinantes y mandatarios judiciales de conformidad al artículo siguiente, previa solicitud de la parte interesada y sin que se requiera el consentimiento del notificado, de lo cual deberá dejarse constancia en el sistema de tramitación electrónica del Poder Judicial[21].

Las cédulas a que hace referencia el inciso primero se entregarán por un ministro de fe en el domicilio del notificado, en la forma establecida en el inciso 2° del artículo 44[22].

Se pondrá en los autos testimonio de la notificación por cédula con expresión del día y lugar, del nombre, edad, profesión y domicilio de la persona a quien se haga la entrega. El procedimiento que establece este artículo podrá emplearse, además, en todos los casos que el tribunal expresamente lo ordene. También se dejará testimonio en autos de la notificación efectuada al medio de notificación electrónico señalado por la parte[23].

---

21 Inciso modificado por el artículo 3, N° 4, letra a), de la Ley N° 21.394, publicada en el Diario Oficial de 30 de noviembre de 2021.

22 Inciso modificado por el artículo 3, N° 4, letra b), de la Ley N° 21.394, publicada en el Diario Oficial de 30 de noviembre de 2021.

23 Inciso sustituido por el artículo 3, N° 4, letra c), de la Ley N° 21.394, publicada en el Diario Oficial de 30 de noviembre de 2021.

[Designación de domicilio ad litem para notificaciones por cédula y designación de un medio de notificación electrónico]

Artículo 49 (52). Para los efectos del artículo anterior, todo litigante deberá, en su primera gestión judicial, designar un domicilio conocido dentro de los límites urbanos del lugar en que funcione el tribunal respectivo, y esta designación se considerará subsistente mientras no haga otra la parte interesada, aun cuando de hecho cambie su morada. Sus abogados patrocinantes y mandatarios judiciales deberán, además, designar en su primera presentación un medio de notificación electrónico que el juez califique como expedito y eficaz, bajo apercibimiento de serles notificadas por estado diario todas las resoluciones que se dicten en lo sucesivo en el proceso. Estas designaciones se considerarán subsistentes mientras no haga otra la parte interesada, aun cuando de hecho cambie su morada o medio de notificación electrónico, según corresponda[24].

En los juicios seguidos ante los tribunales inferiores el domicilio deberá fijarse en un lugar conocido dentro de la jurisdicción del tribunal correspondiente, pero si el lugar designado se halla a considerable distancia de aquel en que funciona el juzgado, podrá éste ordenar, sin más trámites y sin ulterior recurso, que se designe otro dentro de límites más próximos.

La notificación electrónica se entenderá practicada desde el momento de su envío[25].

[Notificación por el estado diario electrónico]

Artículo 50. Las resoluciones no comprendidas en los artículos precedentes se entenderán notificadas a las partes desde que se incluyan en un estado que deberá formarse electrónicamente, el que estará disponible

---

24 Inciso modificado por el artículo 3, N° 5, letras a) y b), de la Ley N° 21.394, publicada en el Diario Oficial de 30 de noviembre de 2021.

25 Inciso agregado por el artículo 3, N° 5, letra c), de la Ley N° 21.394, publicada en el Diario Oficial de 30 de noviembre de 2021.

diariamente en la página web del Poder Judicial con las indicaciones que el inciso siguiente expresa.

Se encabezará el estado con la fecha del día en que se forme y se mencionarán por el número de orden que les corresponda en el rol general, expresado en cifras y en letras y, además, por los apellidos del demandante y del demandado o de los primeros que figuren con dicho carácter si son varios, todas las causas en que se haya dictado resolución en aquel día y el número de resoluciones dictadas en cada una de ellas.

Estos estados se mantendrán en la página web del Poder Judicial durante al menos tres días en una forma que impida hacer alteraciones en ellos. De las notificaciones realizadas en conformidad a este artículo se dejará constancia en la carpeta electrónica el mismo día en que se publique el estado.

La notificación efectuada conforme a este artículo será nula en caso que no sea posible la visualización de la resolución referida en el estado diario por problemas técnicos del sistema de tramitación electrónica del Poder Judicial, lo que podrá declararse de oficio o a petición de parte[26].

[Rol]

Artículo 51 (54). Para los efectos del artículo precedente, a todo proceso que se inicie se asignará un número de orden en la primera resolución que se dicte y con él figurará en el rol del tribunal, hasta su terminación.

[Validez de la notificación por el estado diario al transcurrir 6 meses sin dictarse una resolución]

Artículo 52 (55). Si transcurren seis meses sin que se dicte resolución alguna en el proceso, no se considerarán como notificaciones válidas las anotaciones en el estado diario mientras no se haga una nueva notificación personalmente o por cédula.

---

26 Artículo sustituido por el artículo 12, N° 8), de la Ley N° 20.886, publicada en el Diario Oficial de 18 de diciembre de 2015.

[Notificación por el estado diario electrónico a aquellas partes que no designaron domicilio ad litem]

Artículo 53 (56). La forma de notificación de que trata el artículo 50 se hará extensiva a las resoluciones comprendidas en el artículo 48, respecto de las partes que no hayan hecho la designación a que se refiere el artículo 49 y mientras ésta no se haga.

Esta notificación se hará sin necesidad de petición de parte y sin previa orden del tribunal.

[Notificación por avisos en los diarios]

Artículo 54 (57). Cuando haya de notificarse personalmente o por cédula a personas cuya individualidad o residencia sea difícil determinar, o que por su número dificulten considerablemente la práctica de la diligencia, podrá hacerse la notificación por medio de avisos publicados en los diarios o periódicos del lugar donde se sigue la causa, o de la cabecera de la provincia o de la capital de la región, si allí no los hay. Dichos avisos contendrán los mismos datos que se exigen para la notificación personal; pero si la publicación en esta forma es muy dispendiosa, atendida la cuantía del negocio, podrá disponer el tribunal que se haga en extracto redactado por el secretario[27].

Para autorizar esta forma de notificación, y para determinar los diarios en que haya de hacerse la publicación y el número de veces que deba repetirse, el cual no podrá bajar de tres, procederá el tribunal con conocimiento de causa[28].

Cuando la notificación hecha por este medio sea la primera de una gestión judicial, será necesario, además, para su validez, que se inserte el aviso en los números del "Diario Oficial" correspondientes a los días pri-

---

[27] Inciso modificado por los artículos 2°, inciso 2°, y 5° N° 1, de la Ley N° 18.776, publicada en el Diario Oficial de 18 de enero de 1989.

[28] Inciso modificado por el artículo 2° de la Ley N° 19.806, publicada en el Diario Oficial de 31 de mayo de 2002.

mero o quince de cualquier mes, o al día siguiente, si no se ha publicado en las fechas indicadas.

[Notificación tácita y notificación ficta]

Artículo 55 (58). Aunque no se haya verificado notificación alguna o se haya efectuado en otra forma que la legal, se tendrá por notificada una resolución desde que la parte a quien afecte haga en el juicio cualquiera gestión que suponga conocimiento de dicha resolución, sin haber antes reclamado la falta o nulidad de la notificación.

Asimismo, la parte que solicitó la nulidad de una notificación, por el solo ministerio de la ley, se tendrá por notificada de la resolución cuya notificación fue declarada nula, desde que se le notifique la sentencia que declara tal nulidad. En caso que la nulidad de la notificación haya sido declarada por un tribunal superior, esta notificación se tendrá por efectuada al notificársele el "cúmplase" de dicha resolución[29].

[Notificaciones a terceros vulgares o metajurídicos]

Artículo 56 (59). Las notificaciones que se hagan a terceros que no sean parte en el juicio, o a quienes no afecten sus resultados, se harán personalmente o por cédula.

Con todo, las notificaciones de las resoluciones en que se efectúen nombramientos, como ocurre con los peritos y martilleros, se realizarán por el tribunal por un medio de notificación electrónico, el que será dirigido a la casilla establecida en la nómina respectiva.

Las inscripciones, subinscripciones o cancelaciones dispuestas por resolución judicial, podrán ser solicitadas al registro correspondiente directamente por la parte interesada, sin necesidad de receptor judicial, acompañando las copias autorizadas de las resoluciones y actuaciones obtenidas directamente del sistema informático de tramitación con el correspondiente sello de autenticidad. En este caso, la institución a cargo

---

[29] Inciso agregado por el artículo 1°, N° 7, de la Ley N° 18.705, publicada en el Diario Oficial de 24 de mayo de 1988.

del registro deberá cerciorarse, a través de dicho sistema y bajo su responsabilidad, de la existencia de las resoluciones y que las mismas causan ejecutoria.

Se exceptúan de lo dispuesto en el inciso anterior las medidas precautorias y los embargos[30].

[Contenido del certificado de notificación]

Artículo 57. Las diligencias de notificación que se agreguen a la carpeta electrónica, no contendrán declaración alguna del notificado, salvo que la resolución ordene o, por su naturaleza, requiera esa declaración[31].

[Sujetos habilitados para practicar notificaciones]

Artículo 58 (61). Las funciones que en este título se encomiendan a los secretarios de tribunales, podrán ser desempeñadas bajo la responsabilidad de éstos, por el oficial primero de la secretaría.

En aquellos lugares en que no exista receptor judicial, la notificación podrá ser hecha por el Notario Público u Oficial del Registro Civil que exista en la localidad. En todo caso, el juez siempre podrá designar como ministro de fe ad hoc a un empleado del tribunal, para el solo efecto de practicar la notificación[32].

---

30 Los incisos segundo, tercero y cuarto fueron incorporados por el artículo 3, N° 6, de la Ley N° 21.394, publicada en el Diario Oficial de 30 de noviembre de 2021.

31 Artículo modificado por el artículo 12, N° 9), de la Ley N° 20.886, publicada en el Diario Oficial de 18 de diciembre de 2015.

32 Inciso agregado por el artículo único, N° 4, de la Ley N° 19.382, publicada en el Diario Oficial de 24 de mayo de 1995.

TÍTULO VII
DE LAS ACTUACIONES JUDICIALES

[Días y horas hábiles]

Artículo 59 (62). Las actuaciones judiciales deben practicarse en días y horas hábiles.

Son días hábiles los no feriados. Son horas hábiles las que median entre las ocho y las veinte horas.

[Habilitación de días y horas para practicar actuaciones judiciales]

Artículo 60 (63). Pueden los tribunales, a solicitud de parte, habilitar para la práctica de actuaciones judiciales días u horas inhábiles, cuando haya causa urgente que lo exija.

Se estimarán urgentes para este caso, las actuaciones cuya dilación pueda causar grave perjuicio a los interesados, o a la buena administración de justicia, o hacer ilusoria una providencia judicial.

El tribunal apreciará la urgencia de la causa y resolverá sin ulterior recurso.

[Constancia escrita de las actuaciones judiciales]

Artículo 61 (64). De toda actuación deberá dejarse testimonio fidedigno en la carpeta electrónica, con expresión del lugar, día, mes y año en que se verifique, de las formalidades con que se haya procedido, y de las demás indicaciones que la ley o el tribunal dispongan[33].

A continuación y previa lectura, firmarán todas las personas que hayan intervenido; y si alguna no sabe o se niega a hacerlo, se expresará esta

---

[33] Inciso modificado por el artículo 12, N° 10), letra a), de la Ley N° 20.886, publicada en el Diario Oficial de 18 de diciembre de 2015.

circunstancia. El acta correspondiente se digitalizará e incorporará a la carpeta electrónica inmediatamente[34].

La autorización del funcionario a quien corresponda dar fe o certificado del acto es esencial para la validez de la actuación en todos aquellos casos en que una ley expresamente lo disponga[35].

En los casos de contarse con los recursos técnicos necesarios, podrán registrarse las audiencias en que participe el tribunal mediante audio digital, video u otro soporte tecnológico equivalente, el que se agregará a la carpeta electrónica inmediatamente[36].

[Juramento]

Artículo 62 (65). Siempre que en una actuación haya de tomarse juramento a alguno de los concurrentes, se le interrogará por el funcionario autorizante al tenor de la siguiente fórmula: "¿Juráis por Dios decir verdad acerca de lo que se os va a preguntar?", o bien, "¿Juráis por Dios desempeñar fielmente el cargo que se os confía?", según sea la naturaleza de la actuación. El interrogado deberá responder: "Sí juro"[37].

---

34 Inciso modificado por el artículo 12, N° 10, letra b), de la Ley N° 20.886, publicada en el Diario Oficial de 18 de diciembre de 2015.

35 Inciso modificado por el artículo 12, N° 10, letra c), de la Ley N° 20.886, publicada en el Diario Oficial de 18 de diciembre de 2015.

36 Inciso agregado por el artículo 12, N° 10, letra d), de la Ley N° 20.886, publicada en el Diario Oficial de 18 de diciembre de 2015.

37 El artículo 8 de la Ley 21.394, publicada el 30 de noviembre de 2021 expresa que: "Cada vez que en el Código Civil, el Código de Procedimiento Civil, el Código Orgánico de Tribunales o en leyes especiales se haga referencia al juramento que debe prestar una persona, se entenderá incluida la posibilidad de prestar promesa. Este juramento o promesa se podrá realizar presencialmente o por vía remota mediante videoconferencia".

[INTÉRPRETE]

Artículo 63 (66). Cuando sea necesaria la intervención de intérprete en una actuación judicial, se recurrirá al intérprete oficial[38], si lo hay; y en caso contrario, al que designe el tribunal.

Los intérpretes deberán tener las condiciones requeridas para ser peritos, y se les atribuirá el carácter de ministros de fe.

Antes de practicarse la diligencia, deberá el intérprete prestar juramento para el fiel desempeño de su cargo.

[PLAZOS FATALES DEL CPC. PRECLUSIÓN. SUSPENSIÓN DEL PROCEDIMIENTO DE COMÚN ACUERDO]

Artículo 64. Los plazos que señala este Código son fatales cualquiera sea la forma en que se exprese, salvo aquellos establecidos para la realización de actuaciones propias del tribunal. En consecuencia, la posibilidad de ejercer un derecho o la oportunidad para ejecutar el acto se extingue al vencimiento del plazo. En estos casos el tribunal, de oficio o a petición de parte, proveerá lo que convenga para la prosecución del juicio, sin necesidad de certificado previo.

Las partes, en cualquier estado del juicio, podrán acordar la suspensión del procedimiento hasta dos veces por instancia, sea o no por períodos iguales, hasta un plazo máximo de noventa días en cada instancia, sin perjuicio de poder acordarla, además, ante la Corte Suprema en caso que, ante dicho tribunal, estuvieren pendientes recursos de casación o de queja en contra de sentencia definitiva. Los plazos que estuvieren corriendo se

---

[38] El artículo 1°, letra d), del Decreto N° 738, de Relaciones Exteriores, publicado en el Diario Oficial de 19 de enero de 1967, establece: "El Departamento de Traductores e Intérpretes de la Dirección de los Servicios Centrales del Ministerio de Relaciones Exteriores tendrá a su cargo las siguientes funciones: d) Intervenir en todas aquellas diligencias judiciales en que sea requerida la mediación de un Intérprete Oficial, de acuerdo con lo dispuesto en el artículo 63 del Código de Procedimiento Civil".

suspenderán al presentarse el escrito respectivo y continuarán corriendo vencido el plazo de suspensión acordado[39].

[Cómputo de los plazos]

Artículo 65 (68). Los términos comenzarán a correr para cada parte desde el día de la notificación.

Los términos comunes se contarán desde la última notificación.

[Plazos discontinuos]

Artículo 66 (69). Los términos de días que establece el presente Código, se entenderán suspendidos durante los feriados, salvo que el tribunal, por motivos justificados, haya dispuesto expresamente lo contrario[40].

[Plazos prorrogables]

Artículo 67 (70). Son prorrogables los términos señalados por el tribunal.

Para que pueda concederse la prórroga es necesario:

1° Que se pida antes del vencimiento del término; y

---

[39] Inciso reemplazado por el artículo 2, N° 1, de la Ley N° 20.774, publicada en el Diario Oficial de 4 de septiembre de 2014. Con anterioridad este artículo fue sustituido por el artículo 1°, N° 4, de la Ley N° 18.882, publicada en el Diario Oficial de 20 de diciembre de 1989.
El artículo decimotercero transitorio de la Ley N° 21.394 publicada en el Diario Oficial de 30 de noviembre de 2021 señala: "Por el lapso de un año contado desde la publicación de la presente ley, las partes que ya hubieren agotado el derecho previsto en el inciso segundo del artículo 64 del Código de Procedimiento Civil, podrán acordar la suspensión del procedimiento hasta por una vez más por instancia, sin perjuicio de poder acordarla, además, ante la Corte Suprema cuando estuvieren pendientes los recursos señalados en dicho artículo. Los plazos que estuvieren corriendo se suspenderán al presentarse el escrito respectivo y continuarán corriendo vencido el plazo de suspensión acordado".

[40] El inciso final de este artículo fue eliminado por el artículo 2, N° 2, de la Ley N° 20.774, publicada en el Diario Oficial de 4 de septiembre de 2014.

2° Que se alegue justa causa, la cual será apreciada por el tribunal prudencialmente.

[Límites a la prórroga del plazo]

Artículo 68 (71). En ningún caso podrá la prórroga ampliar el término más allá de los días asignados por la ley.

[Actuación judicial decretada con citación o con conocimiento]

Artículo 69 (72). Siempre que se ordene o autorice una diligencia con *citación*, se entenderá que no puede llevarse a efecto sino pasados tres días después de la notificación de la parte contraria, la cual tendrá el derecho de oponerse o deducir observaciones dentro de dicho plazo, suspendiéndose en tal caso la diligencia hasta que se resuelva el incidente.

Cuando se mande proceder *con conocimiento* o valiéndose de otras expresiones análogas, se podrá llevar a efecto la diligencia desde que se ponga en noticia del contendor lo resuelto.

[Delegación de funciones del Tribunal]

Artículo 70 (73). Todas las actuaciones necesarias para la formación del proceso se practicarán por el tribunal que conozca de la causa, salvo los casos en que se encomienden expresamente por la ley a los secretarios u otros ministros de fe, o en que se permita al tribunal delegar sus funciones, o en que las actuaciones hayan de practicarse fuera del lugar en que se siga el juicio.

[Exhorto o carta rogatoria]

Artículo 71 (74). Todo tribunal es obligado a practicar o a dar orden para que se practiquen en su territorio, las actuaciones que en él deban ejecutarse y que otro tribunal le encomiende.

El tribunal que conozca de la causa dirigirá al del lugar donde haya de practicarse la diligencia la correspondiente comunicación, insertando los escritos, decretos y explicaciones necesarias.

El tribunal a quien se dirija la comunicación ordenará su cumplimiento en la forma que ella indique, y no podrá decretar otras gestiones que las necesarias a fin de darle curso y habilitar al juez de la causa para que resuelva lo conveniente.

[Firma y destinatario de las comunicaciones entre tribunales]

Artículo 72 (75). Las comunicaciones serán firmadas por el juez, en todo caso; y si el tribunal es colegiado, por su presidente. A las mismas personas se dirigirán las comunicaciones que emanen de otros tribunales o funcionarios.

[Diligenciamiento del exhorto]

Artículo 73 (76). En las gestiones que sea necesario hacer ante el tribunal exhortado, podrá intervenir el encargado de la parte que solicitó el exhorto, siempre que en éste se exprese el nombre de dicho encargado o se indique que puede diligenciarlo el que lo presente o cualquiera otra persona.

[Pluralidad de exhortos]

Artículo 74 (77). Podrá una misma comunicación dirigirse a diversos tribunales para que se practiquen actuaciones en distintos puntos sucesivamente. Las primeras diligencias practicadas, junto con la comunicación que las motive, se remitirán por el tribunal que haya intervenido en ellas al que deba continuarlas en otro territorio.

[Destinatario del exhorto]

Artículo 75 (78). Toda comunicación para practicar actuaciones fuera del lugar del juicio será dirigida, sin intermedio alguno, al tribunal o funcionario a quien corresponda ejecutarla, aunque no dependa del que reclama su intervención.

[Exhorto internacional]

Artículo 76 (79). Cuando hayan de practicarse actuaciones en país extranjero, se dirigirá la comunicación respectiva al funcionario que deba intervenir, por conducto de la Corte Suprema, la cual la enviará al Ministerio de Relaciones Exteriores para que éste a su vez le dé curso en la forma que esté determinada por los tratados vigentes o por las reglas generales adoptadas por el Gobierno.

En la comunicación se expresará el nombre de la persona o personas a quienes la parte interesada apodere para practicar las diligencias solicitadas, o se indicará que puede hacerlo la persona que lo presente o cualquiera otra.

Por este mismo conducto y en la misma forma se recibirán las comunicaciones de los tribunales extranjeros para practicar diligencias en Chile.

[Comunicaciones a través del sistema de tramitación electrónico]

Artículo 77. Sin perjuicio de lo señalado en el artículo precedente, toda comunicación dirigida por un tribunal a otro deberá ser conducida a su destino por vía del sistema de tramitación electrónica del Poder Judicial, y no siendo posible lo anterior, por el medio de comunicación idóneo más expedito[41].

TÍTULO VII BIS
DE LA COMPARECENCIA VOLUNTARIA EN AUDIENCIAS POR MEDIOS REMOTOS

[Comparecencia a audiencias por vía remota]

Artículo 77 bis. El tribunal podrá autorizar la comparecencia remota por videoconferencia de cualquiera de las partes que así se lo solicite a las audiencias judiciales de su competencia que se verifiquen presencialmente

---

41 Artículo reemplazado por el artículo 12, N° 11, de la Ley N° 20.886, publicada en el Diario Oficial de 18 de diciembre de 2015

en el tribunal, si cuenta con los medios idóneos para ello y si dicha forma de comparecencia resultare eficaz y no causare indefensión.

La parte interesada deberá solicitar comparecer por esta vía hasta dos días antes de la realización de la audiencia, ofreciendo algún medio de contacto, tales como número de teléfono o correo electrónico, a efectos de que el tribunal coordine la realización de la audiencia. Si no fuere posible contactar a la parte interesada a través de los medios ofrecidos tras tres intentos, de lo cual se deberá dejar constancia, se entenderá que no ha comparecido a la audiencia.

La comparecencia remota de la parte se realizará desde cualquier lugar, con auxilio de algún medio tecnológico compatible con los utilizados por el Poder Judicial e informados por su Corporación Administrativa. Adicionalmente, para el caso en que la parte se encontrare fuera de la región en que se sitúa el tribunal, la comparecencia remota también podrá realizarse en dependencias de cualquier otro tribunal, si éste contare con disponibilidad de medios electrónicos y dependencias habilitadas. La Corte Suprema deberá regular mediante auto acordado la forma en que se coordinará y se hará uso de dichas dependencias.

La constatación de la identidad de la parte que comparece de forma remota se deberá efectuar inmediatamente antes del inicio de la audiencia, de manera remota ante el ministro de fe o el funcionario que determine el tribunal respectivo, mediante la exhibición de su cédula de identidad o pasaporte, de lo que se dejará registro.

Con todo, la absolución de posiciones, las declaraciones de testigos y otras actuaciones que el juez determine, sólo podrán rendirse en dependencias del tribunal que conoce de la causa o del tribunal exhortado.

De la audiencia realizada por vía remota mediante videoconferencia se levantará acta, que consignará todo lo obrado en ella; la que deberá ser suscrita por las partes, el juez y los demás comparecientes. La parte que comparezca vía remota podrá firmar el acta mediante firma electrónica simple o avanzada.

La disponibilidad y correcto funcionamiento de los medios tecnológicos de las partes que comparezcan remotamente en dependencias ajenas al Poder Judicial será de su responsabilidad. Con todo, la parte podrá alegar entorpecimiento si el mal funcionamiento de los medios tecnológicos no fuera atribuible a ella. En caso de acoger dicho incidente, el tribunal fijará un nuevo día y hora para la continuación de la audiencia, sin que se pierda lo obrado con anterioridad a dicho mal funcionamiento. En la nueva audiencia que se fije, el tribunal velará por la igualdad de las partes en el ejercicio de sus derechos.

Lo dispuesto en los incisos anteriores es sin perjuicio de la modalidad de funcionamiento excepcional a través de audiencias remotas, por razones de buen servicio judicial, regulado en el artículo 47 D del Código Orgánico de Tribunales[42].

TÍTULO VIII
DE LAS REBELDÍAS

[Plazos judiciales para actuaciones de las partes. Declaración de rebeldía]

Artículo 78. Vencido un plazo judicial para la realización de un acto procesal sin que éste se haya practicado por la parte respectiva, el tribunal, de oficio o a petición de parte, declarará evacuado dicho trámite en

---

[42] Artículo incorporado por el artículo 3, N° 8, de la Ley N° 21.394, publicada en el Diario Oficial de 30 de noviembre de 2021.
El artículo duodécimo transitorio de la Ley N° 21.394, en sus incisos 1° y 2° establecen: "Las disposiciones contenidas en los artículos 3°, 4°, 5° y 7°, y en los numerales 5) y 16) del artículo 6° de esta ley entrarán en vigor transcurridos diez días desde la publicación de la presente ley".
Sin perjuicio de lo dispuesto en el inciso primero, durante el periodo de un año desde la entrada en vigencia señalada en dicho inciso, las disposiciones contenidas en los numerales 8), 9) y 10) del artículo 3°; en los numerales 2) y 4) del artículo 4°; en el numeral 2) del artículo 5°; y en los numerales 2), 3) y 4) del artículo 6° de esta ley regirán en los tiempos y territorios en que las disposiciones del artículo decimosexto transitorio no fueren aplicables, de conformidad a la extensión temporal o territorial que conforme dicho artículo disponga la Corte Suprema. Asimismo, el numeral 2) del artículo 9° de esta ley comenzará a regir concluida la vigencia del artículo decimoséptimo transitorio".

su rebeldía y proveerá lo que convenga para la prosecución del juicio, sin certificado previo del secretario[43].

[Incidente de rescisión de lo obrado en rebeldía causada por fuerza mayor. Ficto contumax]

Artículo 79 (82). Podrá un litigante pedir la rescisión de lo que se haya obrado en el juicio en rebeldía suya, ofreciendo probar que ha estado impedido por fuerza mayor.

Este derecho sólo podrá reclamarse dentro de tres días, contados desde que cesó el impedimento y pudo hacerse valer ante el tribunal que conoce del negocio.

[Incidente de nulidad por falta de emplazamiento]

Artículo 80 (83). Si al litigante rebelde no se le ha hecho saber en persona ninguna de las providencias libradas en el juicio, podrá pedir la rescisión de lo obrado, ofreciendo acreditar que, por un hecho que no le sea imputable, han dejado de llegar a sus manos las copias a que se refieren los artículos 40 y 44, o que ellas no son exactas en su parte substancial.

Este derecho no podrá reclamarse sino dentro de cinco días, contados desde que aparezca o se acredite que el litigante tuvo conocimiento personal del juicio.

[Tramitación de los incidentes de los arts. 79 y 80 CPC]

Artículo 81 (84). Los incidentes a que den lugar las disposiciones contenidas en los dos artículos anteriores, no suspenderán el curso de la causa principal y se substanciarán en cuaderno separado.

---

[43] Artículo sustituido por el artículo 1, N° 9, de la Ley N° 18.705, publicada en el Diario Oficial de 24 de mayo de 1988.

TÍTULO IX
DE LOS INCIDENTES

[INCIDENTES]

Artículo 82 (85). Toda cuestión accesoria de un juicio que requiera pronunciamiento especial con audiencia de las partes, se tramitará como incidente y se sujetará a las reglas de este título, si no tiene señalada por la ley una tramitación especial.

[INCIDENTE ORDINARIO DE NULIDAD PROCESAL. CONVALIDACIÓN POR PRECLUSIÓN, EXPRESA, TÁCITA, BUENA FE. EXTENSIÓN DE LA NULIDAD]

Artículo 83. La nulidad procesal podrá ser declarada, de oficio o a petición de parte, en los casos que la ley expresamente lo disponga y en todos aquellos en que exista un vicio que irrogue a alguna de las partes un perjuicio reparable sólo con la declaración de nulidad.

La nulidad sólo podrá impetrarse dentro de cinco días, contados desde que aparezca o se acredite que quien deba reclamar de la nulidad tuvo conocimiento del vicio, a menos que se trate de la incompetencia absoluta del tribunal. La parte que ha originado el vicio o concurrido a su materialización o que ha convalidado tácita o expresamente el acto nulo, no podrá demandar la nulidad.

La declaración de nulidad de un acto no importa la nulidad de todo lo obrado. El tribunal, al declarar la nulidad, deberá establecer precisamente cuáles actos quedan nulos en razón de su conexión con el acto anulado[44].

---

[44] Artículo sustituido por el artículo primero, Nº 10, de la Ley Nº 18.705, publicada en el Diario Oficial de 24 de mayo de 1988.

[Incidentes conexos e inconexos. Oportunidad para impetrar incidentes cuyos hechos son anteriores o coexistentes con la iniciación del juicio. Corrección de oficio]

Artículo 84 (87). Todo incidente que no tenga conexión alguna con el asunto que es materia del juicio podrá ser rechazado de plano[45].

Si el incidente nace de un hecho anterior al juicio o coexistente con su principio, como defecto legal en el modo de proponer la demanda, deberá promoverlo la parte antes de hacer cualquiera gestión principal en el pleito.

Si lo promueve después, será rechazado de oficio por el tribunal, salvo que se trate de un vicio que anule el proceso, en cuyo caso se estará a lo que establece el artículo 83, o que se trate de una circunstancia esencial para la ritualidad o la marcha del juicio, evento en el cual el tribunal ordenará que se practiquen las diligencias necesarias para que el proceso siga su curso legal[46].

El juez podrá corregir de oficio los errores que observe en la tramitación del proceso. Podrá asimismo tomar las medidas que tiendan a evitar la nulidad de los actos de procedimiento. No podrá, sin embargo, subsanar las actuaciones viciadas en razón de haberse realizado éstas fuera del plazo fatal indicado por la ley.

[Oportunidad para impetrar incidentes originados de hechos que acontecen durante el juicio]

Artículo 85 (88). Todo incidente originado de un hecho que acontezca durante el juicio, deberá promoverse tan pronto como el hecho llegue a conocimiento de la parte respectiva.

Si en el proceso consta que el hecho ha llegado al conocimiento de la parte, y si ésta ha practicado una gestión posterior a dicho conocimiento, el incidente promovido después será rechazado de plano, salvo que se trate

---

45 Inciso agregado por el artículo primero, Nº 11, letra a), de la Ley Nº 18.705, publicada en el Diario Oficial de 24 de mayo de 1988.

46 Inciso sustituido por el artículo primero, Nº 11, letra b), de la Ley Nº 18.705, publicada en el Diario Oficial de 24 de mayo de 1988.

de alguno de los vicios o circunstancias a que se refiere el inciso 3° del artículo anterior[47].

[OPORTUNIDAD PARA IMPETRAR INCIDENTES CUYAS CAUSAS EXISTEN SIMULTÁNEAMENTE]

Artículo 86 (89). Todos los incidentes cuyas causas existan simultáneamente deberán promoverse a la vez. En caso contrario, se observará, respecto de los que se promuevan después, lo dispuesto en el inciso 3° del artículo 84[48].

[INCIDENTES DE PREVIO Y ESPECIAL PRONUNCIAMIENTO Y LOS QUE NO TIENEN TAL CARÁCTER]

Artículo 87 (90). Si el incidente es de aquellos sin cuya previa resolución no se puede seguir substanciando la causa principal, se suspenderá el curso de ésta, y el incidente se tramitará en la misma pieza de autos.

En el caso contrario, no se suspenderá el curso de la causa principal, y el incidente se substanciará en ramo separado.

[SANCIÓN DE CONSIGNACIÓN PREVIA POR PERDER DOS O MÁS INCIDENTES Y PROMOVER OTRO MÁS. POSIBILIDAD DE IMPONER SANCIÓN AL MANDATARIO JUDICIAL CUANDO LA PARTE ACTÚA CON PRIVILEGIO DE POBREZA]

Artículo 88. La parte que haya promovido y perdido dos o más incidentes en un mismo juicio, no podrá promover ningún otro sin que previamente deposite en la cuenta corriente del tribunal la cantidad que éste fije. El tribunal de oficio y en la resolución que deseche el segundo incidente determinará el monto del depósito. Este depósito fluctuará entre una y diez unidades tributarias mensuales y se aplicará como multa a beneficio fiscal, si fuere rechazado el respectivo incidente.

---

[47] Inciso modificado por el artículo primero, N° 5, de la Ley N° 18.882, publicada en el Diario Oficial de 20 de diciembre de 1989.

[48] Inciso modificado por el artículo primero, N° 6, de la Ley N° 18.882, publicada en el Diario Oficial de 20 de diciembre de 1989.

El tribunal determinará el monto del depósito considerando la actuación procesal de la parte y si observare mala fe en la interposición de los nuevos incidentes podrá aumentar su cuantía hasta por el duplo. La parte que goce de privilegio de pobreza en el juicio, no estará obligada a efectuar depósito previo alguno.

El incidente que se formule sin haberse efectuado previamente el depósito fijado, se tendrá por no interpuesto y se extinguirá el derecho a promoverlo nuevamente.

En los casos que la parte no obligada a efectuar el depósito previo en razón de privilegio de pobreza interponga nuevos incidentes y éstos le sean rechazados; el juez, en la misma resolución que rechace el nuevo incidente, podrá imponer personalmente al abogado o al mandatario judicial que lo hubiere promovido, por vía de pena, una multa a beneficio fiscal de una a diez unidades tributarias mensuales, si estimare que en su interposición ha existido mala fe o el claro propósito de dilatar el proceso.

Todo incidente que requiera de depósito previo deberá tramitarse en cuaderno separado, sin afectar el curso de la cuestión principal ni de ninguna otra, sin perjuicio de lo que se pueda resolver en el fallo del respectivo incidente.

Las resoluciones que se dicten en virtud de las disposiciones de este artículo, en cuanto al monto de depósitos y multas se refiere, son inapelables[49].

[Procedimiento incidental ordinario]

Artículo 89 (92). Si se promueve un incidente, se concederán tres días para responder y vencido este plazo, haya o no contestado la parte contraria, resolverá el tribunal la cuestión, si, a su juicio, no hay necesidad de prueba. No obstante, el tribunal podrá resolver de plano aquellas pe-

---

49 Artículo sustituido por el artículo primero, Nº 12, de la Ley Nº 18.705, publicada en el Diario Oficial de 24 de mayo de 1988.

ticiones cuyo fallo se pueda fundar en hechos que consten del proceso, o sean de pública notoriedad, lo que el tribunal consignará en su resolución.

[Término probatorio en el procedimiento incidental ordinario]

Artículo 90 (93). Si es necesaria la prueba, se abrirá un término de ocho días para que dentro de él se rinda y se justifiquen también las tachas de los testigos, si hay lugar a ellas.

Dentro de los dos primeros días deberá acompañar cada parte una nómina de los testigos de que piensa valerse, con expresión del nombre y apellido, domicilio y profesión u oficio. Sólo se examinarán testigos que figuren en dicha nómina.

Cuando hayan de practicarse diligencias probatorias fuera del lugar en que se sigue el juicio, podrá el tribunal, por motivos fundados, ampliar una sola vez el término por el número de días que estime necesarios, no excediendo en ningún caso del plazo total de treinta días, contados desde que se recibió el incidente a prueba.

Las resoluciones que se pronuncien en los casos de este artículo son inapelables.

[Resolución del incidente]

Artículo 91 (94). Vencido el término de prueba, háyanla o no rendido las partes, y aun cuando éstas no lo pidan, fallará el tribunal inmediatamente o, a más tardar, dentro de tercero día, la cuestión que haya dado origen al incidente.

TÍTULO X
DE LA ACUMULACIÓN DE AUTOS

[Procedencia de la acumulación de autos]

Artículo 92 (95). La acumulación de autos tendrá lugar siempre que se tramiten separadamente dos o más procesos que deban constituir un solo juicio y terminar por una sola sentencia, para mantener la continencia, o unidad de la causa. Habrá, por tanto, lugar a ella:

1° Cuando la acción o acciones entabladas en un juicio sean iguales a las que se hayan deducido en otro, o cuando unas y otras emanen directa e inmediatamente de unos mismos hechos;

2° Cuando las personas y el objeto o materia de los juicios sean idénticos, aunque las acciones sean distintas; y

3° En general, siempre que la sentencia que haya de pronunciarse en un juicio deba producir la excepción de cosa juzgada en otro.

[Acumulación de autos en el procedimiento concursal de liquidación]

Artículo 93 (96). Habrá también lugar a la acumulación de autos en los casos de procedimiento concursal de liquidación[50].

De esta acumulación se trata en la Ley de Reorganización y Liquidación de Activos de Empresas y Personas[51].

[Acumulación de autos a petición de parte y de oficio]

Artículo 94 (97). La acumulación de autos se decretará a petición de parte, pero si los procesos se encuentran en un mismo tribunal, podrá éste ordenarla de oficio.

Se considerará parte legítima para solicitarla todo el que haya sido admitido como parte litigante en cualquiera de los juicios cuya acumulación se pretende.

[Identidad procedimental e instancias análogas como requisitos adicionales para decretar la acumulación de autos]

Artículo 95 (98). Para que pueda tener lugar la acumulación, se requiere que los juicios se encuentren sometidos a una misma clase de

---

50 Inciso modificado por el artículo 348, N° 1, letra a), de la Ley N° 20.720, publicada en el Diario Oficial de 9 de enero de 2014.

51 Inciso modificado por el artículo 348, N° 1, letra b), de la Ley N° 20.720, publicada en el Diario Oficial de 9 de enero de 2014.

procedimiento y que la substanciación de todos ellos se encuentre en instancias análogas.

[FORMA DE HACER LA ACUMULACIÓN DE AUTOS]

Artículo 96 (99). Si los juicios están pendientes ante tribunales de igual jerarquía, el más moderno se acumulará al más antiguo; pero en el caso contrario, la acumulación se hará sobre aquel que esté sometido al tribunal superior.

[SUSPENSIÓN DE LOS AUTOS]

Artículo 97 (100). Siempre que tenga lugar la acumulación, el curso de los juicios que estén más avanzados se suspenderá hasta que todos lleguen a un mismo estado.

[OPORTUNIDAD PARA IMPETRAR LA ACUMULACIÓN DE AUTOS Y TRIBUNAL COMPETENTE PARA CONOCER EL INCIDENTE]

Artículo 98 (101). La acumulación se podrá pedir en cualquier estado del juicio antes de la sentencia de término; y si se trata de juicios ejecutivos, antes del pago de la obligación. Deberá solicitarse ante el tribunal a quien corresponda continuar conociendo en conformidad al artículo 96.

[TRAMITACIÓN DEL INCIDENTE]

Artículo 99 (102). Pedida la acumulación, se concederá un plazo de tres días a la otra parte para que exponga lo conveniente sobre ella. Pasado este término, haya o no respuesta, el tribunal resolverá, haciendo traer previamente a la vista todos los procesos cuya acumulación se solicite, si todos están pendientes ante él. En caso contrario, podrá pedir que se le remitan los que se sigan ante otros tribunales.

[EFECTO DEL RECURSO DE APELACIÓN]

Artículo 100 (103). De las resoluciones que nieguen la acumulación o den lugar a ella sólo se concederá apelación en el efecto devolutivo.

TÍTULO XI
DE LAS CUESTIONES DE COMPETENCIA

[Cuestiones de competencia. Declinatoria e inhibitoria]

Artículo 101 (104). Podrán las partes promover cuestiones de competencia por inhibitoria o por declinatoria.

Las que hayan optado por uno de estos medios, no podrán después abandonarlo para recurrir al otro. Tampoco podrán emplearse los dos simultánea ni sucesivamente.

[Inhibitoria]

Artículo 102 (105). La inhibitoria se intentará ante el tribunal a quien se crea competente, pidiéndole que se dirija al que esté conociendo del negocio para que se inhiba y le remita los autos.

Si el recurrente pretende acreditar con documentos su derecho, deberá acompañarlos a la solicitud de inhibitoria, o pedir en ella los testimonios correspondientes.

[Tramitación del incidente de inhibitoria]

Artículo 103 (106). Con sólo el mérito de lo que exponga la parte y de los documentos que presente o que el tribunal de oficio mande agregar, si lo juzga necesario, se accederá a la solicitud o se negará lugar a ella.

[Acoge inhibitoria. Comunicación al tribunal que conoce del proceso judicial]

Artículo 104 (107). Si el tribunal accede, dirigirá al que esté conociendo del negocio la correspondiente comunicación, con inserción de la solicitud de la parte y de los demás documentos que estime necesarios para fundar su competencia.

[Tramitación ante el tribunal requerido]

Artículo 105 (108). Recibida la comunicación, el tribunal requerido oirá a la parte que ante él litigue, y con lo que ella exponga y el mérito que arrojen los documentos que presente o que el tribunal mande agregar de oficio, accederá a la inhibición o negará lugar a ella.

[Decisión del tribunal requerido y, en su caso, remisión de los autos]

Artículo 106 (109). Si el tribunal requerido accede a la inhibición y esta sentencia queda ejecutoriada, remitirá los autos al requeriente.

Si la deniega, se pondrá lo resuelto en conocimiento del otro tribunal, y cada uno, con citación de la parte que gestione ante él, remitirá los autos al tribunal a quien corresponda resolver la contienda.

[Resoluciones apelables]

Artículo 107 (112). Son apelables solamente la resolución que niega lugar a la solicitud de inhibición a que se refiere el artículo 102 y la que pronuncie el tribunal requerido accediendo a la inhibición.

[Tribunal competente para conocer del recurso de apelación]

Artículo 108 (113). Las apelaciones de que trata el artículo anterior se llevarán ante el tribunal a quien correspondería conocer de la contienda de competencia; pero cuando los tribunales dependan de diversos superiores, iguales en jerarquía, conocerá de la apelación el superior del tribunal que haya dictado la sentencia apelada.

[Tramitación ante el tribunal superior]

Artículo 109 (114). El superior que conozca de la apelación o que resuelva la contienda de competencia declarará cuál de los tribunales inferiores es competente o que ninguno de ellos lo es.

Para pronunciar resolución, citará a uno y otro litigante, pudiendo pedir los informes que estime necesarios, y aun recibir a prueba el incidente.

Si los tribunales de cuya competencia se trata ejercen jurisdicción de diferente clase, se oirá también al fiscal judicial[52].

---

52 Inciso modificado por el artículo 2° de la Ley N° 19.806, publicada en el Diario Oficial de 31 de mayo de 2002.

[Remisión de los autos al tribunal declarado competente]

Artículo 110 (115). Expedida la resolución, el mismo tribunal que la dictó remitirá los autos que ante él obren al tribunal declarado competente, para que éste comience o siga conociendo del negocio, y comunicará lo resuelto al otro tribunal.

[Declinatoria]

Artículo 111 (116). La declinatoria se propondrá ante el tribunal a quien se cree incompetente para conocer de un negocio que le esté sometido, indicándole cuál es el que se estima competente y pidiéndole se abstenga de dicho conocimiento. Su tramitación se sujetará a las reglas establecidas para los incidentes.

[Incidente de previo y especial pronunciamiento]

Artículo 112 (117). Mientras se halle pendiente el incidente de competencia, se suspenderá el curso de la causa principal; pero el tribunal que esté conociendo de ella podrá librar aquellas providencias que tengan el carácter de urgentes.

La apelación de la resolución que desecha la declinatoria de jurisdicción se concederá sólo en el efecto devolutivo.

La tramitación de la causa, en el caso de inhibitoria, continuará después de notificada la resolución denegatoria a que se refiere el inciso 2° del artículo 106, sin perjuicio de que esas gestiones queden sin valor si el tribunal correspondiente declara que el que está conociendo del juicio es incompetente para ello.

TÍTULO XII
DE LAS IMPLICANCIAS Y RECUSACIONES

[Personas susceptibles de ser inhabilitadas por causa de implicancia o recusación]

Artículo 113 (118). Sólo podrá inhabilitarse a los jueces y a los auxiliares de la Administración de Justicia para que intervengan en un negocio determinado, en los casos y por las causas de implicancia o recusación que señala el Código Orgánico de Tribunales.

Para inhabilitar a los peritos, la parte a quien pueda perjudicar su intervención, deberá expresar y probar alguna de las causas de implicancia o recusación determinadas para los jueces, en cuanto sean aplicables a aquéllos.

Si la recusación afectare a un abogado integrante, el Presidente de la respectiva Corte procederá de inmediato a formar sala, salvo que ello no fuera posible por causa justificada[53].

[Oportunidad para impetrar la declaración de implicancia o recusación]

Artículo 114 (119). La declaración de implicancia o de recusación cuando haya de fundarse en causa legal, deberá pedirse antes de toda gestión que ataña al fondo del negocio, o antes de que comience a actuar la persona contra quien se dirige, siempre que la causa alegada exista ya y sea conocida de la parte.

Si la causa es posterior o no ha llegado a conocimiento de la parte, deberá proponerla tan pronto como tenga noticia de ella. No justificándose esta última circunstancia, será desechada la solicitud, a menos que se trate de una implicancia. En este caso, podrá el tribunal imponer a la parte que maliciosamente haya retardado el reclamo de la implicancia una multa que no exceda de un sueldo vital[54].

[Tribunal competente para impetrar implicancia contra un juez de tribunal unipersonal]

Artículo 115 (120). La implicancia de un juez que desempeñe tribunal unipersonal se hará valer ante él mismo, expresando la causa legal

---

53 Inciso agregado por el artículo 1°, N° 13, de la Ley N° 18.705, publicada en el Diario Oficial de 24 de mayo de 1988.

54 Inciso modificado por el artículo 2°, letra f), del Decreto Ley N° 1.417, publicado en el Diario Oficial del 29 de abril de 1976.

en que se apoya y los hechos en que se funda, acompañando u ofreciendo presentar las pruebas necesarias y pidiéndole se inhiba del conocimiento del negocio.

[Tribunal competente para impetrar recusación contra juez de tribunal unipersonal e implicancia y recusación contra juez de tribunal colegiado]

Artículo 116 (121). La recusación de los jueces a que se refiere el artículo anterior, y la implicancia y recusación de los miembros de tribunales colegiados se harán valer, en los términos que indica dicho artículo, ante el tribunal que, según la ley, deba conocer de estos incidentes.

[Tribunal competente para conocer de implicancia y recusación contra funcionarios subalternos]

Artículo 117 (122). La implicancia y la recusación de los funcionarios subalternos se reclamarán ante el tribunal que conozca del negocio en que aquéllos deban intervenir, y se admitirán sin más trámite cuando no necesiten fundarse en causa legal.

[Consignación. Requisito de admisibilidad]

Artículo 118 (123). Cuando deba expresarse causa, no se dará curso a la solicitud de implicancia o de recusación de los funcionarios que a continuación se mencionan, a menos que el ocurrente haya sido declarado pobre, si no se acompaña testimonio de haber efectuado un depósito en la cuenta corriente del tribunal que deba conocer de la implicancia o recusación, de las cantidades que en seguida se expresan, para responder a la multa de que habla el artículo 122.

En la implicancia o recusación del Presidente, Ministro o Fiscal de la Corte Suprema, una unidad tributaria mensual. En la del Presidente, Ministros o Fiscales de una Corte de Apelaciones, media unidad tributaria mensual. En la de un juez letrado o de un subrogante legal, juez árbitro, defensor público, relator, perito, secretario o receptor, un cuarto de unidad tributaria mensual[55].

La consignación ordenada en este artículo se elevará al doble cuando se trate de la segunda solicitud de inhabilitación deducida por la misma parte, al triple en la tercera y así sucesivamente.

[Bastanteo de la causal de inhabilidad]

Artículo 119 (124). Si la causa alegada no es legal, o no la constituyen los hechos en que se funda, o si éstos no se especifican debidamente, el tribunal desechará desde luego la solicitud.

En el caso contrario, declarará bastante la causal, y si los hechos en que se funda constan al tribunal o resultan de los antecedentes acompañados o que el mismo tribunal de oficio mande agregar, se declarará, sin más trámites, la implicancia o recusación.

Cuando no conste al tribunal o no aparezca de manifiesto la causa alegada, se procederá en conformidad a las reglas generales, de los incidentes, formándose pieza separada.

[Abstención de intervenir en el asunto]

Artículo 120 (125). Una vez aceptada como bastante la causal de inhabilitación, o declarada ésta con arreglo al inciso 2° del artículo anterior, se pondrá dicha declaración en conocimiento del funcionario cuya implicancia o recusación se haya pedido, para que se abstenga de intervenir en el asunto de que se trata mientras no se resuelva el incidente.

[Subrogación]

Artículo 121 (126). Si la inhabilitación se refiere a un juez de tribunal unipersonal, el que deba subrogarlo conforme a la ley continuará conociendo en todos los trámites anteriores a la citación para sentencia, y

---

55 Inciso sustituido por el artículo 1°, N° 14, de la Ley N° 18.705, publicada en el Diario Oficial de 24 de mayo de 1988.

en este estado se suspenderá el curso del juicio hasta que se declare si ha o no lugar a la inhabilitación.

Si ésta se pide para un juez de tribunal colegiado, continuará funcionando el mismo tribunal, constituido legalmente, con exclusión del miembro o miembros que se intente inhibir, y se suspenderá el juicio como en el caso anterior.

Cuando se trate de otros funcionarios, serán reemplazados, mientras dure el incidente, por los que deban subrogarlos según la ley; y si se rechaza la inhibición, el que la haya solicitado pagará al funcionario subrogado los derechos correspondientes a las actuaciones practicadas por el subrogante, sin perjuicio de que éste también los perciba.

[Condena en costas y multas]

Artículo 122 (127). Si la implicancia o la recusación es desechada, se condenará en las costas al que la haya reclamado, y se le impondrá una multa que no baje de la mitad ni exceda del doble de la suma consignada en conformidad al artículo 118.

Esta multa se elevará al doble cuando se trate de la segunda solicitud de inhabilitación deducida por la misma parte, al triple en la tercera y así sucesivamente.

El tribunal fijará la cuantía de la multa, tomando en cuenta la categoría del funcionario contra quien se haya reclamado, la importancia del juicio, la fortuna del litigante y la circunstancia de haberse procedido o no con malicia.

Sin perjuicio de lo dispuesto en los incisos precedentes, podrán los tribunales, a petición de parte o de oficio, después de haberse rechazado en la causa dos o más recusaciones interpuestas por un mismo litigante, fijar a éste y compartes un plazo razonable para que dentro de él deduzcan todas las que conceptúen procedentes a su derecho, bajo apercibimiento de no ser oídos después respecto de aquellas causales que se funden en hechos o circunstancias que hayan acaecido con anterioridad al decreto que fija dicho plazo.

Las recusaciones que se interpongan por causas sobrevinientes a la fecha de este decreto serán admitidas previa consignación de la multa, y, en caso de ser desestimadas, pueden también las Cortes imponer al recurrente, a más de la multa establecida, otra que no deberá exceder de un sueldo vital por cada instancia de recusación[56].

[ABANDONO DEL INCIDENTE]

Artículo 123 (128). Paralizado el incidente de implicancia o de recusación por más de diez días, sin que la parte que lo haya promovido haga gestiones conducentes para ponerlo en estado de que sea resuelto, el tribunal lo declarará de oficio abandonado, con citación del recusante.

[RECUSACIÓN AMISTOSA]

Artículo 124 (129). Antes de pedir la recusación de un juez al tribunal que deba conocer del incidente, podrá el recusante ocurrir al mismo recusado, si funciona solo, o al tribunal de que forme parte, exponiéndole la causa en que la recusación se funda y pidiéndole la declare sin más trámite.

Rechazada esta solicitud, podrá deducirse la recusación ante el tribunal correspondiente.

[OPORTUNIDAD PARA IMPETRAR LA FALTA DE IMPARCIALIDAD CUANDO EL JUEZ O JUECES CONSIDERAN QUE LES AFECTA ALGUNA CAUSAL DE RECUSACIÓN]

Artículo 125. Producida alguna de las situaciones previstas en el artículo 199 del Código Orgánico de Tribunales respecto de las causales de recusación, la parte a quien, según la presunción de la ley, pueda perjudicar la falta de imparcialidad que se supone en el juez, deberá alegar la inhabilidad correspondiente dentro del plazo de cinco días

---

56 Inciso modificado por el artículo 2°, letra h), del Decreto Ley N° 1.417, publicado en el Diario Oficial del 29 de abril de 1976.

contados desde que se le notifique la declaración respectiva. Si así no lo hiciere, se considerará renunciada la correspondiente causal de recusación. Durante este plazo, el juez se considerará inhabilitado para conocer de la causa y se estará a lo dispuesto en el artículo 121 de este Código[57].

[Resoluciones apelables]

Artículo 126 (131). Las sentencias que se dicten en los incidentes sobre implicancia o recusación serán inapelables, salvo la que pronuncie el juez de tribunal unipersonal desechando la implicancia deducida ante él, aceptando la recusación en el caso del artículo 124 o declarándose de oficio inhabilitado por alguna causal de recusación.

Toda sentencia sobre implicancia o recusación será transcrita de oficio al juez o tribunal a quien afecte.

[Efectos de la resolución en diversos juicios de las mismas partes]

Artículo 127 (132). La recusación y la implicancia que deban surtir efecto en diversos juicios de las mismas partes, podrán hacerse valer en una sola gestión.

[Limitación en caso de litisconsorcio]

Artículo 128 (133). Cuando sean varios los demandantes o los demandados, la implicancia o recusación deducida por alguno de ellos, no podrá renovarse por los otros, a menos de fundarse en alguna causa personal del recusante.

---

[57] Artículo reemplazado por el artículo 1°, N° 15, de la Ley N° 18.705, publicada en el Diario Oficial de 24 de mayo de 1988.

TÍTULO XIII
DEL PRIVILEGIO DE POBREZA

[Derechos reclamables]

Artículo 129 (137). En las gestiones para obtener privilegio de pobreza, los derechos que se causen sólo podrán reclamarse en caso de que no se dé lugar a la solicitud[58].

[Oportunidad de la solicitud y tribunal competente]

Artículo 130 (138). El privilegio de pobreza podrá solicitarse en cualquier estado del juicio y aun antes de su iniciación, y deberá siempre pedirse al tribunal a quien corresponda conocer en única o primera instancia del asunto en que haya de tener efecto.

Podrá tramitarse en una sola gestión para varias causas determinadas y entre las mismas partes, si el conocimiento de todas corresponde al mismo tribunal en primera instancia.

[Tramitación del incidente. Cuaderno separado]

Artículo 131 (139). El privilegio de pobreza se tramitará en cuaderno separado y se expresarán al solicitarlo los motivos en que se funde. El tribunal ordenará que se rinda información para acreditarlos, con sólo la citación de la parte contra quien litigue o haya de litigar el que solicita el privilegio.

[Tramitación del incidente en caso de haber o no oposición. Efecto en que se concede el recurso de apelación]

Artículo 132 (140). Si la parte citada no se opone dentro de tercero día a la concesión del privilegio, se rendirá la información y se resolverá

---

58 Artículo modificado por el artículo 12, N° 12), de la Ley N° 20.886, publicada en el Diario Oficial de 18 de diciembre de 2015.

con el mérito de ella y de los demás antecedentes acompañados o que el tribunal mande agregar.

Si hay oposición, se tramitará el incidente en conformidad a las reglas generales.

La apelación de la sentencia que acepte el privilegio de pobreza se concederá sólo en el efecto devolutivo.

[Oposición de funcionarios judiciales]

Artículo 133 (141). En la gestión de privilegio de pobreza serán oídos los funcionarios judiciales a quienes pueda afectar su concesión, si se presentan oponiéndose antes de que el incidente se resuelva. Cuando sean varios los que deduzcan la oposición, litigarán por una cuerda en los trámites posteriores a la presentación.

[Prueba de la pobreza]

Artículo 134 (142). Serán materia de la información, o de la prueba en su caso, las circunstancias invocadas por el que pide el privilegio, y además la fortuna del solicitante, su profesión o industria, sus rentas, sus deudas, las cargas personales o de familia que le graven, sus aptitudes intelectuales y físicas para ganar la subsistencia, sus gastos necesarios o de lujo, las comodidades de que goce, y cualesquiera otras que el tribunal juzgue conveniente averiguar para formar juicio sobre los fundamentos del privilegio.

[Presunción legal de pobreza del litigante preso]

Artículo 135 (143). Se estimará como presunción legal de pobreza la circunstancia de encontrarse preso el que solicita el privilegio, sea por sentencia condenatoria, sea durante la substanciación del juicio criminal.

[Provisionalidad del privilegio de pobreza]

Artículo 136 (144). Podrá dejarse sin efecto el privilegio después de otorgado, siempre que se justifiquen circunstancias que habrían bastado para denegarlo.

Podrá también otorgarse el privilegio después de rechazado, si se prueba un cambio de fortuna o de circunstancias que autoricen esta concesión.

[Procurador de pobres]

Artículo 137 (136). Cuando el litigante declarado pobre no gestione personalmente ni tenga en el proceso mandatario constituido en forma legal, entrará a representarlo el procurador de pobres, sin que sea necesario mandato expreso.

TÍTULO XIV
DE LAS COSTAS

[Tasación de costas]

Artículo 138 (145). Cuando una de las partes sea condenada a pagar las costas de la causa, o de algún incidente o gestión particular, se procederá a tasarlas en conformidad a las reglas siguientes.

[Costas procesales y personales]

Artículo 139 (146). Las costas se dividen en *procesales* y *personales*.

Son *procesales* las causadas en la formación del proceso y que correspondan a servicios estimados en los aranceles judiciales.

Son *personales* las provenientes de los honorarios de los abogados y demás personas que hayan intervenido en el negocio, y de los defensores públicos en el caso del artículo 367 del Código Orgánico de Tribunales.

Los honorarios de los abogados se regularán de acuerdo con el arancel fijado por el respectivo Colegio Provincial de Abogados y a falta de éste, por el del Consejo General del Colegio de Abogados.

El honorario que se regule en conformidad al inciso anterior, pertenecerá a la parte a cuyo favor se decretó la condenación en costas; pero si el abogado lo percibe por cualquier motivo, se imputará al que se haya estipulado o al que deba corresponderle.

[Tasación de las costas procesales. Regulación de costas personales]

Artículo 140 (147). Sólo se tasarán las costas procesales útiles, eliminándose las que correspondan a diligencias o actuaciones innecesarias o no autorizadas por la ley, y las de actuaciones o incidentes en que haya sido condenada la otra parte.

El tribunal de la causa, en cada instancia, regulará el valor de las personales, y avaluará también las procesales con arreglo a la ley de aranceles. Esta función podrá delegarla en uno de sus miembros, si es colegiado, y en su secretario respecto de las costas procesales.

[Conformidad de las partes con la tasación de costas]

Artículo 141 (148). Hecha la tasación de costas, en la forma prevenida por los artículos anteriores, y puesta en conocimiento de las partes, se tendrá por aprobada si ellas nada exponen dentro de tercero día.

[Oposición de las partes a la tasación de costas]

Artículo 142 (149). Si alguna de las partes formula objeciones, podrá el tribunal resolver de plano sobre ellas, o darles la tramitación de un incidente.

[Derechos de las personas cuyos honorarios se tasaron]

Artículo 143 (150). La tasación de costas, hecha según las reglas precedentes, se entenderá sin perjuicio del derecho de las personas cuyos honorarios se hayan tasado, para exigir de quien corresponda el pago de sus servicios en conformidad a la ley.

[Regla general para determinar la condena en costas. Vencimiento total. Excepción]

Artículo 144 (151). La parte que sea vencida totalmente en un juicio o en un incidente, será condenada al pago de las costas. Podrá con todo el tribunal eximirla de ellas, cuando aparezca que ha tenido motivos plausibles para litigar, sobre lo cual hará declaración expresa en la resolución.

Lo dispuesto en este artículo se entiende sin perjuicio de lo establecido en otras disposiciones de este Código.

[Posibilidad de eximición de costas en segunda instancia]

Artículo 145 (152). Podrá el tribunal de segunda instancia eximir de las costas causadas en ella a la parte contra quien se dicte la sentencia, sea que mantenga o no las que en primera instancia se hayan impuesto, expresándose en este caso los motivos especiales que autoricen la exención.

[Prohibición de condenar en costas por emisión de voto disidente]

Artículo 146 (153). No podrá condenarse al pago de costas cuando se hayan emitido, por los jueces que concurran al fallo en un tribunal colegiado, uno o más votos favorables a la parte que pierde la cuestión resuelta.

[Costas en incidentes dilatorios]

Artículo 147 (154). Cuando la parte que promueve un incidente dilatorio no obtenga resolución favorable, será precisamente condenada en las costas.

TÍTULO XV
DEL DESISTIMIENTO DE LA DEMANDA

[Momento para retirar y desistirse de la demanda]

Artículo 148 (155). Antes de notificada una demanda al demandado, podrá el actor retirarla sin trámite alguno, y se considerará como no presentada. Después de notificada, podrá en cualquier estado del juicio desistirse de ella ante el tribunal que conozca del asunto, y esta petición se someterá a los trámites establecidos para los incidentes[59].

---

[59] Artículo modificado por el artículo 9°, de la Ley N° 19.047, de 14 de febrero de 1991, el que fue sustituido por el artículo único, letra d), de la Ley N° 19.114, de 4

[Oposición al desistimiento]

Artículo 149 (156). Si se hace oposición al desistimiento o sólo se acepta condicionalmente, resolverá el tribunal si continúa o no el juicio, o la forma en que debe tenerse por desistido al actor.

[Efectos del desistimiento. Cosa juzgada material]

Artículo 150 (157). La sentencia que acepte el desistimiento, haya o no habido oposición, extinguirá las acciones a que él se refiera, con relación a las partes litigantes y a todas las personas a quienes habría afectado la sentencia del juicio a que se pone fin.

[Desistimiento de la demanda reconvencional]

Artículo 151 (158). El desistimiento de las peticiones que se formulen por vía de reconvención se entenderá aceptado, sin declaración expresa, por el hecho de proponerse; salvo que la parte contraria deduzca oposición dentro de tercero día después de notificada. En este caso se tramitará la oposición como incidente y podrá su resolución reservarse para la sentencia definitiva.

TÍTULO XVI
DEL ABANDONO DEL PROCEDIMIENTO[60]

[Abandono del procedimiento]

Artículo 152. El procedimiento se entiende abandonado cuando todas las partes que figuran en el juicio han cesado en su prosecución durante

de enero de 1992, y modificado por el artículo único de la Ley Nº 19.158, de 31 de agosto de 1992.

60 Epígrafe sustituido por el artículo 1º, Nº 16, de la Ley Nº 18.705, publicada en el Diario Oficial de 24 de mayo de 1988.

seis meses, contados desde la fecha de la última resolución recaída en alguna gestión útil para dar curso progresivo a los autos[61].

[LEGITIMACIÓN Y OPORTUNIDAD PARA HACERLO VALER. ABANDONO DEL PROCEDIMIENTO EN LOS JUICIOS EJECUTIVOS]

Artículo 153. El abandono podrá hacerse valer sólo por el demandado, durante todo el juicio y hasta que se haya dictado sentencia ejecutoriada en la causa.

En los procedimientos ejecutivos el ejecutado podrá, además, solicitar el abandono del procedimiento, después de ejecutoriada la sentencia definitiva o en el caso del artículo 472. En estos casos, el plazo para declarar el abandono del procedimiento será de tres años contados desde la fecha de la última gestión útil, hecha en el procedimiento de apremio, destinado a obtener el cumplimiento forzado de la obligación, luego de ejecutoriada la sentencia definitiva o vencido el plazo para oponer excepciones, en su caso. En el evento que la última diligencia útil sea de fecha anterior, el plazo se contará desde la fecha en que quedó ejecutoriada la sentencia definitiva o venció el plazo para oponer excepciones. En estos casos, si se declara el abandono del procedimiento sin que medie oposición del ejecutante, éste no será condenado en costas[62].

[FORMAS DE ALEGAR EL ABANDONO DEL PROCEDIMIENTO]

Artículo 154 (161). Podrá alegarse el abandono por vía de acción o de excepción, y se tramitará como incidente.

---

61 Artículo sustituido por el artículo 1°, N° 17, de la Ley N° 18.705, publicada en el Diario Oficial de 24 de mayo de 1988.

62 Artículo sustituido por el artículo 1°, N° 7, de la Ley N° 18.882, publicada en el Diario Oficial de 20 de diciembre de 1989.

[Renuncia]

Artículo 155 (162). Si, renovado el procedimiento, hace el demandado cualquiera gestión que no tenga por objeto alegar su abandono, se considerará renunciado este derecho[63].

[Efectos de la declaración de abandono del procedimiento]

Artículo 156 (163). No se entenderán extinguidas por el abandono las acciones o excepciones de las partes; pero éstas perderán el derecho de continuar el procedimiento abandonado y de hacerlo valer en un nuevo juicio.

Subsistirán, sin embargo, con todo su valor los actos y contratos de que resulten derechos definitivamente constituidos.

[Procedimientos en que es improcedente alegar el abandono del procedimiento]

Artículo 157 (164). No podrá alegarse el abandono del procedimiento en los procedimientos concursales de liquidación, ni en los de división o liquidación de herencias, sociedades o comunidades[64].

TÍTULO XVII
DE LAS RESOLUCIONES JUDICIALES

[Clasificación de las resoluciones judiciales]

Artículo 158 (165). Las resoluciones judiciales se denominarán *sentencias definitivas, sentencias interlocutorias, autos* y *decretos*.

Es *sentencia definitiva* la que pone fin a la instancia, resolviendo la cuestión o asunto que ha sido objeto del juicio.

---

63 Artículo modificado por el artículo 1°, N° 19, de la Ley N° 18.705, publicada en el Diario Oficial de 24 de mayo de 1988.

64 Artículo modificado por el artículo 348, N° 2, de la Ley N° 20.720, publicada en el Diario Oficial de 9 de enero de 2014.

Es *sentencia interlocutoria* la que falla un incidente del juicio, estableciendo derechos permanentes a favor de las partes, o resuelve sobre algún trámite que debe servir de base en el pronunciamiento de una sentencia definitiva o interlocutoria.

Se llama *auto* la resolución que recae en un incidente no comprendido en el inciso anterior.

Se llama *decreto, providencia* o *proveído* el que, sin fallar sobre incidentes o sobre trámites que sirvan de base para el pronunciamiento de una sentencia, tiene sólo por objeto determinar o arreglar la substanciación del proceso.

[MEDIDAS PARA MEJOR RESOLVER]

Artículo 159. Los tribunales, sólo dentro del plazo para dictar sentencia, podrán dictar de oficio medidas para mejor resolver. Las que se dicten fuera de este plazo se tendrán por no decretadas. Sin perjuicio de lo establecido en el inciso primero del artículo 431, podrán dictar alguna o algunas de las siguientes medidas[65]:

1ª La agregación de cualquier documento que estimen necesario para esclarecer el derecho de los litigantes;

2ª La confesión judicial de cualquiera de las partes sobre hechos que consideren de influencia en la cuestión y que no resulten probados;

3ª La inspección personal del objeto de la cuestión;

4ª El informe de peritos;

5ª La comparecencia de testigos que hayan declarado en el juicio, para que aclaren o expliquen sus dichos obscuros o contradictorios; y

6ª La presentación de cualesquiera otros autos que tengan relación con el pleito. Esta medida se cumplirá de conformidad a lo establecido en el inciso 3º del artículo 37[66].

---

[65] Párrafo sustituido por el artículo 1º, Nº 8, letra a), de la Ley Nº 18.882, publicada en el Diario Oficial de 20 de diciembre de 1989.

[66] Número modificado por el artículo 1º, Nº 8, letra b), de la Ley Nº 18.882, publicada en el Diario Oficial de 20 de diciembre de 1989.

En este último caso y siempre que se hubiese remitido el expediente original, éste quedará en poder del tribunal que decrete esta medida sólo por el tiempo estrictamente necesario para su examen, no pudiendo exceder de ocho días este término si se trata de autos pendientes[67].

La resolución que se dicte deberá ser notificada por el estado diario a las partes y se aplicará el artículo 433, salvo en lo estrictamente relacionado con dichas medidas. Las medidas decretadas deberán cumplirse dentro del plazo de veinte días, contados desde la fecha de la notificación de la resolución que las decrete. Vencido este plazo, las medidas no cumplidas se tendrán por no decretadas y el tribunal procederá a dictar sentencia, sin más trámite.

Si en la práctica de alguna de estas medidas aparece de manifiesto la necesidad de esclarecer nuevos hechos indispensables para dictar sentencia, podrá el tribunal abrir un término especial de prueba, no superior a ocho días, que será improrrogable y limitado a los puntos que el mismo tribunal designe. En este evento, se aplicará lo establecido en el inciso segundo del artículo 90. Vencido el término de prueba, el tribunal dictará sentencia sin más trámite.

Las providencias que se decreten en conformidad al presente artículo serán inapelables, salvo las que dicte un tribunal de primera instancia disponiendo informe de peritos o abriendo el término especial de prueba que establece el inciso precedente. En estos casos procederá la apelación en el solo efecto devolutivo[68].

[Principio de congruencia de la sentencia]

Artículo 160 (167). Las sentencias se pronunciarán conforme al mérito del proceso, y no podrán extenderse a puntos que no hayan sido

---

[67] Inciso sustituido por el artículo 1°, N° 8, letra c), de la Ley N° 18.882, publicada en el Diario Oficial de 20 de diciembre de 1989.

[68] Artículo sustituido por el artículo 1°, N° 21, de la Ley N° 18.705, publicada en el Diario Oficial de 24 de mayo de 1988.

expresamente sometidos a juicio por las partes, salvo en cuanto las leyes manden o permitan a los tribunales proceder de oficio.

[Forma de conocer los autos]

Artículo 161 (168). En los tribunales unipersonales el juez examinará por sí mismo los autos para dictar resolución.

Los tribunales colegiados tomarán conocimiento del proceso por medio del relator o del secretario, sin perjuicio del examen que los miembros del tribunal crean necesario hacer por sí mismos.

[Orden de fallo de causas en tribunales unipersonales y colegiados. Plazo para dictar sentencia definitiva en el juicio ordinario]

Artículo 162 (169). Las causas se fallarán en los tribunales unipersonales tan pronto como estén en estado y por el orden de su conclusión. El mismo orden se observará para designar las causas en los tribunales colegiados para su vista y decisión.

Exceptúanse las cuestiones sobre deserción de recursos, depósito de personas, alimentos provisionales, competencia, acumulaciones, recusaciones, desahucio, juicios sumarios y ejecutivos, denegación de justicia o de prueba y demás negocios que por la ley, o por acuerdo del tribunal fundado en circunstancias calificadas, deban tener preferencia, las cuales se antepondrán a los otros asuntos desde que estén en estado.

La sentencia definitiva en el juicio ordinario deberá pronunciarse dentro del término de sesenta días, contados desde que la causa quede en estado de sentencia.

Si el juez no dicta sentencia dentro de este plazo, será amonestado por la Corte de Apelaciones respectiva, y si a pesar de esta amonestación no expide el fallo dentro del nuevo plazo que ella le designe, incurrirá en la pena de suspensión de su empleo por el término de treinta días, que será decretado por la misma Corte.

El tribunal dejará constancia en el estado diario electrónico a que se refiere el artículo 50 y en la carpeta electrónica, del hecho de haberse dictado sentencia definitiva, la que será notificada en la forma correspondiente[69].

[Formación de la tabla]

Artículo 163 (170). En los tribunales colegiados se formará el día último hábil de cada semana una tabla de los asuntos que verá el tribunal en la semana siguiente, con expresión del nombre de las partes, en la forma en que aparezca en la carátula del respectivo expediente, del día en que cada uno deba tratarse y del número de orden que le corresponda.

Esta tabla se fijará en lugar visible, y antes de que comience a tratar cada negocio, lo anunciará el tribunal, haciendo colocar al efecto en lugar conveniente el respectivo número de orden, el cual se mantendrá fijo hasta que se pase a otro asunto.

[Causa pendiente de conocerse por tribunal colegiado]

Artículo 164 (171). Las causas se verán en el día señalado. Si concluida la hora de audiencia, queda pendiente alguna y no se acuerda prorrogar el acto, se continuará en los días hábiles inmediatos hasta su terminación, sin necesidad de ponerla nuevamente en tabla.

[Causales de suspensión de la vista de la causa]

Artículo 165. Sólo podrá suspenderse en el día designado al efecto la vista de una causa, o retardarse dentro del mismo día:

1° Por impedirlo el examen de las causas colocadas en lugar preferente, o la continuación de la vista de otro pleito pendiente del día anterior;

2° Por falta de miembros del tribunal en número suficiente para pronunciar sentencia;

3° Por muerte del abogado patrocinante, del procurador o del litigante que gestione por sí en el pleito.

---

69 Inciso reemplazado por el artículo 12, N° 13), de la Ley N° 20.886, publicada en el Diario Oficial de 18 de diciembre de 2015.

En estos casos, la vista de la causa se suspenderá por quince días contados desde la notificación al patrocinado o mandante de la muerte del abogado o del procurador, o desde la muerte del litigante que obraba por sí mismo, en su caso[70];

4° Por muerte del cónyuge o conviviente civil o de alguno de los descendientes o ascendientes del abogado defensor, ocurrida dentro de los ocho días anteriores al designado para la vista[71];

5° Por solicitarlo alguna de las partes o pedirlo de común acuerdo los procuradores o los abogados de ellas.

Cada parte podrá hacer uso de este derecho por una sola vez. En todo caso, sólo podrá ejercitarse este derecho hasta por dos veces, cualquiera que sea el número de partes litigantes, obren o no por una sola cuerda. La suspensión de común acuerdo procederá por una sola vez.

La sola presentación del escrito extingue el derecho a la suspensión aun si la causa no se ve por cualquier otro motivo. Este escrito pagará en la Corte Suprema un impuesto especial de media unidad tributaria mensual y en las Cortes de Apelaciones, de un cuarto de unidad tributaria mensual. Este pago se hará electrónicamente a través de un sistema informático dispuesto al efecto y se asociará a la causa respectiva mediante el comprobante de pago o código de validación o, en caso que lo anterior no fuere posible por cualquier motivo, a través de estampillas de impuesto fiscal que se pegarán en el escrito respectivo que se presentará materialmente[72].

---

70 Número sustituido por el artículo 1°, N° 1, letra a), de la Ley N° 19.317, publicada en el Diario Oficial de 8 de agosto de 1994.

71 Número modificado por el artículo 34, numeral i), de la Ley N° 20.830, publicada en el Diario Oficial de 21 de abril de 2015. Con anterioridad, este número fue modificado por el artículo 1°, N° 1, letra b), de la Ley N° 19.317, publicada en el Diario Oficial de 8 de agosto de 1994.

72 Inciso sustituido por el artículo 12, N° 14), de la Ley N° 20.886, publicada en el Diario Oficial de 18 de diciembre de 2015.

Para los efectos del artículo 198 del Código Orgánico de Tribunales, el pago de impuestos para la recusación de abogados integrantes se hará de la misma forma dispuesta en el párrafo anterior[73].

El derecho a suspender no procederá respecto del amparo;

6° Por tener alguno de los abogados otra vista o comparecencia a que asistir en el mismo día ante otro tribunal.

El presidente respectivo podrá conceder la suspensión por una sola vez o simplemente retardar la vista, atendidas las circunstancias. En caso que un abogado tenga dos o más vistas en el mismo día y ante el mismo tribunal, en salas distintas, preferirá el amparo, luego la protección y en seguida la causa que se anuncie primero, retardándose o suspendiéndose las demás, según las circunstancias; y

7° Por ordenarlo así el tribunal, por resolución fundada, al disponer la práctica de algún trámite que sea estrictamente indispensable cumplir en forma previa a la vista de la causa. La orden de traer algún expediente o documento a la vista, no suspenderá la vista de la causa y la resolución se cumplirá terminada ésta.

Las causas que salgan de tabla por cualquier motivo volverán a ella al lugar que tenían.

Los errores, cambios de letras o alteraciones no substanciales de los nombres o apellidos de las partes no impiden la vista de la causa.

Los relatores, en cada tabla, deberán dejar constancia de las suspensiones ejercidas de conformidad a la causal del N° 5 y de la circunstancia de haberse agotado o no el ejercicio de tal derecho[74].

[Integración de la sala. Comunicación a las partes]

Artículo 166 (173). Cuando haya de integrarse una sala con miembros que no pertenezcan a su personal ordinario, antes de comenzar la vis-

---

73 Inciso agregado por el artículo 12 N° 14), de la Ley N° 20.886, publicada en el Diario Oficial de 18 de diciembre de 2015

74 Artículo sustituido por el artículo 1°, N° 22, de la Ley N° 18.705, publicada en el Diario Oficial de 24 de mayo de 1988.

ta, se pondrá por conducto del relator o secretario en conocimiento de las partes o de sus abogados el nombre de los integrantes, y se procederá a ver la causa inmediatamente, a menos que en el acto se reclame, de palabra o por escrito, implicancia o recusación contra alguno de ellos.

Formulada la reclamación, se suspenderá la vista y deberá formalizarse aquélla por escrito dentro de tercero día, imponiéndose en caso contrario a la parte reclamante, por este solo hecho, una multa que no baje de medio sueldo vital ni exceda de dos sueldos vitales[75].

[CUESTIONES PREJUDICIALES PENALES EN EL PROCESO CIVIL]

Artículo 167 (174). Cuando la existencia de un delito haya de ser fundamento preciso de una sentencia civil o tenga en ella influencia notoria, podrán los tribunales suspender el pronunciamiento de ésta hasta la terminación del proceso criminal, si en éste se ha deducido acusación o formulado requerimiento, según el caso[76].

Esta suspensión podrá decretarse en cualquier estado del juicio, una vez que se haga constar la circunstancia mencionada en el inciso precedente.

Si en el caso de los dos incisos anteriores se forma incidente, se tramitará en pieza separada sin paralizar la marcha del juicio.

Con todo, si en el mismo juicio se ventilan otras cuestiones que puedan tramitarse y resolverse sin aguardar el fallo del proceso criminal, continuará respecto de ellas el procedimiento sin interrupción.

[NÚMERO DE JUECES PARA PRONUNCIAR RESOLUCIONES]

Artículo 168 (176). En los tribunales colegiados los decretos podrán dictarse por uno solo de sus miembros. Los autos, las sentencias interlo-

---

[75] Inciso modificado por el artículo 2°, letra j), del Decreto Ley N° 1.417, publicado en el Diario Oficial de 29 de abril de 1976.

[76] Inciso modificado por el artículo 2° de la Ley N° 19.806, publicada en el Diario Oficial de 31 de mayo de 2002.

cutorias y las definitivas, exigirán la concurrencia de tres de sus miembros a lo menos.

[Requisitos comunes de toda resolución judicial]

Artículo 169. Toda resolución, de cualquiera clase que sea, deberá expresar en letras la fecha y lugar en que se expida, y llevará al pie la firma electrónica avanzada del juez o jueces que la dicten o intervengan en el acuerdo[77].

Cuando después de acordada una resolución y siendo varios los jueces se imposibilite alguno de ellos para firmarla, bastará que se exprese esta circunstancia en el mismo fallo.

[Contenido de las sentencias definitivas]

Artículo 170 (193). Las sentencias definitivas de primera o de única instancia y las de segunda que modifiquen o revoquen en su parte dispositiva las de otros tribunales, contendrán:

1° La designación precisa de las partes litigantes, su domicilio y profesión u oficio;

2° La enunciación breve de las peticiones o acciones deducidas por el demandante y de sus fundamentos;

3° Igual enunciación de las excepciones o defensas alegadas por el demandado[78];

4° Las consideraciones de hecho o de derecho que sirven de fundamento a la sentencia;

5° La enunciación de las leyes, y en su defecto de los principios de equidad, con arreglo a los cuales se pronuncia el fallo; y

---

[77] Inciso modificado por el artículo 12, número 15), de la Ley N° 20.886, publicada en el Diario Oficial de 18 de diciembre de 2015.

[78] Número modificado por el artículo 9° de la Ley N° 19.047, de 14 de febrero de 1991, el que fue sustituido por el artículo único, letra d), de la Ley N° 19.114, de 4 de enero de 1992, y modificado por el artículo único de la Ley N° 19.158, de 31 de agosto de 1992.

6° La decisión del asunto controvertido. Esta decisión deberá comprender todas las acciones y excepciones que se hayan hecho valer en el juicio; pero podrá omitirse la resolución de aquellas que sean incompatibles con las aceptadas.

En igual forma deberán dictarse las sentencias definitivas de segunda instancia que confirmen sin modificación las de primera cuando éstas no reúnen todos o algunos de los requisitos indicados en la enunciación precedente.

Si la sentencia de primera instancia reúne estos requisitos, la de segunda que modifique o revoque no necesita consignar la exposición de las circunstancias mencionadas en los números 1°, 2°, 3° del presente artículo y bastará referirse a ella.

[Contenido de las sentencias interlocutorias y de los autos]

Artículo 171 (194). En las sentencias interlocutorias y en los autos se expresarán, en cuanto la naturaleza del negocio lo permita, a más de la decisión del asunto controvertido, las circunstancias mencionadas en los números 4° y 5° del artículo precedente.

[Desacumulación de acciones]

Artículo 172 (195). Cuando en un mismo juicio se ventilen dos o más cuestiones que puedan ser resueltas separada o parcialmente, sin que ello ofrezca dificultad para la marcha del proceso, y alguna o algunas de dichas cuestiones o parte de ellas, lleguen al estado de sentencia antes de que termine el procedimiento en las restantes, podrá el tribunal fallar desde luego las primeras.

En este caso se formará cuaderno electrónico separado con las piezas necesarias para dictar fallo y ejecutarlo[79].

---

[79] Inciso reemplazado por el artículo 12, N° 16), de la Ley N° 20.886, publicada en el Diario Oficial de 18 de diciembre de 2015.

[Acción de condena genérica o con reserva]

Artículo 173 (196). Cuando una de las partes haya de ser condenada a la devolución de frutos o a la indemnización de perjuicios, y se ha litigado sobre su especie y monto, la sentencia determinará la cantidad líquida que por esta causa deba abonarse, o declarará sin lugar el pago, si no resultan probados la especie y el monto de lo que se cobra, o, por lo menos, las bases que deban servir para su liquidación al ejecutarse la sentencia.

En el caso de que no se haya litigado sobre la especie y el monto de los frutos o perjuicios, el tribunal reservará a las partes el derecho de discutir esta cuestión en la ejecución del fallo o en otro juicio diverso.

[Momento en que una sentencia se encuentra firme o ejecutoriada]

Artículo 174 (197). Se entenderá firme o ejecutoriada una resolución desde que se haya notificado a las partes, si no procede recurso alguno en contra de ella; y, en caso contrario, desde que se notifique el decreto que la mande cumplir, una vez que terminen los recursos deducidos, o desde que transcurran todos los plazos que la ley concede para la interposición de dichos recursos, sin que se hayan hecho valer por las partes. En este último caso, tratándose de sentencias definitivas, certificará el hecho el secretario del tribunal a continuación del fallo, el cual se considerará firme desde este momento, sin más trámites.

[Efectos positivo y negativo de la cosa juzgada]

Artículo 175 (198). Las sentencias definitivas o interlocutorias firmes producen la acción o la excepción de cosa juzgada.

[Acción de cosa juzgada. Efecto positivo o prejudicial de la cosa juzgada]

Artículo 176 (199). Corresponde la acción de cosa juzgada a aquel a cuyo favor se ha declarado un derecho en el juicio, para el cumplimiento de lo resuelto o para la ejecución del fallo en la forma prevenida por el Título XIX de este Libro.

[EXCEPCIÓN DE COSA JUZGADA. EFECTO NEGATIVO DE LA COSA JUZGADA]

Artículo 177 (200). La excepción de cosa juzgada puede alegarse por el litigante que haya obtenido en el juicio y por todos aquellos a quienes según la ley aprovecha el fallo, siempre que entre la nueva demanda y la anteriormente resuelta haya:

1° Identidad legal de personas;

2° Identidad de la cosa pedida; y

3° Identidad de la causa de pedir.

Se entiende por *causa de pedir* el fundamento inmediato del derecho deducido en juicio.

[EFECTOS QUE PRODUCE LA SENTENCIA CRIMINAL CONDENATORIA EN EL PROCESO CIVIL]

Artículo 178 (201). En los juicios civiles podrán hacerse valer las sentencias dictadas en un proceso criminal siempre que condenen al procesado[80].

[EFECTOS QUE PRODUCE LA SENTENCIA CRIMINAL ABSOLUTORIA EN EL PROCESO CIVIL]

Artículo 179 (202). Las sentencias que absuelvan de la acusación o que ordenen el sobreseimiento definitivo, sólo producirán cosa juzgada en materia civil, cuando se funden en alguna de las circunstancias siguientes:

1ª La no existencia del delito o cuasidelito que ha sido materia del proceso. No se entenderán comprendidos en este número los casos en que la absolución o sobreseimiento provengan de la existencia de circunstancias que eximan de responsabilidad criminal;

2ª No existir relación alguna entre el hecho que se persigue y la persona acusada, sin perjuicio de la responsabilidad civil que pueda afectarle

---

80 Artículo modificado por el artículo 9°, de la Ley N° 19.047, de 14 de febrero de 1991, el que fue sustituido por el artículo único, letra d), de la Ley N° 19.114, de 4 de enero de 1992, y modificado por el artículo único de la Ley N° 19.158, de 31 de agosto de 1992.

por actos de terceros, o por daños que resulten de accidentes, en conformidad a lo establecido en el Título XXXV, Libro IV, del Código Civil; y

3ª No existir en autos indicio alguno en contra del acusado, no pudiendo en tal caso alegarse la cosa juzgada sino respecto de las personas que hayan intervenido en el proceso criminal[81].

Las sentencias absolutorias o de sobreseimiento en materia criminal relativas a los tutores, curadores, albaceas, síndicos, depositarios, tesoreros y demás personas que hayan recibido valores u objetos muebles por un título de que nazca obligación de devolverlos, no producirán en ningún caso cosa juzgada en materia civil.

[Imposibilidad de discutir en un juicio civil cuestiones ya resueltas en un juicio criminal]

Artículo 180 (203). Siempre que la sentencia criminal produzca cosa juzgada en juicio civil, no será lícito en éste tomar en consideración pruebas o alegaciones incompatibles con lo resuelto en dicha sentencia o con los hechos que le sirvan de necesario fundamento.

[Solicitud de reposición]

Artículo 181 (204). Los autos y decretos firmes se ejecutarán y mantendrán desde que adquieran este carácter, sin perjuicio de la facultad del tribunal que los haya pronunciado para modificarlos o dejarlos sin efecto, si se hacen valer nuevos antecedentes que así lo exijan.

Aun sin estos antecedentes, podrá pedirse, ante el tribunal que dictó el auto o decreto, su reposición, dentro de cinco días fatales después de notificado. El tribunal se pronunciará de plano y la resolución que niegue lugar a esta solicitud será inapelable; sin perjuicio de la apelación del fallo reclamado, si es procedente el recurso.

---

[81] Inciso modificado por el artículo 2° de la Ley N° 19.806, publicada en el Diario Oficial de 31 de mayo de 2002.

[Desasimiento del tribunal. Solicitud de aclaración, interpretación, rectificación y enmienda]

Artículo 182 (205). Notificada una sentencia definitiva o interlocutoria a alguna de las partes, no podrá el tribunal que la dictó alterarla o modificarla en manera alguna. Podrá, sin embargo, a solicitud de parte, aclarar los puntos obscuros o dudosos, salvar las omisiones y rectificar los errores de copia, de referencia o de cálculos numéricos que aparezcan de manifiesto en la misma sentencia.

Lo dispuesto en este artículo no obsta para que el rebelde haga uso del derecho que le confiere el artículo 80.

[Tramitación de la solicitud de aclaración, interpretación, rectificación y enmienda]

Artículo 183 (206). Hecha la reclamación, podrá el tribunal pronunciarse sobre ella sin más trámite o después de oír a la otra parte; y mientras tanto suspenderá o no los trámites del juicio o la ejecución de la sentencia, según la naturaleza de la reclamación.

[Aclaración, interpretación, rectificación y enmienda de oficio]

Artículo 184 (207). Los tribunales, en el caso del artículo 182, podrán también de oficio rectificar, dentro de los cinco días siguientes a la primera notificación de la sentencia, los errores indicados en dicho artículo.

[Interposición de la aclaración es sin perjuicio de otros recursos]

Artículo 185 (208). Las aclaraciones, agregaciones o rectificaciones mencionadas en los tres artículos precedentes, podrán hacerse no obstante la interposición de recursos sobre la sentencia a que aquéllas se refieren.

TÍTULO XVIII
DE LA APELACIÓN

[DEFINICIÓN Y OBJETO DEL RECURSO DE APELACIÓN]

Artículo 186 (209). El recurso de apelación tiene por objeto obtener del tribunal superior respectivo que enmiende, con arreglo a derecho, la resolución del inferior.

[RESOLUCIONES APELABLES]

Artículo 187 (210). Son apelables todas las sentencias definitivas y las interlocutorias de primera instancia, salvo en los casos en que la ley deniegue expresamente este recurso.

[RESOLUCIONES APELABLES]

Artículo 188 (211). Los autos y decretos no son apelables cuando ordenen trámites necesarios para la substanciación regular del juicio; pero son apelables cuando alteran dicha substanciación o recaen sobre trámites que no están expresamente ordenados por la ley. Esta apelación sólo podrá interponerse con el carácter de subsidiaria de la solicitud de reposición y para el caso que ésta no sea acogida.

[PLAZO Y REQUISITOS PARA INTERPONER LA APELACIÓN]

Artículo 189. La apelación deberá interponerse en el término fatal de cinco días, contados desde la notificación de la parte que entabla el recurso, deberá contener los fundamentos de hecho y de derecho en que se apoya y las peticiones concretas que se formulan.

Este plazo se aumentará a diez días tratándose de sentencias definitivas.

En aquellos casos en que la apelación se interponga con el carácter de subsidiaria de la solicitud de reposición, no será necesario fundamentarla ni formular peticiones concretas, siempre que el recurso de reposición cumpla con ambas exigencias. En los procedimientos o actuaciones para las cuales la ley establezca la oralidad, se podrá apelar en forma verbal siempre que someramente se señalen los fundamentos de hecho y de derecho del recurso y se formulen peticiones concretas, de todo lo cual deberá dejarse constancia en el acta respectiva.

Las normas de los incisos anteriores no se aplicarán en aquellos procedimientos en que las partes, sin tener la calidad de letrados, litiguen personalmente y la ley faculte la interposición verbal del recurso de apelación. En estos casos el plazo para apelar será de cinco días fatales, salvo disposición especial en contrario[82].

[Plazo para apelar no se suspende por la interposición de reposición ni aclaración]

Artículo 190 (213). El término para apelar no se suspende por la solicitud de reposición a que se refiere el artículo 181.

Tampoco se suspende por la solicitud de aclaración, agregación o rectificación de la sentencia definitiva o interlocutoria. El fallo que resuelva acerca de dicha solicitud o en que de oficio se hagan rectificaciones conforme al artículo 184, será apelable en todos los casos en que lo sería la sentencia a que se refiera, con tal que la cuantía de la cosa declarada, agregada o rectificada admita el recurso.

[Apelación concedida en ambos efectos. Suspensión de la competencia del tribunal a quo]

Artículo 191 (214). Cuando la apelación comprenda los efectos *suspensivo* y *devolutivo* a la vez, se suspenderá la jurisdicción del tribunal inferior para seguir conociendo de la causa.

Podrá, sin embargo, entender en todos los asuntos en que por disposición expresa de la ley conserve jurisdicción, especialmente en las gestiones a que dé origen la interposición del recurso hasta que se eleven los

---

[82] Los dos últimos incisos de este artículo fueron agregados por el artículo 1°, N° 10), de la Ley N° 18.882, publicada en el Diario Oficial de 20 de diciembre de 1989. Anteriormente fue sustituido por la Ley N° 18.705, artículo 1°, N° 23), publicada en el Diario Oficial de 24 de mayo de 1988.

autos al superior, y en las que se hagan para declarar desierta o prescrita la apelación antes de la remisión del expediente.

[Apelación concedida en el solo efecto devolutivo. Tribunal a quo mantiene competencia]

Artículo 192 (215). Cuando la apelación proceda sólo en el efecto devolutivo, seguirá el tribunal inferior conociendo de la causa hasta su terminación, inclusa la ejecución de la sentencia definitiva.

No obstante, el tribunal de alzada a petición del apelante y mediante resolución fundada, podrá dictar orden de no innovar. La orden de no innovar suspende los efectos de la resolución recurrida o paraliza su cumplimiento, según sea el caso. El tribunal podrá restringir estos efectos por resolución fundada. Los fundamentos de las resoluciones que se dicten de conformidad a este inciso no constituyen causal de inhabilidad[83].

Las peticiones de orden de no innovar serán distribuidas por el Presidente de la Corte, mediante sorteo, entre las salas en que esté dividida y se resolverán en cuenta. Decretada una orden de no innovar, quedará radicado el conocimiento de la apelación respectiva en la sala que la concedió y el recurso gozará de preferencia para figurar en tabla y en su vista y fallo[84].

[Apelación concedida sin indicar los efectos]

Artículo 193 (216). Cuando se otorga simplemente apelación, sin limitar sus efectos, se entenderá que comprende el devolutivo y el suspensivo.

---

[83] Inciso modificado por el artículo 1°, N° 11, de Ley N° 18.882, publicada en el Diario Oficial de 20 de diciembre de 1989. Anteriormente fue agregado por la Ley N° 18.705, artículo 1°, número 24, publicada en el Diario Oficial del 24 de mayo de 1988.

[84] Inciso agregado por el artículo 1°, N° 24, de la Ley N° 18.705, publicada en el Diario Oficial de 24 de mayo de 1988.

[Hipótesis en que la apelación se concede en el solo efecto devolutivo]

Artículo 194 (217). Sin perjuicio de las excepciones expresamente establecidas en la ley, se concederá apelación sólo en el efecto devolutivo:

1° De las resoluciones dictadas contra el demandado en los juicios ejecutivos y sumarios;

2° De los autos, decretos y sentencias interlocutorias[85];

3° De las resoluciones pronunciadas en el incidente sobre ejecución de una sentencia firme, definitiva o interlocutoria;

4° De las resoluciones que ordenen alzar medidas precautorias; y

5° De todas las demás resoluciones que por disposición de la ley sólo admitan apelación en el efecto devolutivo.

[Regla residual: Apelación concedida en ambos efectos]

Artículo 195 (218). Fuera de los casos determinados en el artículo precedente, la apelación deberá otorgarse en ambos efectos.

[Falso recurso de hecho]

Artículo 196 (219). Si el tribunal inferior otorga apelación en el efecto devolutivo, debiendo concederla también en el suspensivo, la parte agraviada, dentro del plazo de cinco días contado desde la fecha de la certificación a que se refiere el artículo 200, podrá pedir al superior que desde luego declare admitida la apelación en ambos efectos; sin perjuicio de que pueda solicitarse igual declaración, por vía de reposición, del tribunal que concedió el recurso[86].

Lo mismo se observará cuando se conceda apelación en ambos efectos, debiendo otorgarse únicamente en el devolutivo, y cuando la apelación

---

[85] Número sustituido por el artículo 1°, N° 25, de la Ley N° 18.705, publicada en el Diario Oficial de 24 de mayo de 1988.

[86] Inciso modificado por el artículo 12, N° 17), de la Ley N° 20.886, publicada en el Diario Oficial de 18 de diciembre de 2015. Con anterioridad este inciso fue modificado por el artículo 1°, N° 26, de la Ley N° 18.705, publicada en el Diario Oficial de 24 de mayo de 1988.

concedida sea improcedente. En este último caso podrá también de oficio el tribunal superior declarar sin lugar el recurso.

Las declaraciones que haga el superior en conformidad a los dos incisos anteriores, se comunicarán al inferior para que se abstenga, o siga conociendo del negocio, según los casos.

[Remisión electrónica de los autos al tribunal de alzada. Rol de ingreso Corte]

Artículo 197. La resolución que conceda una apelación se entenderá notificada a las partes conforme al artículo 50. El tribunal remitirá electrónicamente al tribunal de alzada copia fiel de la resolución apelada, del recurso y de todos los antecedentes que fueren pertinentes para un acabado pronunciamiento sobre éste.

Recibidos los antecedentes referidos en el inciso anterior, la Corte de Apelaciones procederá a la asignación de un número de ingreso. Acto seguido, formará un cuaderno electrónico separado para el conocimiento y fallo del recurso cuando él haya sido concedido en el solo efecto devolutivo. En el caso que la apelación fuere concedida en ambos efectos, el tribunal de alzada continuará la tramitación en la carpeta electrónica, la que estará disponible en el sistema de tramitación electrónica del tribunal de alzada correspondiente[87].

Artículo 198. Derogado[88].

[Conocimiento del recurso de apelación en cuenta y previa vista de la causa. Solicitud de alegatos]

Artículo 199 (222). La apelación de toda resolución que no sea sentencia definitiva se verá en cuenta, a menos que cualquiera de las partes,

---

87 Artículo sustituido por el artículo 12, N° 18), de la Ley N° 20.886, publicada en el Diario Oficial de 18 de diciembre de 2015.

88 Artículo derogado por el artículo 12, N° 19), de la Ley N° 20.886, publicada en el Diario Oficial de 18 de diciembre de 2015.

dentro del plazo de cinco días contado desde la certificación a que se refiere el artículo 200, solicite alegatos[89].

Vencido este plazo, el tribunal de alzada ordenará traer los autos en relación, si se hubieren solicitado oportunamente alegatos. De lo contrario, el Presidente de la Corte ordenará dar cuenta y procederá a distribuir, mediante sorteo, la causa entre las distintas salas en que funcione el tribunal.

Las Cortes deberán establecer horas de funcionamiento adicional para el conocimiento y fallo de las apelaciones que se vean en cuenta[90].

[Certificado de recepción del recurso]

Artículo 200. El tribunal de alzada deberá certificar en la carpeta electrónica la recepción de la comunicación a que se refiere el artículo 197 y su fecha[91].

[Examen de admisibilidad]

Artículo 201. Si la apelación se ha interpuesto fuera de plazo o respecto de resolución inapelable o no es fundada o no contiene peticiones concretas, el tribunal correspondiente deberá declararla inadmisible de oficio. La parte apelada, en todo caso, podrá solicitar la declaración pertinente, verbalmente o por escrito[92].

---

89 Inciso modificado por el artículo 12, N° 20), de la Ley N° 20.886, publicada en el Diario Oficial de 18 de diciembre de 2015.

90 Artículo agregado por el artículo 1°, N° 12, de la Ley N° 18.882, publicada en el Diario Oficial de 20 de diciembre de 1989.

91 Artículo reemplazado por el artículo 12, N° 21), de la Ley N° 20.886, publicada en el Diario Oficial de 18 de diciembre de 2015.

92 Inciso modificado el artículo 12, N° 22), letra a), de la Ley N° 20.886, publicada en el Diario Oficial de 18 de diciembre de 2015. Con anterioridad este inciso fue sustituido por el artículo 1°, de la Ley N° 18.882, publicada en el Diario Oficial de 22 de junio de 1993.

Del fallo que, en estas materias, dicte el tribunal de alzada podrá pedirse reposición dentro de tercero día[93].

Artículo 202. Derogado[94].

[Verdadero recurso de hecho]

Artículo 203 (226). Si el tribunal inferior deniega un recurso de apelación que ha debido concederse, la parte agraviada podrá ocurrir al superior respectivo, dentro del plazo de cinco días contado desde la notificación de la negativa, para que declare admisible dicho recurso[95].

[Tramitación. Solicitud de informe]

Artículo 204 (227). El tribunal superior pedirá al inferior informe sobre el asunto en que haya recaído la negativa, y con el mérito de lo informado resolverá si es o no admisible el recurso.

Podrá el tribunal superior ordenar al inferior poner a su disposición la carpeta electrónica correspondiente, siempre que, a su juicio, ello sea necesario para dictar una resolución acertada[96].

Podrá, asimismo, ordenar que no se innove cuando haya antecedentes que justifiquen esta medida.

---

93 Inciso modificado por el artículo 12, N° 22), letra b), de la Ley Nº 20.886, publicada en el Diario Oficial de 18 de diciembre de 2015. Este artículo fue sustituido por el artículo 1º, Nº 13, de la Ley Nº 18.882, publicada en el Diario Oficial de 20 de diciembre de 1989.

94 Artículo derogado por el artículo 12, N° 23), de la Ley Nº 20.886, publicada en el Diario Oficial de 18 de diciembre de 2015.

95 Artículo modificado por el artículo 12, N° 24), de la Ley Nº 20.886, publicada en el Diario Oficial de 18 de diciembre de 2015.

96 Inciso modificado por el artículo 12, N° 25), de la Ley Nº 20.886, publicada en el Diario Oficial de 18 de diciembre de 2015.

[Fallo]

Artículo 205 (228). Si el tribunal superior declara inadmisible el recurso, lo comunicará al inferior[97].

Si el recurso es declarado admisible, el tribunal superior le dará al proceso la tramitación que corresponda y lo comunicará al inferior según proceda[98].

[Efectos]

Artículo 206 (229). En el caso del 2° inciso del artículo precedente, quedarán sin efecto las gestiones posteriores a la negativa del recurso y que sean una consecuencia inmediata y directa del fallo apelado.

[Prueba en segunda instancia]

Artículo 207. En segunda instancia, salvo lo dispuesto en el inciso final del artículo 310 y en los artículos 348 y 385, no se admitirá prueba alguna.

No obstante y sin perjuicio de las demás facultades concedidas por el artículo 159, el tribunal podrá, como medida para mejor resolver, disponer la recepción de prueba testimonial sobre hechos que no figuren en la prueba rendida en autos, siempre que la testimonial no se haya podido rendir en primera instancia y que tales hechos sean considerados por el tribunal como estrictamente necesarios para la acertada resolución del juicio. En este caso, el tribunal deberá señalar determinadamente los hechos sobre que deba recaer y abrir un término especial de prueba por el número de días que fije prudencialmente y que no podrá exceder de ocho días. La lista de testigos deberá presentarse dentro de segundo día de notificada por el estado la resolución respectiva[99].

---

97 Inciso modificado por el artículo 12, N° 26), letra a), de la Ley N° 20.886, publicada en el Diario Oficial de 18 de diciembre de 2015.

98 Inciso reemplazado por el artículo 12, N° 26), letra b), de la Ley N° 20.886, publicada en el Diario Oficial de 18 de diciembre de 2015.

99 Artículo sustituido por el artículo 1°, N° 29, de la Ley N° 18.705, publicada en el Diario Oficial de 24 de mayo de 1988.

[Competencia del tribunal de alzada para resolver cuestiones no falladas en primera instancia por ser incompatibles]

Artículo 208 (231). Podrá el tribunal de alzada fallar las cuestiones ventiladas en primera instancia y sobre las cuales no se haya pronunciado la sentencia apelada por ser incompatibles con lo resuelto en ella, sin que se requiera nuevo pronunciamiento del tribunal inferior.

[Competencia del tribunal de alzada para hacer las declaraciones que por ley son obligatorias a los jueces]

Artículo 209 (232). Del mismo modo podrá el tribunal de segunda instancia, previa audiencia del fiscal judicial, hacer de oficio en su sentencia las declaraciones que por la ley son obligatorias a los jueces, aun cuando el fallo apelado no las contenga[100].

Si en virtud de estas declaraciones se establece la incompetencia del tribunal para entender en la cuestión sometida a su conocimiento, podrá apelarse de la resolución para ante el tribunal superior que corresponda, salvo que la declaración sea hecha por la Corte Suprema.

[Grado jurisdiccional en que se resuelven los incidentes en segunda instancia]

Artículo 210 (233). Las resoluciones que recaigan en los incidentes que se promuevan en segunda instancia, se dictarán sólo por el tribunal de alzada y no serán apelables.

Artículo 211. Derogado[101].

Artículo 212. Derogado[102].

---

100 Inciso modificado por el artículo 2° de la Ley N° 19.806, publicada en el Diario Oficial de 31 de mayo de 2002.

101 Artículo derogado por el artículo 12, N° 27), de la Ley N° 20.886, publicada en el Diario Oficial de 18 de diciembre de 2015.

102 Artículo derogado por el artículo 12, N° 27), de la Ley N° 20.886, publicada en el Diario Oficial de 18 de diciembre de 2015.

[EXAMEN DE ADMISIBILIDAD DEL RECURSO DE APELACIÓN ANTE EL TRIBUNAL AD QUEM]

Artículo 213 (438). Elevado un proceso en apelación, el tribunal superior examinará en cuenta si el recurso es admisible y si ha sido interpuesto dentro del término legal.

Si encuentra mérito el tribunal para considerar inadmisible o extemporáneo el recurso, lo declarará sin lugar desde luego o mandará traer los autos en relación sobre este punto.

[EFECTOS DE LA DECLARACIÓN DE ADMISIBILIDAD-INADMISIBILIDAD]

Artículo 214. Si el tribunal superior declara no haber lugar al recurso, pondrá el proceso a disposición del inferior para el cumplimiento del fallo. En caso contrario mandará que se traigan los autos en relación[103].

Artículo 215. Derogado[104].

[ADHESIÓN A LA APELACIÓN]

Artículo 216 (441). Puede el apelado adherirse a la apelación en la forma y oportunidad que se expresa en el artículo siguiente[105].

Adherirse a la apelación es pedir la reforma de la sentencia apelada en la parte en que la estime gravosa el apelado.

[OPORTUNIDAD PARA ADHERIRSE A LA APELACIÓN]

Artículo 217. La adhesión a la apelación puede efectuarse en segunda instancia dentro del plazo de cinco días desde la fecha de la certificación

---

103 Artículo modificado por el artículo 12, N° 28), de la Ley N° 20.886, publicada en el Diario Oficial de 18 de diciembre de 2015. Con anterioridad este artículo fue sustituido por el artículo 1°, N° 31, de la Ley N° 18.705, publicada en el Diario Oficial de 24 de mayo de 1988.

104 Artículo derogado por el artículo 1°, N° 32, de la Ley N° 18.705, publicada en el Diario Oficial de 24 de mayo de 1988.

105 Inciso sustituido por el artículo 1°, N° 33, de la Ley N° 18.705, publicada en el Diario Oficial de 24 de mayo de 1988.

a la que se refiere el artículo 200. El escrito de adhesión a la apelación deberá cumplir con los requisitos que establece el artículo 189. Se aplicará a la adhesión a la apelación lo dispuesto en el artículo 201[106].

No será, sin embargo, admisible desde el momento en que el apelante haya presentado escrito para desistirse de la apelación.

La hora de presentación de las solicitudes de adhesión y de desistimiento se registrará por el sistema de tramitación electrónica del Poder Judicial, o por el tribunal a través del timbre disponible ante el buzón dispuesto al efecto o mediante la anotación del correspondiente ministro de fe en los casos excepcionales en que se permite la presentación de los escritos en soporte papel[107].

Artículo 218 (443). Derogado[108].

Artículo 219 (444). Derogado[109].

[Forma de conocer los incidentes en segunda instancia]

Artículo 220 (445). Las cuestiones accesorias que se susciten en el curso de la apelación, se fallarán de plano por el tribunal, o se tramitarán como incidentes. En este último caso, podrá también el tribunal fallarlas en cuenta u ordenar que se traigan en relación los autos para resolver.

---

106 Inciso reemplazado por el artículo 12, N° 29), letra a), de la Ley Nº 20.886, publicada en el Diario Oficial de 18 de diciembre de 2015. Con anterioridad este inciso fue sustituido por el artículo 1°, Nº 34, de la Ley Nº 18.705, publicada en el Diario Oficial de 24 de mayo de 1988.

107 Inciso reemplazado por el artículo 12, N° 29), letra b), de la Ley Nº 20.886, publicada en el Diario Oficial de 18 de diciembre de 2015.

108 Artículo derogado por el artículo 1°, Nº 35, de la Ley Nº 18.705, publicada en el Diario Oficial de 24 de mayo de 1988.

109 Artículo derogado por el artículo 1°, Nº 36, de la Ley Nº 18.705, publicada en el Diario Oficial de 24 de mayo de 1988.

[NOTIFICACIONES EN SEGUNDA INSTANCIA]

Artículo 221. La notificación de las resoluciones que se dicten por el tribunal de alzada se practicará en la forma que establece el artículo 50, con excepción de la primera, que debe ser personal[110].

Podrá, sin embargo, el tribunal ordenar que se haga por otro de los medios establecidos en la ley, cuando lo estime conveniente.

[ANUNCIO DEL RELATOR]

Artículo 222 (447). En cumplimiento de las obligaciones impuestas por el artículo 373 del Código Orgánico de Tribunales, los relatores darán cuenta de los vicios y omisiones que hayan notado en las causas del día a fin de que el tribunal resuelva si ha de llenarse previamente algún trámite.

Las causas que se ordene tramitar, las suspendidas y las que por cualquier motivo no hayan de verse, serán anunciadas en la tabla antes de comenzar la relación de las demás. Asimismo, en esa oportunidad deberán señalarse aquellas causas que no se verán durante la audiencia, por falta de tiempo. La audiencia se prorrogará, si fuere necesario, hasta ver la última de las causas que resten en la tabla[111].

[INICIO Y TÉRMINO DE LA VISTA DE LA CAUSA. PLAZO PARA SOLICITAR ALEGATOS POR VÍA REMOTA. DURACIÓN DE ALEGATOS. SANCIÓN AL INTERESADO POR NO COMPARECER A ALEGAR SI PREVIAMENTE SOLICITÓ O ANUNCIÓ ALEGATO]

Artículo 223. La vista de la causa se iniciará con la relación, la que se efectuará en presencia de los abogados de las partes que hayan asistido y se hubieren anunciado para alegar. No se permitirá el ingreso a la sala de los abogados una vez comenzada la relación. Con todo, cualquiera de las partes podrá solicitar alegatos por vía remota mediante videoconferencia

---

110 Inciso modificado por el artículo 12, N° 30), de la Ley Nº 20.886, publicada en el Diario Oficial de 18 de diciembre de 2015.

111 Los incisos 2º y 3º fueron sustituidos por el artículo 1°, N° 3, de la Ley Nº 19.317, publicada en el Diario Oficial de 8 de agosto de 1994.

hasta dos días antes de la vista de la causa, lo que no afectará el derecho de la contraria de alegar presencialmente[112]. Los ministros podrán, durante la relación, formular preguntas o hacer observaciones al relator, las que en caso alguno podrán ser consideradas como causales de inhabilidad.

Concluida la relación, se procederá a escuchar, en audiencia pública, los alegatos de los abogados que se hubieren anunciado. Alegará primero el abogado del apelante y en seguida el del apelado. Si son varios los apelantes, hablarán los abogados en el orden en que se hayan interpuesto las apelaciones. Si son varios los apelados, los abogados intervendrán por el orden alfabético de aquéllos.

Los abogados tendrán derecho a rectificar los errores de hecho que observaren en el alegato de la contraria, al término de éste, sin que les sea permitido replicar en lo concerniente a puntos de derecho.

La duración de los alegatos de cada abogado se limitará a media hora. El tribunal, a petición del interesado, podrá prorrogar el plazo por el tiempo que estime conveniente.

Durante los alegatos, el Presidente de la sala podrá invitar a los abogados a que extiendan sus consideraciones a cualquier punto de hecho o de derecho comprendido en el proceso, pero esta invitación no obstará a la libertad del defensor para el desarrollo de su exposición. Una vez finaliza

---

112 Inciso modificado por el artículo 3, N° 9, letra a), de la Ley N° 21.394, publicada en el Diario Oficial de 30 de noviembre de 2021.
El artículo duodécimo transitorio de la Ley N° 21.394, en sus incisos 1° y 2° establecen: "Las disposiciones contenidas en los artículos 3°, 4°, 5° y 7°, y en los numerales 5) y 16) del artículo 6° de esta ley entrarán en vigor transcurridos diez días desde la publicación de la presente ley.
Sin perjuicio de lo dispuesto en el inciso primero, durante el periodo de un año desde la entrada en vigencia señalada en dicho inciso, las disposiciones contenidas en los numerales 8), 9) y 10) del artículo 3°; en los numerales 2) y 4) del artículo 4°; en el numeral 2) del artículo 5°; y en los numerales 2), 3) y 4) del artículo 6° de esta ley regirán en los tiempos y territorios en que las disposiciones del artículo decimosexto transitorio no fueren aplicables, de conformidad a la extensión temporal o territorial que conforme dicho artículo disponga la Corte Suprema. Asimismo, el numeral 2) del artículo 9° de esta ley comenzará a regir concluida la vigencia del artículo decimoséptimo transitorio".

dos los alegatos, y antes de levantar la audiencia, podrá también pedirles que precisen determinados puntos de hecho o de derecho que considere importantes.

Al término de la audiencia, los abogados podrán dejar a disposición del tribunal una minuta de sus alegatos. En el caso de los abogados que aleguen por vía remota, podrán presentar dicha minuta a través del sistema de tramitación electrónica del Poder Judicial tan pronto finalice la audiencia[113].

El relator dará cuenta a la sala de los abogados que hubiesen solicitado alegatos o se hubiesen anunciado para alegar y no concurrieren a la audiencia respectiva para oír la relación ni hacer el alegato. El Presidente de la sala oirá al interesado, y, si encontrare mérito para sancionarlo, le aplicará una multa no inferior a una ni superior a cinco unidades tributarias mensuales, la que se duplicará en caso de reiteración de la falta dentro de un mismo año calendario. El sancionado no podrá alegar ante esa misma Corte mientras no certifique el secretario de ella, en el correspondiente expediente, que se ha pagado la multa impuesta[114].

[Alegatos por vía remota. Formalidades]

Artículo 223 bis. En los casos en que se decreten alegatos vía remota por videoconferencia, los abogados deberán anunciar sus alegatos, indicando el tiempo estimado de duración y los medios necesarios para su contacto oportuno, tales como número de teléfono o correo electrónico.

Los abogados podrán alegar desde cualquier lugar con auxilio de algún medio tecnológico compatible con los utilizados por el Poder Judicial e informados por su Corporación Administrativa. Adicionalmente, para el caso en que se encontrare en una región distinta a la de la Corte respectiva, la comparecencia remota también podrá realizarse en un edificio de una Corte

---

[113] Inciso modificado por el artículo 3, N° 9, letra b), de la Ley N° 21.394, publicada en el Diario Oficial de 30 de noviembre de 2021.

[114] Artículo reemplazado por el artículo 1°, N° 4, de la Ley N° 19.317, publicada en el Diario Oficial de 8 de agosto de 1994.

de Apelaciones o de cualquier otro tribunal que contare con disponibilidad de medios electrónicos y dependencias habilitadas.

En estos casos, la constatación de la identidad de los abogados se hará inmediatamente antes del inicio de la audiencia ante el ministro de fe de la Corte o ante el funcionario que ésta designe, mediante la exhibición de su cédula de identidad o pasaporte, de lo que se dejará registro.

Si no fuere posible contactar a los abogados que hayan solicitado alegatos vía remota a través de los medios ofrecidos tras tres intentos, de lo cual se deberá dejar constancia, se entenderá que no han comparecido a la audiencia.

La disponibilidad y correcto funcionamiento de los medios tecnológicos de las partes que comparezcan remotamente en dependencias ajenas al Poder Judicial será de su responsabilidad. Con todo, la parte podrá alegar entorpecimiento si el mal funcionamiento de los medios tecnológicos no fuera atribuible a ella. En caso de acoger dicho incidente, la Corte fijará un nuevo día y hora para la continuación de la vista de la causa.

La Corte Suprema regulará mediante auto acordado la forma en que se coordinará y se hará uso de las dependencias a que hace referencia el inciso segundo[115].

---

[115] Artículo agregado por el artículo 3, N° 10, de la Ley N° 21.394, publicada en el Diario Oficial de 30 de noviembre de 2021.

El artículo duodécimo transitorio de la Ley N° 21.394, en sus incisos 1° y 2° establecen: "Las disposiciones contenidas en los artículos 3°, 4°, 5° y 7°, y en los numerales 5) y 16) del artículo 6° de esta ley entrarán en vigor transcurridos diez días desde la publicación de la presente ley.

Sin perjuicio de lo dispuesto en el inciso primero, durante el periodo de un año desde la entrada en vigencia señalada en dicho inciso, las disposiciones contenidas en los numerales 8), 9) y 10) del artículo 3°; en los numerales 2) y 4) del artículo 4°; en el numeral 2) del artículo 5°; y en los numerales 2), 3) y 4) del artículo 6° de esta ley regirán en los tiempos y territorios en que las disposiciones del artículo decimosexto transitorio no fueren aplicables, de conformidad a la extensión temporal o territorial que conforme dicho artículo disponga la Corte Suprema. Asimismo, el numeral 2) del artículo 9° de esta ley comenzará a regir concluida la vigencia del artículo decimoséptimo transitorio".

[Alegatos separados]

Artículo 224 (449). Si la apelación comprende dos o más puntos independientes entre sí y susceptibles de resolución aislada, podrá el tribunal alterar la regla del artículo precedente haciendo que los abogados aleguen separada y sucesivamente sobre cada punto.

[Número de alegatos por cada parte]

Artículo 225 (450). En la vista de la causa sólo podrá alegar un abogado por cada parte, y no podrán hacerlo la parte y su abogado.

[Prohibición de defensas escritas y de leer en la vista de la causa]

Artículo 226 (451). Se prohíbe presentar en la vista de la causa defensas escritas.

Se prohíbe igualmente leer en dicho acto tales defensas.

[Cierre del debate. Medidas para mejor resolver en segunda instancia]

Artículo 227 (452). Vista la causa, queda cerrado el debate y el juicio en estado de dictarse resolución.

Si, vista la causa, se decreta para mejor resolver, alguna de las diligencias mencionadas en el artículo 159, no por esto dejarán de intervenir en la decisión del asunto los mismos miembros del tribunal que asistieron a la vista en que se ordenó la diligencia.

[Informes en derecho]

Artículo 228 (453). Los tribunales podrán mandar, a petición de parte, informar en derecho.

[Plazo para informar en derecho]

Artículo 229 (454). El término para informar en derecho será el que señale el tribunal y no podrá exceder de sesenta días, salvo acuerdo de las partes.

[Agregación del informe en derecho]

Artículo 230. Los informes en derecho, con las firmas del abogado y de la parte o de su procurador, y el certificado a que se refiere el número 6 del artículo 372 del Código Orgánico de Tribunales se agregarán a la carpeta electrónica para conocimiento de los ministros[116].

TÍTULO XIX
DE LA EJECUCIÓN DE LAS RESOLUCIONES

1. De las resoluciones pronunciadas por tribunales chilenos

[Ejecución definitiva y provisional de la sentencia]

Artículo 231 (236). La ejecución de las resoluciones corresponde a los tribunales que las hayan pronunciado en primera o en única instancia. Se procederá a ella una vez que las resoluciones queden ejecutoriadas o causen ejecutoria en conformidad a la ley.

No obstante, los tribunales que conozcan de los recursos de apelación, casación o revisión, ejecutarán los fallos que dicten para la substanciación de dichos recursos. Podrán también decretar el pago de las costas adeudadas a los funcionarios que hayan intervenido en ellos, reservando el de las demás costas para que sea decretado por el tribunal de primera instancia.

[Tribunal competente]

Artículo 232 (238). Siempre que la ejecución de una sentencia definitiva haga necesaria la iniciación de un nuevo juicio, podrá éste deducirse ante el tribunal que menciona el inciso 1° del artículo 231, o ante el que sea competente en conformidad a los principios generales establecidos por la ley, a elección de la parte que haya obtenido en el pleito.

---

116 Artículo reemplazado por el artículo 12, N° 31), de la Ley N° 20.886, publicada en el Diario Oficial de 18 de diciembre de 2015.

[CUMPLIMIENTO INCIDENTAL DE LA SENTENCIA]

Artículo 233. Cuando se solicite la ejecución de una sentencia ante el tribunal que la dictó, dentro del plazo de un año contado desde que la ejecución se hizo exigible, si la ley no ha dispuesto otra forma especial de cumplirla, se ordenará su cumplimiento con citación de la persona en contra de quien se pide.

Esta resolución se notificará por cédula al apoderado de la parte. El ministro de fe que practique la notificación deberá enviar la carta certificada que establece el artículo 46 tanto al apoderado como a la parte. A esta última, la carta deberá remitírsele al domicilio en que se le haya notificado la demanda. En caso que el cumplimiento del fallo se pida contra un tercero, éste deberá ser notificado personalmente[117].

El plazo de un año se contará, en las sentencias que ordenen prestaciones periódicas, desde que se haga exigible cada prestación o la última de las que se cobren[118].

[EXCEPCIONES QUE PUEDEN OPONERSE CONTRA EL CUMPLIMIENTO INCIDENTAL DE LA SENTENCIA]

Artículo 234. En el caso del artículo anterior la parte vencida sólo podrá oponerse alegando algunas de las siguientes excepciones: pago de la deuda, remisión de la misma, concesión de esperas o prórrogas del plazo, novación, compensación, transacción, la de haber perdido su carácter de ejecutoria, sea absolutamente o con relación a lo dispuesto en el artículo anterior, la sentencia que se trate de cumplir, la del artículo 464 número 15 y la del artículo 534, siempre que ellas, salvo las dos últimas, se funden en antecedentes escritos, pero todos en hechos acaecidos con posterioridad a la sentencia de cuyo cumplimiento se trata. También podrá alegarse la falta de oportunidad en la ejecución. Esta excepción y las del artículo 464 número 15 y del artículo 534 necesitarán, además, para ser admiti-

---

[117] Inciso modificado por el artículo 1°, N° 3, de la Ley N° 18.804, publicada en el Diario Oficial de 10 de junio de 1989.

[118] Artículo sustituido por el artículo 1°, N° 38, de la Ley N° 18.705, publicada en el Diario Oficial de 24 de mayo de 1988.

das a tramitación, que aparezcan revestidas de fundamento plausible. La oposición sólo podrá deducirse dentro de la citación a que se refiere el artículo precedente.

El tercero en contra de quien se pida el cumplimiento del fallo podrá deducir, además, la excepción de no empecerle la sentencia y deberá formular su oposición dentro del plazo de diez días.

La oposición se tramitará en forma incidental, pero si las excepciones no reúnen los requisitos exigidos por el inciso 1°, se rechazará de plano.

Lo dispuesto en este artículo es sin perjuicio de lo prevenido en el artículo 80.

[Reglas para cumplir lo ordenado en la sentencia]

Artículo 235. Si no ha habido oposición al cumplimiento de la sentencia solicitado conforme al artículo 233 o ella ha sido desestimada por sentencia de primera o segunda instancia, se procederá a cumplirla, siempre que la ley no haya dispuesto otra forma especial, de acuerdo con las reglas siguientes:

1ª Si la sentencia ordena entregar una especie o cuerpo cierto, sea mueble o inmueble, se llevará a efecto la entrega, haciéndose uso de la fuerza pública si es necesario;

2ª Si la especie o cuerpo cierto mueble no es habido, se procederá a tasarlo con arreglo al Título XII del Libro IV y se observarán en seguida las reglas del número siguiente;

3ª Si la sentencia manda pagar una suma de dinero se ordenará, sin más trámite, hacer pago al acreedor con los fondos retenidos, hecha la liquidación del crédito y de las costas causadas o se dispondrá previamente la realización de los bienes que estén garantizando el resultado de la acción de conformidad al Título V del Libro II.

Si no hay bienes que aseguren el resultado de la acción se procederá a embargar y a enajenar bienes suficientes de la parte vencida de acuerdo con las reglas del procedimiento de apremio, sin necesidad de requerimiento y deberá notificarse por cédula el embargo mismo y la resolución que lo ordena;

4ª Si la sentencia obliga a pagar una cantidad de un género determinado, se procederá de conformidad a las reglas del número anterior; pero si es necesario, se practicará previamente su avaluación por un perito con arreglo al Título XII del Libro IV;

5ª Si la sentencia ordena la ejecución o destrucción de una obra material, la subscripción de un instrumento o la constitución de un derecho real o de una obligación, se procederá de acuerdo con el procedimiento de apremio en las obligaciones de hacer; pero se aplicará lo prescrito en el número 3º de este artículo cuando sea necesario embargar y realizar bienes; y

6ª Si la sentencia ha condenado a la devolución de frutos o a la indemnización de perjuicios y, de conformidad a lo establecido en el inciso segundo del artículo 173, se ha reservado al demandante el derecho de discutir esta cuestión en la ejecución del fallo, el actor deberá formular la demanda respectiva en el mismo escrito en que pida el cumplimiento del fallo. Esta demanda se tramitará como incidente y, de existir oposición al cumplimiento del fallo, ambos incidentes se substanciarán conjuntamente y se resolverán en una misma y única sentencia[119].

En todo lo que no esté previsto en este artículo se aplicarán las reglas que se establecen en el juicio ejecutivo para el embargo y el procedimiento de apremio; pero la sentencia se cumplirá hasta hacer entero pago a la parte vencedora sin necesidad de fianza de resultas, salvo lo dispuesto en el artículo 774 y en otras disposiciones especiales.

[Condena de ejecución continuada]

Artículo 236. Si la sentencia ordena el pago de prestaciones periódicas y el deudor retarda el pago de dos o más, podrá el juez compelerlo a prestar seguridades para el pago, tal como la de convertir las prestaciones en los intereses de un capital que se consigna al efecto, en un Banco, Caja

---

119 Número agregado por el artículo 1º, Nº 39, de la Ley Nº 18.705, publicada en el Diario Oficial de 24 de mayo de 1988.

de Ahorros u otros establecimientos análogos. Este capital se restituirá al deudor tan pronto como cese la obligación.

Esta petición se tramitará en forma incidental.

[Cumplimiento incidental fuera de plazo]

Artículo 237. Las sentencias que ordenen prestaciones de dar, hacer o no hacer, y cuyo cumplimiento se solicite después de vencido el plazo de un año, concedido en el artículo 233, se sujetarán a los trámites del juicio ejecutivo[120].

Se aplicará también este procedimiento cuando se solicite el cumplimiento del fallo ante otro tribunal distinto del indicado en el artículo 233.

En los juicios a que dé lugar la ejecución de las resoluciones a que se refiere este artículo, no se admitirá ninguna excepción que haya podido oponerse en el juicio anterior.

[Cumplimiento de los autos y decretos. Apremios que puede decretar el tribunal]

Artículo 238. Cuando se trate del cumplimiento de resoluciones no comprendidas en los artículos anteriores, corresponderá al juez de la causa dictar las medidas conducentes a dicho cumplimiento, pudiendo al efecto imponer multas que no excedan de una unidad tributaria mensual o arresto hasta de dos meses, determinados prudencialmente por el tribunal, sin perjuicio de repetir el apremio[121].

[Deducciones en caso de restitución de una cosa]

Artículo 239. Las reclamaciones que el obligado a restituir una cosa raíz o mueble tenga derecho a deducir en razón de prestaciones a que esté

---

[120] Inciso modificado por el artículo 1°, N° 40, de la Ley N° 18.705, publicada en el Diario Oficial de 24 de mayo de 1988.

[121] Artículo modificado por el artículo 1°, N° 41, de la Ley N° 18.705, publicada en el Diario Oficial de 24 de mayo de 1988. Anteriormente fue modificado por el Decreto Ley N° 1.417, artículo 2°, letra k), publicado en el Diario Oficial de 29 de abril de 1976.

obligado el vencedor y que no haya hecho valer en el juicio en que se dictó la sentencia que se trata de cumplir, se tramitarán en forma incidental con audiencia de las partes, sin entorpecer el cumplimiento de la sentencia, salvo las excepciones legales.

[Desacato]

Artículo 240. Cumplida una resolución, el tribunal tendrá facultad para decretar las medidas tendientes a dejar sin efecto todo lo que se haga en contravención a lo ejecutado.

El que quebrante lo ordenado cumplir será sancionado con reclusión menor en su grado medio a máximo[122].

[Efecto en que se concede el recurso de apelación]

Artículo 241. Las apelaciones que se deduzcan contra las resoluciones que se dicten en conformidad a lo dispuesto en los artículos precedentes de este título, se concederán sólo en el efecto devolutivo. Tratándose de juicios de hacienda, estas apelaciones se colocarán de inmediato en tabla y gozarán de preferencia para su vista y fallo[123].

2. De las resoluciones pronunciadas por tribunales extranjeros

[Tratados internacionales]

Artículo 242 (239). Las resoluciones pronunciadas en país extranjero tendrán en Chile la fuerza que les concedan los tratados respectivos; y para su ejecución se seguirán los procedimientos que establezca la ley chilena, en cuanto no aparezcan modificados por dichos tratados.

---

[122] Inciso sustituido por el artículo 1°, N° 42, de la Ley N° 18.705, publicada en el Diario Oficial de 24 de mayo de 1988.

[123] Artículo modificado por el artículo 1°, N° 43, de la Ley N° 18.705, publicada en el Diario Oficial de 24 de mayo de 1988.

[Principio de reciprocidad internacional]

Artículo 243 (240). Si no existen tratados relativos a esta materia con la nación de que procedan las resoluciones, se les dará la misma fuerza que en ella se dé a los fallos pronunciados en Chile.

[Principio de reciprocidad internacional]

Artículo 244 (241). Si la resolución procede de un país en que no se da cumplimiento a los fallos de los tribunales chilenos, no tendrá fuerza en Chile.

[Requisitos que debe cumplir la sentencia extranjera para otorgarle valor si no pueden aplicarse las reglas precedentes]

Artículo 245 (242). En los casos en que no pueda aplicarse ninguno de los tres artículos precedentes, las resoluciones de tribunales extranjeros tendrán en Chile la misma fuerza que si se hubieran dictado por tribunales chilenos, con tal que reúnan las circunstancias siguientes:

1ª Que no contengan nada contrario a las leyes de la República. Pero no se tomarán en consideración las leyes de procedimiento a que haya debido sujetarse en Chile la substanciación del juicio;

2ª Que tampoco se opongan a la jurisdicción nacional;

3ª Que la parte en contra de la cual se invoca la sentencia haya sido debidamente notificada de la acción. Con todo, podrá ella probar que, por otros motivos, estuvo impedida de hacer valer sus medios de defensa[124];

4ª Que estén ejecutoriadas en conformidad a las leyes del país en que hayan sido pronunciadas.

---

[124] Número sustituido por el artículo 10, del Decreto Ley Nº 2.349, publicado en el Diario Oficial de 28 de octubre de 1978.

[Aplicación de las reglas precedentes a sentencias extranjeras emanadas de jueces árbitros]

Artículo 246 (243). Las reglas de los artículos precedentes son aplicables a las resoluciones expedidas por jueces árbitros. En este caso se hará constar su autenticidad y eficacia por el visto bueno u otro signo de aprobación emanado de un tribunal superior ordinario del país donde se haya dictado el fallo.

[Copia de la sentencia legalizada o apostillada]

Artículo 247 (244). En todos los casos a que se refieren los artículos precedentes, la resolución que se trate de ejecutar se presentará a la Corte Suprema en copia legalizada o apostillada[125].

[Tramitación del exequatur en asuntos contenciosos]

Artículo 248 (245). En los casos de jurisdicción contenciosa, se dará conocimiento de la solicitud a la parte contra quien se pide la ejecución, la cual tendrá para exponer lo que estime conveniente un término igual al de emplazamiento para contestar demandas.

Con la contestación de la parte o en su rebeldía, y con previa audiencia del fiscal judicial, el tribunal declarará si debe o no darse cumplimiento a la resolución[126].

[Tramitación del exequatur en asuntos no contenciosos]

Artículo 249 (246). En los asuntos de jurisdicción no contenciosa, el tribunal resolverá con sólo la audiencia del fiscal judicial[127].

---

125 Artículo modificado por el artículo 1°, letra a), de la Ley N° 20.711, publicada en el Diario Oficial de 2 de enero de 2014.

126 Inciso modificado por el artículo 2° de la Ley N° 19.806, publicada en el Diario Oficial de 31 de mayo de 2002.

127 Inciso modificado por el artículo 2° de la Ley N° 19.806, publicada en el Diario Oficial de 31 de mayo de 2002.

[TÉRMINO DE PRUEBA]

Artículo 250 (247). Si el tribunal lo estima necesario, podrá abrir un término de prueba antes de resolver, en la forma y por el tiempo que este Código establece para los incidentes.

[TRIBUNAL COMPETENTE PARA EJECUCIÓN DE LA SENTENCIA EXTRANJERA]

Artículo 251 (248). Mandada cumplir una resolución pronunciada en país extranjero, se pedirá su ejecución al tribunal a quien habría correspondido conocer del negocio en primera o en única instancia, si el juicio se hubiera promovido en Chile.

TÍTULO XX
DE LAS MULTAS

[MULTAS]

Artículo 252 (249). Todas las multas que este Código establece o autoriza, se impondrán a beneficio fiscal enterándose en la cuenta corriente del tribunal respectivo y se entregarán anualmente a los respectivos Consejos del Colegio de Abogados, para que con ellas atiendan de preferencia a los fines que señalan la letra m) del artículo 12 y las letras j) y k) del artículo 13 de la Ley N° 4.409, de 11 de septiembre de 1928[128].

Las multas deberán pagarse dentro de los quince días siguientes a la fecha de notificación de la respectiva resolución. El incumplimiento se comunicará a la Tesorería General de la República y a la Contraloría General de la República para los efectos de su cobranza y de su inclusión en la lista de deudores fiscales[129].

---

128 Inciso modificado por el artículo 2°, letra c), del Decreto Ley N° 3.503, publicado en el Diario Oficial de 18 de noviembre de 1980.

129 Inciso sustituido por el N° 1, del artículo 2°, de la Ley N° 19.374, publicada en el Diario Oficial de 18 de febrero de 1995.

LIBRO SEGUNDO
DEL JUICIO ORDINARIO

TÍTULO I
DE LA DEMANDA

[La demanda como acto de iniciación del juicio ordinario]

Artículo 253 (250). Todo juicio ordinario comenzará por demanda del actor, sin perjuicio de lo dispuesto en el Título IV de este Libro.

[Aptitud formal de la demanda]

Artículo 254 (251). La demanda debe contener:

1° La designación del tribunal ante quien se entabla;

2° El nombre, domicilio y profesión u oficio del demandante y de las personas que lo representen, y la naturaleza de la representación, además de un medio de notificación electrónico del abogado patrocinante y del mandatario judicial si no lo hubieren designado[130];

3° El nombre, domicilio y profesión u oficio del demandado;

4° La exposición clara de los hechos y fundamentos de derecho en que se apoya; y

5° La enunciación precisa y clara, consignada en la conclusión de las peticiones que se sometan al fallo del tribunal.

[Objeción de documentos acompañados a la demanda]

Artículo 255. Los documentos acompañados a la demanda deberán impugnarse dentro del término de emplazamiento, cualquiera sea su naturaleza[131].

---

130 El N° 2 de la presente disposición fue modificado por el artículo 3, N° 11, de la Ley N° 21.394, publicada en el Diario Oficial de 30 de noviembre de 2021.

131 Artículo sustituido por el artículo 1°, N° 44, de la Ley N° 18.705, publicada en el Diario Oficial de 24 de mayo de 1988.

[Inadmisibilidad de la demanda]

Artículo 256 (253). Puede el juez de oficio no dar curso a la demanda que no contenga las indicaciones ordenadas en los tres primeros números del artículo 254, expresando el defecto de que adolece.

[Traslado]

Artículo 257 (254). Admitida la demanda, se conferirá traslado de ella al demandado para que la conteste.

[Término de emplazamiento]

Artículo 258. El término de emplazamiento para contestar la demanda será de dieciocho días si el demandado es notificado en el territorio jurisdiccional del tribunal en que se haya presentado la demanda[132].

[Aumento del término de emplazamiento]

Artículo 259 (256). Si el demandado se encuentra en un territorio jurisdiccional diverso o fuera del territorio de la República, el término para contestar la demanda se aumentará de conformidad al lugar en que se encuentre. Este aumento será determinado en conformidad a una tabla que cada cinco años formará la Corte Suprema con tal objeto, tomando en consideración las distancias y las facilidades o dificultades que existan para las comunicaciones[133].

---

[132] Inciso modificado por el artículo 3, N° 12, letra a) de la Ley N° 21.394, publicada en el Diario Oficial de 30 de noviembre de 2021. El inciso 2° fue suprimido por el artículo 3, N° 12, letra b) de la Ley N° 21.394, publicada en el Diario Oficial de 30 de noviembre de 2021.

[133] Inciso modificado por el artículo 5°, N° 4, de la Ley N° 18.776, publicada en el Diario Oficial de 18 de enero de 1989. Posteriormente, parte del inciso 1° fue reemplazado por el artículo 3, N° 13, de la Ley N° 21.394, publicada en el Diario Oficial de 30 de noviembre de 2021.

Esta tabla se formará en el mes de Noviembre del año que preceda al del vencimiento de los cinco años indicados, para que se ponga en vigor en toda la República desde el 1 de Marzo siguiente; se publicará en el "Diario Oficial", y se fijará a lo menos, dos meses antes de su vigencia, en el portal de internet del Poder Judicial y, en los oficios de todos los secretarios de Cortes y Juzgados de Letras[134].

[Litisconsorcio pasivo y activo. Aumento del término de emplazamiento]

Artículo 260 (257). Si los demandados son varios, sea que obren separada o conjuntamente, el término para contestar la demanda correrá para todos a la vez, y se contará hasta que expire el último término parcial que corresponda a los notificados.

En los casos en que proceda la pluralidad de demandantes de acuerdo al artículo 18, el plazo para contestar la demanda, determinado según lo dispuesto en los dos artículos anteriores, se aumentará en un día por cada tres demandantes sobre diez que existan en el proceso. Con todo, este plazo adicional no podrá exceder de treinta días[135].

[Modificaciones a la demanda]

Artículo 261 (258). Notificada la demanda a cualquiera de los demandados y antes de la contestación, podrá el demandante hacer en ella las ampliaciones o rectificaciones que estime convenientes.

Estas modificaciones se considerarán como una demanda nueva para los efectos de su notificación, y sólo desde la fecha en que esta diligencia se practique correrá el término para contestar la primitiva demanda.

---

[134] Inciso modificado por el artículo 12, N° 32), de la Ley N° 20.886, publicada en el Diario Oficial de 18 de diciembre de 2015.

[135] Inciso agregado por el artículo 2°, de la Ley N° 19.743, publicada en el Diario Oficial de 8 de agosto de 2001.

TÍTULO II
DE LA CONCILIACIÓN

[Audiencia de conciliación en juicios civiles]

Artículo 262. En todo juicio civil en que legalmente sea admisible la transacción, con excepción de los juicios o procedimientos especiales de que tratan los Títulos I, II, III, V y XVI del Libro III, una vez agotados los trámites de discusión y siempre que no se trate de los casos mencionados en el artículo 313, el juez llamará a las partes a conciliación y les propondrá personalmente bases de arreglo.

Para tal efecto, las citará a una audiencia para un día no anterior al quinto ni posterior al decimoquinto contado desde la fecha de notificación de la resolución. Con todo, en los procedimientos que contemplan una audiencia para recibir la contestación de la demanda, se efectuará también en ella la diligencia de conciliación, evacuado que sea dicho trámite.

El precedente llamado a conciliación no obsta a que el juez pueda, en cualquier estado de la causa, efectuar la misma convocatoria, una vez evacuado el trámite de contestación de la demanda[136].

[Actuación del juez. Opiniones que emite el juez]

Artículo 263. El juez obrará como amigable componedor. Tratará de obtener un avenimiento total o parcial en el litigio. Las opiniones que emita no lo inhabilitan para seguir conociendo de la causa.

[Comparecencia a la audiencia]

Artículo 264. A los comparendos de conciliación deberán concurrir las partes por sí o por apoderado. No obstante, el juez podrá exigir la comparecencia personal de las partes, sin perjuicio de la asistencia de sus abogados.

---

136 Artículo reemplazado por el artículo único, Nº 1, de la Ley Nº 19.334, publicada en el Diario Oficial de 7 de octubre de 1994.

En los procesos en que hubiere pluralidad de partes, la audiencia se llevará a efecto aunque no asistan todas. La conciliación operará entre aquellas que la acuerden y continuará el juicio con las que no hubieren concurrido o no hubieren aceptado la conciliación[137].

[Suspensión y postergación de la audiencia]

Artículo 265. Si los interesados lo piden, la audiencia se suspenderá hasta por media hora para deliberar. Si el tribunal lo estima necesario postergará la audiencia para dentro de tercero día, salvo que las partes acuerden un plazo mayor, y se dejará de ello constancia. A la nueva audiencia éstas concurrirán sin nueva notificación.

[Agregación de antecedentes probatorios]

Artículo 266. El juez de oficio ordenará agregar aquellos antecedentes y medios probatorios que estime pertinentes.

[Acta de conciliación]

Artículo 267. De la conciliación total o parcial se levantará acta, que consignará sólo las especificaciones del arreglo; la cual subscribirán el juez, las partes que lo deseen y el secretario, y se estimará como sentencia ejecutoriada para todos los efectos legales[138].

[Conciliación fracasada]

Artículo 268. Si se rechaza la conciliación, o no se efectúa el comparendo, el secretario certificará este hecho de inmediato, y quedará la carpeta electrónica a disposición de juez para que éste, examinándolos

---

[137] Inciso agregado por el artículo único, Nº 2, de la Ley Nº 19.334, publicada en el Diario Oficial de 7 de octubre de 1994.

[138] Artículo modificado por el artículo único, Nº 3, de la Ley Nº 19.334, publicada en el Diario Oficial de 7 de octubre de 1994.

por sí mismo, proceda enseguida a dar cumplimiento a lo señalado en el artículo 318[139].

TÍTULO III
DE LA JACTANCIA

[Acción de jactancia]

Artículo 269 (259). Cuando alguna persona manifieste corresponderle un derecho de que no esté gozando, todo aquél a quien su jactancia pueda afectar, podrá pedir que se la obligue a deducir demanda dentro del plazo de diez días, bajo apercibimiento, si no lo hace, de no ser oída después sobre aquel derecho. Este plazo podrá ampliarse por el tribunal hasta treinta días, habiendo motivo fundado.

[Requisitos de la jactancia]

Artículo 270 (260). Se entenderá haber jactancia siempre que la manifestación del jactancioso conste por escrito, o se haya hecho de viva voz, a lo menos, delante de dos personas hábiles para dar testimonio en juicio civil.

Habrá también lugar a deducir demanda de jactancia contra el que haya gestionado como parte en un proceso criminal de que puedan emanar acciones civiles contra el acusado, para el ejercicio de estas acciones.

[Tramitación de la demanda de jactancia]

Artículo 271 (261). La demanda de jactancia se someterá a los trámites establecidos para el juicio sumario.

Si se da lugar a ella, y vence el plazo concedido al jactancioso para deducir su acción sin que cumpla lo ordenado, deberá la parte interesada

---

139 Artículo modificado por el artículo 12, N° 33), de la Ley N° 20.886, publicada en el Diario Oficial de 18 de diciembre de 2015.

solicitar que se declare por el tribunal el apercibimiento a que se refiere el artículo 269. Esta solicitud se tramitará como incidente.

[PRESCRIPCIÓN DE LA ACCIÓN DE JACTANCIA]

Artículo 272 (262). La acción de jactancia prescribe en seis meses, contados desde que tuvieron lugar los hechos en que pueda fundarse.

TÍTULO IV
DE LAS MEDIDAS PREJUDICIALES

[MEDIDAS PREJUDICIALES PREPARATORIAS]

Artículo 273 (263). El juicio ordinario podrá prepararse, exigiendo el que pretende demandar de aquel contra quien se propone dirigir la demanda:

1° Declaración jurada acerca de algún hecho relativo a su capacidad para parecer en juicio, o a su personería o al nombre y domicilio de sus representantes;

2° La exhibición de la cosa que haya de ser objeto de la acción que se trata de entablar;

3° La exhibición de sentencias, testamentos, inventarios, tasaciones, títulos de propiedad u otros instrumentos públicos o privados que por su naturaleza puedan interesar a diversas personas;

4° Exhibición de los libros de contabilidad relativos a negocios en que tenga parte el solicitante, sin perjuicio de lo dispuesto en los artículos 42 y 43 del Código de Comercio; y

5° El reconocimiento jurado de firma, puesta en instrumento privado.

La diligencia expresada en el número 5° se decretará en todo caso; las de los otros cuatro sólo cuando, a juicio del tribunal, sean necesarias para que el demandante pueda entrar en el juicio.

[APREMIOS APLICABLES A QUIEN SE NIEGA A DECLARAR]

Artículo 274 (264). Si, decretada la diligencia a que se refiere el número 1° del artículo anterior, se rehúsa prestar la declaración ordenada o ésta no es categórica, en conformidad a lo mandado, podrán imponerse al desobediente multas que no excedan de dos sueldos vitales, o arrestos hasta de dos meses, determinados prudencialmente por el tribunal; sin perjuicio de repetir la orden y el apercibimiento[140].

[Forma de practicar la exhibición dependiendo de si la cosa está en manos del solicitado o de un tercero]

Artículo 275 (265). La exhibición, en el caso del número 2° del artículo 273, se hará mostrando el objeto que deba exhibirse, o autorizando al interesado para que lo reconozca y dándole facilidades para ello, siempre que el objeto se encuentre en poder de la persona a quien se ordene la exhibición.

Si el objeto se halla en poder de terceros, cumplirá la persona a quien se ordene la exhibición, expresando el nombre y residencia de dichos terceros, o el lugar donde el objeto se encuentre.

[Apremios aplicables a quien se niega a exhibir la cosa]

Artículo 276 (266). Si se rehúsa hacer la exhibición en los términos que indica el artículo precedente, podrá apremiarse al desobediente con multa o arresto en la forma establecida por el artículo 274, y aun decretarse allanamiento del local donde se halle el objeto cuya exhibición se pide.

Iguales apremios podrán decretarse contra los terceros que, siendo meros tenedores del objeto, se nieguen a exhibirlo.

[Apremios aplicables a quien se niega a exhibir los instrumentos que se encuentran en su poder]

Artículo 277. Siempre que se dé lugar a las medidas mencionadas en los números 3° y 4° del artículo 273, y la persona a quien incumba su cumplimiento desobedezca, existiendo en su poder los instrumentos o

---

140 Artículo modificado por el artículo 2°, letra l), del Decreto Ley N° 1.417, publicado en el Diario Oficial del 29 de abril de 1976.

libros a que las medidas se refieren, perderá el derecho de hacerlos valer después, salvo que la otra parte los haga también valer en apoyo de su defensa, o si se justifica o aparece de manifiesto que no los pudo exhibir antes, o si se refieren a hechos distintos de aquellos que motivaron la solicitud de exhibición. Lo cual se entiende sin perjuicio de lo dispuesto en el artículo precedente y en el párrafo 2, Título II, del Libro I del Código de Comercio[141].

[Apremios aplicables a quien se niega reconocer su firma en instrumento privado]

Artículo 278 (268). Si se rehúsa el reconocimiento de firma decretado en el caso del número 5° del artículo 273, se procederá en conformidad a las reglas establecidas para el reconocimiento judicial de documentos en el *juicio ejecutivo*.

[Medidas prejudiciales precautorias]

Artículo 279 (269). Podrán solicitarse como medidas prejudiciales las precautorias de que trata el Título V de este Libro, existiendo para ello motivos graves y calificados, y concurriendo las circunstancias siguientes:

1ª Que se determine el monto de los bienes sobre que deben recaer las medidas precautorias; y

2ª Que se rinda fianza u otra garantía suficiente, a juicio del tribunal, para responder por los perjuicios que se originen y multas que se impongan.

[Obligación de presentar la demanda si se acoge una medida prejudicial precautoria]

Artículo 280 (270). Aceptada la solicitud a que se refiere el artículo anterior, deberá el solicitante presentar su demanda en el término de diez

---

[141] Artículo sustituido por el artículo primero, N° 14, de la Ley N° 18.882, publicada en el Diario Oficial de 20 de diciembre de 1989.

días y pedir que se mantengan las medidas decretadas. Este plazo podrá ampliarse hasta treinta días por motivos fundados.

Si no se deduce demanda oportunamente, o no se pide en ella que continúen en vigor las medidas precautorias decretadas, o al resolver sobre esta petición el tribunal no mantiene dichas medidas, por este solo hecho quedará responsable el que las haya solicitado de los perjuicios causados, considerándose doloso su procedimiento.

[Medidas prejudiciales probatorias. Inspección personal del tribunal, informe de peritos, certificado de ministro de fe]

Artículo 281 (271). Puede pedirse prejudicialmente la inspección personal del tribunal, informe de peritos nombrados por el mismo tribunal, o certificado del ministro de fe, cuando exista peligro inminente de un daño o perjuicio, o se trate de hechos que puedan fácilmente desaparecer.

Para la ejecución de estas medidas se dará previamente conocimiento a la persona a quien se trata de demandar, si se encuentra en el lugar del asiento del tribunal que las decreta, o donde deban ejecutarse. En los demás casos se procederá con intervención del defensor de ausentes.

[Mero tenedor de la cosa objeto de la acción]

Artículo 282 (272). Si aquel a quien se intenta demandar expone ser simple tenedor de la cosa de que procede la acción o que es objeto de ella, podrá también ser obligado:

1° A declarar bajo juramento el nombre y residencia de la persona en cuyo nombre la tiene; y

2° A exhibir el título de su tenencia; y si expresa no tener título escrito, a declarar bajo juramento que carece de él.

En caso de negativa para practicar cualquiera de las diligencias mencionadas en este artículo, se le podrá apremiar con multa o arresto en la forma dispuesta por el artículo 274.

[COPIA DE LAS PIEZAS EXHIBIDAS Y ESTADO DE LOS OBJETOS EXHIBIDOS]

Artículo 283 (273). Siempre que el actor lo exija, se dejará en el proceso copia de las piezas que se presenten, o de su parte conducente, y una razón de la clase y estado actual de los objetos exhibidos.

[MEDIDA PREJUDICIAL PROBATORIA DE ABSOLUCIÓN DE POSICIONES]

Artículo 284 (274). Si hay motivo fundado para temer que una persona se ausente en breve tiempo del país, podrá exigírsele como medida prejudicial que absuelva posiciones sobre hechos calificados previamente de conducentes por el tribunal, el que, sin ulterior recurso, señalará día y hora para la práctica de la diligencia.

Si se ausenta dicha persona dentro de los treinta días subsiguientes al de la notificación sin absolver las posiciones, o sin dejar apoderado con autorización e instrucciones bastantes para hacerlo durante la secuela del juicio, se le dará por confesa en el curso de éste, salvo que aparezca suficientemente justificada la ausencia sin haber cumplido la orden del tribunal.

[MEDIDA PREJUDICIAL DE CONSTITUCIÓN DE APODERADO]

Artículo 285 (275). En el caso del inciso 1° del artículo anterior, podrá también pedirse que aquel cuya ausencia se teme, constituya en el lugar donde va a entablarse el juicio apoderado que le represente y que responda por las costas y multas en que sea condenado, bajo apercibimiento de nombrársele un curador de bienes.

[MEDIDA PREJUDICIAL PROBATORIA DE EXAMEN DE TESTIGOS]

Artículo 286 (276). Se podrá, asimismo, solicitar antes de la demanda el examen de aquellos testigos cuyas declaraciones, por razón de impedimentos graves, haya fundado temor de que no puedan recibirse oportunamente. Las declaraciones versarán sobre los puntos que indique el actor, calificados de conducentes por el tribunal.

Para practicar esta diligencia, se dará previamente conocimiento a la persona a quien se trata de demandar, sólo cuando se halle en el lugar donde se expidió la orden o donde deba tomarse la declaración; y en los demás casos se procederá con intervención del defensor de ausentes.

[Requisitos comunes a toda medida prejudicial]

Artículo 287 (277). Para decretar las medidas de que trata este Título, deberá el que las solicite expresar la acción que se propone deducir y someramente sus fundamentos.

[Medidas prejudiciales que puede pedir el futuro demandado]

Artículo 288 (278). Toda persona que fundadamente tema ser demandada podrá solicitar las medidas que mencionan el número 5° del artículo 273 y los artículos 281, 284 y 286, para preparar su defensa.

[Tramitación de las medidas prejudiciales]

Artículo 289 (279). Las diligencias expresadas en este Título pueden decretarse sin audiencia de la persona contra quien se piden, salvo los casos en que expresamente se exige su intervención.

TÍTULO V
DE LAS MEDIDAS PRECAUTORIAS

[Medidas precautorias. Instrumentalidad de las medidas]

Artículo 290 (280). Para asegurar el resultado de la acción, puede el demandante en cualquier estado del juicio, aun cuando no esté contestada la demanda, pedir una o más de las siguientes medidas:

1ª El secuestro de la cosa que es objeto de la demanda;

2ª El nombramiento de uno o más interventores;

3ª La retención de bienes determinados; y

4ª La prohibición de celebrar actos o contratos sobre bienes determinados.

[Secuestro de la cosa que es objeto de la demanda]

Artículo 291 (281). Habrá lugar al secuestro judicial en el caso del artículo 901 del Código Civil, o cuando se entablen otras acciones con relación a cosa mueble determinada y haya motivo de temer que se pierda o deteriore en manos de la persona que, sin ser poseedora de dicha cosa, la tenga en su poder.

[Reglas aplicables al secuestro]

Artículo 292 (282). Son aplicables al secuestro las disposiciones que el párrafo 2° del Título I del Libro III establece respecto del depositario de los bienes embargados.

[Nombramiento de uno o más interventores]

Artículo 293 (283). Hay lugar al nombramiento de interventor:

1° En el caso del inciso 2° del artículo 902 del Código Civil;

2° En el del que reclama una herencia ocupada por otro, si hay el justo motivo de temor que el citado inciso expresa;

3° En el del comunero o socio que demanda la cosa común, o que pide cuentas al comunero o socio que administra;

4° Siempre que haya justo motivo de temer que se destruya o deteriore la cosa sobre que versa el juicio, o que los derechos del demandante puedan quedar burlados; y

5° En los demás casos expresamente señalados por las leyes.

[Facultades del interventor judicial]

Artículo 294 (284). Las facultades del interventor judicial se limitarán a llevar cuenta de las entradas y gastos de los bienes sujetos a intervención, pudiendo para el desempeño de este cargo imponerse de los libros, papeles y operaciones del demandado.

Estará, además, el interventor obligado a dar al interesado o al tribunal noticia de toda malversación o abuso que note en la administración de dichos bienes; y podrá en este caso decretarse el depósito y retención de los productos líquidos en un establecimiento de crédito o en poder de la persona que el tribunal designe, sin perjuicio de las otras medidas más rigurosas que el tribunal estime necesario adoptar.

[Retención de bienes determinados]

Artículo 295 (285). La retención de dineros o cosas muebles podrá hacerse en poder del mismo demandante, del demandado o de un tercero, con relación a los bienes que son materia del juicio, y también respecto de otros bienes determinados del demandado, cuando sus facultades no ofrezcan suficiente garantía, o haya motivo racional para creer que procurará ocultar sus bienes, y en los demás casos determinados por la ley.

Podrá el tribunal ordenar que los valores retenidos se trasladen a un establecimiento de crédito o de la persona que el tribunal designe cuando lo estime conveniente para la seguridad de dichos valores.

[Prohibición de celebrar actos o contratos sobre bienes determinados]

Artículo 296 (286). La prohibición de celebrar actos o contratos podrá decretarse con relación a los bienes que son materia del juicio, y también respecto de otros bienes determinados del demandado, cuando sus facultades no ofrezcan suficiente garantía para asegurar el resultado del juicio.

Para que los objetos que son materia del juicio se consideren comprendidos en el número 4° del artículo 1464 del Código Civil, será necesario que el tribunal decrete prohibición respecto de ellos.

[Efectos de la prohibición de celebrar actos y contratos respecto de terceros]

Artículo 297 (287). Cuando la prohibición recaiga sobre bienes raíces se inscribirá en el registro del Conservador respectivo, y sin este requisito no producirá efecto respecto de terceros.

Cuando verse sobre cosas muebles, sólo producirá efecto respecto de los terceros que tengan conocimiento de ella al tiempo del contrato; pero el demandado será en todo caso responsable de fraude, si ha procedido a sabiendas.

[PROPORCIONALIDAD. FUMUS BONI IURIS. CAUTELARES INNOMINADAS O ATÍPICAS]

Artículo 298 (288). Las medidas de que trata este Título se limitarán a los bienes necesarios para responder a los resultados del juicio; y para decretarlas deberá el demandante acompañar comprobantes que constituyan a lo menos presunción grave del derecho que se reclama. Podrá también el tribunal, cuando lo estime necesario y no tratándose de medidas expresamente autorizadas por la ley, exigir caución al actor para responder de los perjuicios que se originen.

[FALTA DE LOS COMPROBANTES REQUERIDOS. EXIGENCIA DE CAUCIÓN]

Artículo 299 (289). En casos graves y urgentes podrán los tribunales conceder las medidas precautorias de que trata este Título, aun cuando falten los comprobantes requeridos, por un término que no exceda de diez días, mientras se presentan dichos comprobantes, exigiendo caución para responder por los perjuicios que resulten. Las medidas así decretadas quedarán de hecho canceladas si no se renuevan en conformidad al artículo 280.

[OTRAS MEDIDAS]

Artículo 300 (290). Estas providencias no excluyen las demás que autorizan las leyes.

[PROVISIONALIDAD]

Artículo 301 (291). Todas estas medidas son esencialmente provisionales. En consecuencia, deberán hacerse cesar siempre que desaparezca el peligro que se ha procurado evitar o se otorguen cauciones suficientes.

[Tramitación y notificación]

Artículo 302 (292). El incidente a que den lugar las medidas de que trata este Título se tramitará en conformidad a las reglas generales y por cuerda separada.

Podrán, sin embargo, llevarse a efecto dichas medidas antes de notificarse a la persona contra quien se dictan, siempre que existan razones graves para ello y el tribunal así lo ordene. Transcurridos cinco días sin que la notificación se efectúe, quedarán sin valor las diligencias practicadas. El tribunal podrá ampliar este plazo por motivos fundados.

La notificación a que se refiere este artículo podrá hacerse por cédula, si el tribunal así lo ordena.

TÍTULO VI
DE LAS EXCEPCIONES DILATORIAS

[Excepciones dilatorias]

Artículo 303 (293). Sólo son admisibles como excepciones dilatorias:

1ª La incompetencia del tribunal ante quien se haya presentado la demanda;

2ª La falta de capacidad del demandante, o de personería o representación legal del que comparece en su nombre;

3ª La litis pendencia;

4ª La ineptitud del libelo por razón de falta de algún requisito legal en el modo de proponer la demanda;

5ª El beneficio de excusión; y

6ª En general las que se refieran a la corrección del procedimiento sin afectar al fondo de la acción deducida.

[Excepciones perentorias mixtas]

Artículo 304 (294). Podrán también oponerse y tramitarse del mismo modo que las dilatorias la excepción de cosa juzgada y la de transacción;

pero, si son de lato conocimiento, se mandará contestar la demanda, y se reservarán para fallarlas en la sentencia definitiva[142].

[Oportunidad para impetrar las excepciones dilatorias]

Artículo 305 (295). Las excepciones dilatorias deben oponerse todas en un mismo escrito y dentro del término de emplazamiento fijado por los artículos 258 a 260.

Si así no se hace, se podrán oponer en el progreso del juicio sólo por vía de alegación o defensa, y se estará a lo dispuesto en los artículos 85 y 86.

Las excepciones 1ª y 3ª del artículo 303 podrán oponerse en segunda instancia en forma de incidente.

[Fallo de las excepciones dilatorias]

Artículo 306 (296). Todas las excepciones propuestas conjuntamente se fallarán a la vez, pero si entre ellas figura la de incompetencia y el tribunal la acepta, se abstendrá de pronunciarse sobre las demás. Lo cual se entiende sin perjuicio de lo dispuesto por el artículo 208.

[Tramitación y recurso de apelación]

Artículo 307 (297). Las excepciones dilatorias se tramitarán como incidentes.

La resolución que las deseche será apelable sólo en el efecto devolutivo.

[Plazo para contestar la demanda]

Artículo 308 (298). Desechadas las excepciones dilatorias o subsanados por el demandante los defectos de que adolezca la demanda, tendrá

---

142 Artículo sustituido por el artículo 5°, N° 1, de la Ley N° 18.680, publicada en el Diario Oficial de 11 de enero de 1988.

diez días el demandado para contestarla, cualquiera que sea el lugar en donde le haya sido notificada.

TÍTULO VII
DE LA CONTESTACIÓN Y DEMÁS TRÁMITES HASTA EL ESTADO DE PRUEBA O DE SENTENCIA

[Requisitos de la contestación de la demanda]

Artículo 309 (299). La contestación a la demanda debe contener:

1° La designación del tribunal ante quien se presente;

2° El nombre, domicilio y profesión u oficio del demandado y un medio de notificación electrónico del abogado patrocinante y del mandatario judicial[143];

3° Las excepciones que se oponen a la demanda y la exposición clara de los hechos y fundamentos de derecho en que se apoyan; y

4° La enunciación precisa y clara, consignada en la conclusión, de las peticiones que se sometan al fallo del tribunal[144].

[Excepciones perentorias anómalas]

Artículo 310 (300). No obstante lo dispuesto en el artículo anterior, las excepciones de prescripción, cosa juzgada, transacción y pago efectivo de la deuda, cuando ésta se funde en un antecedente escrito, podrán oponerse en cualquier estado de la causa; pero no se admitirán si no se alegan por escrito antes de la citación para sentencia en primera instancia, o de la vista de la causa en segunda.

Si se formulan en primera instancia, después de recibida la causa a prueba, se tramitarán como incidentes, que pueden recibirse a prueba, si el tribunal lo estima necesario, y se reservará su resolución para definitiva.

---

143 El N° 2 de la presente disposición fue modificado por el artículo 3, N° 14, de la Ley N° 21.394, publicada en el Diario Oficial de 30 de noviembre de 2021.

144 El inciso final de este artículo fue suprimido por el artículo 1°, N° 45, de la Ley N° 18.705, publicada en el Diario Oficial de 24 de mayo de 1988.

Si se deducen en segunda, se seguirá igual procedimiento, pero en tal caso el tribunal de alzada se pronunciará sobre ellas en única instancia.

[TRASLADO PARA LOS TRÁMITES DE RÉPLICA Y DÚPLICA]

Artículo 311 (301). De la contestación se comunicará traslado al actor por el término de seis días, y de la réplica al demandado por igual término.

[CONTENIDO DE LA RÉPLICA Y DÚPLICA]

Artículo 312 (302). En los escritos de réplica y dúplica podrán las partes ampliar, adicionar o modificar las acciones y excepciones que hayan formulado en la demanda y contestación, pero sin que puedan alterar las que sean objeto principal del pleito.

[EFECTOS DEL ALLANAMIENTO Y DE LA NO CONTRADICCIÓN DE LOS HECHOS]

Artículo 313 (303). Si el demandado acepta llanamente las peticiones del demandante, o si en sus escritos no contradice en materia substancial y pertinente los hechos sobre que versa el juicio, el tribunal mandará citar a las partes para oír sentencia definitiva, una vez evacuado el traslado de la réplica.

Igual citación se dispondrá cuando las partes pidan que se falle el pleito sin más trámite.

TÍTULO VIII
DE LA RECONVENCIÓN

[OPORTUNIDAD Y REQUISITOS PARA PRESENTAR LA RECONVENCIÓN]

Artículo 314 (304). Si el demandado reconviene al actor, deberá hacerlo en el escrito de contestación, sujetándose a las disposiciones de los artículos 254 y 261; y se considerará, para este efecto, como demandada la parte contra quien se deduzca la reconvención.

[Procedencia. Competencia. Cuantía]

Artículo 315 (305). No podrá deducirse reconvención sino cuando el tribunal tenga competencia para conocer de ella, estimada como demanda, o cuando sea admisible la prórroga de jurisdicción. Podrá también deducirse aun cuando por su cuantía la reconvención deba ventilarse ante un juez inferior.

Para estimar la competencia, se considerará el monto de los valores reclamados por vía de reconvención separadamente de los que son materia de la demanda.

[Tramitación y fallo conjunto con la demanda principal]

Artículo 316 (306). La reconvención se substanciará y fallará conjuntamente con la demanda principal, sin perjuicio de lo establecido en el artículo 172.

De la réplica de la reconvención se dará traslado al demandante por seis días.

No se concederá, sin embargo, en la reconvención aumento extraordinario de término para rendir prueba fuera de la República cuando no deba concederse en la cuestión principal.

[Excepciones dilatorias contra la reconvención]

Artículo 317 (307). Contra la reconvención hay lugar a las excepciones dilatorias enumeradas en el artículo 303, las cuales se propondrán dentro del término de seis días y en la forma expresada en el artículo 305.

Acogida una excepción dilatoria, el demandante reconvencional deberá subsanar los defectos de que adolezca la reconvención dentro de los diez días siguientes a la fecha de notificación de la resolución que haya acogido la excepción. Si así no lo hiciere, se tendrá por no presentada la reconvención, para todos los efectos legales, por el solo ministerio de la ley[145].

---

[145] Inciso agregado por el artículo 1°, N° 46, de la Ley N° 18.705, publicada en el Diario Oficial de 24 de mayo de 1988.

TÍTULO IX
DE LA PRUEBA EN GENERAL

[Recepción de la causa a prueba]

Artículo 318 (308). Concluidos los trámites que deben preceder a la prueba, ya se proceda con la contestación expresa del demandado o en su rebeldía, el tribunal examinará por sí mismo los autos y si estima que hay o puede haber controversia sobre algún hecho substancial y pertinente en el juicio, recibirá la causa a prueba y fijará en la misma resolución los hechos substanciales controvertidos sobre los cuales deberá recaer.

Sólo podrán fijarse como puntos de prueba los hechos substanciales controvertidos en los escritos anteriores a la resolución que ordena recibirla.

[Impugnación de la resolución]

Artículo 319. Las partes podrán pedir reposición, dentro de tercero día, de la resolución a que se refiere el artículo anterior. En consecuencia, podrán solicitar que se modifiquen los hechos controvertidos fijados, que se eliminen algunos o que se agreguen otros.

El tribunal se pronunciará de plano sobre la reposición o la tramitará como incidente.

La apelación en contra de la resolución del artículo 318 sólo podrá interponerse en el carácter de subsidiaria de la reposición pedida y para el caso de que ésta no sea acogida. La apelación se concederá sólo en el efecto devolutivo.

[Lista de testigos]

Artículo 320 (309). Desde la primera notificación de la resolución a que se refiere el artículo 318, y hasta el quinto día de la última, cuando no se haya pedido reposición en conformidad al artículo anterior y en el caso contrario, dentro de los cinco días siguientes a la notificación por el estado de la resolución que se pronuncie sobre la última solicitud de reposición, cada parte deberá presentar una minuta de los puntos sobre que piense rendir prueba de testigos, enumerados y especificados con claridad y precisión[146].

Deberá también acompañar una nómina de los testigos de que piensa valerse, con expresión del nombre y apellido, domicilio, profesión u oficio. La indicación del domicilio deberá contener los datos necesarios a juicio del juzgado, para establecer la identificación del testigo.

Si habiéndose pedido reposición ya se hubiere presentado lista de testigos y minuta de puntos por alguna de las partes, no será necesario presentar nuevas lista ni minuta, salvo que, como consecuencia de haberse acogido el recurso, la parte que las presenta estime pertinente modificarlas[147].

[Ampliación de la prueba]

Artículo 321 (310). No obstante lo dispuesto en el artículo anterior, es admisible la ampliación de la prueba cuando dentro del término probatorio ocurre algún hecho substancialmente relacionado con el asunto que se ventila.

Será también admisible la ampliación a hechos verificados y no alegados antes de recibirse a prueba la causa, con tal que jure el que los aduce que sólo entonces han llegado a su conocimiento.

[Incidente de ampliación de prueba]

Artículo 322 (311). Al responder la otra parte el traslado de la solicitud de ampliación, podrá también alegar hechos nuevos que reúnan las condiciones mencionadas en el artículo anterior, o que tengan relación con los que en dicha solicitud se mencionan.

---

146 Inciso modificado por el artículo único, N° 1, letra a), de la Ley N° 20.192, publicada en el Diario Oficial de 26 de junio de 2007.

147 Inciso agregado por el artículo único, N° 2, letra a), de la Ley N° 20.192, publicada en el Diario Oficial de 26 de junio de 2007.

El incidente de ampliación se tramitará en conformidad a las reglas generales, en ramo separado, y no suspenderá el término probatorio.

Lo dispuesto en este artículo se entiende sin perjuicio de lo que el artículo 86 establece.

[Prueba en los incidentes y forma de notificación]

Artículo 323 (312). Cuando haya de rendirse prueba en un incidente, la resolución que lo ordene determinará los puntos sobre que debe recaer, y su recepción se hará en conformidad a las reglas establecidas para la prueba principal.

La referida resolución se notificará por el estado.

[Decreto previo para practicar diligencias probatorias]

Artículo 324 (313). Toda diligencia probatoria debe practicarse previo decreto del tribunal que conoce en la causa, notificado a las partes.

[Diligencias probatorias ante tribunales colegiados]

Artículo 325 (314). En los tribunales colegiados podrán practicarse las diligencias probatorias ante uno solo de sus miembros comisionado al efecto por el tribunal.

[Impugnación de resoluciones]

Artículo 326 (315). Es apelable la resolución en que explícita o implícitamente se niegue el trámite de recepción de la causa a prueba, salvo el caso del inciso 2° del artículo 313. Es apelable sólo en el efecto devolutivo la que acoge la reposición a que se refiere el artículo 319.

Son inapelables la resolución que dispone la práctica de alguna diligencia probatoria y la que da lugar a la ampliación de la prueba sobre hechos nuevos alegados durante el término probatorio.

TÍTULO X
DEL TÉRMINO PROBATORIO

[TÉRMINO PROBATORIO COMÚN]

Artículo 327. Todo término probatorio es común para las partes y dentro de él deberán solicitar toda diligencia de prueba que no hubieren pedido con anterioridad a su iniciación.

En los casos contemplados en los artículos 310, 321 y 322 el tribunal, de estimar necesaria la prueba, concederá un término especial de prueba que se regirá por las normas del artículo 90, limitándose a quince días el plazo total que establece en su inciso tercero y sin perjuicio de lo establecido en el artículo 431[148].

[TÉRMINO PROBATORIO ORDINARIO Y POSIBLE REDUCCIÓN]

Artículo 328 (317). Para rendir prueba dentro del territorio jurisdiccional del tribunal en que se sigue el juicio tendrán las partes el término de veinte días[149].

Podrá, sin embargo, reducirse este término por acuerdo unánime de las partes.

[TÉRMINO PROBATORIO EXTRAORDINARIO]

Artículo 329 (318). Cuando haya de rendirse prueba en otro territorio jurisdiccional o fuera de la República, se aumentará el término ordinario a que se refiere el artículo anterior con un número de días igual al que concede el artículo 259 para aumentar el de emplazamiento[150].

---

148 Artículo sustituido por el artículo 1°, N° 47, de la Ley N° 18.705, publicada en el Diario Oficial de 24 de mayo de 1988.

149 Inciso modificado por el artículo 5°, N° 5, de la Ley N° 18.776, publicada en el Diario Oficial de 18 de enero de 1989.

150 Inciso modificado por el artículo 5°, N° 6, de la Ley N° 18.776, publicada en el Diario Oficial de 18 de enero de 1989.

[PROCEDENCIA DEL TÉRMINO PROBATORIO EXTRAORDINARIO PARA RENDIR PRUEBA DENTRO DE LA REPÚBLICA]

Artículo 330 (319). El aumento extraordinario para rendir prueba dentro de la República se concederá siempre que se solicite, salvo que haya justo motivo para creer que se pide maliciosamente con el solo propósito de demorar el curso del juicio.

[PROCEDENCIA DEL TÉRMINO PROBATORIO EXTRAORDINARIO PARA RENDIR PRUEBA FUERA DE LA REPÚBLICA]

Artículo 331 (320). No se decretará el aumento extraordinario para rendir prueba fuera de la República sino cuando concurran las circunstancias siguientes:

1ª Que del tenor de la demanda, de la contestación o de otra pieza del expediente aparezca que los hechos a que se refieren las diligencias probatorias solicitadas han acaecido en el país en que deben practicarse dichas diligencias, o que allí existen los medios probatorios que se pretende obtener;

2ª Que se determine la clase y condición de los instrumentos de que el solicitante piensa valerse y el lugar en que se encuentran; y

3ª Que, tratándose de prueba de testigos, se exprese su nombre y residencia o se justifique algún antecedente que haga presumible la conveniencia de obtener sus declaraciones.

[OPORTUNIDAD PARA SOLICITAR EL TÉRMINO PROBATORIO EXTRAORDINARIO]

Artículo 332 (321). El aumento extraordinario para rendir prueba deberá solicitarse antes de vencido el término ordinario, determinando el lugar en que dicha prueba debe rendirse.

[CÓMPUTO DEL AUMENTO DEL TÉRMINO ORDINARIO DE PRUEBA]

Artículo 333 (322). Todo aumento del término ordinario continuará corriendo después de éste sin interrupción y sólo durará para cada localidad el número de días fijado en la tabla respectiva.

[Lugares de rendición de prueba durante el término ordinario de prueba]

Artículo 334 (323). Se puede, durante el término ordinario, rendir prueba en cualquier parte de la República y fuera de ella.

[Lugares de rendición de prueba vencido el término ordinario de prueba]

Artículo 335 (324). Vencido el término ordinario, sólo podrá rendirse prueba en aquellos lugares para los cuales se haya otorgado aumento extraordinario del término.

[Forma de decretar el término probatorio extraordinario]

Artículo 336 (325). El aumento extraordinario para rendir prueba dentro de la República se otorgará con previa citación; el que deba producir efecto fuera del país se decretará con audiencia de la parte contraria.

Los incidentes a que dé lugar la concesión de aumento extraordinario se tramitarán en pieza separada y no suspenderán el término probatorio.

Con todo, no se contarán en el aumento extraordinario los días transcurridos mientras dure el incidente sobre concesión del mismo.

[Sanción por no rendir prueba o rendir una impertinente durante el término probatorio extraordinario]

Artículo 337 (326). La parte que haya obtenido aumento extraordinario del término para rendir prueba dentro o fuera de la República, y no la rinda, o sólo rinda una impertinente, será obligada a pagar a la otra parte los gastos que ésta haya hecho para presenciar las diligencias pedidas, sea personalmente, sea por medio de mandatarios.

Esta condenación se impondrá en la sentencia definitiva y podrá el tribunal exonerar de ella a la parte que acredite no haberla rendido por motivos justificados.

[Consignación para dar curso a la solicitud de término extraordinario para rendir prueba fuera de la República]

Artículo 338 (327). Siempre que se solicite aumento extraordinario para rendir prueba fuera de la República, exigirá el tribunal, para dar curso a la solicitud, que se deposite en la cuenta corriente del tribunal una cantidad cuyo monto no podrá fijarse en menos de medio sueldo vital ni en más de dos sueldos vitales[151].

Sin perjuicio de lo que dispone el artículo anterior, se mandará aplicar al Fisco la cantidad consignada si resulta establecida en el proceso alguna de las circunstancias siguientes:

1ª Que no se ha hecho diligencia alguna para rendir la prueba pedida;

2ª Que los testigos señalados, en el caso del artículo 331, no tenían conocimiento de los hechos, ni se han hallado en situación de conocerlos; y

3ª Que los testigos o documentos no han existido nunca en el país en que se ha pedido que se practiquen las diligencias probatorias.

[Términos especiales de prueba. Entorpecimientos]

Artículo 339 (328). El término de prueba no se suspenderá en caso alguno, salvo que todas las partes lo pidan. Los incidentes que se formulen durante dicho término o que se relacionen con la prueba, se tramitarán en cuaderno separado.

Si durante él ocurren entorpecimientos que imposibiliten la recepción de la prueba, sea absolutamente, sea respecto de algún lugar determinado, podrá otorgarse por el tribunal un nuevo término especial por el número de días que haya durado el entorpecimiento y para rendir prueba sólo en el lugar a que dicho entorpecimiento se refiera.

No podrá usarse de este derecho si no se reclama del obstáculo que impide la prueba en el momento de presentarse o dentro de los tres días siguientes.

---

151 Artículo modificado por el artículo 2°, letra ll) del Decreto Ley N° 1.417, publicado en el Diario Oficial del 29 de abril de 1976, y por el artículo 2°, letra d), del Decreto Ley N° 3.503, publicado en el Diario Oficial del 18 de noviembre de 1980.

Deberá concederse un término especial de prueba por el número de días que fije prudencialmente el tribunal, y que no podrá exceder de ocho, cuando tenga que rendirse nueva prueba, de acuerdo con la resolución que dicte el tribunal de alzada, acogiendo la apelación subsidiaria a que se refiere el artículo 319. Para hacer uso de este derecho no se necesita la reclamación ordenada en el inciso anterior. La prueba ya producida y que no esté afectada por la resolución del tribunal de alzada tendrá pleno valor.

[Términos especiales de prueba para rendir prueba de testigos y por inasistencia del juez]

Artículo 340 (329). Las diligencias de prueba de testigos sólo podrán practicarse dentro del término probatorio.

Sin embargo, las diligencias iniciadas en tiempo hábil y no concluidas en él por impedimento cuya remoción no haya dependido de la parte interesada, podrán practicarse dentro de un breve término que el tribunal señalará, por una sola vez, para este objeto. Este derecho no podrá reclamarse sino dentro del término probatorio o de los tres días siguientes a su vencimiento.

Siempre que el entorpecimiento que imposibilite la recepción de la prueba sea la inasistencia del juez de la causa, deberá el secretario, a petición verbal de cualquiera de las partes, certificar el hecho en el proceso y con el mérito de este certificado fijará el tribunal nuevo día para la recepción de la prueba.

TÍTULO XI
DE LOS MEDIOS DE PRUEBA EN PARTICULAR

1. Disposiciones generales

[Medios de prueba]

Artículo 341 (330). Los medios de prueba de que puede hacerse uso en juicio son:

Instrumentos;

Testigos;

Confesión de parte;
Inspección personal del tribunal;
Informes de peritos; y
Presunciones.

2. De los instrumentos

[INSTRUMENTOS QUE SE CONSIDERAN PÚBLICOS EN JUICIO]

Artículo 342 (331). Serán considerados como instrumentos públicos en juicio, siempre que en su otorgamiento se hayan cumplido las disposiciones legales que dan este carácter:

1° Los documentos originales;

2° Las copias dadas con los requisitos que las leyes prescriban para que hagan fe respecto de toda persona, o, a lo menos, respecto de aquella contra quien se hacen valer;

3° Las copias que, obtenidas sin estos requisitos, no sean objetadas como inexactas por la parte contraria dentro de los tres días siguientes a aquel en que se le dio conocimiento de ellas;

4° Las copias que, objetadas en el caso del número anterior, sean cotejadas y halladas conforme con sus originales o con otras copias que hagan fe respecto de la parte contraria; y

5° Los testimonios que el tribunal mande agregar durante el juicio, autorizados por su secretario u otro funcionario competente y sacados de los originales o de copias que reúnan las condiciones indicadas en el número anterior.

6° Los documentos electrónicos suscritos mediante firma electrónica avanzada[152].

---

[152] Número agregado por el artículo 1°, N° 1, de la Ley N° 20.217, publicada en el Diario Oficial de 12 de noviembre de 2007.

[Objeción por falta de integridad del instrumento]

Artículo 343 (332). Cuando las copias agregadas sólo tengan una parte del instrumento original, cualquiera de los interesados en el pleito podrá exigir que se agregue el todo o parte de lo omitido, a sus expensas, sin perjuicio de lo que se resuelva sobre pago de costas.

[Persona encargada de hacer el cotejo de instrumentos]

Artículo 344 (333). El cotejo de instrumentos se hará por el funcionario que haya autorizado la copia presentada en el juicio, por el secretario del tribunal o por otro ministro de fe que dicho tribunal designe.

[Legalización de documentos]

Artículo 345 (334). Los instrumentos públicos otorgados fuera de Chile deberán presentarse debidamente legalizados, y se entenderá que lo están cuando en ellos conste el carácter público y la verdad de las firmas de las personas que los han autorizado, atestiguadas ambas circunstancias por los funcionarios que, según las leyes o la práctica de cada país, deban acreditarlas.

La autenticidad de las firmas y el carácter de estos funcionarios se comprobará en Chile por alguno de los medios siguientes:

1° El atestado de un agente diplomático o consular chileno, acreditado en el país de donde el instrumento procede, y cuya firma se compruebe con el respectivo certificado del Ministerio de Relaciones Exteriores;

2° El atestado de un agente diplomático o consular de una nación amiga acreditado en el mismo país, a falta de funcionario chileno, certificándose en este caso la firma por conducto del Ministerio de Relaciones Exteriores del país a que pertenezca el agente o del Ministro Diplomático de dicho país en Chile, y además por el Ministerio de Relaciones Exteriores de la República en ambos casos; y

3° El atestado del agente diplomático acreditado en Chile por el Gobierno del país en donde se otorgó el instrumento, certificándose su firma por el Ministerio de Relaciones Exteriores de la República.

[Documentos apostillados]

Artículo 345 bis. Los instrumentos públicos otorgados en un Estado Parte de la Convención de La Haya que Suprime la Exigencia de Legalización de Documentos Públicos Extranjeros, no deberán ser sometidos al procedimiento de legalización, si respecto de éstos se ha otorgado apostillas por la autoridad designada por el Estado de que dimana dicho instrumento.

Las certificaciones oficiales que hayan sido asentadas sobre documentos privados, tales como menciones de registro, comprobaciones para la certeza de una fecha y autenticaciones de firmas, podrán presentarse legalizadas o con apostillas otorgadas, con arreglo al artículo precedente y a éste, respectivamente. Pero en estos casos la legalización o apostilla sólo acreditará la autenticidad de la certificación, sin otorgar al instrumento el carácter de público.

Según lo dispuesto por la Convención a que se refiere el inciso primero, no podrán otorgarse apostillas respecto de los documentos expedidos por agentes diplomáticos o consulares y los documentos administrativos que se refieren directamente a una operación mercantil o aduanera[153].

[Reconocimiento de los instrumentos privados]

Artículo 346 (335). Los instrumentos privados se tendrán por reconocidos:

1° Cuando así lo ha declarado en el juicio la persona a cuyo nombre aparece otorgado el instrumento o la parte contra quien se hace valer;

2° Cuando igual declaración se ha hecho en un instrumento público o en otro juicio diverso;

3° Cuando, puestos en conocimiento de la parte contraria, no se alega su falsedad o falta de integridad dentro de los seis días siguientes a su presentación, debiendo el tribunal, para este efecto, apercibir a aquella

---

153 Artículo agregado por el artículo 1, letra b), de la Ley N° 20.711, publicada en el Diario Oficial de 2 de enero de 2014.

parte con el reconocimiento tácito del instrumento si nada expone dentro de dicho plazo; y

4° Cuando se declare la autenticidad del instrumento por resolución judicial.

[INSTRUMENTOS EN LENGUA EXTRANJERA. TRADUCCIÓN]

Artículo 347 (336). Los instrumentos extendidos en lengua extranjera se mandarán traducir por el perito que el tribunal designe, a costa del que los presente, sin perjuicio de lo que se resuelva sobre costas en la sentencia.

Si al tiempo de acompañarse se agrega su traducción, valdrá ésta; salvo que la parte contraria exija, dentro de seis días, que sea revisada por un perito, procediéndose en tal caso como lo dispone el inciso anterior.

[OPORTUNIDAD PARA ACOMPAÑAR INSTRUMENTOS DURANTE EL JUICIO]

Artículo 348 (337). Los instrumentos podrán presentarse en cualquier estado del juicio hasta el vencimiento del término probatorio en primera instancia, y hasta la vista de la causa en segunda instancia[154].

La agregación de los que se presenten en segunda instancia, no suspenderá en ningún caso la vista de la causa; pero el tribunal no podrá fallarla, sino después de vencido el término de la citación, cuando haya lugar a ella.

[AUDIENCIA DE PERCEPCIÓN DOCUMENTAL]

Artículo 348 bis. Presentado un documento electrónico, el Tribunal citará para el 6° día a todas las partes a una audiencia de percepción documental. En caso de no contar con los medios técnicos electrónicos necesarios para su adecuada percepción, apercibirá a la parte que presentó

---

[154] Inciso sustituido por el artículo 1°, N° 48, de la Ley N° 18.705, publicada en el Diario Oficial de 24 de mayo de 1988.

el documento con tenerlo por no presentado de no concurrir a la audiencia con dichos medios[155].

Tratándose de documentos que no puedan ser transportados al tribunal, la audiencia tendrá lugar donde éstos se encuentren, a costa de la parte que los presente.

En caso que el documento sea objetado, en conformidad con las reglas generales, el Tribunal podrá ordenar una prueba complementaria de autenticidad, a costa de la parte que formula la impugnación, sin perjuicio de lo que se resuelva sobre pago de costas. El resultado de la prueba complementaria de autenticidad será suficiente para tener por reconocido o por objetado el instrumento, según corresponda.

Para los efectos de proceder a la realización de la prueba complementaria de autenticidad, los peritos procederán con sujeción a lo dispuesto por los artículos 417 a 423.

En el caso de documentos electrónicos privados, para los efectos del artículo 346, N° 3, se entenderá que han sido puestos en conocimiento de la parte contraria en la audiencia de percepción.

En el caso que los documentos electrónicos acompañados puedan ser percibidos directamente en la carpeta electrónica, el tribunal podrá omitir la citación a audiencia de percepción, debiéndose entender que han sido puestos en conocimiento de la parte contraria desde que se notifica la resolución que los tiene por acompañados bajo el apercibimiento correspondiente[156].

[Audiencia de exhibición de instrumentos]

Artículo 349 (338). Podrá decretarse, a solicitud de parte, la exhibición de instrumentos que existan en poder de la otra parte o de un tercero,

---

155 Artículo agregado por el artículo 1°, N° 2, de la Ley N° 20.217, publicada en el Diario Oficial de 12 de noviembre de 2007.

156 Inciso agregado por el artículo 12, N° 34), de la Ley N° 20.886, publicada en el Diario Oficial de 18 de diciembre de 2015.

con tal que tengan relación directa con la cuestión debatida y que no revistan el carácter de secretos o confidenciales.

Los gastos que la exhibición haga necesarios serán de cuenta del que la solicite, sin perjuicio de lo que se resuelva sobre pago de costas.

Si se rehúsa la exhibición sin justa causa, podrá apremiarse al desobediente en la forma establecida por el artículo 274; y si es la parte misma, incurrirá además en el apercibimiento establecido por el artículo 277.

Cuando la exhibición haya de hacerse por un tercero, podrá éste exigir que en su propia casa u oficina se saque testimonio de los instrumentos por un ministro de fe.

[Cotejo de letras]

Artículo 350 (339). Podrá pedirse el cotejo de letras siempre que se niegue por la parte a quien perjudique o se ponga en duda la autenticidad de un documento privado o la de cualquier documento público que carezca de matriz.

En este cotejo procederán los peritos con sujeción a lo dispuesto por los artículos 417 hasta 423 inclusive.

[Designación de instrumentos indubitados para efectuar el cotejo]

Artículo 351 (340). La persona que pida el cotejo designará el instrumento o instrumentos indubitados con que debe hacerse.

[Instrumentos que se consideran indubitados]

Artículo 352 (341). Se considerarán indubitados para el cotejo:

1° Los instrumentos que las partes acepten como tales, de común acuerdo;

2° Los instrumentos públicos no tachados de apócrifos o suplantados; y

3° Los instrumentos privados cuya letra o firma haya sido reconocida de conformidad a los números 1° y 2° del artículo 346.

[Comprobación por el tribunal]

Artículo 353 (342). El tribunal hará por sí mismo la comprobación después de oír a los peritos revisores y no tendrá que sujetarse al dictamen de éstos.

[Valor probatorio del cotejo de letras]

Artículo 354 (343). El cotejo de letras no constituye por sí solo prueba suficiente; pero podrá servir de base para una presunción judicial.

[Medios de prueba en el incidente sobre autenticidad de un instrumento]

Artículo 355 (344). En el incidente sobre autenticidad de un instrumento o sobre suplantaciones hechas en él, se admitirán como medios probatorios, tanto el cotejo de que tratan los cinco artículos precedentes, como los que las leyes autoricen para la prueba del fraude.

En la apreciación de los diversos medios de prueba opuestos al mérito de un instrumento, el tribunal se sujetará a las reglas generales establecidas en el presente Título, y con especialidad a las consignadas en el párrafo 8°.

3. De los testigos y de las tachas

[Testigos hábiles]

Artículo 356 (345). Es hábil para testificar en juicio toda persona a quien la ley no declare inhábil.

[Inhabilidades absolutas]

Artículo 357 (346). No son hábiles para declarar como testigos:

1° Los menores de catorce años. Podrán, sin embargo, aceptarse sus declaraciones sin previo juramento y estimarse como base para una presunción judicial, cuando tengan discernimiento suficiente;

2° Los que se hallen en interdicción por causa de demencia;

3° Los que al tiempo de declarar, o al de verificarse los hechos sobre que declaran, se hallen privados de la razón, por ebriedad u otra causa;

4° Los que carezcan del sentido necesario para percibir los hechos declarados al tiempo de verificarse éstos;

5° Los sordos o sordomudos que no puedan darse a entender claramente[157];

6° Los que en el mismo juicio hayan sido cohechados, o hayan cohechado o intentado cohechar a otros, aun cuando no se les haya procesado criminalmente;

7° Los vagos sin ocupación u oficio conocido;

8° Los que en concepto del tribunal sean indignos de fe por haber sido condenados por delito; y

9° Los que hagan profesión de testificar en juicio.

[Inhabilidades relativas]

Artículo 358 (347). Son también inhábiles para declarar:

1° El cónyuge y los parientes legítimos hasta el cuarto grado de consanguinidad y segundo de afinidad de la parte que los presenta como testigos;

2° Los ascendientes, descendientes y hermanos ilegítimos, cuando haya reconocimiento del parentesco que produzca efectos civiles respecto de la parte que solicite su declaración;

3° Los pupilos por sus guardadores y viceversa;

4° Los criados domésticos o dependientes de la parte que los presente.

Se entenderá por dependiente, para los efectos de este artículo, el que preste habitualmente servicios retribuidos al que lo haya presentado por testigo, aunque no viva en su casa;

5° Los trabajadores y labradores dependientes de la persona que exige su testimonio;

---

[157] Número modificado por el artículo 3°, N° 1, de la Ley N° 19.904, publicada en el Diario Oficial de 3 de octubre de 2003.

6° Los que a juicio del tribunal carezcan de la imparcialidad necesaria para declarar por tener en el pleito interés directo o indirecto; y

7° Los que tengan íntima amistad con la persona que los presenta o enemistad respecto de la persona contra quien declaren.

La amistad o enemistad deberán ser manifestadas por hechos graves que el tribunal calificará según las circunstancias.

Las inhabilidades que menciona este artículo no podrán hacerse valer cuando la parte a cuyo favor se hallan establecidas, presente como testigos a las mismas personas a quienes podrían aplicarse dichas tachas.

[Obligación de comparecer y declarar]

Artículo 359 (348). Toda persona, cualquiera que sea su estado o profesión, está obligada a declarar y a concurrir a la audiencia que el tribunal señale con este objeto.

Cuando se exija la comparecencia de un testigo a sabiendas de que es inútil su declaración, podrá imponer el tribunal a la parte que la haya exigido una multa de un décimo a medio sueldo vital[158].

[Personas exceptuadas de declarar]

Artículo 360 (349). No serán obligados a declarar:

1° Los eclesiásticos, abogados, escribanos, procuradores, médicos y matronas, sobre hechos que se les hayan comunicado confidencialmente con ocasión de su estado, profesión u oficio;

2° Las personas expresadas en los números 1°, 2° y 3° del artículo 358; y

3° Los que son interrogados acerca de hechos que afecten el honor del testigo o de las personas mencionadas en el número anterior, o que importen un delito de que pueda ser criminalmente responsable el declarante o cualquiera de las personas referidas.

---

158 Inciso modificado por el artículo 2°, letra m), del Decreto Ley N° 1.417, publicado en el Diario Oficial del 29 de abril de 1976.

[Personas exceptuadas de comparecer]

Artículo 361 (350). Podrán declarar en el domicilio que fijen dentro del territorio jurisdiccional del tribunal[159]:

1° El Presidente de la República, los Ministros de Estado, los Senadores y Diputados, los Subsecretarios; los Delegados Presidenciales Regionales, Delegados Presidenciales Provinciales y los Alcaldes, dentro del territorio de su jurisdicción; los jefes superiores de Servicios, los miembros de la Corte Suprema o de alguna Corte de Apelaciones, los Fiscales Judiciales de estos tribunales, los Jueces Letrados, el Fiscal Nacional y los fiscales regionales; los Oficiales Generales en servicio activo o en retiro, los Oficiales Superiores y los Oficiales Jefes[160].

2° Derogado[161].

3° Eliminado. [162]

4° Las mujeres, siempre que por su estado o posición no puedan concurrir sin grave molestia; y

5° Los que por enfermedad u otro impedimento, calificado por el tribunal, se hallen en la imposibilidad de hacerlo.

Para este efecto, dentro del tercer día hábil siguiente a su notificación, las personas mencionadas propondrán al tribunal el lugar y la fecha, comprendida dentro del término probatorio, de realización de la audiencia respectiva. El juez los fijará sin más trámite si el interesado

---

159 El encabezamiento fue modificado por el artículo 2° de la Ley N° 19.806, publicada en el Diario Oficial de 31 de mayo de 2002.

160 Número modificado por el artículo único, letra a), de la Ley N° 21.159, publicada en el Diario Oficial de 14 de mayo de 2019. Con anterioridad, fue modificado por el artículo 14, número 2, de la Ley N° 21.073, publicada en el Diario Oficial de 22 de febrero de 2018.

161 Número derogado por el artículo 2° de la Ley N° 19.806, publicada en el Diario Oficial de 31 de mayo de 2002.

162 Número eliminado por el artículo único, letra b), de la Ley N° 21.159, publicada en el Diario Oficial de 14 de mayo de 2019.

así no lo hiciere ni comunicare su renuncia al derecho que le confiere este artículo[163].

Con todo, los miembros y fiscales judiciales de las Cortes y los jueces letrados que ejerzan sus funciones en el asiento de éstas, no declararán sin previo permiso de la Corte Suprema, tratándose de algún miembro o fiscal judicial de este tribunal, o de la respectiva Corte de Apelaciones en los demás casos. Este permiso se concederá siempre que no parezca que sólo se trata de establecer, respecto del juez o fiscal judicial presentado como testigo, una causa de recusación[164].

[Personas exceptuadas de declarar y comparecer]

Artículo 362 (351). No están obligados a declarar ni a concurrir a la audiencia judicial los chilenos o extranjeros que gocen en el país de inmunidad diplomática, en conformidad a los tratados vigentes sobre la materia.

Estas personas declararán por informe, si consintieran a ello voluntariamente. Al efecto, se les dirigirá un oficio respetuoso, por medio del Ministerio respectivo[165].

[Juramento de decir la verdad]

Artículo 363 (352). Antes de examinar a cada testigo, se le hará prestar juramento al tenor de la fórmula siguiente: "¿Juráis por Dios decir verdad acerca de lo que se os va a preguntar?" El interrogado responderá: "Sí juro", conforme a lo dispuesto en el artículo 62[166].

---

163 Inciso agregado por el artículo 2° de la Ley N° 19.806, publicada en el Diario Oficial de 31 de mayo de 2002.

164 Inciso agregado por el artículo 2° de la Ley N° 19.806, publicada en el Diario Oficial de 31 de mayo de 2002.

165 Artículo sustituido por el artículo 2° de la Ley N° 19.806, publicada en el Diario Oficial de 31 de mayo de 2002.

166 El artículo 8 de la Ley 21.394, publicada el 30 de noviembre de 2021 expresa que: "Cada vez que en el Código Civil, el Código de Procedimiento Civil, el Código Orgánico de Tribunales o en leyes especiales se haga referencia al juramento que debe

[Orden en que se examina a los testigos]

Artículo 364 (353). Los testigos de cada parte serán examinados separada y sucesivamente, principiando por los del demandante, sin que puedan unos presenciar las declaraciones de los otros.

El tribunal adoptará las medidas conducentes para evitar que los testigos que vayan declarando puedan comunicarse con los que no hayan prestado declaración.

[Interrogatorio]

Artículo 365 (354). Los testigos serán interrogados personalmente por el juez, y si el tribunal es colegiado, por uno de sus ministros a presencia de las partes y de sus abogados, si concurren al acto.

Las preguntas versarán sobre los datos necesarios para establecer si existen causas que inhabiliten al testigo para declarar y sobre los puntos de prueba que se hayan fijado. Podrá también el tribunal exigir que los testigos rectifiquen, esclarezcan o precisen las aseveraciones hechas.

[Forma en que se dirigen las preguntas a los testigos]

Artículo 366 (355). Cada parte tendrá derecho para dirigir, por conducto del juez, las interrogaciones que estime conducentes a fin de establecer las causales de inhabilidad legal que puedan oponerse a los testigos, y a fin de que éstos rectifiquen, esclarezcan o precisen los hechos sobre los cuales se invoca su testimonio.

En caso de desacuerdo entre las partes sobre la conducencia de las preguntas resolverá el tribunal y su fallo será apelable sólo en lo devolutivo.

---

prestar una persona, se entenderá incluida la posibilidad de prestar promesa. Este juramento o promesa se podrá realizar presencialmente o por vía remota mediante videoconferencia".

[Respuestas de los testigos]

Artículo 367 (356). Los testigos deben responder de una manera clara y precisa a las preguntas que se les hagan, expresando la causa por que afirman los hechos aseverados. No se les permitirá llevar escrita su declaración.

[Acto ininterrumpido]

Artículo 368 (357). La declaración constituye un solo acto que no puede interrumpirse sino por causas graves y urgentes.

[Fijación de audiencias para la testimonial]

Artículo 369 (358). El tribunal, atendido el número de testigos y el de los puntos de prueba, señalará una o más audiencias para el examen de los que se encuentren en el departamento.

Procurará también, en cuanto sea posible, que todos los testigos de cada parte sean examinados en la misma audiencia.

[Acta de declaración de los testigos]

Artículo 370 (359). Las declaraciones se consignarán por escrito, conservándose en cuanto sea posible las expresiones de que se haya valido el testigo, reducidas al menor número de palabras.

Después de leídas por el receptor en alta voz y ratificadas por el testigo, serán firmadas por el juez, el declarante, si sabe, y las partes, si también saben y se hallan presentes, autorizándolas un receptor, que servirá también como actuario en las incidencias que ocurran durante la audiencia de prueba.

[Declaración vía exhorto]

Artículo 371 (360). Si han de declarar testigos que residan fuera del territorio jurisdiccional en que se sigue el juicio, se practicará su examen por el tribunal que corresponda, a quien se remitirá copia, en la forma que señala el artículo 77, de los puntos de prueba fijados[167].

El examen se practicará en la forma que establecen los artículos anteriores, pudiendo las partes hacerse representar por encargados, en conformidad al artículo 73.

[Número de testigos admitidos a declarar]

Artículo 372 (361). Serán admitidos a declarar solamente hasta seis testigos, por cada parte, sobre cada uno de los hechos que deban acreditarse.

Sólo se examinarán testigos que figuren en la nómina a que se refiere el inciso final del artículo 320. Podrá, con todo, el tribunal admitir otros testigos en casos muy calificados, y jurando la parte que no tuvo conocimiento de ellos al tiempo de formar la nómina de que trata el inciso anterior[168].

[Oportunidad para oponer tachas]

Artículo 373 (362). Solamente podrán oponerse tachas a los testigos antes de que presten su declaración. En el caso del inciso final del artículo anterior, podrán también oponerse dentro de los tres días subsiguientes al examen de los testigos.

Sólo se admitirán las tachas que se funden en alguna de las inhabilidades mencionadas en los artículos 357 y 358, y con tal que se expresen con la claridad y especificación necesarias para que puedan ser fácilmente comprendidas.

---

167 Inciso modificado por el artículo 12, N° 35), de la Ley Nº 20.886, publicada en el Diario Oficial de 18 de diciembre de 2015.

168 El artículo 8 de la Ley 21.394, publicada el 30 de noviembre de 2021 expresa que: "Cada vez que en el Código Civil, el Código de Procedimiento Civil, el Código Orgánico de Tribunales o en leyes especiales se haga referencia al juramento que debe prestar una persona, se entenderá incluida la posibilidad de prestar promesa. Este juramento o promesa se podrá realizar presencialmente o por vía remota mediante videoconferencia".

[Sustitución del testigo tachado]

Artículo 374 (363). Opuesta la tacha y antes de declarar el testigo, podrá la parte que lo presenta pedir que se omita su declaración y que se reemplace por la de otro testigo hábil de los que figuran en la nómina respectiva.

[Declaración del testigo tachado]

Artículo 375 (364). Las tachas opuestas por las partes no obstan al examen de los testigos tachados; pero podrán los tribunales repeler de oficio a los que notoriamente aparezcan comprendidos en alguna de las que señala el artículo 357.

La apelación que se interponga en este caso se concederá sólo en el efecto devolutivo.

[Recepción de las tachas a prueba]

Artículo 376 (365). Cuando el tribunal lo estime necesario para resolver el juicio, recibirá las tachas a prueba, la cual se rendirá dentro del término concedido para la cuestión principal. Pero si éste está vencido o lo que de él reste no sea suficiente, se ampliará para el solo efecto de rendir la prueba de tachas hasta completar diez días, pudiendo además solicitarse el aumento extraordinario que concede el artículo 329 en los casos a que él se refiere.

[Prueba de las tachas]

Artículo 377 (366). Son aplicables a la prueba de tachas las disposiciones que reglamentan la prueba de la cuestión principal.

[Medios de prueba admisibles para acreditar las tachas]

Artículo 378 (367). No se admitirá prueba de testigos para inhabilitar a los que hayan declarado sobre las tachas deducidas. Lo cual no obsta para que el tribunal acepte otros medios probatorios, sin abrir término especial, y tome en cuenta las incapacidades que contra los mismos testigos aparezcan en el proceso.

[Resoluciones inapelables]

Artículo 379 (368). Las resoluciones que ordenan recibir prueba sobre las tachas opuestas son inapelables.

No obstante lo dispuesto en el inciso anterior, la legalidad de las tachas y su comprobación serán apreciadas y resueltas en la sentencia definitiva.

[Citación de los testigos. Apremios que pueden decretarse contra el testigo rebelde o contra el que se niega a declarar]

Artículo 380 (369). Siempre que lo pida alguna de las partes, mandará el tribunal que se cite a las personas designadas como testigos en la forma establecida por el artículo 56, indicándose en la citación el juicio en que debe prestarse la declaración y el día y hora de la comparecencia.

El testigo que legalmente citado no comparezca podrá ser compelido por medio de la fuerza a presentarse ante el tribunal que haya expedido la citación, a menos que compruebe que ha estado en imposibilidad de concurrir.

Si compareciendo se niega sin justa causa a declarar, podrá ser mantenido en arresto hasta que preste su declaración.

Todo lo cual se entiende sin perjuicio de la responsabilidad penal que pueda afectar al testigo rebelde.

[Gastos por la comparecencia del testigo]

Artículo 381 (370). Tiene el testigo derecho para reclamar de la persona que lo presenta, el abono de los gastos que le imponga la comparecencia.

Se entenderá renunciado este derecho si no se ejerce en el plazo de veinte días, contados desde la fecha en que se presta la declaración.

En caso de desacuerdo, estos gastos serán regulados por el tribunal sin forma de juicio y sin ulterior recurso.

[Intérprete]

Artículo 382 (372). Si el testigo no supiere el idioma castellano, será examinado por medio de un intérprete mayor de dieciocho años, quien prometerá bajo juramento desempeñar bien y fielmente el cargo[169].

Por conducto del intérprete se interrogará al testigo y recibirán sus contestaciones, las cuales serán consignadas en idioma del testigo, si éste no entendiere absolutamente castellano. En tal caso, se pondrá al pie de la declaración traducción que de ella haga el intérprete.

Si el testigo fuere sordo, las preguntas le serán dirigidas por escrito; y si fuere mudo, dará por escrito sus contestaciones.

Si no fuere posible proceder de esta manera, la declaración del testigo será recibida por intermedio de una o más personas que puedan entenderse con él por medio de la lengua de señas, por signos, o que comprendan a los sordos o sordomudos. Estas personas prestarán previamente el juramento de que trata el inciso primero[170].

[Valoración de los testimonios de oídas]

Artículo 383 (373). Los testimonios de oídas, esto es, de testigos que relatan hechos que no han percibido por sus propios sentidos y que sólo conocen por el dicho de otras personas, únicamente podrán estimarse como base de una presunción judicial.

---

169 El artículo 8 de la Ley 21.394, publicada el 30 de noviembre de 2021 expresa que: "Cada vez que en el Código Civil, el Código de Procedimiento Civil, el Código Orgánico de Tribunales o en leyes especiales se haga referencia al juramento que debe prestar una persona, se entenderá incluida la posibilidad de prestar promesa. Este juramento o promesa se podrá realizar presencialmente o por vía remota mediante videoconferencia".

170 Artículo sustituido por el artículo 3°, número 2, de la Ley N° 19.904, publicada en el Diario Oficial de 3 de octubre de 2003.

Sin embargo, es válido el testimonio de oídas cuando el testigo se refiere a lo que oyó decir a alguna de las partes, en cuanto de este modo se explica o esclarece el hecho de que se trata.

[Valoración de los testimonios presenciales]

Artículo 384 (374). Los tribunales apreciarán la fuerza probatoria de las declaraciones de los testigos conforme a las reglas siguientes:

1ª La declaración de un testigo imparcial y verídico constituye una presunción judicial cuyo mérito probatorio será apreciado en conformidad al artículo 426;

2ª La de dos o más testigos contestes en el hecho y en sus circunstancias esenciales, sin tacha, legalmente examinados y que den razón de sus dichos, podrá constituir prueba plena cuando no haya sido desvirtuada por otra prueba en contrario;

3ª Cuando las declaraciones de los testigos de una parte sean contradictorias con las de los testigos de la otra, tendrán por cierto lo que declaren aquellos que, aun siendo en menor número, parezca que dicen la verdad por estar mejor instruidos de los hechos, o por ser de mejor fama, más imparciales y verídicos, o por hallarse más conformes en sus declaraciones con otras pruebas del proceso;

4ª Cuando los testigos de una y otra parte reúnan iguales condiciones de ciencia, de imparcialidad y de veracidad, tendrán por cierto lo que declare el mayor número;

5ª Cuando los testigos de una y otra parte sean iguales en circunstancias y en número, de tal modo que la sana razón no pueda inclinarse a dar más crédito a los unos que a los otros, tendrán igualmente por no probado el hecho; y

6ª Cuando sean contradictorias las declaraciones de los testigos de una misma parte, las que favorezcan a la parte contraria se considerarán presentadas por ésta, apreciándose el mérito probatorio de todas ellas en conformidad a las reglas precedentes.

4. De la confesión en juicio

[Oportunidad]

Artículo 385 (375). Fuera de los casos expresamente previstos por la ley, todo litigante está obligado a declarar bajo juramento, contestada que sea la demanda, sobre hechos pertenecientes al mismo juicio, cuando lo exija el contendor o lo decrete el tribunal en conformidad al artículo 159[171].

Esta diligencia se podrá solicitar en cualquier estado del juicio y sin suspender por ella el procedimiento, hasta el vencimiento del término probatorio en primera instancia, y hasta antes de la vista de la causa en segunda. Este derecho sólo lo podrán ejercer las partes hasta por dos veces en primera instancia y una vez en segunda; pero, si se alegan hechos nuevos durante el juicio, podrá exigirse una vez más[172].

[Posiciones redactadas de forma asertiva o interrogativa]

Artículo 386 (376). Los hechos acerca de los cuales se exija la confesión podrán expresarse en forma asertiva o en forma interrogativa, pero siempre en términos claros y precisos, de manera que puedan ser entendidos sin dificultad.

---

171 El artículo 8 de la Ley 21.394, publicada el 30 de noviembre de 2021 expresa que: "Cada vez que en el Código Civil, el Código de Procedimiento Civil, el Código Orgánico de Tribunales o en leyes especiales se haga referencia al juramento que debe prestar una persona, se entenderá incluida la posibilidad de prestar promesa. Este juramento o promesa se podrá realizar presencialmente o por vía remota mediante videoconferencia".

172 Los anteriores incisos segundo y tercero de este artículo fueron sustituidos por el actual inciso 2°, según lo dispuesto por el artículo 1°, N° 49, de la Ley N° 18.705, publicada en el Diario Oficial de 24 de mayo de 1988.

[Carácter reservado del pliego de posiciones]

Artículo 387 (377). Mientras la confesión no sea prestada, se mantendrán en reserva las interrogaciones sobre que debe recaer.

[Audiencia de absolución de posiciones]

Artículo 388 (378). Si el tribunal no comete al secretario o a otro ministro de fe la diligencia, mandará citar para día y hora determinados al litigante que ha de prestar la declaración.

Siempre que alguna de las partes lo pida, debe el tribunal recibir por sí mismo la declaración del litigante.

Si el litigante se encuentra fuera del territorio del tribunal que conoce de la causa, será tomada su declaración por el tribunal competente, quien procederá en conformidad a los dos incisos anteriores.

[Personas exentas de la obligación de comparecer a absolver posiciones]

Artículo 389 (379). Están exentos de comparecer ante el tribunal a prestar la declaración de que tratan los artículos precedentes:

1° El Presidente de la República, los Ministros de Estado, los Senadores y Diputados, los Delegados Presidenciales Regionales dentro de la región en que ejercen sus funciones; los miembros de la Corte Suprema o de alguna Corte de Apelaciones, los Fiscales Judiciales de estos tribunales, el Fiscal Nacional y los fiscales regionales[173];

2° Los que por enfermedad o por cualquier otro impedimento calificado por el tribunal se hallen en imposibilidad de comparecer a la audiencia en que hayan de prestar la declaración; y

---

[173] Número modificado por el artículo único, letra c), de la Ley N° 21.159, publicada en el Diario Oficial de 14 de mayo de 2019. Con anterioridad, fue modificado por el artículo 14, N° 3, de la Ley N° 21.073, publicada en el Diario Oficial de 22 de febrero de 2018. Con anterioridad fue modificado por el artículo 2° de la Ley N° 19.806, publicada en el Diario Oficial de 31 de mayo de 2002.

3° Las mujeres, en caso que el tribunal estime prudente eximirlas de esta asistencia.

Cuando haya de prestar esta declaración alguna de las personas exceptuadas en los números precedentes, el juez se trasladará a casa de ella con el objeto de recibir la declaración o comisionará para este fin al secretario.

En los tribunales colegiados se comisionará para esta diligencia a alguno de los ministros del mismo o al secretario.

Si la persona que haya de prestar declaración en la forma prevenida en este artículo, se encuentra fuera del territorio del tribunal que conoce de la causa, encargará éste la diligencia al juez competente de la residencia actual del litigante. El juez exhortado practicará por sí mismo la diligencia o la cometerá a su secretario.

No se podrá comisionar al secretario para tomar la confesión cuando la parte haya solicitado que se preste ante el tribunal.

[Juramento de decir la verdad]

Artículo 390 (380). Antes de interrogar al litigante, se le tomará juramento de decir verdad en conformidad al artículo 363[174].

[Declaración verbal del absolvente a menos que sea sordo o sordomudo]

Artículo 391 (381). La declaración deberá prestarse inmediatamente, de palabra y en términos claros y precisos. Si el confesante es sordo o sordomudo, podrá escribir su confesión delante del tribunal o ministro de fe encargado de recibirla o, en su caso, se aplicará lo dispuesto en el artículo 382[175].

---

[174] El artículo 8 de la Ley 21.394, publicada el 30 de noviembre de 2021 expresa que: "Cada vez que en el Código Civil, el Código de Procedimiento Civil, el Código Orgánico de Tribunales o en leyes especiales se haga referencia al juramento que debe prestar una persona, se entenderá incluida la posibilidad de prestar promesa. Este juramento o promesa se podrá realizar presencialmente o por vía remota mediante videoconferencia".

[175] Inciso modificado por artículo 3°, N° 3, de la Ley N° 19.904, publicada en el Diario Oficial de 3 de octubre de 2003.

Si se trata de hechos personales, deberá prestarse afirmándolos o negándolos. Podrá, sin embargo, el tribunal admitir la excusa de olvido de los hechos, en casos calificados, cuando ella se funde en circunstancias verosímiles y notoriamente aceptables.

En todo caso podrá el confesante añadir las circunstancias necesarias para la recta y cabal inteligencia de lo declarado.

[Preguntas aclaratorias]

Artículo 392 (382). Puede todo litigante presenciar la declaración del contendor y hacer al tribunal las observaciones que estime conducentes para aclarar, explicar o ampliar las preguntas que han de dirigírsele.

Puede también, antes que termine la diligencia y después de prestada la declaración, pedir que se repita si hay en las respuestas dadas algún punto obscuro o dudoso que aclarar.

[Primera citación. Rebeldía del litigante citado a absolver posiciones]

Artículo 393 (383). Si el litigante citado ante el tribunal para prestar declaración no comparece, se le volverá a citar bajo los apercibimientos que expresan los artículos siguientes.

[Segunda citación. Sanciones contra el litigante rebelde. Negativa a declarar. Respuestas evasivas]

Artículo 394 (384). Si el litigante no comparece al segundo llamado, o si, compareciendo, se niega a declarar o da respuestas evasivas, se le dará por confeso, a petición de parte, en todos aquellos hechos que estén categóricamente afirmados en el escrito en que se pidió la declaración.

Si no están categóricamente afirmados los hechos, podrán los tribunales imponer al litigante rebelde una multa que no baje de medio sueldo vital ni exceda de un sueldo vital, o arrestos hasta por treinta días sin perjuicio de exigirle la declaración. Si la otra parte lo solicita, podrá también suspenderse el pronunciamiento de la sentencia hasta que la confesión se preste[176].

Cuando el interrogado solicite un plazo razonable para consultar sus documentos antes de responder, podrá otorgársele, siempre que haya fundamento plausible para pedirlo y el tribunal lo estime indispensable, o consienta en ello el contendor. La resolución del tribunal que conceda plazo será inapelable.

[Acta de absolución de posiciones]

Artículo 395. Lo dicho en el artículo 370 es aplicable a la declaración de los litigantes.

[Confesión del mandatario de la parte sobre hechos personales]

Artículo 396 (386). Podrá exigirse confesión al procurador de la parte sobre hechos personales de él mismo en el juicio aun cuando no tenga poder para absolver posiciones.

[Obligación del mandatario de hacer comparecer a su mandante]

Artículo 397 (387). El procurador es obligado a hacer comparecer a su mandante para absolver posiciones en el término razonable que el tribunal designe y bajo el apercibimiento indicado en el artículo 394.

La comparecencia se verificará ante el tribunal de la causa si la parte se encuentra en el lugar del juicio; en el caso contrario, ante el juez competente del territorio jurisdiccional en que resida o ante el respectivo agente diplomático o consular chileno, si ha salido del territorio de la República[177].

---

176 Inciso modificado por el artículo 2°, letra n), del Decreto Ley N° 1.417, publicado en el Diario Oficial de 29 de abril de 1976.

177 Inciso modificado por el artículo 5°, N° 9, de la Ley N° 18.776, publicada en el Diario Oficial de 18 de enero de 1989.

[Valor probatorio de la confesión extrajudicial]

Artículo 398 (388). La confesión extrajudicial es sólo base de presunción judicial, y no se tomará en cuenta, si es puramente verbal, sino en los casos en que sería admisible la prueba de testigos.

La confesión extrajudicial que se haya prestado a presencia de la parte que la invoca, o ante el juez incompetente, pero que ejerza jurisdicción, se estimará siempre como presunción grave para acreditar los hechos confesados. La misma regla se aplicará a la confesión prestada en otro juicio diverso; pero si éste se ha seguido entre las mismas partes que actualmente litigan, podrá dársele el mérito de prueba completa, habiendo motivos poderosos para estimarlo así.

[Valor probatorio de la confesión judicial]

Artículo 399 (389). Los tribunales apreciarán la fuerza probatoria de la confesión judicial en conformidad a lo que establece el artículo 1713 del Código Civil y demás disposiciones legales.

Si los hechos confesados no son personales del confesante o de la persona a quien representa, producirá también prueba la confesión.

[Valor probatorio de la confesión ficta o tácita]

Artículo 400 (390). La confesión tácita o presunta que establece el artículo 394, producirá los mismos efectos que la confesión expresa.

[Indivisibilidad de la confesión]

Artículo 401 (391). En general el mérito de la confesión no puede dividirse en perjuicio del confesante.

Podrá, sin embargo, dividirse:

1° Siempre que comprenda hechos diversos enteramente desligados entre sí; y

2° Cuando, comprendiendo varios hechos ligados entre sí o que se modifiquen los unos a los otros, el contendor justifique con algún medio legal de prueba la falsedad de las circunstancias que, según el confesante, modifican o alteran el hecho confesado.

[Inadmisibilidad de prueba contra hechos personales confesados. Revocación de la confesión. Término especial de prueba]

Artículo 402 (392). No se recibirá prueba alguna contra los hechos personales claramente confesados por los litigantes en el juicio.

Podrá, sin embargo, admitirse prueba en este caso y aun abrirse un término especial para ella, si el tribunal lo estima necesario y ha expirado el probatorio de la causa, cuando el confesante alegue, para revocar su confesión, que ha padecido error de hecho y ofrezca justificar esta circunstancia.

Lo dispuesto en el inciso precedente se aplicará también al caso en que los hechos confesados no sean personales del confesante.

5. De la inspección personal del tribunal

[Carácter obligatorio o facultativo de la inspección personal del tribunal]

Artículo 403 (405). Fuera de los casos expresamente señalados por la ley, la inspección personal del tribunal sólo se decretará cuando éste la estime necesaria; y se designará día y hora para practicarla, con la debida anticipación, a fin de que puedan concurrir las partes con sus abogados.

La inspección podrá verificarse aun fuera del territorio señalado a la jurisdicción del tribunal.

[Designación de peritos para el éxito de la inspección personal del tribunal]

Artículo 404 (406). Pueden las partes pedir que en el acto del reconocimiento se oigan informes de peritos, y lo decretará el tribunal si, a su juicio, esta medida es necesaria para el éxito de la inspección y ha sido solicitada con la anticipación conveniente. La designación de los peritos se hará en conformidad a las reglas del párrafo siguiente.

[Personas que pueden asistir a la inspección personal del tribunal]

Artículo 405 (407). Se llevará a efecto la inspección con la concurrencia de las partes y peritos que asistan, o sólo por el tribunal en ausencia de aquéllas.

Si el tribunal es colegiado, podrá comisionar para que practique la inspección a uno o más de sus miembros.

[Consignación]

Artículo 406 (408). La parte que haya solicitado la inspección depositará antes de proceder a ella, en manos del secretario del tribunal, la suma que éste estime necesaria para costear los gastos que se causen. Cuando la inspección sea decretada de oficio u ordenada por la ley, el depósito se hará por mitad entre demandantes y demandados.

[Acta de inspección personal del tribunal]

Artículo 407 (409). De la diligencia de inspección se levantará acta, en la cual se expresarán las circunstancias o hechos materiales que el tribunal observe, sin que puedan dichas observaciones reputarse como una opinión anticipada sobre los puntos que se debaten. Podrán también las partes pedir, durante la diligencia, que se consignen en el acta las circunstancias o hechos materiales que consideren pertinentes.

[Valor probatorio]

Artículo 408 (410). La inspección personal constituye prueba plena en cuanto a las circunstancias o hechos materiales que el tribunal establezca en el acta como resultado de su propia observación.

6. Del informe de peritos

[Carácter obligatorio del informe de peritos cuando la ley lo establece]

Artículo 409 (411). Se oirá informe de peritos en todos aquellos casos en que la ley así lo disponga, ya sea que se valga de estas expresiones o de otras que indiquen la necesidad de consultar opiniones periciales.

[JUICIO PRÁCTICO]

Artículo 410 (412). Cuando la ley ordene que se resuelva un asunto en juicio práctico o previo informe de peritos, se entenderán cumplidas estas disposiciones agregando el reconocimiento y dictamen pericial en conformidad a las reglas de este párrafo, al procedimiento que corresponda usar, según la naturaleza de la acción deducida.

[INFORME DE PERITOS. CARÁCTER FACULTATIVO]

Artículo 411 (413). Podrá también oírse el informe de peritos:

1° Sobre puntos de hecho para cuya apreciación se necesiten conocimientos especiales de alguna ciencia o arte; y

2° Sobre puntos de derecho referentes a alguna legislación extranjera.

Los gastos y honorarios que en estos casos se originen por la diligencia misma o por la comparecencia de la otra parte al lugar donde debe practicarse, serán de cargo del que la haya solicitado; salvo que el tribunal estime necesaria la medida para el esclarecimiento de la cuestión, y sin perjuicio de lo que en definitiva se resuelva sobre pago de costas. El tribunal, de oficio o a petición de parte, podrá ordenar que previamente se consigne una cantidad prudencial para responder a los gastos y honorarios referidos.

La resolución por la cual se fije el monto de la consignación será notificada por cédula al que solicitó el informe de peritos. Si dicha parte deja transcurrir diez días, contados desde la fecha de la notificación, sin efectuar la consignación, se la tendrá por desistida de la diligencia pericial solicitada, sin más trámite.

[OPORTUNIDAD]

Artículo 412. El reconocimiento de peritos podrá decretarse de oficio en cualquier estado del juicio, pero las partes sólo podrán solicitarlo dentro del término probatorio.

Decretado el informe de peritos, no se suspenderá por ello el procedimiento[178].

[Inhabilidades para ser perito]

Artículo 413 (415). Salvo acuerdo expreso de las partes, no podrán ser peritos:

1º Los que sean inhábiles para declarar como testigos en el juicio; y

2º Los que no tengan título profesional expedido por autoridad competente, si la ciencia o arte cuyo conocimiento se requiera está reglamentada por la ley y hay en el territorio jurisdiccional dos o más personas tituladas que puedan desempeñar el cargo[179].

[Audiencia de designación del perito. Objeto de la audiencia]

Artículo 414 (416). Para proceder al nombramiento de peritos, el tribunal citará a las partes a una audiencia, que tendrá lugar con sólo las que asistan y en la cual se fijará primeramente por acuerdo de las partes, o en su defecto por el tribunal, el número de peritos que deban nombrarse, la calidad, aptitudes o títulos que deban tener y el punto o puntos materia del informe.

Si las partes no se ponen de acuerdo sobre la designación de las personas, hará el nombramiento el tribunal, no pudiendo recaer en tal caso en ninguna de las dos primeras personas que hayan sido propuestas por cada parte.

La apelación que se deduzca en los casos del inciso 1º de este artículo no impedirá que se proceda a la designación de los peritos de conformidad al inciso 2º. Sólo después de hecha esta designación, se llevará adelante el recurso.

---

178 Artículo sustituido por el artículo 1º, Nº 50, de la Ley Nº 18.705, publicada en el Diario Oficial de 24 de mayo de 1988.

179 Número modificado por el artículo 5º, Nº 10, de la Ley Nº 18.776, publicada en el Diario Oficial de 18 de enero de 1989.

[PRESUNCIÓN DE FALTA DE ACUERDO DE LAS PARTES EN LA DESIGNACIÓN DEL PERITO]

Artículo 415 (417). Se presume que no están de acuerdo las partes cuando no concurren todas a la audiencia de que trata el artículo anterior; y en tal caso habrá lugar a lo dispuesto en el 2° inciso del mismo artículo.

[NOMBRAMIENTO DEL PERITO POR EL TRIBUNAL. OPOSICIÓN DE LAS PARTES AL NOMBRAMIENTO EFECTUADO POR EL TRIBUNAL]

Artículo 416. Cuando el nombramiento se haga por el tribunal, lo hará de entre los peritos de la especialidad requerida que figuren en las listas a que se refiere el artículo siguiente y la designación se pondrá en conocimiento de las partes para que dentro de tercero día deduzcan oposición, si tienen alguna incapacidad legal que reclamar contra el nombrado. Vencido este plazo sin que se formule oposición, se entenderá aceptado el nombramiento[180].

[LISTAS DE PERITOS]

Artículo 416 bis. Las listas de peritos indicadas en el artículo precedente serán propuestas cada dos años por la Corte de Apelaciones respectiva, previa determinación del número de peritos que en su concepto deban figurar en cada especialidad.

En el mes de octubre del final del bienio correspondiente, se elevarán estas nóminas a la Corte Suprema, la cual formará las definitivas, pudiendo suprimir o agregar nombres sin expresar causa.

Para formar las listas, cada Corte de Apelaciones convocará a concurso público, al que podrán postular quienes posean y acrediten conocimientos especiales de alguna ciencia, arte o especialidad, para lo cual tendrán especialmente en cuenta la vinculación de los candidatos con la docencia y la investigación universitarias. El procedimiento para los concursos, su publicidad y la formación de las nóminas de peritos serán regulados

---

180 Artículo sustituido por el artículo único, letra b), de la Ley N° 20.192, publicada en el Diario Oficial de 26 de junio de 2007.

mediante un Auto Acordado de la Corte Suprema, que se publicará en el Diario Oficial[181].

[Aceptación del cargo y juramento de desempeñarlo con fidelidad]

Artículo 417 (419). El perito que acepte el cargo deberá declararlo así, jurando desempeñarlo con fidelidad[182].

De esta declaración, que habrá de hacerse por escrito dentro de los tres días siguientes a la notificación, presencialmente o por vía remota mediante videoconferencia ante un ministro de fe del tribunal, se dejará testimonio en los autos a través del sistema de tramitación electrónica del Poder Judicial[183].

El perito encargado de practicar un reconocimiento deberá citar previamente a las partes para que concurran si quieren.

[Forma de practicar el acto del reconocimiento en caso de pluralidad de peritos]

Artículo 418 (420). Cuando sean varios los peritos procederán unidos a practicar el reconocimiento, salvo que el tribunal los autorice para obrar de otra manera.

[Observaciones de las partes en el acto del reconocimiento]

Artículo 419 (421). Las partes podrán hacer en el acto del reconocimiento las observaciones que estimen oportunas. Podrán también pedir que se

---

181 Artículo agregado por el artículo único, letra c), de la Ley N° 20.192, publicada en el Diario Oficial de 26 de junio de 2007.

182 El artículo 8 de la Ley 21.394, publicada el 30 de noviembre de 2021 expresa que: "Cada vez que en el Código Civil, el Código de Procedimiento Civil, el Código Orgánico de Tribunales o en leyes especiales se haga referencia al juramento que debe prestar una persona, se entenderá incluida la posibilidad de prestar promesa. Este juramento o promesa se podrá realizar presencialmente o por vía remota mediante videoconferencia".

183 El inciso 2° fue sustituido por el artículo 3, N° 15, de la Ley N° 21.394, publicada en el Diario Oficial de 30 de noviembre de 2021.

hagan constar los hechos y circunstancias que juzguen pertinentes; pero no tomarán parte en las deliberaciones de los peritos, ni estarán en ellas presentes.

De todo lo obrado se levantará acta, en la cual se consignarán los acuerdos celebrados por los peritos.

[Plazo para evacuar el encargo y sanciones]

Artículo 420 (422). Los tribunales señalarán en cada caso el término dentro del cual deben los peritos evacuar su encargo; y podrán, en caso de desobediencia, apremiarlos con multas, prescindir del informe o decretar el nombramiento de nuevos peritos, según los casos.

[Informes discordantes]

Artículo 421 (423). Cuando los peritos discorden en sus dictámenes, podrá el tribunal disponer que se nombre un nuevo perito, si lo estima necesario para la mejor ilustración de las cuestiones que debe resolver.

El nuevo perito será nombrado y desempeñará su cargo en conformidad a las reglas precedentes.

[Forma de valorar los informes de perito si todos son discordantes]

Artículo 422 (424). Si no resulta acuerdo del nuevo perito con los anteriores, el tribunal apreciará libremente las opiniones de todos ellos, tomando en cuenta los demás antecedentes del juicio.

[Forma de emitir los informes]

Artículo 423 (425). Los peritos podrán emitir sus informes conjunta o separadamente.

[Incidentes]

Artículo 424 (426). Los incidentes a que dé lugar el nombramiento de los peritos y el desempeño de sus funciones se tramitarán en ramo separado.

[Valor probatorio del dictamen de peritos]

Artículo 425 (427). Los tribunales apreciarán la fuerza probatoria del dictamen de peritos en conformidad a las reglas de la sana crítica.

7. De las presunciones

[Valor probatorio]

Artículo 426 (428). Las presunciones como medios probatorios, se regirán por las disposiciones del artículo 1712 del Código Civil.

Una sola presunción puede constituir plena prueba cuando, a juicio del tribunal, tenga caracteres de gravedad y precisión suficientes para formar su convencimiento.

[Valor de los hechos certificados en el proceso por un ministro de fe y de los hechos declarados verdaderos en otro juicio entre las mismas partes]

Artículo 427 (429). Sin perjuicio de las demás circunstancias que, en concepto del tribunal o por disposición de la ley, deban estimarse como base de una presunción, se reputarán verdaderos los hechos certificados en el proceso por un ministro de fe, a virtud de orden de tribunal competente, salvo prueba en contrario.

Igual presunción existirá a favor de los hechos declarados verdaderos en otro juicio entre las mismas partes.

8. De la apreciación comparativa de los medios de prueba

[Apreciación comparativa de los medios de prueba]

Artículo 428 (431). Entre dos o más pruebas contradictorias, y a falta de ley que resuelva el conflicto, los tribunales preferirán la que crean más conforme con la verdad.

[Requisitos para invalidar una escritura pública con prueba testimonial]

Artículo 429 (432). Para que pueda invalidarse con prueba testimonial una escritura pública, se requiere la concurrencia de cinco testigos, que reúnan las condiciones expresadas en la regla segunda del artículo 384, que acrediten que la parte que se dice haber asistido personalmente al otorgamiento, o el escribano, o alguno de los testigos instrumentales, ha fallecido con anterioridad o ha permanecido fuera del lugar en el día del otorgamiento y en los setenta días subsiguientes.

Esta prueba, sin embargo, queda sujeta a la calificación del tribunal, quien la apreciará según las reglas de la sana crítica.

La disposición de este artículo sólo se aplicará cuando se trate de impugnar la autenticidad de la escritura misma, pero no las declaraciones consignadas en una escritura pública auténtica.

TÍTULO XII
DE LOS PROCEDIMIENTOS POSTERIORES A LA PRUEBA

[Término de observaciones a la prueba]

Artículo 430 (433). Vencido el término de prueba, y dentro de los diez días siguientes, las partes podrán hacer por escrito las observaciones que el examen de la prueba les sugiera.

[Diligencias pendientes de cumplirse no son obstáculo para dictar sentencia]

Artículo 431. No será motivo para suspender el curso del juicio ni será obstáculo para la dictación del fallo el hecho de no haberse devuelto la prueba rendida fuera del tribunal, o el de no haberse practicado alguna otra diligencia de prueba pendiente, a menos que el tribunal, por resolución fundada, la estime estrictamente necesaria para la acertada resolución de la causa. En este caso, la reiterará como medida para mejor resolver y se estará a lo establecido en el artículo 159.

En todo caso, si dicha prueba se recibiera por el tribunal una vez dictada la sentencia, ella se agregará al expediente para que sea considerada en segunda instancia, si hubiere lugar a ésta[184].

---

[184] Artículo reemplazado por el artículo 1°, N° 51, de la Ley N° 18.705, publicada en el Diario Oficial de 24 de mayo de 1988.

[Citación a las partes para oír sentencia]

Artículo 432. Vencido el plazo a que se refiere el artículo 430, se hayan o no presentado escritos y existan o no diligencias pendientes, el tribunal citará para oír sentencia[185].

En contra de esta resolución sólo podrá interponerse recurso de reposición, el que deberá fundarse en error de hecho y deducirse dentro de tercero día. La resolución que resuelva la reposición será inapelable[186].

[Efectos de la resolución que cita a las partes para oír sentencia]

Artículo 433 (437). Citadas las partes para oír sentencia, no se admitirán escritos ni pruebas de ningún género.

Lo cual se entiende sin perjuicio de lo dispuesto por los artículos 83, 84, 159 y 290. Los plazos establecidos en los artículos 342 Nº 3, 346 Nº 3 y 347 que hubieren comenzado a correr al tiempo de la citación para oír sentencia, continuarán corriendo sin interrupción y la parte podrá, dentro de ellos, ejercer su derecho de impugnación. De producirse ésta, se tramitará en cuaderno separado y se fallará en la sentencia definitiva, sin perjuicio de lo dispuesto en el artículo 431[187].

---

[185] Inciso modificado por el artículo 1º, Nº 16, letra a), de la Ley Nº 18.882, publicada en el Diario Oficial de 20 de diciembre de 1989.

[186] Inciso agregado por el artículo 1º, Nº 16, letra b), de la Ley Nº 18.882, publicada en el Diario Oficial de 20 de diciembre de 1989.

[187] Inciso modificado por el artículo 1º, Nº 17, de la Ley Nº 18.882, publicada en el Diario Oficial de 20 de diciembre de 1989. Anteriormente fue modificado por el artículo 1º, Nº 53, de la Ley Nº 18.705, publicada en el Diario Oficial de 24 de mayo de 1988.

LIBRO TERCERO
DE LOS JUICIOS ESPECIALES

TÍTULO I
DEL JUICIO EJECUTIVO EN LAS OBLIGACIONES DE DAR

1. Del procedimiento ejecutivo

[Títulos ejecutivos]

Artículo 434 (456). El juicio ejecutivo tiene lugar en las obligaciones de dar cuando para reclamar su cumplimiento se hace valer alguno de los siguientes títulos:

1° Sentencia firme, bien sea definitiva o interlocutoria;

2° Copia autorizada de escritura pública[188];

3° Acta de avenimiento pasada ante tribunal competente y autorizada por un ministro de fe o por dos testigos de actuación;

4° Instrumento privado, reconocido judicialmente o mandado tener por reconocido. Sin embargo, no será necesario este reconocimiento respecto del aceptante de una letra de cambio o suscriptor de un pagaré que no hayan puesto tacha de falsedad a su firma al tiempo de protestarse el documento por falta de pago, siempre que el protesto haya sido personal, ni respecto de cualquiera de los obligados al pago de una letra de cambio, pagaré o cheque, cuando, puesto el protesto en su conocimiento por notificación judicial, no alegue tampoco en ese mismo acto o dentro de tercero día tacha de falsedad[189].

Tendrá mérito ejecutivo, sin necesidad de reconocimiento previo, la letra de cambio, pagaré o cheque, respecto del obligado cuya firma aparezca

---

188 Número modificado por el artículo 2°, de la Ley N° 18.181, publicada en el Diario Oficial de 26 de noviembre de 1982.

189 Número modificado por la Ley N° 18.092, publicada en el Diario Oficial de 14 de enero de 1982.

autorizada por un notario o por el oficial del Registro Civil en las comunas donde no tenga su asiento un notario[190];

5° Confesión judicial;

6° Cualesquiera títulos al portador, o nominativos, legítimamente emitidos, que representen obligaciones vencidas, y los cupones también vencidos de dichos títulos, siempre que los cupones confronten con los títulos, y éstos, en todo caso, con los libros talonarios.

Resultando conforme la confrontación, no será obstáculo a que se despache la ejecución la protesta de falsedad del título que en el acto haga el director o la persona que tenga la representación del deudor, quien podrá alegar en forma la falsedad como una de las excepciones del juicio; y

7° Cualquiera otro título a que las leyes den fuerza ejecutiva.

[Gestiones preparatorias de reconocimiento de firma y confesión de deuda. Requisitos de procedencia]

Artículo 435 (457). Si, en caso de no tener el acreedor título ejecutivo, quiere preparar la ejecución por el reconocimiento de firma o por la confesión de la deuda, podrá pedir que se cite al deudor a una audiencia dentro de quinto día contado desde la fecha de la última notificación, con el fin de que practique estas diligencias.

La obligación deberá consistir en una cantidad de dinero líquida o liquidable mediante una simple operación aritmética, encontrarse vencida, ser actualmente exigible y constar en un antecedente escrito. A su vez, la acción no podrá estar prescrita.

El juez, de oficio, no dará curso a la solicitud, cuando no concurran los requisitos previstos en el inciso segundo.

Si el citado no comparece a la audiencia sin razón que lo justifique, o sólo da respuestas evasivas, se dará por reconocida la firma o por confesada la deuda[191].

---

190 Número modificado por la Ley N° 18.155, publicada en el Diario Oficial de 18 de agosto de 1982.

191 Artículo sustituido por el artículo 3, N° 16, de la Ley N° 21.394, publicada en el Diario Oficial de 30 de noviembre de 2021.

[EFECTO DEL RECONOCIMIENTO DE FIRMA]

Artículo 436 (458). Reconocida la firma, quedará preparada la ejecución, aunque se niegue la deuda.

[OBLIGACIÓN ACTUALMENTE EXIGIBLE]

Artículo 437 (459). Para que proceda la ejecución, se requiere además que la obligación sea actualmente exigible.

[OBJETO DE LA EJECUCIÓN]

Artículo 438 (460). La ejecución puede recaer:

1° Sobre la especie o cuerpo cierto que se deba y que exista en poder del deudor;

2° Sobre el valor de la especie debida y que no exista en poder del deudor, haciéndose su avaluación por un perito que nombrará el tribunal; y

3° Sobre cantidad líquida de dinero o de un género determinado cuya avaluación pueda hacerse en la forma que establece el número anterior.

Se entenderá cantidad líquida, no sólo la que actualmente tenga esta calidad, sino también la que pueda liquidarse mediante simples operaciones aritméticas con sólo los datos que el mismo título ejecutivo suministre.

El acreedor expresará en la demanda ejecutiva la especie o la cantidad líquida por la cual pide el mandamiento de ejecución.

Sin embargo, tratándose de moneda extranjera, no será necesario proceder a su avaluación, sin perjuicio de las reglas que para su liquidación y pago se expresan en otras disposiciones de este Código.

[OBLIGACIÓN EN PARTE LÍQUIDA E ILÍQUIDA]

Artículo 439 (461). Si del título aparece una obligación en parte líquida e ilíquida en otra, podrá procederse ejecutivamente por la primera, reservándose al acreedor su derecho para reclamar el resto en vía ordinaria.

[Avaluación]

Artículo 440 (462). La avaluación que, en conformidad al artículo 438, se haga para determinar el monto de la ejecución, se entenderá sin perjuicio del derecho de las partes para pedir que se aumente o disminuya.

[Despacho y denegación de mandamiento de ejecución y embargo]

Artículo 441 (463). El tribunal examinará el título y despachará o denegará la ejecución, sin audiencia ni notificación del demandado, aun cuando se haya éste apersonado en el juicio.

Las gestiones que en tal caso haga el demandado no embarazarán en manera alguna el procedimiento ejecutivo, y sólo podrán ser estimadas por el tribunal como datos ilustrativos para apreciar la procedencia o improcedencia de la acción.

Si denegado el mandamiento de ejecución, se interpone apelación de este fallo y ha lugar a ella, el tribunal elevará el proceso al superior, también sin notificación del demandado.

[Prescripción de la acción ejecutiva]

Artículo 442 (464). El tribunal denegará la ejecución cuando la acción ejecutiva se encuentre prescrita; salvo que se compruebe su subsistencia por alguno de los medios que sirven para deducir esta acción en conformidad al artículo 434[192].

[Contenido del mandamiento de ejecución y embargo]

Artículo 443 (465). El mandamiento de ejecución contendrá:

1° La orden de requerir de pago al deudor. Este requerimiento debe hacérsele personalmente; pero si no es habido, se procederá en conformidad al artículo 44, expresándose en la copia a que dicho artículo se refiere,

---

[192] Artículo modificado por el artículo 3, N° 17, letras a) y b) de la Ley N° 21.394, publicada en el Diario Oficial de 30 de noviembre de 2021.

a más del mandamiento, la designación del día, hora y lugar que fije el ministro de fe para practicar el requerimiento. No concurriendo a esta citación el deudor, se hará inmediatamente y sin más trámite el embargo.

Cuando el deudor haya sido notificado personalmente o con arreglo al artículo 44 para otra gestión anterior al requerimiento, se procederá a éste y a los demás trámites del juicio, en conformidad a lo establecido en los artículos 48 a 53. La designación del domicilio, exigida por el artículo 49, deberá hacerse en tal caso por el deudor dentro de los dos días subsiguientes a la notificación, o en su primera gestión si alguna hace antes de vencido este plazo;

2º La de embargar bienes del deudor en cantidad suficiente para cubrir la deuda con sus intereses y las costas, si no paga en el acto; y

3º La designación de un depositario provisional que deberá recaer en la persona que, bajo su responsabilidad, designe el acreedor o en persona de reconocida honorabilidad y solvencia, si el acreedor no la ha indicado. El acreedor podrá designar como depositario al mismo deudor o pedir que no se designe depositario.

No podrá recaer esta designación en empleados o dependientes a cualquier título del tribunal ni en persona que desempeñe el cargo de depositario en tres o más juicios seguidos ante el mismo juzgado.

Si la ejecución recae sobre cuerpo cierto, o si el acreedor en la demanda ha señalado, para que se haga el embargo, bienes que la ley permita embargar, el mandamiento contendrá también la designación de ellos.

Siempre que en concepto del tribunal haya fundado temor de que el mandamiento sea desobedecido, podrá solicitar, a petición de parte, el auxilio de la fuerza pública para proceder a su ejecución.

[Ejecución sobre una empresa o establecimiento mercantil o industrial]

Artículo 444 (466). Si la ejecución recae sobre una empresa o establecimiento mercantil o industrial, o sobre cosa o conjunto de cosas que sean complemento indispensable para su explotación, podrá el juez, atendidas las circunstancias y la cuantía del crédito, ordenar que el embargo se haga efectivo, o en los bienes designados por el acreedor, o en otros bienes del deudor, o en la totalidad de la industria misma, o en las utilidades que ésta produzca, o en parte de cualquiera de ellas.

Embargada la industria o las utilidades, el depositario que se nombre tendrá las facultades y deberes de interventor judicial; y para ejercer las que correspondan al cargo de depositario, procederá en todo caso con autorización del juez de la causa.

Si la ejecución recae sobre el simple menaje de la casa habitación del deudor, el embargo se entenderá hecho permaneciendo las especies en poder del mismo deudor, con el carácter de depositario, previa facción de un inventario en que se expresen en forma individual y detallada el estado y la tasación aproximada de las referidas especies que practicará el ministro de fe ejecutor. La diligencia que deberá extenderse será firmada por el ministro de fe que la practique, por el acreedor, si concurre, y por el deudor, quien, en caso de substracción, incurrirá en la sanción prevista en el número 1° del artículo 471 del Código Penal.

[Bienes inembargables]

Artículo 445 (467). No son embargables:

1° Los sueldos, las gratificaciones y las pensiones de gracia, jubilación, retiro y montepío que pagan el Estado y las Municipalidades.

Sin embargo, tratándose de deudas que provengan de pensiones alimenticias decretadas judicialmente, podrá embargarse hasta el cincuenta por ciento de las prestaciones que reciba el alimentante en conformidad al inciso anterior;

2° Las remuneraciones de los empleados y obreros en la forma que determinan los artículos 40 y 153 del Código del Trabajo[193];

3° Las pensiones alimenticias forzosas;

---

[193] Las disposiciones del Código del Trabajo a que se refiere este número, fueron derogadas por el artículo 166, del Decreto Ley N° 2.200, publicado en el Diario Oficial de 15 de junio de 1978. La remisión normativa debe entenderse al actual artículo 57 del Código del Trabajo.

4° Las rentas periódicas que el deudor cobre de una fundación o que deba a la liberalidad de un tercero, en la parte que estas rentas sean absolutamente necesarias para sustentar la vida del deudor, de su cónyuge o conviviente civil y de los hijos que viven con él y a sus expensas[194];

5° Los fondos que gocen de este beneficio, en conformidad a la Ley Orgánica del Banco del Estado de Chile y en las condiciones que ella determine;

6° Las pólizas de seguro sobre la vida y las sumas que, en cumplimiento de lo convenido en ellas, pague el asegurador. Pero, en este último caso, será embargable el valor de las primas pagadas por el que tomó la póliza;

7° Las sumas que se paguen a los empresarios de obras públicas durante la ejecución de los trabajos. Esta disposición no tendrá efecto respecto de lo que se adeude a los artífices u obreros por sus salarios insolutos y de los créditos de los proveedores en razón de los materiales u otros artículos suministrados para la construcción de dichas obras;

8° El bien raíz que el deudor ocupa con su familia, siempre que no tenga un avalúo fiscal superior a cincuenta unidades tributarias mensuales o que se trate de una vivienda de emergencia, y sus ampliaciones, a que se refiere el artículo 5° del Decreto Ley N° 2.552, de 1979; los muebles de dormitorio, de comedor y de cocina de uso familiar y la ropa necesaria para el abrigo del deudor, su cónyuge o conviviente civil y los hijos que viven a sus expensas[195].

La inembargabilidad establecida en el inciso precedente no regirá para los bienes raíces respecto de los juicios en que sean parte el Fisco, las Cajas de Previsión y demás organismos regidos por la ley del Ministerio de la Vivienda y Urbanismo;

---

194 Número modificado por el artículo 34, numeral ii), letra a), de la Ley N° 20.830, publicada en el Diario Oficial de 21 de abril de 2015.

195 Párrafo modificado por el artículo 34, numeral ii), letra b), de la Ley N° 20.830, publicada en el Diario Oficial de 21 de abril de 2015. Con anterioridad, fue modificado por el artículo único, N° 1, de la Ley N° 19.594, publicada en el Diario Oficial de 1° de diciembre de 1998.

9º Los libros relativos a la profesión del deudor hasta el valor de cincuenta unidades tributarias mensuales y a elección del mismo deudor[196];

10. Las máquinas e instrumentos de que se sirve el deudor para la enseñanza de alguna ciencia o arte, hasta dicho valor y sujetos a la misma elección;

11. Los uniformes y equipos de los militares, según su arma y grado;

12. Los objetos indispensables al ejercicio personal del arte u oficio de los artistas, artesanos y obreros de fábrica; y los aperos, animales de labor y material de cultivo necesarios al labrador o trabajador de campo para la explotación agrícola, hasta la suma de cincuenta unidades tributarias mensuales y a elección del mismo deudor[197];

13. Los utensilios caseros y de cocina, y los artículos de alimento y combustibles que existan en poder del deudor, hasta concurrencia de lo necesario para el consumo de la familia durante un mes;

14. La propiedad de los objetos que el deudor posee fiduciariamente;

15. Los derechos cuyo ejercicio es enteramente personal, como los de uso y habitación;

16. Los bienes raíces donados o legados con la expresión de no embargables, siempre que se haya hecho constar su valor al tiempo de la entrega por tasación aprobada judicialmente; pero podrán embargarse por el valor adicional que después adquieran;

17. Los bienes destinados a un servicio que no pueda paralizarse sin perjuicio del tránsito o de la higiene pública, como los ferrocarriles, empresas de agua potable o desagüe de las ciudades, etc.; pero podrá embargarse la renta líquida que produzcan, observándose en este caso lo dispuesto en el artículo anterior; y

18. Los demás bienes que leyes especiales prohíban embargar.

Son nulos y de ningún valor los contratos que tengan por objeto la cesión, donación o transferencia en cualquier forma, ya sea a título gratuito

---

196 Inciso modificado por el artículo único, Nº 1, de la Ley Nº 19.594, publicada en el Diario Oficial de 1º de diciembre de 1998.

197 Inciso modificado por el artículo único, Nº 1, de la Ley Nº 19.594, publicada en el Diario Oficial de 1º de diciembre de 1998.

u oneroso, de las rentas expresadas en el número 1° de este artículo o de alguna parte de ellas.

[Costas del juicio en caso que el deudor pague la deuda]

Artículo 446 (468). Aunque pague el deudor antes del requerimiento, serán de su cargo las costas causadas en el juicio.

[Designación de bienes para embargar hecho por el ejecutante]

Artículo 447 (469). Puede el acreedor concurrir al embargo y designar, si el mandamiento no lo hace, los bienes del deudor que hayan de embargarse, con tal que no excedan de los necesarios para responder a la demanda, haciéndose esta apreciación por el ministro de fe encargado de la diligencia, sin perjuicio de lo que resuelva el tribunal a solicitud de parte interesada.

[Designación de bienes para embargar hecho por el ejecutado]

Artículo 448 (470). No designando el acreedor bienes para el embargo, se verificará éste en los que el deudor presente, si, en concepto del ministro de fe encargado de la diligencia, son suficientes o si, no siéndolo, tampoco hay otros conocidos.

[Orden de prelación de bienes al momento de embargar]

Artículo 449 (471). Si no designan bienes el acreedor ni el deudor, el ministro de fe guardará en el embargo el orden siguiente:

1° Dinero;

2° Otros bienes muebles;

3° Bienes raíces; y

4° Salarios y pensiones.

[Forma de trabar el embargo]

Artículo 450. El embargo se entenderá hecho por la entrega real o simbólica de los bienes al depositario que se designe, aunque éste deje la especie en poder del mismo deudor. A falta de depositario designado por el juez, hará las veces de tal el propio deudor hasta tanto se designe un depositario distinto.

El ministro de fe que practique el embargo deberá levantar un acta de la diligencia, la que señalará el lugar y hora en que éste se trabó, contendrá la expresión individual y detallada de los bienes embargados e indicará si fue necesario o no el auxilio de la fuerza pública para efectuarlo y de haberlo sido, la identificación del o de los funcionarios que intervinieron en la diligencia. Asimismo, dejará constancia de toda alegación que haga un tercero invocando la calidad de dueño o poseedor del bien embargado[198].

Tratándose del embargo de bienes muebles, el acta deberá indicar su especie, calidad y estado de conservación y todo otro antecedente o especificación necesarios para su debida singularización, tales como, marca, número de fábrica y de serie, colores y dimensiones aproximadas, según ello sea posible. En el embargo de bienes inmuebles, éstos se individualizarán por su ubicación y los datos de la respectiva inscripción de dominio.

El acta deberá ser suscrita por el ministro de fe que practicó la diligencia y por el depositario, acreedor o deudor que concurra al acto y que desee firmar.

Sin que ello afecte la validez del embargo, el ministro de fe deberá enviar carta certificada al ejecutado comunicándole el hecho del embargo, dentro de los dos días siguientes de la fecha de la diligencia o del día en que se reabran las oficinas de correo, si ésta se hubiere efectuado en domingo o festivo. El ministro de fe deberá dejar constancia en el proceso del cumplimiento de esta obligación, en los términos del artículo 46.

Toda infracción a las normas de este artículo hará responsable al ministro de fe de los daños y perjuicios que se originen y el tribunal, previa audiencia del afectado, deberá imponerle alguna de las medidas que se señalan en los números 2, 3 y 4 del artículo 532 del Código Orgánico de Tribunales[199].

---

198 Inciso modificado por el artículo 1º, Nº 1, de la Ley Nº 19.411, publicada en el Diario Oficial de 20 de septiembre de 1995.

199 Artículo sustituido por el artículo 1º, Nº 4, de la Ley Nº 18.804, publicada en el Diario Oficial de 10 de junio de 1989.

[Entrega de los bienes embargados al depositario]

Artículo 451 (473). Los bienes embargados se pondrán a disposición del depositario provisional y éste, a su vez, los entregará al depositario definitivo que nombrarán las partes en audiencia verbal o el tribunal en caso de desacuerdo.

Si los bienes embargados se encuentran en territorios jurisdiccionales distintos o consisten en especies de distinta naturaleza, podrá nombrarse más de un depositario[200].

Cualquiera de las partes que ofrezca probar que el depositario no tiene responsabilidad bastante, será oída.

Si el embargo recae sobre dinero, alhajas, especies preciosas, o efectos públicos, el depósito deberá hacerse en un Banco o Caja Nacional de Ahorros a la orden del juez de la causa y el certificado del depósito se agregará a los autos.

[Inasistencia o negativa del deudor a hacer la entrega de los bienes al depositario]

Artículo 452 (474). Si el deudor no concurre a la diligencia de embargo o si se niega a hacer la entrega al depositario, procederá a efectuarla el ministro de fe.

[Efectos del embargo de bienes raíces respecto de terceros]

Artículo 453 (475). Si el embargo recae sobre bienes raíces o derechos reales constituidos en ellos, no producirá efecto alguno legal respecto de terceros sino desde la fecha en que se inscriba en el respectivo registro conservatorio en donde estén situados los inmuebles[201].

---

200 Inciso modificado por el artículo 5°, N° 11, de la Ley N° 18.776, publicada en el Diario Oficial de 18 de enero de 1989.

201 Inciso modificado por el artículo 5°, N° 12, de la Ley N° 18.776, publicada en el Diario Oficial de 18 de enero de 1989.

El ministro de fe que practique el embargo, requerirá inmediatamente su inscripción y firmará con el conservador respectivo y retirará la diligencia en el plazo de veinticuatro horas.

[Embargo de una cosa que se halla en poder de un tercero]

Artículo 454 (476). Cuando la cosa embargada se halle en poder de un tercero que se oponga a la entrega alegando el derecho de gozarla a otro título que el de dueño, no se hará alteración en este goce hasta el momento de la enajenación, ejerciendo mientras tanto el depositario sobre la cosa los mismos derechos que ejercía el deudor.

Lo cual se entiende sin perjuicio del derecho que corresponda al tenedor de la cosa embargada para seguir gozándola aún después de su enajenación.

[Acta de embargo]

Artículo 455 (477). Verificado el embargo, el ministro de fe ejecutor entregará inmediatamente la diligencia en la secretaría, y el secretario pondrá testimonio del día en que la recibe.

En el caso del artículo 453, esta entrega se verificará inmediatamente después de practicada la inscripción de que dicho artículo trata.

El retiro de las especies no podrá decretarse sino hasta transcurridos que sean diez días desde la fecha de la traba de embargo, a menos que el juez, por resolución fundada, ordene otra cosa[202].

[Ampliación del embargo]

Artículo 456 (478). Puede el acreedor pedir ampliación del embargo en cualquier estado del juicio, siempre que haya justo motivo para temer que los bienes embargados no basten para cubrir la deuda y las costas.

---

[202] Inciso agregado por el artículo 1°, N° 2, de la Ley N° 19.411, publicada en el Diario Oficial de 20 de septiembre de 1995.

El haber recaído el embargo sobre bienes difíciles de realizar, será siempre justo motivo para la ampliación. Lo será también la introducción de cualquiera tercería sobre los bienes embargados.

Pedida la ampliación después de la sentencia definitiva, no será necesario el pronunciamiento de nueva sentencia para comprender en la realización los bienes agregados al embargo.

[Sustitución del embargo]

Artículo 457 (479). Puede el deudor en cualquier estado del juicio substituir el embargo, consignando una cantidad suficiente para el pago de la deuda y las costas, siempre que éste no recaiga en la especie o cuerpo cierto a que se refiere la ejecución.

[Cuaderno de apremio]

Artículo 458 (480). Se formará ramo separado con las diligencias relativas al embargo, a su ampliación y al procedimiento de apremio, que tiene por objeto realizar los bienes embargados y hacer pago al acreedor.

Se pondrá testimonio en el ramo principal, de la fecha en que se practiquen el embargo y la ampliación.

Este cuaderno se tramitará independientemente del cuaderno ejecutivo, sin que la marcha del uno se retarde por los recursos que en el otro se deduzcan.

[Plazo para oponer excepciones. Requerimiento de pago al deudor dentro del territorio jurisdiccional del Tribunal que conoce del juicio]

Artículo 459 (481). Si el deudor es requerido de pago en el territorio jurisdiccional del tribunal en que se interpuso la demanda, tendrá el término de ocho días útiles para oponerse a la ejecución[203].

---

203 Artículo modificado por el artículo 3, N° 18, letras a) y b) de la Ley N° 21.394, publicada en el Diario Oficial de 30 de noviembre de 2021. El artículo 3, N° 18, letra c) de la Ley N° 21.394, publicada en el Diario Oficial de 30 de noviembre de 2021,

[Plazos para oponer excepciones. Requerimiento de pago al deudor fuera del territorio jurisdiccional del Tribunal que conoce del juicio. Tribunal competente para presentar la oposición]

Artículo 460 (482). Si el requerimiento se hace en territorio jurisdiccional de otro tribunal de la República, la oposición podrá presentarse ante el tribunal que haya ordenado cumplir el exhorto del que conoce en el juicio o ante este último tribunal. En el primer caso, los plazos serán los mismos que establece el artículo anterior. En el segundo, el ejecutado deberá formular su oposición en el plazo fatal de ocho días, más el aumento del término de emplazamiento en conformidad a la tabla de que trata el artículo 259[204].

El tribunal exhortado se limitará a remitir la solicitud de oposición al exhortante para que éste provea sobre ella lo que sea de derecho.

[Requerimiento de pago fuera de la República. Plazo para oponerse a la ejecución]

Artículo 461 (483). Si se verifica el requerimiento fuera del territorio de la República, el término para deducir oposición será el que corresponda según la tabla a que se refiere el artículo 259, como aumento extraordinario del plazo para contestar una demanda.

[Cómputo del plazo para oponerse a la ejecución]

Artículo 462 (484). El término para deducir la oposición comienza a correr desde el día del requerimiento de pago.

Si el requerimiento se verifica dentro de la República, el ministro de fe hará saber al deudor, en el mismo acto, el término que la ley concede para deducir la oposición, y dejará testimonio de este aviso en la diligencia. La

---

suprimió el inciso 2°. El inciso actual anteriormente fue modificado por el artículo 5°, N° 13, de la Ley N° 18.776, publicada en el Diario Oficial de 18 de enero de 1989.

[204] Inciso modificado por el artículo 5°, N° 14, de la Ley N° 18.776, publicada en el Diario Oficial de 18 de enero de 1989.

omisión del ministro de fe le hará responsable de los perjuicios que puedan resultar, pero no invalidará el requerimiento.

[Fatalidad de los plazos de oposición a la ejecución]

Artículo 463 (485). Los términos que se expresan en los cuatro artículos anteriores son fatales.

[Derecho de defensa del ejecutado. Excepciones que puede oponer a la ejecución]

Artículo 464 (486). La oposición del ejecutado sólo será admisible cuando se funde en alguna de las excepciones siguientes:

1ª La incompetencia del tribunal ante quien se haya presentado la demanda;

2ª La falta de capacidad del demandante o de personería o representación legal del que comparezca en su nombre;

3ª La litis pendencia ante tribunal competente, siempre que el juicio que le da origen haya sido promovido por el acreedor, sea por vía de demanda o de reconvención;

4ª La ineptitud del libelo por falta de algún requisito legal en el modo de formular la demanda, en conformidad a lo dispuesto en el artículo 254;

5ª El beneficio de excusión o la caducidad de la fianza;

6ª La falsedad del título;

7ª La falta de alguno de los requisitos o condiciones establecidos por las leyes para que dicho título tenga fuerza ejecutiva, sea absolutamente, sea con relación al demandado;

8ª El exceso de avalúo en los casos de los incisos 2º y 3º del artículo 438;

9ª El pago de la deuda;

10ª La remisión de la misma;

11ª La concesión de esperas o la prórroga del plazo;

12ª La novación;

13ª La compensación;

14ª La nulidad de la obligación;

15ª La pérdida de la cosa debida, en conformidad a lo dispuesto en el Título XIX, Libro IV del Código Civil;

16ª La transacción;

17ª La prescripción de la deuda o sólo de la acción ejecutiva; y

18ª La cosa juzgada.

Estas excepciones pueden referirse a toda la deuda o a una parte de ella solamente.

[Requisitos de admisibilidad del escrito de oposición de excepciones]

Artículo 465 (487). Todas las excepciones deberán oponerse en un mismo escrito, expresándose con claridad y precisión los hechos y los medios de prueba de que el deudor intente valerse para acreditarlas. No obstará para que se deduzca la excepción de incompetencia, el hecho de haber intervenido el demandado en las gestiones del demandante para preparar la acción ejecutiva.

Deducida esta excepción, podrá el tribunal pronunciarse sobre ella desde luego, o reservarla para la sentencia definitiva.

[Traslado al ejecutante y examen de admisibilidad]

Artículo 466 (488). Del escrito de oposición se comunicará traslado al ejecutante, dándosele copia de él, para que dentro de cuatro días exponga lo que juzgue oportuno.

Vencido este plazo, haya o no hecho observaciones el demandante, se pronunciará el tribunal sobre la admisibilidad o inadmisibilidad de las excepciones alegadas.

Si las estima inadmisibles, o si no considera necesario que se rinda prueba para resolver, dictará desde luego sentencia definitiva. En caso contrario, recibirá a prueba la causa.

[Desistimiento y reserva de acciones del ejecutante]

Artículo 467 (489). El ejecutante podrá sólo dentro del plazo de cuatro días que concede el inciso 1° del artículo anterior, desistirse de la demanda ejecutiva, con reserva de su derecho para entablar acción ordinaria sobre los mismos puntos que han sido materia de aquélla.

Por el desistimiento perderá el derecho para deducir nueva acción ejecutiva, y quedarán *ipso facto* sin valor el embargo y demás resoluciones dictadas. Responderá el ejecutante de los perjuicios que se hayan causado con la demanda ejecutiva, salvo lo que se resuelva en el juicio ordinario.

[Término probatorio ordinario y extraordinario]

Artículo 468 (490). Cuando haya de recibirse a prueba la causa, el término para rendirla será de diez días.

Podrá ampliarse este término hasta diez días más, a petición del acreedor. La prórroga deberá solicitarse antes de vencido el término legal, y correrá sin interrupción después de éste. Por acuerdo de ambas partes, podrán concederse los términos extraordinarios que ellas designen.

[Remisión a las reglas del juicio ordinario para efectos de rendir la prueba en el juicio ejecutivo]

Artículo 469 (491). La prueba se rendirá del mismo modo que en el juicio ordinario, y el fallo que dé lugar a ella expresará los puntos sobre que deba recaer. Vencido el término probatorio, tendrán las partes seis días para hacer por escrito las observaciones que el examen de la prueba sugiera. Vencido este plazo, háyanse o no presentado escritos, y sin nuevo trámite, el tribunal citará a las partes para oír sentencia[205].

[Plazo para dictar la sentencia definitiva]

Artículo 470 (492). La sentencia definitiva deberá pronunciarse dentro del término de diez días, contados desde que el pleito quede concluso.

---

[205] Artículo modificado por el artículo 12, N° 36), de la Ley N° 20.886, publicada en el Diario Oficial de 18 de diciembre de 2015.

[Regla de condena en costas]

Artículo 471 (493). Si en la sentencia definitiva se manda seguir adelante en la ejecución, se impondrán las costas al ejecutado.

Y, por el contrario, si se absuelve al ejecutado, se condenará en las costas al ejecutante.

Si se admiten sólo en parte una o más excepciones, se distribuirán las costas proporcionalmente; pero podrán imponerse todas ellas al ejecutado cuando en concepto del tribunal haya motivo fundado.

[Omisión de la sentencia. Sentencia ficta]

Artículo 472 (494). Si no se oponen excepciones, se omitirá la sentencia y bastará el mandamiento de ejecución para que el acreedor pueda perseguir la realización de los bienes embargados y el pago, de conformidad a las disposiciones del procedimiento de apremio.

[Reserva de derechos del ejecutado]

Artículo 473 (495). Si, deduciendo el ejecutado oposición legal, expone en el mismo acto que no tiene medios de justificarla en el término de prueba, y pide que se le reserve su derecho para el juicio ordinario y que no se haga pago al acreedor sin que caucione previamente las resultas de este juicio, el tribunal dictará sentencia de pago o remate y accederá a la reserva y caución pedidas.

[Sanción para el deudor en caso de no presentar demanda]

Artículo 474 (496). Si, en el caso del artículo precedente, no entabla el deudor su demanda ordinaria en el término de quince días, contados desde que se le notifique la sentencia definitiva, se procederá a ejecutar dicha sentencia sin previa caución, o quedará ésta *ipso facto* cancelada, si se ha otorgado.

[EFECTOS DE LA APELACIÓN CONTRA SENTENCIA CONDENATORIA DE PAGO]

Artículo 475 (497). Si se interpone apelación de la sentencia de pago, no podrá procederse a la ejecución de esta sentencia, pendiente el recurso, sino en caso que el ejecutante caucione las resultas del mismo.

Artículo 476 (498). Derogado[206].

[RENOVACIÓN DE LA ACCIÓN EJECUTIVA]

Artículo 477 (499). La acción ejecutiva rechazada por incompetencia del tribunal, incapacidad, ineptitud del libelo o falta de oportunidad en la ejecución, podrá renovarse con arreglo a los preceptos de este Título.

[SENTENCIA DEL JUICIO EJECUTIVO PRODUCE COSA JUZGADA EN EL JUICIO ORDINARIO. RESERVA DE ACCIONES Y EXCEPCIONES]

Artículo 478 (500). La sentencia recaída en el juicio ejecutivo produce cosa juzgada en el juicio ordinario, tanto respecto del ejecutante como del ejecutado.

Con todo, si antes de dictarse sentencia en el juicio ejecutivo, el actor o el procesado piden que se les reserven para el ordinario sus acciones o excepciones, podrá el tribunal declararlo así, existiendo motivos calificados. Siempre se concederá la reserva respecto de las acciones y excepciones que no se refieran a la existencia de la obligación misma que ha sido objeto de la ejecución[207].

En los casos del inciso precedente, la demanda ordinaria deberá interponerse dentro del plazo que señala el artículo 474, bajo pena de no ser admitida después.

---

[206] Artículo derogado por el artículo 1°, N° 18, de la Ley N° 18.882, publicada en el Diario Oficial de 20 de diciembre de 1989.

[207] Inciso modificado por el artículo 9° de la Ley N° 19.047, el que fue sustituido por el artículo único, letra d), de la Ley N° 19.114, y modificado por el artículo único de la Ley N° 19.158, publicada en el Diario Oficial de 31 de agosto de 1992.

2. De la administración de los bienes embargados y del procedimiento de apremio

[Administración de los bienes embargados]

Artículo 479 (501). La administración de los bienes embargados correrá a cargo del depositario.

Si son muebles, podrá el depositario trasladarlos al lugar que crea más conveniente, salvo que el ejecutado caucione la conservación de dichos bienes donde se encuentren.

Lo cual se entiende sin perjuicio de lo dispuesto en el inciso 1° del artículo 450 y 4° del artículo 451.

[Incidentes]

Artículo 480 (502). Toda cuestión relativa a la administración de los bienes embargados o a la venta de los que se expresan en el artículo 483, que se suscite entre el ejecutante o el ejecutado y el depositario, se substanciará en audiencias verbales que tendrán lugar con solo el que asista.

[Oportunidad para proceder a la venta de los bienes embargados]

Artículo 481 (503). Notificada que sea la sentencia de remate, se procederá a la venta de los bienes embargados, de conformidad a los artículos siguientes.

[Ejecución de bienes muebles propiamente tales]

Artículo 482 (504). Los bienes muebles embargados se venderán en martillo, siempre que sea posible, sin necesidad de tasación. La venta se hará por el martillero designado por el tribunal que corresponda[208].

---

[208] Artículo sustituido por el artículo 26 de la Ley N° 18.118, publicada en el Diario Oficial de 22 de mayo de 1982.

[Ejecución de bienes muebles sujetos a corrupción o susceptibles de próximo deterioro]

Artículo 483 (505). Venderá el depositario en la forma más conveniente, sin previa tasación, pero con autorización judicial, los bienes muebles sujetos a corrupción, o susceptibles de próximo deterioro, o cuya conservación sea difícil o muy dispendiosa.

[Ejecución de bienes muebles efectos de comercio]

Artículo 484 (506). Los efectos de comercio realizables en el acto, se venderán sin previa tasación, por un corredor nombrado en la forma que establece el artículo 414.

[Ejecución de los demás bienes]

Artículo 485 (507). Los demás bienes no comprendidos en los tres artículos anteriores, se tasarán y venderán en remate público ante el tribunal que conoce de la ejecución, o ante el tribunal dentro de cuya jurisdicción estén situados los bienes, cuando así se resuelva a solicitud de partes y por motivos fundados. Con todo, cuando así lo disponga el tribunal, por resolución fundada, el remate podrá verificarse en forma remota[209].

Corresponderá a la Corte Suprema regular, mediante auto acordado, la forma en que se realizarán los remates por vía remota, debiendo establecer mecanismos que aseguren la efectiva participación de quienes manifiesten su voluntad de comparecer de esa forma y que cumplan con los requisitos legales[210].

---

[209] El inciso 1° fue modificado por el artículo 3, N° 19, letra a), de la Ley N° 21.394, publicada en el Diario Oficial de 30 de noviembre de 2021.

[210] El inciso 2° fue agregado por el artículo 3, N° 19, letra b), de la Ley N° 21.394, publicada en el Diario Oficial de 30 de noviembre de 2021.
Según consta en el Acta N° 263-2021, de 1 de diciembre de 2021, publicada en el Diario Oficial de 10 de diciembre de 2021, la Corte Suprema dictó el Auto Acordado sobre Remates Judiciales de bienes inmuebles por vía remota, el cual se adjunta en el apéndice de este Código de Procedimiento Civil.

[Tasación de los bienes embargados]

Artículo 486 (508). La tasación será la que figure en el rol de avalúos que esté vigente para los efectos de la contribución de haberes, a menos que el ejecutado solicite que se haga nueva tasación.

En este caso la tasación se practicará por peritos nombrados en la forma que dispone el artículo 414, haciéndose el nombramiento en la audiencia del segundo día hábil después de notificada la sentencia sin necesidad de nueva notificación.

En el caso que la designación de peritos deba hacerla el tribunal, no podrá recaer en empleados o dependientes a cualquier título del mismo tribunal.

Puesta en conocimiento de las partes la tasación, tendrán el término de tres días para impugnarla.

De la impugnación de cada parte se dará traslado a la otra por igual término.

[Resolución sobre la tasación]

Artículo 487 (509). Transcurridos los plazos que expresa el artículo anterior, y aun cuando no hayan evacuado las partes el traslado de las impugnaciones, resolverá sobre ellas el tribunal, sea aprobando la tasación, sea mandando que se rectifique por el mismo o por otro perito, sea fijando el tribunal por sí mismo el justiprecio de los bienes. Estas resoluciones son inapelables.

Si el tribunal manda rectificar la tasación, expresará los puntos sobre que deba recaer la rectificación; y practicada ésta, se tendrá por aprobada, sin aceptarse nuevos reclamos.

[Aprobación de la tasación]

Artículo 488 (510). Aprobada la tasación, se señalará día y hora para la subasta.

[Publicación de avisos para anunciar el remate]

Artículo 489. El remate, con el señalamiento del día y hora en que debe tener lugar, se anunciará por medio de avisos publicados, a lo menos por cuatro veces, en un diario de la comuna en que tenga su asiento el tribunal, o de la capital de la provincia o de la capital de la región, si en aquélla no lo hubiere. Los avisos podrán publicarse también en días inhábiles. El primero de los avisos deberá ser publicado con quince días de anticipación, como mínimo, sin descontar los inhábiles, a la fecha de la subasta.

Si los bienes están en otra comuna, el remate se anunciará también en ella o en la capital de la respectiva región, si fuere el caso, por el mismo tiempo y en la misma forma.

Los avisos serán redactados por el secretario y contendrán los datos necesarios para identificar los bienes que van a rematarse[211].

[Oportunidad para pagar la deuda]

Artículo 490 (512). Antes de verificarse el remate, puede el deudor libertar sus bienes pagando la deuda y las costas.

[Forma de pago del precio de los bienes rematados. Bases del remate]

Artículo 491 (513). El precio de los bienes que se rematen deberá pagarse de contado, salvo que las partes acuerden o que el tribunal, por motivos fundados, resuelva otra cosa.

Las demás condiciones para la subasta se propondrán por el ejecutante, con citación de la contraria. La oposición que se formule será resuelta de plano por el tribunal, consultando la mayor facilidad y el mejor resultado de la enajenación[212].

---

211 Artículo reemplazado por el artículo 5°, N° 15, de la Ley N° 18.776, publicada en el Diario Oficial de 18 de enero de 1989.

212 Inciso sustituido por el artículo 1°, N° 55, de la Ley N° 18.705, publicada en el Diario Oficial de 24 de mayo de 1988.

[Purga de la hipoteca]

Artículo 492 (514). Si por un acreedor hipotecario de grado posterior se persigue una finca hipotecada contra el deudor personal que la posea, el acreedor o los acreedores de grado preferente, citados conforme al artículo 2428 del Código Civil, podrán, o exigir el pago de sus créditos sobre el precio del remate según sus grados, o conservar sus hipotecas sobre la finca subastada, siempre que sus créditos no estén devengados.

No diciendo nada, en el término del emplazamiento, se entenderá que optan por ser pagados sobre el precio de la subasta.

Si se ha dictado la resolución de reorganización que incluya los bienes del poseedor de la finca perseguida, o ha sido sometido a un procedimiento concursal de liquidación, se estará a lo prescrito en el artículo 2477 de dicho Código[213].

Los procedimientos a que den lugar las disposiciones anteriores, se verificarán en audiencias verbales con el interesado o los interesados que concurran.

[Postura mínima]

Artículo 493 (515). Salvo el caso de convenio expreso de las partes, no se admitirá postura que baje de los dos tercios de la tasación.

[Caución para participar en la subasta y casos en que se hace efectiva]

Artículo 494 (516). Todo postor, para tomar parte en el remate, deberá rendir caución suficiente, calificada por el tribunal, sin ulterior recurso, para responder de que se llevará a efecto la compra de los bienes rematados. La caución será equivalente al diez por ciento de la valoración de dichos bienes y subsistirá hasta que se otorgue la escritura definitiva de compraventa, o se deposite a la orden del tribunal el precio o parte de él que deba pagarse de contado.

---

[213] Inciso reemplazado por el artículo 34, N° 3), de la Ley N° 20.720, publicada en el Diario Oficial de 9 de enero de 2014.

Si no se consigna el precio del remate en la oportunidad fijada en las bases, las que el secretario hará saber en el momento de la licitación, o el subastador no subscribe la escritura definitiva de compraventa, el remate quedará sin efecto y se hará efectiva la caución. El valor de ésta, deducido el monto de los gastos del remate, se abonará en un cincuenta por ciento al crédito y el cincuenta por ciento restante quedará a beneficio de la Junta de Servicios Judiciales.

Se concederán sólo en el efecto devolutivo las apelaciones que interponga el subastador de los bienes embargados.

[Acta del remate]

Artículo 495 (517). El acta de remate de la clase de bienes a que se refiere el inciso 2° del artículo 1801 del Código Civil, se extenderá en el registro del secretario que intervenga en la subasta, y será firmada por el juez, el rematante y el secretario.

En caso que el remate se verifique en forma remota, el acta deberá ser firmada por el adjudicatario mediante firma electrónica avanzada o, en su defecto, mediante firma electrónica simple[214].

Esta acta valdrá como escritura pública, para el efecto del citado artículo del Código Civil; pero se extenderá sin perjuicio de otorgarse dentro de tercero día la escritura definitiva con inserción de los antecedentes necesarios y con los demás requisitos legales.

Los secretarios que no sean también notarios llevarán un registro de remates, en el cual asentarán las actas de que este artículo trata.

[Responsabilidad del rematante]

Artículo 496 (518). En el acta de remate podrá el rematante indicar la persona para quien adquiere; pero mientras ésta no se presente aceptando lo obrado, subsistirá la responsabilidad del que ha hecho las posturas.

---

[214] El inciso 2° fue agregado por el artículo 3, N° 20, de la Ley N° 21.394, publicada en el Diario Oficial de 30 de noviembre de 2021.

Subsistirá también la garantía constituida para tomar parte en la subasta, de conformidad al artículo 494.

[Escritura pública de compraventa o adjudicación en remate]

Artículo 497 (519). Para los efectos de la inscripción, no admitirá el conservador sino la escritura definitiva de compraventa. Dicha escritura será subscrita por el rematante y por el juez, como representante legal del vendedor, y se entenderá autorizado el primero para requerir y firmar por sí solo la inscripción en el conservador, aun sin mención expresa de esta facultad.

Sin perjuicio de lo anterior, dicha escritura también podrá ser otorgada por el notario a través de documento electrónico, empleando medios tecnológicos que permitan su suscripción por el rematante y el juez, como representante legal del vendedor, siempre que el sistema electrónico permita garantizar debidamente la identidad de los mismos, así como la autenticidad de los datos asociados a la firma electrónica, tales como fecha y hora de suscripción. En ese caso, el juez y el rematante deberán suscribir la escritura mediante firma electrónica avanzada. A su vez, el notario deberá rubricarla mediante firma electrónica avanzada.

Con todo, si el adjudicatario no contare con firma electrónica avanzada, el notario deberá firmar la escritura a su solicitud de conformidad al inciso anterior, dejando constancia en ella que la suscribe por sí y a requerimiento del adjudicatario. Estampada que sea la firma electrónica avanzada del notario en los términos referidos, se entenderá suscrita por el adjudicatario para todos los efectos legales.

La escritura pública electrónica será inscrita por el Conservador de Bienes Raíces respectivo, de conformidad a lo dispuesto en el Título IV del Reglamento del Registro Conservatorio de Bienes Raíces.

Los documentos que se insertaren a la escritura, de conformidad con el inciso tercero del artículo 495, serán agregados al final de un protocolo electrónico que tendrá el notario para estos efectos[215].

---

[215] Los incisos 2° al 5° fueron incorporados por el artículo 3, N° 21, de la Ley N° 21.394, publicada en el Diario Oficial de 30 de noviembre de 2021.

[EXTRACTO DEL ACTA DEL REMATE. ESCRITURA PÚBLICA ELECTRÓNICA]

Artículo 498 (520). En todo caso, se dejará en el proceso un extracto del acta de remate.

El artículo duodécimo transitorio de la Ley N° 21.394, publicada en el Diario Oficial de 30 de noviembre de 2021, señala: "Las disposiciones contenidas en los artículos 3°, 4°, 5° y 7°, y en los numerales 5) y 16) del artículo 6° de esta ley entrarán en vigor transcurridos diez días desde la publicación de la presente ley.

Sin perjuicio de lo dispuesto en el inciso primero, durante el periodo de un año desde la entrada en vigencia señalada en dicho inciso, las disposiciones contenidas en los numerales 8), 9) y 10) del artículo 3°; en los numerales 2) y 4) del artículo 4°; en el numeral 2) del artículo 5°; y en los numerales 2), 3) y 4) del artículo 6° de esta ley regirán en los tiempos y territorios en que las disposiciones del artículo decimosexto transitorio no fueren aplicables, de conformidad a la extensión temporal o territorial que conforme dicho artículo disponga la Corte Suprema. Asimismo, el numeral 2) del artículo 9° de esta ley comenzará a regir concluida la vigencia del artículo decimoséptimo transitorio.

Sin perjuicio de lo dispuesto en el inciso primero, las disposiciones contenidas en el numeral 21) del artículo 3° y en los numerales 12), 13) y 14) del artículo 6° entrarán en vigencia al día siguiente de la publicación en el Diario Oficial del reglamento a que alude el artículo decimoctavo transitorio".

El artículo decimoctavo transitorio de la Ley N° 21.394, publicada en el Diario Oficial de 30 de noviembre de 2021, señala: "El reglamento a que hace referencia el artículo 409 bis del Código Orgánico de Tribunales, que se incorpora a través del numeral 13) del artículo 6° de esta ley, deberá dictarse en el plazo de seis meses desde la publicación de la presente ley".

El Decreto N° 73 del Ministerio de Justicia y Derechos Humanos, de 27 de mayo de 2022, publicado en el Diario Oficial de 14 de septiembre de 2022, aprueba el reglamento que establece la forma, características y registro de las escrituras públicas otorgadas a través de medios electrónicos y protocolización de los documentos electrónicos, según lo dispuesto en el artículo 497 del código de procedimiento civil, de acuerdo a lo previsto en el artículo 409 bis del Código Orgánico de Tribunales, incorporado por la Ley N° 21.394. Este reglamento se adjunta en el apéndice de este Código de Procedimiento Civil.

[Ausencia de postores en el primer remate]

Artículo 499 (521). Si no se presentan postores en el día señalado, podrá el acreedor solicitar cualesquiera de estas dos cosas, a su elección:

1ª Que se le adjudiquen por los dos tercios de la tasación los bienes embargados; y

2ª Que se reduzca prudencialmente por el tribunal el avalúo aprobado. La reducción no podrá exceder de una tercera parte de este avalúo.

[Ausencia de postores en el segundo remate]

Artículo 500 (522). Si puestos a remate los bienes embargados por los dos tercios del nuevo avalúo, hecho de conformidad al número 2º del artículo anterior, tampoco se presentan postores, podrá el acreedor pedir cualquiera de estas tres cosas, a su elección:

1ª Que se le adjudiquen los bienes por los dichos dos tercios;

2ª Que se pongan por tercera vez a remate, por el precio que el tribunal designe; y

3ª Que se le entreguen en prenda pretoria.

Si la ejecución fuere en moneda extranjera, para hacer uso del derecho que confiere el número 1º del artículo anterior e igual número del presente artículo, el ejecutante deberá hacer liquidar su crédito en moneda nacional, al tipo medio de cambio libre que certifique un Banco de la plaza.

[Entrega de los bienes embargados en prenda pretoria]

Artículo 501 (523). Cuando el acreedor pida, conforme a lo dispuesto en el artículo anterior, que se le entreguen en prenda pretoria los bienes embargados, podrá el deudor solicitar que se pongan por última vez a remate. En este caso no habrá mínimum para las posturas.

[Publicación de avisos para anunciar nuevo remate]

Artículo 502 (524). Cuando haya de procederse a nuevo remate en los casos determinados por los tres artículos precedentes, se observará lo dispuesto en el artículo 489, reduciéndose a la mitad los plazos fijados para los avisos. No se hará, sin embargo, reducción alguna de estos plazos, si han transcurrido más de tres meses desde el día designado para el anterior remate hasta aquél en que se solicite la nueva subasta.

[Inventario de bienes entregados en prenda pretoria]

Artículo 503 (525). La entrega de los bienes en prenda pretoria se hará bajo inventario solemne.

[Producto de los bienes entregados en prenda pretoria]

Artículo 504 (526). El acreedor a quien se entreguen bienes muebles o inmuebles en prenda pretoria, deberá llevar cuenta exacta, y en cuanto sea dable documentada, de los productos de dichos bienes. Las utilidades líquidas que de ellos obtenga se aplicarán al pago del crédito, a medida que se perciban.

Para calcular las utilidades se tomarán en cuenta, a más de los otros gastos de legítimo abono, el interés corriente de los capitales propios que el acreedor invierta y la cantidad que el tribunal fije como remuneración de los servicios que preste como administrador. No tendrá, sin embargo, derecho a esta remuneración el acreedor que no rinda cuenta fiel de su administración, o que se haga responsable de dolo o culpa grave.

[Derechos del deudor y del acreedor en relación con los bienes sujetos a prenda pretoria]

Artículo 505 (527). Salvo estipulación en contrario, podrá el deudor, en cualquier tiempo, pedir los bienes dados en prenda pretoria pagando la deuda y las costas, incluso todo lo que el acreedor tenga derecho a percibir de conformidad a lo dispuesto en el último inciso del artículo precedente.

Podrá también el acreedor, en cualquier tiempo, poner fin a la prenda pretoria y solicitar su enajenación o el embargo de otros bienes del deudor, de conformidad a las reglas de este Título.

[Obligación del acreedor de rendir cuenta]

Artículo 506 (528). El acreedor que tenga bienes en prenda pretoria, deberá rendir cuenta de su administración, cada año si son bienes inmuebles y cada seis meses si se trata de muebles, bajo la pena, si no lo hace, de perder la remuneración que le habría correspondido, de conformidad al inciso final del artículo 504, por los servicios prestados durante el año.

[Aplicación supletoria de reglas sobre la anticresis]

Artículo 507 (529). Salvo lo dispuesto en los cuatro artículos precedentes, la prenda pretoria queda sujeta a las reglas del Título XXXIX, Libro IV del Código Civil.

Cuando se constituya en bienes muebles, tendrá además, sobre ellos, el que los reciba, los derechos y privilegios de un acreedor prendario.

[Embargo sobre el derecho de gozar una cosa]

Artículo 508 (530). Si los bienes embargados consisten en el derecho de gozar una cosa o percibir sus frutos, podrá pedir el acreedor que se dé en arrendamiento o que se entregue en prenda pretoria este derecho.

El arrendamiento se hará en remate público fijadas previamente por el tribunal, con audiencia verbal de las partes, las condiciones que hayan de tenerse como mínimum para las posturas.

Se anunciará al público el remate con anticipación de veinte días, en la forma y en los lugares expresados por el artículo 489.

[Consignación en la cuenta del tribunal]

Artículo 509 (531). Los fondos que resulten de la realización de los bienes embargados se consignarán directamente por los compradores, o por los arrendatarios en el caso del artículo anterior, a la orden del tribunal que conozca de la ejecución, en la forma dispuesta en el artículo 507 del Código Orgánico de Tribunales.

Si se ha interpuesto apelación de la sentencia, no podrá procederse al pago al ejecutante, pendiente el recurso, sino en caso de que caucione las resultas del mismo.

[Liquidación del crédito y tasación de costas]

Artículo 510 (532). Ejecutoriada la sentencia definitiva y realizados los bienes embargados, se hará la liquidación del crédito y se determinarán, de conformidad al artículo 471, las costas que deben ser de cargo al deudor, incluyéndose las causadas después de la sentencia.

Lo dispuesto en este artículo tendrá también aplicación en el caso previsto en el inciso 2° del artículo 509.

[Pago al acreedor]

Artículo 511 (533). Practicada la liquidación a que se refiere el artículo precedente, se ordenará hacer pago al acreedor con el dinero embargado o con el que resulte de la realización de los bienes de otra clase comprendidos en la ejecución.

Si la ejecución fuere en moneda extranjera, el tribunal pondrá a disposición del depositario los fondos embargados en moneda diferente a la adeudada sobre los cuales hubiere recaído el embargo y los provenientes de la realización de bienes del ejecutado en cantidad suficiente, a fin de que, por intermedio de un Banco de la plaza, se conviertan en la moneda extranjera que corresponda. Esta diligencia podrá también ser cometida al secretario.

[Entrega al ejecutante de la especie embargada que se debe]

Artículo 512 (534). Si el embargo se ha trabado sobre la especie misma que se demanda, una vez ejecutoriada la sentencia de pago, se ordenará su entrega al ejecutante.

[Pago preferente]

Artículo 513 (535). Sin estar completamente reintegrado el ejecutante, no podrán aplicarse las sumas producidas por los bienes embargados a ningún otro objeto que no haya sido declarado preferente por sentencia ejecutoriada.

Las costas procedentes de la ejecución gozarán de preferencia aun sobre el crédito mismo.

[Obligación del depositario de rendir cuenta]

Artículo 514 (536). Luego que expire por cualquiera causa el cargo del depositario, éste rendirá cuenta de su administración en la forma que la ley establece para los tutores y curadores. Podrá, sin embargo, el tribunal, a solicitud de parte, ordenarle que rinda cuentas parciales antes de la terminación del depósito.

Presentada la cuenta, general o parcial, por el depositario, tendrán las partes el término de seis días para examinarla; y si se hacen reparos, se tramitarán como un incidente.

[Consignación del depositario]

Artículo 515 (537). El depositario deberá consignar a la orden del tribunal, en la forma expresada en el artículo 509, los fondos líquidos que obtenga correspondientes al depósito, tan pronto como lleguen a su poder; y abonará intereses corrientes por los que no haya consignado oportunamente.

[Remuneración del depositario]

Artículo 516 (538). Al pronunciarse sobre la aprobación de la cuenta, fijará el tribunal la remuneración del depositario, si hay lugar a ella, teniendo en consideración la responsabilidad y trabajo que el cargo le haya impuesto.

La preferencia establecida por el inciso 2° del artículo 513 se extiende a la remuneración del depositario.

[Depositarios que no tienen derecho a remuneración]

Artículo 517 (539). No tienen derecho a remuneración:

1° El depositario que, encargado de pagar el salario o pensión embargados, haya retenido a disposición del tribunal la parte embargable de dichos salarios o pensión; y

2° El que se haga responsable de dolo o culpa grave.

3. De las tercerías

[Clases de tercerías]

Artículo 518. En el juicio ejecutivo sólo son admisibles las tercerías cuando el reclamante pretende:

1° Dominio de los bienes embargados;

2° Posesión de los bienes embargados;

3° Derecho para ser pagado preferentemente; o

4° Derecho para concurrir en el pago a falta de otros bienes.

En el primer caso la tercería se llama de dominio, en el segundo de posesión, en el tercero de prelación y en el cuarto de pago[216].

[Tercería de cuota del comunero sobre la cosa embargada. Exclusión del embargo]

Artículo 519 (541). Se substanciará en la forma establecida para las tercerías de dominio la oposición que se funde en el derecho del comunero sobre la cosa embargada.

Se tramitará como incidente la reclamación del ejecutado para que se excluya del embargo alguno de los bienes a que se refiere el artículo 445.

[Derechos que puede hacer valer el ejecutado invocando una calidad distinta de aquella por la cual se ejecuta]

Artículo 520 (542). Podrán también ventilarse conforme al procedimiento de las tercerías los derechos que haga valer el ejecutado invocando

---

216 Artículo sustituido por el artículo 1°, N° 56, de la Ley N° 18.705, publicada en el Diario Oficial de 24 de mayo de 1988.

una calidad diversa de aquella en que se le ejecuta. Tales serían, por ejemplo, los casos siguientes:

1° El del heredero a quien se ejecute en este carácter para el pago de las deudas hereditarias o testamentarias de otra persona cuya herencia no haya aceptado;

2° El de aquel que, sucediendo por derecho de representación, ha repudiado la herencia de la persona a quien representa y es perseguido por el acreedor de ésta;

3° El del heredero que reclame del embargo de sus bienes propios efectuado por acción de acreedores hereditarios o testamentarios que hayan hecho valer el beneficio de separación de que trata el Título XII del Libro III del Código Civil, y no traten de pagarse del saldo a que se refiere el artículo 1383 del mismo Código. Al mismo procedimiento se sujetará la oposición cuando se deduzca por los acreedores personales del heredero; y

4° El del heredero beneficiario cuyos bienes personales sean embargados por deudas de la herencia, cuando esté ejerciendo judicialmente alguno de los derechos que conceden los artículos 1261 a 1263 inclusive del Código Civil.

El ejecutado podrá, sin embargo, hacer valer su derecho en estos casos por medio de la excepción que corresponda contra la acción ejecutiva, si a ello ha lugar.

[Procedimiento aplicable a las tercerías]

Artículo 521. La tercería de dominio se seguirá en ramo separado con el ejecutante y el ejecutado, por los trámites del juicio ordinario, pero sin escrito de réplica y dúplica. Las tercerías de posesión, de prelación y de pago se tramitarán como incidente[217].

---

[217] Artículo reemplazado por el artículo 1°, N° 57, de la Ley N° 18.705, publicada en el Diario Oficial de 24 de mayo de 1988.

El tercerista tendrá el mismo derecho que el artículo 457 concede al deudor principal[218].

[Suspensión del procedimiento de apremio por la interposición de una tercería de dominio o de posesión]

Artículo 522. La interposición de una tercería no suspenderá en caso alguno el procedimiento ejecutivo. El procedimiento de apremio se suspende únicamente en el caso contemplado en el inciso primero del artículo 523 y, tratándose de una tercería de posesión, sólo si se acompañan a ella antecedentes que constituyan a lo menos presunción grave de la posesión que se invoca[219].

[Inadmisibilidad de la tercería de dominio. Suspensión del procedimiento de apremio por la interposición de una tercería de dominio]

Artículo 523 (545). No se dará curso a la tercería de dominio si no contiene las enunciaciones que indica el artículo 254; ni se suspenderá por su interposición el procedimiento de apremio, salvo que se apoye en instrumento público otorgado con anterioridad a la fecha de la presentación de la demanda ejecutiva.

En los demás casos el remate se llevará a cabo, entendiéndose que la subasta recaerá sobre los derechos que el deudor tenga o pretenda tener sobre la cosa embargada.

Las resoluciones que se dicten son apelables y la apelación se concederá en el efecto devolutivo.

---

[218] Inciso agregado por el artículo 1°, N° 3, de la Ley N° 19.411, publicada en el Diario Oficial de 20 de septiembre de 1995.

[219] Artículo sustituido por el artículo 1°, N° 58, de la Ley N° 18.705, publicada en el Diario Oficial de 24 de mayo de 1988.

[Derechos del acreedor sobre la cuota que en la comunidad corresponde al deudor]

Artículo 524 (546). En el caso del inciso 1° del artículo 519, podrá el acreedor dirigir su acción sobre la parte o cuota que en la comunidad corresponda al deudor para que se enajene sin previa liquidación, o exigir que con intervención suya se liquide la comunidad. En este segundo caso, podrán los demás comuneros oponerse a la liquidación, si existe algún motivo legal que la impida, o si, de procederse a ella, ha de resultar grave perjuicio.

[Continuación del procedimiento de apremio en caso de interponerse una tercería de prelación]

Artículo 525 (547). Si la tercería es de prelación, seguirá el procedimiento de apremio hasta que quede terminada la realización de los bienes embargados.

Verificado el remate, el tribunal mandará consignar su producto hasta que recaiga sentencia firme en la tercería.

[Continuación del procedimiento de apremio en caso de embargarse bienes que no son objeto de una tercería]

Artículo 526 (548). Si se han embargado o se embargan bienes no comprendidos en la tercería, seguirá sin restricción alguna respecto de ellos el procedimiento de apremio.

[Distribución a prorrata entre ejecutante y tercerista]

Artículo 527 (549). Si no teniendo el deudor otros bienes que los embargados, no alcanzan a cubrirse con ellos los créditos del ejecutante y del tercerista, ni se justifica derecho preferente para el pago, se distribuirá el producto de los bienes entre ambos acreedores, proporcionalmente al monto de los créditos ejecutivos que hagan valer.

[OFICIO DE RETENCIÓN DE FONDOS]

Artículo 528 (550). Cuando la acción del segundo acreedor se deduzca ante diverso tribunal, podrá pedir se dirija oficio al que esté conociendo de la primera ejecución para que retenga de los bienes realizados la cuota que proporcionalmente corresponda a dicho acreedor.

Si existe depositario en la primera ejecución, no valdrá el nombramiento en las otras ejecuciones. El ejecutante que a sabiendas de existir depositario, o no pudiendo menos de saberlo, hace retirar las especies embargadas en la segunda ejecución por el nuevo depositario, será sancionado con las penas asignadas al delito de estafa.

[FACULTADES DEL TERCERISTA DE PAGO]

Artículo 529 (551). El tercerista de pago podrá solicitar la remoción del depositario alegando motivo fundado; y, decretada la remoción, se designará otro de común acuerdo por ambos acreedores, o por el tribunal si no se avienen.

Podrá también el tercerista intervenir en la realización de los bienes, con las facultades de coadyuvante. Con las mismas facultades podrá obrar el primer acreedor en la ejecución que ante otro tribunal deduzca el segundo.

TÍTULO II
DEL PROCEDIMIENTO EJECUTIVO EN LAS OBLIGACIONES DE HACER Y DE NO HACER

[JUICIO EJECUTIVO EN LAS OBLIGACIONES DE HACER]

Artículo 530 (557). Hay acción ejecutiva en las obligaciones de hacer, cuando, siendo determinadas y actualmente exigibles, se hace valer para acreditarlas algún título que traiga aparejada ejecución de conformidad al artículo 434.

[SUPLETORIEDAD]

Artículo 531 (558). Las reglas del párrafo 1° del Título anterior tendrán cabida en el procedimiento de que trata el presente Título, en cuanto sean aplicables y no aparezcan modificadas por los artículos siguientes.

[Obligación consistente en la suscripción de un instrumento o en la constitución de una obligación]

Artículo 532 (559). Si el hecho debido consiste en la suscripción de un instrumento o en la constitución de una obligación por parte del deudor, podrá proceder a su nombre el juez que conozca del litigio, si, requerido aquél, no lo hace dentro del plazo que le señale el tribunal.

[Obligación consistente en la ejecución de una obra material]

Artículo 533 (560). Cuando la obligación consista en la ejecución de una obra material, el mandamiento ejecutivo contendrá:

1º La orden de requerir al deudor para que cumpla la obligación; y

2º El señalamiento de un plazo prudente para que dé principio al trabajo.

[Derecho de defensa del ejecutado]

Artículo 534 (561). A más de las excepciones expresadas en el artículo 464, que sean aplicables al procedimiento de que trata este Título, podrá oponer el deudor la de imposibilidad absoluta para la ejecución actual de la obra debida.

[Omisión de la sentencia. Sentencia ficta]

Artículo 535 (562). Si no se oponen excepciones, se omitirá la sentencia de pago, y bastará el mandamiento ejecutivo para que el acreedor haga uso de su derecho de conformidad a las disposiciones de los artículos siguientes.

[Ejecución del hecho debido, por un tercero, a costa del deudor]

Artículo 536 (563). El acreedor podrá solicitar que se le autorice para llevar a cabo por medio de un tercero, y a expensas del deudor, el hecho debido, si a juicio de aquél es esto posible, siempre que no oponiendo excepciones el deudor se niegue a cumplir el mandamiento ejecutivo; y cuando desobedezca la sentencia que deseche las excepciones opuestas o deje transcurrir el plazo a que se refiere el número 2° del artículo 533, sin dar principio a los trabajos.

Igual solicitud podrá hacerse cuando, comenzada la obra, se abandone por el deudor sin causa justificada.

[Presentación del presupuesto]

Artículo 537 (564). Siempre que haya de procederse de conformidad al artículo anterior, presentará el demandante, junto con su solicitud, un presupuesto de lo que importe la ejecución de las obligaciones que reclama.

Puesto en noticia del demandado el presupuesto, tendrá el plazo de tres días para examinarlo, y si nada observa dentro de dicho plazo, se considerará aceptado.

Si se deducen objeciones, se hará el presupuesto por medio de peritos, procediéndose en la forma que establecen los artículos 486 y 487 para la estimación de los bienes en el caso de remate.

[Consignación]

Artículo 538 (565). Determinado el valor del presupuesto del modo que se establece en el artículo anterior, será obligado el deudor a consignarlo dentro de tercero día a la orden del tribunal, para que se entreguen al ejecutante los fondos necesarios, a medida que el trabajo lo requiera.

[Aumento del presupuesto]

Artículo 539 (566). Agotados los fondos consignados, podrá el acreedor solicitar aumento de ellos, justificando que ha habido error en el presupuesto o que han sobrevenido circunstancias imprevistas que aumentan el costo de la obra.

[Obligación del acreedor de rendir cuenta]

Artículo 540 (567). Una vez concluida la obra, deberá el acreedor rendir cuenta de la inversión de los fondos suministrados por el deudor.

[Embargo y enajenación de bienes por falta de consignación]

Artículo 541 (568). Si el deudor no consigna a la orden del tribunal los fondos decretados, se procederá a embargarle y enajenar bienes suficientes para hacer la consignación, con arreglo a lo establecido en el Título precedente, pero sin admitir excepciones para oponerse a la ejecución.

[Otros derechos del acreedor]

Artículo 542 (569). Si el acreedor no puede o no quiere hacerse cargo de la ejecución de la obra debida, de conformidad a las disposiciones que preceden, podrá usar de los demás recursos que la ley concede para el cumplimiento de las obligaciones de hacer, con tal que no haya el deudor consignado los fondos exigidos para la ejecución de la obra, ni se hayan rematado bienes para hacer la consignación en el caso del artículo 541.

[Aplicación de apremios]

Artículo 543 (570). Cuando se pida apremio contra el deudor, podrá el tribunal imponerle arresto hasta por quince días o multa proporcional, y repetir estas medidas para obtener el cumplimiento de la obligación.

Cesará el apremio si el deudor paga las multas impuestas y rinde además caución suficiente, a juicio del tribunal, para asegurar la indemnización completa de todo perjuicio al acreedor.

[Juicio ejecutivo en las obligaciones de no hacer. Aplicación supletoria del procedimiento ejecutivo en las obligaciones de hacer]

Artículo 544 (571). Las disposiciones que preceden se aplicarán también a la obligación de no hacer cuando se convierta en la de destruir la obra hecha, con tal que el título en que se apoye consigne de un modo expreso todas las circunstancias requeridas por el inciso 2° del artículo 1555 del Código Civil, y no pueda tener aplicación el inciso 3° del mismo artículo.

En el caso en que tenga aplicación este último inciso, se procederá en forma de incidente.

TÍTULO III
DE LOS EFECTOS DEL DERECHO LEGAL DE RETENCIÓN

[Declaración judicial del derecho legal de retención]

Artículo 545 (697). Para que sea eficaz el derecho de retención que en ciertos casos conceden las leyes, es necesario que su procedencia se declare judicialmente a petición del que pueda hacerlo valer.

Podrá solicitarse la retención como medida precautoria del derecho que garantiza, y, en tal caso, se procederá conforme a lo dispuesto en los artículos 299, 300 y 302.

[Bienes retenidos]

Artículo 546 (698). Los bienes retenidos por resolución ejecutoriada serán considerados, según su naturaleza, como hipotecados o constituidos en prenda para los efectos de su realización y de la preferencia a favor de los créditos que garantizan. El decreto judicial que declare procedente la retención de inmuebles deberá inscribirse en el Registro de Hipotecas.

[Preferencia de las cauciones legales]

Artículo 547 (699). De la misma preferencia establecida en el artículo anterior gozarán las cauciones legales que se presten en substitución de la retención.

[Restricción de la retención]

Artículo 548 (700). Podrá el juez, atendidas las circunstancias y la cuantía del crédito, restringir la retención a una parte de los bienes muebles que se pretenda retener, que basten para garantizar el crédito mismo y sus accesorios.

TÍTULO IV
DE LOS INTERDICTOS

1. Definiciones y reglas generales

[OBJETO DE LOS INTERDICTOS]

Artículo 549 (701). Los interdictos o juicios posesorios sumarios pueden intentarse:

1° Para conservar la posesión de bienes raíces o de derechos reales constituidos en ellos;

2° Para recuperar esta misma posesión;

3° Para obtener el restablecimiento en la posesión o mera tenencia de los mismos bienes, cuando dicha posesión o mera tenencia hayan sido violentamente arrebatadas;

4° Para impedir una obra nueva;

5° Para impedir que una obra ruinosa o peligrosa cause daño; y

6° Para hacer efectivas las demás acciones posesorias especiales que enumera el Título XIV, Libro II del Código Civil.

En el primer caso, el interdicto se llama *querella de amparo;* en el segundo, *querella de restitución;* en el tercero, *querella de restablecimiento;* en el cuarto, *denuncia de obra nueva;* en el quinto, *denuncia de obra ruinosa;* y en el último, *interdicto especial.*

[EFECTOS EN QUE SE CONCEDE EL RECURSO DE APELACIÓN]

Artículo 550 (703). Las apelaciones en los juicios posesorios se concederán sólo en el efecto devolutivo, salvo que la ley expresamente las mande otorgar en ambos efectos o que el fallo apelado no dé lugar al interdicto; y en todo caso su tramitación se ajustará a las reglas establecidas para los incidentes.

2. De las querellas posesorias en particular

[Querella de amparo]

Artículo 551 (704). El que intente querella de amparo expresará en su demanda, a más de las circunstancias enumeradas en el artículo 254, las siguientes:

1ª Que personalmente o agregando la de sus antecesores, ha estado en posesión tranquila y no interrumpida durante un año completo del derecho en que pretende ser amparado; y

2ª Que se le ha tratado de turbar o molestar su posesión o que en el hecho se le ha turbado o molestado por medio de actos que expresará circunstanciadamente.

Si pide seguridades contra el daño que fundadamente teme, especificará las medidas o garantías que solicite contra el perturbador.

Deberán también expresarse en la querella los medios probatorios de que intente valerse el querellante; y, si son declaraciones de testigos, el nombre, profesión u oficio y residencia de éstos.

Si la querella es de restitución en lugar de la circunstancia del número 2º de este artículo, expresará que ha sido despojado de la posesión por medio de actos que indicará clara y precisamente.

Y si es de restablecimiento, la violencia con que ha sido despojado de la posesión o tenencia en que pretende ser restablecido.

[Citación a audiencia]

Artículo 552 (705). Presentada la querella, señalará el tribunal el quinto día hábil después de la notificación al querellado, para una audiencia, a la cual deberán concurrir las partes con sus testigos y demás medios probatorios.

Esta audiencia tendrá lugar con sólo la parte que asista.

[Notificación]

Artículo 553 (706). La notificación de la querella se practicará en conformidad a lo que dispone el Título VI del Libro I; pero en el caso del artículo 44 se hará la notificación en la forma indicada en el inciso 2° de dicho artículo, aunque el querellado no se encuentre en el lugar del juicio.

En estos casos, si el querellado no se ha hecho parte en primera instancia antes del pronunciamiento de la sentencia definitiva, se pondrá ésta en conocimiento del defensor de ausentes, quien podrá deducir y seguir los recursos a que haya lugar.

[Lista de testigos]

Artículo 554 (707). Cuando el querellado quiera rendir prueba testimonial, deberá indicar el nombre, profesión u oficio y residencia de los testigos, en una lista que entregará en la secretaría y se agregará al proceso, por lo menos antes de las doce del día que preceda al designado para la audiencia.

No se examinarán testigos que no estén mencionados en dichas listas, salvo acuerdo expreso de las partes.

[Número de testigos]

Artículo 555 (708). Cada parte sólo puede presentar hasta cuatro testigos sobre cada uno de los hechos que deben ser acreditados.

[Objeto del interrogatorio]

Artículo 556 (709). Se interrogará a los testigos acerca de los hechos mencionados en la demanda, y de los que indiquen las partes en la audiencia, si el tribunal los estima pertinentes.

[Tachas]

Artículo 557 (710). Las tachas deberán oponerse a los testigos antes de su examen; y si no puede rendirse en la misma audiencia la prueba para justificarlas y el tribunal lo estima necesario para resolver el juicio, señalará una nueva audiencia con tal objeto, la cual deberá verificarse dentro de los tres días subsiguientes a la terminación del examen de los testigos de la querella.

[Nueva audiencia de prueba]

Artículo 558 (711). Cuando no alcance a rendirse toda la prueba en una sola audiencia, continuará el tribunal recibiéndola en los días hábiles inmediatos hasta concluir.

[Aplicación supletoria de las reglas sobre prueba de testigos establecidas para el juicio ordinario de mayor cuantía]

Artículo 559 (712). Las reglas establecidas para el examen de los testigos y para sus tachas en el párrafo 3°, Título XI del Libro II de este Código, son aplicables a la querella de amparo, en cuanto no aparezcan modificadas por los artículos precedentes. No se podrá en ningún caso hacer el examen de los testigos por otro tribunal que el que conozca de la querella.

[Acta de audiencia]

Artículo 560 (713). De todo lo obrado en la audiencia se levantará acta, expresándose con claridad y precisión lo expuesto por las partes y las pruebas presentadas.

[Citación para oír sentencia y plazo para dictarla]

Artículo 561. Concluida la audiencia de prueba, el tribunal en el mismo acto citará a las partes para oír sentencia, la que deberá dictar de inmediato o, a lo más, en el plazo de los tres días subsiguientes[220].

[Condena en costas]

Artículo 562 (715). Si se da lugar a la querella, se condenará en costas al demandado.

En el caso contrario, al actor.

---

[220] Artículo sustituido por el artículo 1°, N° 59, de la Ley N° 18.705, publicada en el Diario Oficial de 24 de mayo de 1988.

[Reserva de acción ordinaria]

Artículo 563 (716). Cualquiera que sea la sentencia, queda siempre a salvo a los que resulten condenados el ejercicio de la acción ordinaria que corresponda con arreglo a derecho, pudiendo comprenderse en dicha acción el resarcimiento de las costas y perjuicios que hayan pagado o que se les hayan causado con la querella.

No será admisible ninguna otra demanda que tienda a enervar lo resuelto en el interdicto.

[Reserva de acciones posesorias]

Artículo 564 (721). La sentencia pronunciada en la querella de restablecimiento deja a salvo a las partes, no sólo el ejercicio de la acción ordinaria en conformidad al artículo 563, sino también el de las acciones posesorias que les correspondan.

3. De la denuncia de obra nueva

[Denuncia de obra nueva]

Artículo 565 (722). Presentada la demanda para la suspensión de una obra nueva denunciable, el juez decretará provisionalmente dicha suspensión y mandará que se tome razón del estado y circunstancias de la obra y que se aperciba al que la esté ejecutando con la demolición o destrucción, a su costa, de lo que en adelante se haga. En la misma resolución mandará el tribunal citar al denunciante y al denunciado para que concurran a la audiencia del quinto día hábil después de la notificación del demandado, debiendo en ella presentarse los documentos y demás medios probatorios en que las partes funden sus pretensiones.

[Notificación de la suspensión de la obra nueva]

Artículo 566 (723). No es necesaria la notificación del denunciado para llevar a efecto la suspensión decretada. Bastará para esta suspensión la notificación del que esté dirigiendo o ejecutando la obra.

[Autorización del tribunal]

Artículo 567 (724). Suspendida la obra, y mientras esté pendiente el interdicto, sólo podrá hacerse en ella lo que sea absolutamente indispensable para que no se destruya lo edificado.

Es necesaria la autorización del tribunal para ejecutar las obras a que se refiere el inciso precedente. El tribunal se pronunciará sobre esta autorización con la urgencia que el caso requiera, y procederá de plano, o, en caso de duda y para mejor proveer, oyendo el dictamen de un perito nombrado por él, el cual no podrá ser recusado.

[Prueba de testigos y peritos]

Artículo 568 (725). Si las partes quieren rendir prueba testimonial, se sujetarán a lo prevenido a este respecto en el párrafo 2° de este Título.

Si alguna de las partes lo pide, y en concepto del tribunal son necesarios conocimientos periciales, se oirá el dictamen de un perito, que se expedirá dentro de un breve plazo que aquél señalará.

[Citación a oír sentencia y plazo para pronunciarla]

Artículo 569 (726). Concluida la audiencia o presentado que sea el dictamen del perito, en su caso, el tribunal citará a las partes a oír sentencia, la que deberá dictar en el plazo de los tres días subsiguientes[221].

En la sentencia se ratificará la suspensión provisional decretada o se mandará alzarla, dejando a salvo, en todo caso, al vencido el ejercicio de las acciones ordinarias que le competan, para que se declare el derecho de continuar la obra o de hacerla demoler.

Podrá, sin embargo, el tribunal, a petición de parte, ordenar en la misma sentencia la demolición, cuando estime que el mantenimiento aún temporal de la obra ocasiona grave perjuicio al denunciante y dé éste suficiente caución para responder por los resultados del juicio ordinario.

---

221 Inciso sustituido por el artículo 1°, N° 60, de la Ley N° 18.705, publicada en el Diario Oficial de 24 de mayo de 1988.

La sentencia que ordene la demolición será apelable en ambos efectos.

En todo caso, la sentencia llevará condenación de costas.

[Autorización para continuar la obra]

Artículo 570 (727). Si se ratifica la suspensión de la obra, podrá el vencido pedir autorización para continuarla, llenando las condiciones siguientes:

1ª Acreditar que de la suspensión de la obra se le siguen graves perjuicios;

2ª Dar caución suficiente para responder de la demolición de la obra y de la indemnización de los perjuicios que de continuarla puedan seguirse al contendor, en caso que a ello sea condenado por sentencia firme; y

3ª Deducir, al mismo tiempo de pedir dicha autorización, demanda ordinaria para que se declare su derecho de continuar la obra.

La primera de las condiciones expresadas y la calificación de la caución, serán materia de un incidente.

4. De la denuncia de obra ruinosa

[Denuncia de obra ruinosa]

Artículo 571 (728). Si se pide la demolición o enmienda de una obra ruinosa o peligrosa, o el afianzamiento o extracción de árboles mal arraigados o expuestos a ser derribados por casos de ordinaria ocurrencia, el tribunal practicará, a la mayor brevedad, asociado de un perito nombrado por él mismo y con notificación de las partes y asistencia de la que concurra, una inspección personal de la construcción o árboles denunciados. Podrá también cada parte, si lo estima conveniente, asociarse para este acto de un perito; y en el acta que de lo obrado se levante se harán constar las opiniones o informes periciales, las observaciones conducentes que hagan los interesados y lo que acerca de ello note el juez que practica la diligencia.

Cuando el reconocimiento haya de practicarse a más de cinco kilómetros de distancia de los límites urbanos de la población en que funciona el tribunal, podrá éste cometer la diligencia al juez inferior que corresponda o a otro ministro de fe, quienes procederán asociados del perito que el tribunal designe y en la forma que dispone el inciso anterior.

[Citación a oír sentencia y plazo para pronunciarla]

Artículo 572. Con el mérito de la diligencia ordenada por el artículo precedente, el tribunal en el acto citará a las partes a oír sentencia, la que deberá dictar de inmediato o en el plazo de los tres días subsiguientes, sea denegando lo pedido por el querellante, sea decretando la demolición, enmienda, afianzamiento o extracción a que haya lugar.

Cuando la diligencia de reconocimiento no haya sido practicada por el tribunal, podrá éste, como medida para mejor resolver, disponer que se rectifique o amplíe en los puntos que estime necesarios[222].

[Notificación]

Artículo 573 (730). Es aplicable a la denuncia de obra ruinosa lo dispuesto en el artículo 553.

[Facultades del tribunal]

Artículo 574 (731). En la misma sentencia que ordena la demolición, enmienda, afianzamiento o extracción, puede el tribunal decretar desde luego las medidas urgentes de precaución que considere necesarias, y además que se ejecuten dichas medidas, sin que de ello pueda apelarse.

[Efectos en que se concede el recurso de apelación contra la sentencia definitiva]

Artículo 575 (732). Sin perjuicio de lo dispuesto en el artículo precedente, la apelación de la sentencia definitiva en este interdicto se concederá en ambos efectos.

---

222 Artículo sustituido por el artículo 1°, N° 61, de la Ley N° 18.705, publicada en el Diario Oficial de 24 de mayo de 1988.

[Reserva de derechos]

Artículo 576 (733). Cuando se dé lugar al interdicto, no se entenderá reservado el derecho de ejercer en vía ordinaria ninguna acción que tienda a dejar sin efecto lo resuelto.

5. De los interdictos especiales

[Destrucción o modificación de las obras]

Artículo 577 (734). Si se pide la destrucción o modificación de las obras a que se refieren los artículos 936 y 937 del Código Civil, se procederá en la forma dispuesta por los artículos 571, 572, 573 y 574 del presente Código.

[Inadmisibilidad]

Artículo 578 (735). Si por parte del querellado se alega que el interdicto no es admisible por haber transcurrido tiempo bastante para constituir un derecho de servidumbre, se dará a esta oposición la tramitación de un incidente y se recibirá a prueba, sin perjuicio de practicarse la inspección por el tribunal.

Para recibir esta prueba, el tribunal señalará la audiencia correspondiente al quinto día hábil después de la última notificación y a ella deberán concurrir las partes con sus testigos y demás medios probatorios. Dicha audiencia tendrá lugar con sólo el interesado que asista.

La parte que quiera rendir prueba testimonial deberá entregar en secretaría, para que se agregue al proceso antes de las doce del día que preceda al de la audiencia, una lista de los testigos de que piense valerse, con expresión de su nombre, profesión u oficio y residencia.

Son aplicables en este caso las disposiciones de los artículos 555 a 561 inclusive[223].

---

[223] Inciso modificado por el artículo 1°, N° 62, de la Ley N° 18.705, publicada en el Diario Oficial de 24 de mayo de 1988.

[Adecuación del procedimiento]

Artículo 579 (736). Las acciones que se conceden por los artículos 939, 941 y 942 del Código Civil, se sujetarán al procedimiento establecido en los artículos 571, 572, 573 y 574 del presente Código.

Si se alega la excepción a que se refiere el inciso final del artículo 941 del Código Civil, se procederá como lo dispone el artículo precedente.

[Suspensión de obras]

Artículo 580 (737). Si se pide la suspensión de las obras de que tratan los artículos 874, 875, 878 y 944 del Código Civil, el tribunal procederá como en el caso de la denuncia de obra nueva[224].

[Reserva de derechos]

Artículo 581 (739). Las sentencias que se dicten en los interdictos de que trata este párrafo dejan a salvo su derecho a las partes para deducir en vía ordinaria las acciones que por la ley les correspondan.

6. Disposiciones comunes a los dos párrafos precedentes

[Acción popular y recompensa]

Artículo 582 (740). Si la denuncia, en los casos a que se refieren los dos párrafos precedentes, se deduce por acción popular y se reclama la recompensa que establece el artículo 948 del Código Civil, se pronunciará sobre ella el tribunal en la misma sentencia que dé lugar al interdicto; pero la cuantía de esta recompensa la fijará prudencialmente dentro de los límites que señala dicho artículo, oyendo en audiencia verbal a los interesados, después de la ejecución de la sentencia.

---

[224] La referencia que se hace al artículo 944 del Código Civil no tiene aplicación, porque esa disposición fue suprimida por el artículo 9° de la Ley N° 9.909, publicada en el Diario Oficial de 28 de mayo de 1951.

[MEDIDAS ADMINISTRATIVAS O DE POLICÍA]

Artículo 583 (741). Lo dispuesto en los párrafos 4° y 5° de este Título se entiende sin perjuicio de las medidas administrativas o de policía a que haya lugar según las leyes.

TÍTULO V
DE LA CITACIÓN DE EVICCIÓN

[OPORTUNIDAD PARA IMPETRAR LA CITACIÓN]

Artículo 584 (742). La citación de evicción deberá hacerse antes de la contestación de la demanda.

Para que se ordene la citación de evicción deberán acompañarse antecedentes que hagan aceptable la solicitud.

[SUSPENSIÓN DE LOS TRÁMITES DEL JUICIO]

Artículo 585 (743). Decretada la citación, se suspenderán los trámites del juicio por el término de diez días si la persona a quien debe citarse reside en el territorio jurisdiccional en que se sigue el pleito. Si se encuentra en otro territorio jurisdiccional o fuera del territorio de la República, se aumentará dicho término en la forma establecida en el artículo 259[225].

Vencidos estos plazos sin que el demandado haya hecho practicar la citación, podrá el demandante pedir que se declare caducado el derecho de aquél para exigirla y que continúen los trámites del juicio, o que se le autorice para llevarla a efecto a costa del demandado.

[TÉRMINO DE EMPLAZAMIENTO]

Artículo 586 (744). Las personas citadas de evicción tendrán para comparecer al juicio el término de emplazamiento que corresponda en conformidad a los artículos 258 y siguientes, suspendiéndose mientras

---

225 Inciso modificado por el artículo 5°, N° 16, de la Ley N° 18.776, publicada en el Diario Oficial de 18 de enero de 1989.

tanto el procedimiento. Si a petición de ellas se hace igual citación a otras personas, gozarán también éstas del mismo derecho.

[Comparecencia. Rebeldía]

Artículo 587 (745). Si comparecen al juicio las personas citadas, se observará lo dispuesto en el artículo 1844 del Código Civil, continuando los trámites de aquél según el estado que a la sazón tengan. En caso contrario, vencido el término de emplazamiento, continuará sin más trámite el procedimiento.

TÍTULO VI
DE LOS JUICIOS ESPECIALES DEL CONTRATO DE ARRENDAMIENTO

1. Del desahucio, del lanzamiento y de la retención

[Desahucio]

Artículo 588 (746). El desahucio de la cosa arrendada puede efectuarse judicial o extrajudicialmente.

La prueba del desahucio extrajudicial se sujetará a las reglas generales del Título XXI, Libro IV del Código Civil y a los procedimientos que establece el presente Código.

El desahucio judicial se efectuará notificando al arrendador o arrendatario, de conformidad al artículo 553, el decreto en que el juez manda poner en conocimiento de uno u otro la noticia anticipada a que se refiere el artículo 1951 del Código Civil.

[Audiencia y su objeto]

Artículo 589 (747). Cuando el arrendador o el arrendatario desahuciado reclame contra este desahucio, citará el tribunal a las partes para la audiencia del quinto día hábil después de la última notificación, a fin de que concurran con sus medios de prueba y expongan lo conveniente a sus derechos.

[Plazo para reclamar]

Artículo 590 (748). Esta reclamación sólo podrá entablarse dentro de los diez días subsiguientes a la noticia del desahucio.

[Notificación]

Artículo 591 (749). La reclamación se notificará al que hace el desahucio en la forma que dispone el artículo 553, debiendo intervenir el defensor de ausentes en los casos y para los efectos que allí se expresan.

[Asistencia a la audiencia]

Artículo 592 (750). La audiencia señalada tendrá lugar con sólo la parte que concurra.

Si ha de rendirse prueba testimonial, se procederá de conformidad con lo dispuesto en los artículos 554 a 560, inclusive.

[Citación para oír sentencia y oportunidad para pronunciar sentencia]

Artículo 593. En el acta que se levante, a más de las pruebas acompañadas, se mencionarán con brevedad las alegaciones de las partes. Sin otro trámite el tribunal citará a las partes para oír sentencia la que dictará inmediatamente o, a más tardar, dentro de tercero día[226].

[Rechazo de la reclamación]

Artículo 594 (752). Si la reclamación aparece interpuesta fuera del plazo que concede el artículo 590 o si los fundamentos en que se apoya no son legales, o no resultan comprobados, será desechada por el tribunal, manteniéndose el desahucio y designándose en la misma sentencia el día en que deba hacerse la restitución de la cosa arrendada.

En caso contrario, se declarará sin lugar el desahucio.

---

[226] Artículo sustituido por el artículo 1°, N° 63, de la Ley N° 18.705, publicada en el Diario Oficial de 24 de mayo de 1988.

[Restitución. Lanzamiento]

Artículo 595 (753). Si, ratificado el desahucio, llega el día señalado para la restitución sin que el arrendatario haya desalojado la finca arrendada, éste será lanzado de ella a su costa, previa orden del tribunal notificada en la forma establecida por el artículo 48.

[Ejecución]

Artículo 596 (754). Si el arrendatario desahuciado retarda la restitución de la cosa mueble arrendada, o si se trata de un desahucio de arrendamiento de servicios, se procederá a la ejecución de la sentencia de conformidad a las reglas generales.

[Indemnización y derecho de retención]

Artículo 597 (755). Cuando el arrendatario desahuciado reclame indemnizaciones, haciendo valer el derecho de retención que otorga el artículo 1937 del Código Civil, deberá interponer su reclamo dentro del plazo de diez días que concede el artículo 590 del presente Código, y se tramitará y fallará en la misma forma que la oposición al desahucio. El tribunal, sin perjuicio de lo que se establezca sobre el desahucio, resolverá si hay o no lugar a la retención solicitada.

[Derecho de retención y auxilio policial]

Artículo 598 (756). Si el arrendatario pretendiera burlar el derecho de retención que concede al arrendador el artículo 1942 del Código Civil extrayendo los objetos a que dicho artículo se refiere, podrá el arrendador solicitar el auxilio de cualquier funcionario de policía para impedir que se saquen esos objetos de la propiedad arrendada.

El funcionario de policía prestará este auxilio sólo por el término de dos días, salvo que transcurrido este plazo le exhiba el arrendador copia autorizada de la orden de retención expedida por el tribunal competente.

[Gastos posteriores al desahucio]

Artículo 599 (757). Los gastos hechos por el arrendatario en la cosa arrendada con posterioridad al desahucio no le autorizarán para pedir su retención.

[Retención decretada a favor del arrendatario]

Artículo 600 (758). Si, ratificado el desahucio y llegado el momento de la restitución, existe retención decretada a favor del arrendatario, y el arrendador no ha caucionado el pago de las indemnizaciones debidas, no podrá éste pedir lanzamiento sin que previamente pague dichas indemnizaciones o asegure su pago a satisfacción del tribunal.

[Labores, plantíos o mejoras útiles reclamadas por el arrendatario]

Artículo 601 (759). Si hay labores o plantíos que el arrendatario reclame como de su propiedad, o mejoras útiles cuyos materiales puede separar y llevarse sin detrimento de la cosa arrendada, se extenderá diligencia expresiva de la clase, extensión y estado de las cosas reclamadas.

Esta reclamación no será un obstáculo para el lanzamiento.

[Avalúo de las labores, plantíos o materiales reclamados]

Artículo 602 (760). En los casos a que se refiere el artículo precedente, se procederá al avalúo de las labores, plantíos o materiales reclamados, por peritos nombrados en la forma que expresa el artículo 414.

[Incidente]

Artículo 603 (761). Practicada esta diligencia, podrá el arrendatario reclamar el abono de la cantidad en que haya sido apreciado lo que crea corresponderle, o que se le permita separar y llevarse los materiales.

Esta reclamación se tramitará como incidente.

[Procedimiento]

Artículo 604 (762). El procedimiento establecido en este párrafo se observará también cuando se exija la restitución de la cosa arrendada por la expiración del tiempo estipulado para la duración del arrendamiento, o por la extinción del derecho del arrendador.

El plazo para oponerse a la restitución o para hacer valer el derecho de retención por indemnizaciones debidas, correrá desde que el que pide la terminación del arrendamiento haga saber a la otra parte su intención de exigirla.

Cuando se trate de bienes inmuebles, la misma sentencia que deseche la reclamación, ordenará además el lanzamiento, si está vencido el plazo del contrato; salvo que existan retenciones decretadas a favor del arrendatario por no haberse otorgado las cauciones a que se refiere el artículo 600.

[Procedimiento]

Artículo 605 (763). Cuando la terminación del arrendamiento resulte de sentencia judicial, en los casos previstos por la ley, podrá adoptarse el procedimiento del artículo anterior o el que corresponda para la ejecución de dicha sentencia, a elección de la parte a quien ella favorezca.

[Efecto en que se concede el recurso de apelación]

Artículo 606 (764). Las sentencias en que se ratifique el desahucio o se ordene el lanzamiento, las que den lugar a la retención, y las que dispongan la restitución de la cosa arrendada, en los casos de los dos artículos anteriores, sólo serán apelables en el efecto devolutivo, y la apelación se tramitará como en los incidentes.

2. De la terminación inmediata del arrendamiento

[Terminación inmediata del contrato de arrendamiento]

Artículo 607 (765). Cuando la ley autorice al arrendador para pedir la terminación inmediata del arrendamiento, como en los casos previstos por los artículos 1972 y 1973 del Código Civil, señalará el tribunal la audiencia del quinto día hábil después de la notificación del demandado, a fin de que concurran las partes con sus medios de prueba y expongan lo conveniente a su derecho. Tendrá lugar la audiencia con sólo el interesado que asista.

Si ha de rendirse prueba testimonial, se procederá con arreglo a lo establecido en los dos últimos incisos del artículo 578.

[Notificación]

Artículo 608 (766). Es aplicable a la notificación de la demanda en este caso lo dispuesto por el artículo 553.

[Nombramiento de perito e inspección personal]

Artículo 609 (767). Cuando el tribunal lo estime necesario podrá, antes de dictar sentencia, nombrar un perito que informe sobre los hechos alegados o practicar una inspección personal.

[Citación a oír sentencia y plazo para pronunciarla]

Artículo 610. Terminada la audiencia o practicadas las diligencias a que se refiere el artículo anterior, el tribunal citará de inmediato a las partes para oír sentencia, la que dictará, a más tardar, dentro de tercero día[227].

[Terminación del contrato por falta de pago de la renta. Segunda reconvención de pago]

Artículo 611 (769). Cuando la terminación del arrendamiento se pida por falta de pago de la renta, de conformidad a lo dispuesto por el artículo 1977 del Código Civil, la segunda de las reconvenciones a que dicho artículo se refiere, se practicará ocurriendo al tribunal respectivo, quien citará

---

[227] Artículo sustituido por el artículo 1°, N° 19, de la Ley N° 18.882, publicada en el Diario Oficial de 20 de diciembre de 1989.

a las partes a una audiencia inmediata y procederá en lo demás con arreglo a lo establecido en los artículos precedentes.

Al ejercitarse la acción a que se refiere el inciso precedente podrá deducirse también la de cobro de las rentas insolutas en que aquélla se funde y la de los consumos de luz, gas, energía eléctrica, agua potable, riego u otras prestaciones análogas que se adeuden.

Tales peticiones se substanciarán y fallarán conjuntamente con la cuestión principal.

Demandadas estas prestaciones, se entenderán comprendidas en la acción las de igual naturaleza a las reclamadas que se devenguen durante la tramitación del juicio hasta la expiración del plazo que se haya fijado para la restitución o para el pago.

[Arrendador que solicita fianza u otras seguridades]

Artículo 612 (770). El arrendador que pretenda hacer uso de los derechos concedidos por el artículo 1979 del Código Civil, se ajustará a lo establecido en el Título XI de este Libro sobre el *procedimiento sumario*.

[Término del arrendamiento]

Artículo 613 (771). En los casos de los artículos 1989 y 2009 del Código Civil, la terminación del arrendamiento se someterá a las disposiciones del artículo 604[228].

[Efecto en que se concede el recurso de apelación]

Artículo 614 (772). Cuando las sentencias dictadas en los casos de que trata el presente párrafo dieren lugar a la terminación del arrendamiento, sólo serán apelables en el efecto devolutivo, y el recurso se tramitará como en los incidentes.

---

[228] Este artículo no se aplica en el caso del artículo 1989 del Código Civil, que fue derogado por el Código del Trabajo, ni en el caso del artículo 2009 del Código Civil, cuando los servicios a que éste se refiere dan lugar a un contrato de trabajo.

3. Disposiciones comunes a los dos párrafos precedentes

[EFECTOS DE LAS SENTENCIAS EN LAS ACCIONES ORDINARIAS DE LAS PARTES]

Artículo 615 (773). Las sentencias que se pronuncien en conformidad a los dos párrafos precedentes no privarán a las partes del ejercicio de las acciones ordinarias a que tengan derecho, sobre las mismas cuestiones resueltas por aquéllas.

Artículo 616. Derogado[229].

TÍTULO VII
DE LOS JUICIOS SOBRE CONSENTIMIENTO PARA EL MATRIMONIO[230]

Artículo 617. Derogado.

Artículo 618. Derogado.

Artículo 619. Derogado.

Artículo 620. Derogado.

Artículo 621. Derogado.

Artículo 622. Derogado.

Artículo 623. Derogado.

Artículo 624. Derogado.

Artículo 625. Derogado.

Artículo 626. Derogado.

---

229 Artículo derogado por el artículo 5°, N° 17, de la Ley N° 18.776, publicada en el Diario Oficial de 18 de enero de 1989.

230 Las disposiciones contenidas en este título fueron derogadas por el artículo 33 de la Ley N° 14.550, publicada en el Diario Oficial de 3 de marzo de 1961.

Artículo 627. Derogado.

TÍTULO VIII
DEL JUICIO ARBITRAL

1. Del juicio seguido ante árbitros de derecho

[Árbitros de derecho y mixto]

Artículo 628 (785). Los árbitros de derecho se someterán, tanto en la tramitación como en el pronunciamiento de la sentencia definitiva, a las reglas que la ley establece para los jueces ordinarios, según la naturaleza de la acción deducida.

Sin embargo, en los casos en que la ley lo permita, podrán concederse al árbitro de derecho las facultades de arbitrador, en cuanto al procedimiento, y limitarse al pronunciamiento de la sentencia definitiva la aplicación estricta de la ley. La tramitación se ajustará en tal caso a las reglas del párrafo siguiente.

Por motivos de manifiesta conveniencia podrán los tribunales autorizar la concesión al árbitro de derecho de las facultades de que trata el inciso anterior, aun cuando uno o más de los interesados en el juicio sean incapaces.

[Régimen de notificaciones]

Artículo 629 (786). En los juicios arbitrales se harán las notificaciones personalmente o por cédula, salvo que las partes unánimemente acuerden otra forma de notificación.

[Sustanciación del juicio y dictación de la sentencia en caso de pluralidad de árbitros]

Artículo 630 (787). Si los árbitros son dos o más, todos ellos deberán concurrir al pronunciamiento de la sentencia y a cualquier acto de substanciación del juicio, a menos que las partes acuerden otra cosa.

No poniéndose de acuerdo los árbitros, se reunirá con ellos el tercero, si lo hay, y la mayoría pronunciará resolución.

[Efectos producidos por la falta de acuerdo entre los árbitros]

Artículo 631 (788). En caso de no resultar mayoría en el pronunciamiento de la sentencia definitiva o de otra clase de resoluciones, siempre que ellas no sean apelables, quedará sin efecto el compromiso, si éste es voluntario. Si es forzoso, se procederá a nombrar nuevos árbitros.

Cuando pueda deducirse el recurso, cada opinión se estimará como resolución distinta, y se elevarán los antecedentes al tribunal de alzada, para que resuelva como sea de derecho sobre el punto que haya motivado el desacuerdo de los árbitros.

[Ministro de fe. Actuario]

Artículo 632 (789). Toda la substanciación de un juicio arbitral se hará ante un ministro de fe designado por el árbitro, sin perjuicio de las implicancias o recusaciones que puedan las partes reclamar; y si está inhabilitado o no hay ministro de fe en el lugar del juicio, ante una persona que, en calidad de actuario, designe el árbitro.

Cuando el árbitro deba practicar diligencias fuera del lugar en que se siga el compromiso, podrá intervenir otro ministro de fe o un actuario designado en la forma que expresa el inciso anterior y que resida en el lugar donde dichas diligencias han de practicarse.

[Comparecencia de testigos]

Artículo 633 (790). No podrá el árbitro compeler a ningún testigo a que concurra a declarar ante él. Sólo podrá tomar las declaraciones de los que voluntariamente se presten a darlas en esta forma.

Cuando alguno se niegue a declarar, se pedirá por conducto del árbitro al tribunal ordinario correspondiente que practique la diligencia, acompañándole los antecedentes necesarios para este objeto.

Los tribunales de derecho podrán cometer esta diligencia al árbitro mismo asistido por un ministro de fe.

[Exhorto para examen de testigos y diligencias fuera del lugar del juicio]

Artículo 634 (791). Para el examen de testigos y para cualquiera otra diligencia fuera del lugar del juicio, se procederá en la forma dispuesta por el inciso 2° del artículo precedente, dirigiéndose por el árbitro la comunicación que corresponda al tribunal que deba entender en dichas diligencias.

[Ejecución de la sentencia definitiva pronunciada por el árbitro de derecho o mixto]

Artículo 635 (792). Para la ejecución de la sentencia definitiva se podrá ocurrir al árbitro que la dictó, si no está vencido el plazo por que fue nombrado, o al tribunal ordinario correspondiente, a elección del que pida su cumplimiento.

Tratándose de otra clase de resoluciones, corresponde al árbitro ordenar su ejecución.

Sin embargo, cuando el cumplimiento de la resolución arbitral exija procedimientos de apremio o el empleo de otras medidas compulsivas, o cuando haya de afectar a terceros que no sean parte en el compromiso, deberá ocurrirse a la justicia ordinaria para la ejecución de lo resuelto.

2. Del juicio seguido ante arbitradores

[Reglas que debe aplicar el árbitro arbitrador]

Artículo 636 (793). El arbitrador no está obligado a guardar en sus procedimientos y en su fallo otras reglas que las que las partes hayan expresado en el acto constitutivo del compromiso.

Si las partes nada han dicho a este respecto, se observarán las reglas establecidas en los artículos que siguen.

[Reglas mínimas de procedimiento exigibles al árbitro arbitrador]

Artículo 637 (794). El arbitrador oirá a los interesados; recibirá y agregará al proceso los instrumentos que le presenten; practicará las diligencias que estime necesarias para el conocimiento de los hechos, y dará su fallo en el sentido que la prudencia y la equidad le dicten.

Podrá oír a los interesados por separado, si no le es posible reunirlos.

[Recepción de la causa a prueba]

Artículo 638 (795). Si el arbitrador cree necesario recibir la causa a prueba, decretará este trámite.

Es aplicable a este caso lo dispuesto en los artículos 633 y 634.

[Ministro de fe. Actuario]

Artículo 639 (796). El arbitrador practicará solo o con asistencia de un ministro de fe, según lo estime conveniente, los actos de substanciación que decrete en el juicio, y consignará por escrito los hechos que pasen ante él y cuyo testimonio le exijan los interesados, si son necesarios para el fallo.

Las diligencias probatorias concernientes al juicio de compromiso que se practiquen ante los tribunales ordinarios se someterán a las reglas establecidas para éstos.

[Requisitos de la sentencia definitiva del arbitrador]

Artículo 640 (797). La sentencia del arbitrador contendrá:

1° La designación de las partes litigantes;

2° La enunciación breve de las peticiones deducidas por el demandante;

3° La misma enunciación de la defensa alegada por el demandado;

4° Las razones de prudencia o de equidad que sirven de fundamento a la sentencia; y

5° La decisión del asunto controvertido.

La sentencia expresará, además, la fecha y el lugar en que se expide; llevará al pie la firma del arbitrador, y será autorizada por un ministro de fe o por dos testigos en su defecto.

[SUSTANCIACIÓN DEL JUICIO Y DICTACIÓN DE LA SENTENCIA EN CASO DE PLURALIDAD DE ÁRBITROS ARBITRADORES]

Artículo 641 (798). Si son dos o más los arbitradores, deberán todos ellos concurrir al pronunciamiento de la sentencia y a cualquier otro acto de substanciación, salvo que las partes acuerden otra cosa.

Cuando no haya acuerdo entre los arbitradores, se llamará al tercero, si lo hay; y la mayoría formará resolución.

No pudiendo obtenerse mayoría en el pronunciamiento de la sentencia definitiva o de otra clase de resoluciones, quedará sin efecto el compromiso si no puede deducirse apelación. Habiendo lugar a este recurso, se elevarán los antecedentes a los arbitradores de segunda instancia, para que resuelvan como estimen conveniente sobre la cuestión que motiva el desacuerdo.

[PROCEDENCIA DEL RECURSO DE APELACIÓN]

Artículo 642 (799). Sólo habrá lugar a la apelación de la sentencia del arbitrador cuando las partes, en el instrumento en que constituyen el compromiso, expresen que se reservan dicho recurso para ante otros árbitros del mismo carácter y designen las personas que han de desempeñar este cargo.

[EJECUCIÓN DE LA SENTENCIA DEFINITIVA PRONUNCIADA POR EL ÁRBITRO ARBITRADOR]

Artículo 643 (800). La ejecución de la sentencia de los arbitradores se sujetará a lo dispuesto en el artículo 635.

3. Disposición común a los dos párrafos precedentes

[ARCHIVO]

Artículo 644 (801). Los expedientes fallados por árbitros o arbitradores se archivarán en la comuna o agrupación de comunas donde se haya constituido el compromiso, en el oficio del funcionario a quien correspondería su custodia si se hubiera seguido el juicio ante los tribunales ordinarios[231].

TÍTULO IX
DE LOS JUICIOS SOBRE PARTICIÓN DE BIENES

Artículo 645 (802). Suprimido[232].

[Audiencia de nombramiento de partidor]

Artículo 646 (803). Cuando haya de nombrarse partidor, cualquiera de los comuneros ocurrirá al tribunal que corresponda, pidiéndole que cite a todos los interesados a fin de hacer la designación, y se procederá a ella en la forma establecida para el nombramiento de peritos.

Si hay partidor nombrado por los interesados o por el difunto en el caso del artículo 1324 del Código Civil, y es necesaria la aprobación judicial del nombramiento en conformidad a la ley, bastará el fallo que la conceda para que el partidor pueda ejercer sus funciones, previa su aceptación y el juramento legal[233].

[Plazo para desempeñar el encargo]

Artículo 647 (804). El término que la ley, el testador o las partes concedan al partidor para el desempeño de su cargo se contará desde que

---

[231] Artículo modificado por el artículo 5°, N° 18, de la Ley N° 18.776, publicada en el Diario Oficial de 18 de enero de 1989.

[232] Artículo suprimido por el artículo 10 de la Ley N° 10.271, publicada en el Diario Oficial de 2 de abril de 1952.

[233] El artículo 8 de la Ley 21.394, publicada el 30 de noviembre de 2021 expresa que: "Cada vez que en el Código Civil, el Código de Procedimiento Civil, el Código Orgánico de Tribunales o en leyes especiales se haga referencia al juramento que debe prestar una persona, se entenderá incluida la posibilidad de prestar promesa. Este juramento o promesa se podrá realizar presencialmente o por vía remota mediante videoconferencia".

éste sea aceptado, deduciendo el tiempo durante el cual, por la interposición de recursos o por otra causa, haya estado totalmente interrumpida la jurisdicción del partidor.

[Aplicación al partidor de las normas de los árbitros]

Artículo 648 (805). Se extenderán a los partidores las reglas establecidas respecto de los árbitros en el Título precedente, en cuanto no aparezcan modificadas por las del presente Título y sean aplicables a las cuestiones que aquéllos deben resolver. Sin embargo, las partes mayores de edad y libres administradores de sus bienes, podrán darles el carácter de arbitradores.

Los actos de los partidores serán en todo caso autorizados por un secretario de los Tribunales Superiores de Justicia, o por un notario o secretario de un juzgado de letras.

[Tramitación]

Artículo 649 (806). Las materias sometidas al conocimiento del partidor se ventilarán en audiencias verbales, consignándose en las respectivas actas sus resultados; o por medio de solicitudes escritas, cuando la naturaleza e importancia de las cuestiones debatidas así lo exijan. Las resoluciones que se dicten con tal objeto serán inapelables.

[Audiencias ordinarias]

Artículo 650 (807). Cuando se designen días determinados para las audiencias ordinarias, se entenderá que en ellas pueden celebrarse válidamente acuerdos sobre cualquiera de los asuntos comprendidos en el juicio, aun cuando no estén presentes todos los interesados, a menos que se trate de revocar acuerdos ya celebrados, o que sea necesario el consentimiento unánime en conformidad a la ley o a los acuerdos anteriores de las partes.

Modificada la designación de día para las audiencias ordinarias, no producirá efecto mientras no se notifique a todos los que tengan derecho de concurrir.

[Competencia del juez partidor]

Artículo 651 (808). Entenderá el partidor en todas las cuestiones relativas a la formación e impugnación de inventarios y tasaciones, a las cuentas de los albaceas, comuneros y administradores de los bienes comunes, y en todas las demás que la ley especialmente le encomiende, o que, debiendo servir de base para la repartición, no someta la ley de un modo expreso al conocimiento de la justicia ordinaria.

Lo cual se entiende sin perjuicio de la intervención de la justicia ordinaria en la formación de los inventarios, y del derecho de los albaceas, comuneros, administradores y tasadores para ocurrir también a ella en cuestiones relativas a sus cuentas y honorarios, siempre que no hayan aceptado el compromiso, o que éste haya caducado o no esté constituido aún.

[Plazo para peticiones de las partes sobre cuestiones que sirvan de base a la partición. Tramitación de cada cuestión]

Artículo 652 (809). Podrá el partidor fijar plazo a las partes para que formulen sus peticiones sobre las cuestiones que deban servir de base a la partición.

Cada cuestión que se promueva será tramitada separadamente, con audiencia de todos los que en ella tengan intereses, sin entorpecer el curso de las demás y sin que se paralice en unas la jurisdicción del partidor por los recursos que en otras se deduzcan. Podrán, sin embargo, acumularse dos o más de dichas cuestiones cuando sea procedente la acumulación en conformidad a las reglas generales.

Las cuestiones parciales podrán fallarse durante el juicio divisorio o reservarse para la sentencia final.

[Administración de los bienes comunes decretada por los tribunales ordinarios]

Artículo 653 (810). Mientras no se haya constituido el juicio divisorio o cuando falte el árbitro que debe entender en él, corresponderá a la justicia ordinaria decretar la forma en que han de administrarse *pro indivi-*

so los bienes comunes y nombrar a los administradores, si no se ponen de acuerdo en ello los interesados.

Organizado el compromiso y mientras subsista la jurisdicción del partidor, a él corresponderá entender en estas cuestiones, y continuar conociendo en las que se hayan ya promovido o se promuevan con ocasión de las medidas dictadas por la justicia ordinaria para la administración de los bienes comunes.

[Administración pro indiviso]

Artículo 654 (811). Para acordar o resolver lo conveniente sobre la administración *pro indiviso*, se citará a todos los interesados a comparendo, el cual se celebrará con sólo los que concurran. No estando todos presentes, sólo podrán acordarse, por mayoría absoluta de los concurrentes, que represente a lo menos la mitad de los derechos de la comunidad, o por resolución del tribunal a falta de mayoría, todas o algunas de las medidas siguientes:

1ª Nombramiento de uno o más administradores, sea de entre los mismos interesados o extraños;

2ª Fijación de los salarios de los administradores y de sus atribuciones y deberes;

3ª Determinación del giro que deba darse a los bienes comunes durante la administración *pro indiviso* y del máximum de gastos que puedan en ella hacerse; y

4ª Fijación de las épocas en que deba darse cuenta a los interesados, sin perjuicio de que ellos puedan exigirlas extraordinariamente, si hay motivo justificado, y vigilar la administración sin embarazar los procedimientos de los administradores.

[Término del goce gratuito de comuneros sobre la cosa común]

Artículo 655 (812). Para poner término al goce gratuito de alguno o algunos de los comuneros sobre la cosa común, bastará la reclamación de cualquiera de los interesados; salvo que este goce se funde en algún título especial.

[Intervención de terceros acreedores]

Artículo 656 (813). Los terceros acreedores que tengan derechos que hacer valer sobre los bienes comprendidos en la partición, podrán ocurrir al partidor o a la justicia ordinaria, a su elección.

[Tasación de bienes comunes]

Artículo 657 (814). Para adjudicar o licitar los bienes comunes, se apreciarán por peritos nombrados en la forma ordinaria.

Podrá, sin embargo, omitirse la tasación, si el valor de los bienes se fija por acuerdo unánime de las partes, o de sus representantes, aun cuando haya entre aquéllas incapaces, con tal que existan en los autos antecedentes que justifiquen la apreciación hecha por las partes, o que se trate de bienes muebles, o de fijar un mínimum para licitar bienes raíces con admisión de postores extraños.

[Publicación de avisos para licitación pública de bienes comunes]

Artículo 658 (815). Para proceder a la licitación pública de los bienes comunes bastará su anuncio por medio de avisos en un diario de la comuna o de la capital de la provincia o de la capital de la región, si en aquélla no lo hubiere[234].

Cuando entre los interesados haya incapaces, la publicación de avisos se hará por cuatro veces a lo menos, mediando entre la primera publicación y el remate un espacio de tiempo que no baje de quince días. Si por no efectuarse el remate, es necesario hacer nuevas publicaciones, se procederá en conformidad a lo establecido en el artículo 502. Los avisos podrán publicarse también en días inhábiles, los que no se descontarán para el cómputo del plazo señalado en el inciso anterior.

---

234 Inciso reemplazado por el artículo 5°, N° 19, letra a), de la Ley N° 18.776, publicada en el Diario Oficial de 18 de enero de 1989.

Si los bienes están en otra comuna, el remate se anunciará también en ella, por el mismo tiempo y en la misma forma[235].

[Suscripción de instrumentos por el partidor]

Artículo 659 (816). En las enajenaciones que se efectúen por conducto del partidor se considerará a éste representante legal de los vendedores, y en tal carácter subscribirá los instrumentos que, con motivo de dichas enajenaciones, haya necesidad de otorgar. Podrá también autorizar al comprador o adjudicatario o a un tercero para que por sí solo subscriba la inscripción de la transferencia en el conservador respectivo.

Todo acuerdo de las partes o resolución del partidor que contenga adjudicación de bienes raíces se reducirá a escritura pública, y sin esta solemnidad no podrá efectuarse su inscripción en el conservador.

[Adjudicación de bienes a comuneros]

Artículo 660 (817). Salvo acuerdo unánime de las partes, los comuneros que durante el juicio divisorio reciban bienes en adjudicación, por un valor que exceda del ochenta por ciento de lo que les corresponda percibir, pagarán de contado dicho exceso. La fijación provisional de éste se hará prudencialmente por el partidor.

[Intereses]

Artículo 661 (818). Los valores que reciban los comuneros durante la partición a cuenta de sus derechos devengarán el interés que las partes fijen, o el legal cuando tal fijación no se haya hecho, sin perjuicio de lo que en casos especiales dispongan las leyes.

---

235 Inciso modificado por el artículo 5º, Nº 19, letra b), de la Ley Nº 18.776, publicada en el Diario Oficial de 18 de enero de 1989.

[Adjudicación de bienes raíces a comuneros. Hipoteca para garantizar los alcances]

Artículo 662 (819). En las adjudicaciones de propiedades raíces que se hagan a los comuneros durante el juicio divisorio o en la sentencia final, se entenderá constituida hipoteca sobre las propiedades adjudicadas, para asegurar el pago de los alcances que resulten en contra de los adjudicatarios, siempre que no se pague de contado el exceso a que se refiere el artículo 660. Al inscribir el conservador el título de adjudicación, inscribirá a la vez la hipoteca por el valor de los alcances.

Podrá reemplazarse esta hipoteca por otra caución suficiente calificada por el partidor.

[Laudo y ordenata]

Artículo 663 (820). Los resultados de la partición se consignarán en un *laudo* o sentencia final, que resuelva o establezca todos los puntos de hecho y de derecho que deben servir de base para la distribución de los bienes comunes, y en una *ordenata* o liquidación, en que se hagan los cálculos numéricos necesarios para dicha distribución.

[Notificación del laudo y ordenata]

Artículo 664 (821). Se entenderá practicada la notificación del *laudo* y *ordenata* desde que se notifique a las partes el hecho de su pronunciamiento, salvo el caso previsto en el artículo 666. Los interesados podrán imponerse de sus resoluciones en la oficina del actuario y deducir los recursos a que haya lugar dentro del plazo de quince días.

[Honorarios del partidor]

Artículo 665 (822). En el *laudo* podrá hacer el partidor la fijación de su honorario, y cualquiera que sea su cuantía, habrá derecho para reclamar de ella. La reclamación se interpondrá en la misma forma y en el mismo plazo que la apelación, y será resuelta por el tribunal de alzada en única instancia.

[Plazo para apelar]

Artículo 666 (823). Cuando la partición deba ser aprobada por la justicia ordinaria, el término para apelar será también de quince días, y se contará desde que se notifique la resolución del juez que apruebe o modifique el fallo del partidor.

TÍTULO X
DE LOS JUICIOS SOBRE DISTRIBUCIÓN DE AGUAS[236]

Artículo 667. Derogado.

Artículo 668. Derogado.

Artículo 669. Derogado.

Artículo 670. Derogado.

Artículo 671. Derogado.

Artículo 672. Derogado.

Artículo 673. Derogado.

Artículo 674. Derogado.

Artículo 675. Derogado.

Artículo 676. Derogado.

Artículo 677. Derogado.

Artículo 678. Derogado.

---

236 Las disposiciones contenidas en este título fueron derogadas por el artículo 10 de la Ley Nº 9.909, publicada en el Diario Oficial de 28 de mayo de 1951, aprobatoria del Código de Aguas.

Artículo 679. Derogado.

TÍTULO XI
DEL PROCEDIMIENTO SUMARIO

[APLICACIÓN GENERAL Y ESPECIAL DEL PROCEDIMIENTO SUMARIO]

Artículo 680 (838). El procedimiento de que trata este Título se aplicará en defecto de otra regla especial a los casos en que la acción deducida requiera, por su naturaleza, tramitación rápida para que sea eficaz.

Deberá aplicarse, además, a los siguientes casos:

1° A los casos en que la ley ordene proceder sumariamente, o breve y sumariamente, o en otra forma análoga;

2° A las cuestiones que se susciten sobre constitución, ejercicio, modificación o extinción de servidumbres naturales o legales y sobre las prestaciones a que ellas den lugar;

3° A los juicios sobre cobro de honorarios, excepto el caso del artículo 697;

4° A los juicios sobre remoción de guardadores y a los que se susciten entre los representantes legales y sus representados;

5° Derogado[237];

6° A los juicios sobre depósito necesario[238];

7° A los juicios en que se deduzcan acciones ordinarias a que se hayan convertido las ejecutivas a virtud de lo dispuesto en el artículo 2515 del Código Civil;

8° A los juicios en que se persiga únicamente la declaración impuesta por la ley o el contrato, de rendir una cuenta, sin perjuicio de lo dispuesto en el artículo 696; y

---

[237] Número derogado por el artículo 123, N° 1, de la Ley N° 19.968, publicada en el Diario Oficial de 30 de agosto de 2004.

[238] La expresión "y comodato precario" que contenía el N° 6 del artículo 680 fue suprimida por el artículo 2, de la Ley N° 21.461, publicada en el Diario Oficial de 30 de junio de 2022.

9° A los juicios en que se ejercite el derecho que concede el artículo 945 del Código Civil para hacer cegar un pozo[239].

10° A los juicios en que se deduzcan las acciones civiles derivadas de un delito o cuasidelito, de conformidad con lo dispuesto en el artículo 59 del Código Procesal Penal y siempre que exista sentencia penal condenatoria ejecutoriada[240].

[Incidente de sustitución del procedimiento]

Artículo 681 (839). En los casos del inciso 1° del artículo anterior, iniciado el procedimiento sumario podrá decretarse su continuación conforme a las reglas del juicio ordinario, si existen motivos fundados para ello.

Por la inversa, iniciado un juicio como ordinario, podrá continuar con arreglo al procedimiento sumario, si aparece la necesidad de aplicarlo.

La solicitud en que se pida la substitución de un procedimiento a otro se tramitará como incidente.

[Oralidad. Minutas escritas]

Artículo 682 (840). El procedimiento sumario será verbal; pero las partes podrán, si quieren, presentar minutas escritas en que se establezcan los hechos invocados y las peticiones que se formulen.

[Audiencia de contestación y conciliación]

Artículo 683 (841). Deducida la demanda, citará el tribunal a la audiencia del quinto día hábil después de la última notificación, ampliándose

---

239 El artículo 177 del Código de Aguas expresa: Los juicios sobre constitución, ejercicio y pérdida de los derechos de aprovechamiento de aguas y todas las demás cuestiones relacionadas con ellos, que no tengan procedimiento especial, se tramitarán conforme al procedimiento sumario establecido en el Título XI, del Libro III, del Código de Procedimiento Civil.

240 Número agregado por el artículo único, letra d), de la Ley N° 20.192, publicada en el Diario Oficial de 26 de junio de 2007.

este plazo, si el demandado no está en el lugar del juicio, con todo el aumento que corresponda en conformidad a lo previsto en el artículo 259[241].

A esta audiencia concurrirá el defensor público, cuando deba intervenir conforme a la ley, o cuando el tribunal lo juzgue necesario. Con el mérito de lo que en ella se exponga, se recibirá la causa a prueba o se citará a las partes para oír sentencia[242].

[Rebeldía del demandado. Derechos del demandante. Tutela anticipada]

Artículo 684 (842). En rebeldía del demandado, se recibirá a prueba la causa, o, si el actor lo solicita con fundamento plausible, se accederá provisionalmente a lo pedido en la demanda.

En este segundo caso, podrá el demandado formular oposición dentro del término de cinco días, contados desde su notificación; y una vez formulada, se citará a nueva audiencia, procediéndose como se dispone en el artículo anterior, pero sin que se suspenda el cumplimiento provisional de lo decretado con esta calidad, ni se altere la condición jurídica de las partes.

[Falta de oposición del demandado rebelde]

Artículo 685. No deduciéndose oposición, el tribunal recibirá la causa a prueba, o citará a las partes para oír sentencia, según lo estime de derecho[243].

---

[241] Inciso modificado por el artículo 1°, N° 64, de la Ley N° 18.705, publicada en el Diario Oficial de 24 de mayo de 1988.

[242] Inciso modificado por el artículo 2° de la Ley N° 19.806, publicada en el Diario Oficial de 31 de mayo de 2002. Con anterioridad fue sustituido por el artículo 1°, N° 20 de la Ley N° 18.882, publicada en el Diario Oficial de 20 de diciembre de 1989.

[243] Artículo sustituido por el artículo 1°, N° 65, de la Ley N° 18.705, publicada en el Diario Oficial de 24 de mayo de 1988.

[Término probatorio. Remisión al procedimiento incidental]

Artículo 686 (844). La prueba, cuando haya lugar a ella, se rendirá en el plazo y en la forma establecidas para los incidentes.

[Citación a las partes para oír sentencia]

Artículo 687. Vencido el término probatorio, el tribunal, de inmediato, citará a las partes para oír sentencia[244].

[Plazo para dictar resoluciones]

Artículo 688. Las resoluciones en el procedimiento sumario deberán dictarse, a más tardar, dentro de segundo día.

La sentencia definitiva deberá dictarse en el plazo de los diez días siguientes a la fecha de la resolución que citó a las partes para oír sentencia[245].

[Citación a los parientes]

Artículo 689 (847). Cuando haya de oírse a los parientes, se citará en términos generales a los que designa el artículo 42 del Código Civil, para que asistan a la primera audiencia o a otra posterior, notificándose personalmente a los que puedan ser habidos. Los demás podrán concurrir aun cuando sólo tengan conocimiento privado del acto.

Compareciendo los parientes el tribunal les pedirá informe verbal sobre los hechos que considere conducentes.

Si el tribunal nota que no han concurrido algunos parientes cuyo dictamen estime de influencia y que residan en el lugar del juicio, podrá suspender la audiencia y ordenar que se les cite determinadamente.

---

[244] Artículo sustituido por el artículo 1°, N° 66, de la Ley N° 18.705, publicada en el Diario Oficial de 24 de mayo de 1988.

[245] Artículo sustituido por el artículo 1°, N° 67, de la Ley N° 18.705, publicada en el Diario Oficial de 24 de mayo de 1988.

[Tramitación de los incidentes]

Artículo 690 (848). Los incidentes deberán promoverse y tramitarse en la misma audiencia, conjuntamente con la cuestión principal, sin paralizar el curso de ésta. La sentencia definitiva se pronunciará sobre la acción deducida y sobre los incidentes, o sólo sobre éstos cuando sean previos o incompatibles con aquélla.

[Efectos en que se concede el recurso de apelación]

Artículo 691 (849). La sentencia definitiva y la resolución que dé lugar al procedimiento sumario en el caso del inciso 2° del artículo 681, serán apelables en ambos efectos, salvo que, concedida la apelación en esta forma, hayan de eludirse sus resultados.

Las demás resoluciones, inclusa la que acceda provisionalmente a la demanda, sólo serán apelables en el efecto devolutivo.

La tramitación del recurso se ajustará en todo caso a las reglas establecidas para los incidentes.

[Competencia del tribunal de alzada]

Artículo 692 (850). En segunda instancia, podrá el tribunal de alzada, a solicitud de parte, pronunciarse por vía de apelación sobre todas las cuestiones que se hayan debatido en primera para ser falladas en definitiva, aun cuando no hayan sido resueltas en el fallo apelado.

TÍTULO XII
JUICIOS SOBRE CUENTAS

[Plazo para rendir cuenta]

Artículo 693 (851). El que deba rendir una cuenta la presentará en el plazo que la ley designe o que se establezca por convenio de las partes o por resolución judicial.

[Presentación de la cuenta y aprobación de la misma]

Artículo 694 (852). Presentada la cuenta, se pondrá en conocimiento de la otra parte, concediéndole el tribunal un plazo prudente para su examen. Si, vencido el plazo, no se ha formulado observación alguna, se dará la cuenta por aprobada.

En caso de haber observaciones, continuará el juicio sobre los puntos observados con arreglo al procedimiento que corresponda según las reglas generales, considerándose la cuenta como demanda y como contestación las observaciones.

[Formulación de la cuenta cuando no se presentó dentro del plazo]

Artículo 695 (853). Si el obligado a rendir cuenta no la presenta en los plazos a que se refiere el artículo 693, podrá formularla la otra parte interesada. Puesta en noticia del primero, se tendrá por aprobada si no la objeta dentro del plazo que el tribunal le conceda para su examen.

Si se formulan observaciones, continuará el juicio como en el caso del inciso 2° del artículo anterior.

En la apreciación de la prueba, el tribunal estimará siempre la omisión del que debe presentar la cuenta como una presunción grave para establecer la verdad de las partidas objetadas.

[Reserva de derechos]

Artículo 696 (854). Lo establecido en el inciso 1° del artículo anterior se entenderá sin perjuicio del derecho que corresponda para exigir por acción ejecutiva el cumplimiento de la obligación de presentar la cuenta, cuando dicha acción sea procedente.

TÍTULO XIII
DE LOS JUICIOS SOBRE PAGO DE CIERTOS HONORARIOS

[Procedimiento aplicable al cobro de honorarios por servicios profesionales prestados en juicio]

Artículo 697 (859). Cuando el honorario proceda de servicios profesionales prestados en juicio, el acreedor podrá, a su arbitrio, perseguir su estimación y pago con arreglo al procedimiento sumario, o bien interponiendo su reclamación ante el tribunal que haya conocido en la primera instancia del juicio.

En este último caso la petición será substanciada y resuelta en la forma prescrita para los incidentes.

TÍTULO XIV
DE LOS JUICIOS DE MENOR Y DE MÍNIMA CUANTÍA

1. De los juicios de menor cuantía

[Aplicación del procedimiento de menor cuantía]

Artículo 698. Los juicios de más de diez unidades tributarias mensuales y que no pasen de quinientas unidades tributarias mensuales y que no tengan señalado en la ley un procedimiento especial, se someterán al procedimiento ordinario de que trata el Libro II con las modificaciones siguientes[246]:

1ª Se omitirán los escritos de réplica y dúplica.

Si se deduce reconvención, se dará traslado de ella al demandante por seis días, y con lo que éste exponga o en su rebeldía, se recibirá la causa a prueba;

2ª El término para contestar la demanda será de ocho días, que se aumentará de conformidad a la tabla de emplazamiento. Este aumento no

---

[246] Inciso modificado por el artículo único, Nº 2, de la Ley Nº 19.594, publicada en el Diario Oficial del 1º de diciembre de 1998.

podrá exceder de veinte días, y no regirá para estos juicios la disposición del inciso 2° del artículo 258.

En el caso del artículo 308, el plazo para contestar la demanda será de seis días;

3ª Se citará a la audiencia de conciliación para un día no anterior al tercero ni posterior al décimo contado desde la fecha de notificación de la resolución[247];

4ª El término de prueba será de quince días y podrá aumentarse, extraordinariamente, de conformidad a lo dispuesto en el número anterior;

5ª El término a que se refiere el artículo 430 será de seis días;

6ª La sentencia se dictará dentro de los quince días siguientes al de la última notificación de la resolución que cita a las partes para oírla; y[248]

7ª Deducida apelación contra resoluciones que no se refieran a la competencia o a la inhabilidad del tribunal, ni recaigan en incidentes sobre algún vicio que anule el proceso, el juez tendrá por interpuesto el recurso para después de la sentencia que ponga término al juicio. El apelante deberá reproducirlo dentro de los cinco días subsiguientes al de la notificación de la sentencia y en virtud de esta reiteración, lo concederá el tribunal.

En los casos de excepción a que se refiere el inciso anterior de este número, como también en los incidentes sobre medidas prejudiciales o precautorias, el recurso se concederá al tiempo de su interposición.

[Recurso de apelación. Tiempo para efectuar alegatos]

Artículo 699. La apelación de la sentencia definitiva se tramitará como en los incidentes y se verá conjuntamente con las apelaciones que se hayan concedido en conformidad al inciso 1° del número 5° del artículo anterior.

---

247 Número agregado por el artículo único N° 5, de la Ley N° 19.334, publicada en el Diario Oficial de 7 de octubre de 1994. Los primitivos números 3ª, 4ª, 5ª y 6ª, pasaron a ser 4ª, 5ª, 6ª y 7ª respectivamente.

248 Número modificado por el artículo 1°, N° 68, de la Ley N° 18.705, publicada en el Diario Oficial de 24 de mayo de 1988.

Los alegatos no podrán exceder de quince minutos, salvo que el tribunal acuerde prorrogar este tiempo hasta el doble.

Artículo 700. Derogado[249].

[Vista preferente]

Artículo 701. El tribunal destinará, por lo menos, un día de cada semana a la vista preferente de estas causas.

[Plazo para pronunciar sentencia por el tribunal de alzada]

Artículo 702. La sentencia deberá dictarse dentro del plazo de quince días, contado desde el término de la vista de la causa.

2. De los juicios de mínima cuantía

[Aplicación del procedimiento de mínima cuantía]

Artículo 703. Se aplicará el procedimiento de que trata este párrafo a los juicios cuya cuantía no exceda de diez unidades tributarias mensuales, y que por su naturaleza no tengan señalado en la ley un procedimiento especial[250].

[Oralidad. Minutas escritas]

Artículo 704. El procedimiento será verbal, pero las partes podrán presentar minutas escritas en que se establezcan los hechos invocados y las peticiones que se formulen.

La demanda se interpondrá verbalmente o por escrito. En el primer caso se dejará constancia, en un acta que servirá de cabeza al proceso, del

---

[249] Artículo derogado, por el artículo 1°, N° 21, de la Ley N° 18.882, publicada en el Diario Oficial de 20 de diciembre de 1989.

[250] Artículo modificado por el artículo único, N° 3, de la Ley N° 19.594, publicada en el Diario Oficial de 1° de diciembre de 1998.

nombre, profesión u oficio y domicilio del demandante, de los hechos que éste exponga y de sus circunstancias esenciales, de los documentos que acompañe y de las peticiones que formule.

El acta terminará con una resolución en que se cite a las partes para que comparezcan personalmente, o representadas por mandatarios con facultad especial para transigir, en el día y hora que se designe. El tribunal fijará para esta audiencia un día determinado que no podrá ser anterior al tercer día hábil desde la fecha de la resolución y cuidará de que medie un tiempo prudencial entre la notificación del demandado y la celebración de la audiencia.

Inmediatamente deberá entregarse al demandante copia autorizada del acta y de su proveído, con lo cual se entenderá notificado de las resoluciones que contenga.

[Notificación personal]

Artículo 705. La demanda y la primera resolución de cualquiera gestión anterior a ésta se notificarán personalmente al demandado por medio de un receptor, si lo hay, y no habiéndolo o si está inhabilitado, por medio de un vecino de la confianza del tribunal, que sea mayor de edad y sepa leer y escribir, o por un miembro del Cuerpo de Carabineros. Deberá entregarse copia íntegra del acta y del proveído a que se refiere el artículo anterior.

Las mismas personas podrán practicar la notificación establecida en el artículo 44 cuando ella sea procedente.

[Notificación por cédula]

Artículo 706. La sentencia definitiva, la resolución que reciba la causa a prueba y las resoluciones que ordenen la comparecencia personal de las partes se notificarán por cédula, en conformidad al artículo 48, por alguna de las personas indicadas en el artículo anterior.

Para estos efectos, el demandante al tiempo de su presentación y el demandado en su primera comparecencia, deberán designar su domicilio en la forma indicada en el inciso 2° del artículo 49.

Se hará saber al demandante cuando presente su demanda y al demandado al tiempo de notificarlo, la disposición precedente. Se pondrá testimonio de esta diligencia en los autos.

La misma regla se observará con respecto a los mandatarios que constituyan las partes. El domicilio deberá designarse al tiempo de presentarse o constituirse el poder.

Si la demanda ha sido notificada personalmente al demandado, y éste no designa domicilio, se tendrá por tal el que se haya señalado en la demanda y si aquélla ha sido notificada en la forma prevista en el artículo 44, se considerará como domicilio la morada en que se haya practicado dicha notificación. Lo dispuesto en este inciso tendrá lugar siempre que el domicilio en donde se practicó la notificación esté dentro de la jurisdicción del tribunal correspondiente; en caso contrario, regirá lo dispuesto en el artículo siguiente.

[Notificación por estado diario electrónico]

Artículo 707. Las demás resoluciones se notificarán en la forma dispuesta en el artículo 50, aunque las partes no hayan fijado domicilio al cual deban dirigírseles las cartas a que se refiere el inciso 2° del artículo 46; pero dichas resoluciones deberán notificarse por carta certificada en el domicilio a que se refiere el artículo anterior cuando el juicio se tramite ante jueces inferiores. En este último caso, a falta de ese domicilio, se entenderán notificadas desde que se extiendan en el proceso las respectivas resoluciones.

La carta certificada deberá contener exclusivamente el aviso de haberse dictado resolución en la causa.

[Días y horas hábiles para practicar notificaciones]

Artículo 708. Para practicar notificaciones en estos juicios serán hábiles las horas comprendidas entre las seis y las veinte horas de todos los días del año.

[Abandono del procedimiento]

Artículo 709. El plazo para que se declare abandonado el procedimiento en estos juicios, será de tres meses[251].

[Audiencia de contestación. Rebeldía del demandado. Suspensión de la audiencia]

Artículo 710. La audiencia de contestación se celebrará con la parte que asista. En caso de inconcurrencia del demandado, podrá el tribunal suspender la audiencia si estima que la demanda no le ha sido notificada mediando el tiempo prudencial a que se refiere el artículo 704; o si habiéndosele notificado en la forma prevista en el artículo 44 haya motivo para creer que la copia correspondiente no ha llegado con oportunidad a su poder. En tales casos deberá dictarse una resolución fundada en la cual se señalará nuevo día y hora para la celebración de la audiencia.

[Audiencia de contestación. Avenimiento]

Artículo 711. En la audiencia de contestación el demandado deberá oponer las excepciones dilatorias y perentorias que pueda hacer valer en contra de la demanda.

El tribunal después de oír al demandado llamará a las partes a avenimiento y producido éste, se consignará en un acta.

En la misma audiencia el tribunal entregará a cada parte copia íntegra autorizada de la referida acta.

El avenimiento pondrá fin al juicio y tendrá la autoridad de cosa juzgada.

Si no se produce avenimiento, el tribunal se limitará a dejar constancia de este hecho.

---

[251] Artículo sustituido por el artículo 1°, N° 69, de la Ley N° 18.705, publicada en el Diario Oficial de 24 de mayo de 1988.

[Tramitación y fallo de las excepciones]

Artículo 712. Todas las excepciones se tramitarán conjuntamente y se fallarán en la sentencia definitiva, pero el tribunal podrá acoger, desde luego, o tramitar separadamente en conformidad al artículo 723, las dilatorias de incompetencia, de falta de capacidad o de personería del demandante, o aquella en que se reclame del procedimiento siempre que aparezcan manifiestamente admisibles[252].

[Demanda reconvencional]

Artículo 713. El demandado podrá también deducir reconvención en la audiencia de contestación cuando el tribunal sea competente para conocer de ella y siempre que no esté sometida a un procedimiento especial y tenga por objeto enervar la acción deducida o esté íntimamente ligada con ella. En caso contrario no se admitirá a tramitación.

Es aplicable a la reconvención lo dispuesto en el artículo anterior.

La reconvención se tramitará conjuntamente con la demanda.

[Solicitud de diligencias probatorias. Oportunidad para acompañar instrumentos y para objetarlos]

Artículo 714. La práctica de toda diligencia probatoria deberá solicitarse en la audiencia de contestación so pena de no ser admitida después, sin perjuicio de que el tribunal pueda de oficio, para mejor resolver, en cualquier estado de la causa, decretar todas las diligencias y actuaciones conducentes a la comprobación de los hechos discutidos, debiendo emplear para ello el mayor celo posible.

Los instrumentos sólo podrán presentarse conjuntamente con la demanda o en las audiencias de contestación o de prueba y las partes deberán formular las observaciones y las impugnaciones que procedan en la audiencia en que se acompañen o en la inmediatamente siguiente. Los

---

252 Artículo modificado por el artículo único, Nº 4, de la Ley Nº 19.594, publicada en el Diario Oficial de 1º de diciembre de 1998.

incidentes a que den lugar las observaciones e impugnaciones deberán tramitarse y probarse al mismo tiempo que la cuestión principal. Los que se formulen en la audiencia de prueba se deberán probar en esa misma audiencia, salvo que el tribunal por motivos fundados fije una nueva audiencia para ello.

[Recepción de la causa a prueba]

Artículo 715. Contestada la demanda o en rebeldía del demandado, el juez resolverá si debe o no recibirse la causa a prueba. En caso afirmativo fijará los puntos sobre los cuales debe recaer y señalará una audiencia próxima para recibirla. En caso contrario, citará a las partes para oír sentencia, la que deberá dictar a más tardar en el plazo de los ocho días subsiguientes. La resolución que reciba la causa a prueba es inapelable[253].

[Prueba testimonial. Lista. Número de testigos admitidos a declarar]

Artículo 716. Si las partes desean rendir prueba testimonial, deberán, en la audiencia de contestación o dentro de los tres días siguientes a la notificación de la resolución que reciba la causa a prueba, hacer anotar en el proceso el nombre, profesión u oficio y domicilio de los testigos que ofrezcan presentar y si los testigos deben o no ser citados por el tribunal. En la audiencia indicada el juez hará saber a las partes estas circunstancias.

Sólo podrán declarar cuatro testigos por cada parte sobre cada uno de los puntos de prueba que fije el juez.

---

[253] Artículo modificado por el artículo 1°, N° 70, de la Ley N° 18.705, publicada en el Diario Oficial de 24 de mayo de 1988.

[Declaración de testigos. Juramento. Tachas]

Artículo 717. La declaración de testigos se prestará bajo juramento, en presencia de las partes que asistan, quienes podrán dirigir preguntas al deponente por conducto del juez[254].

Antes de la declaración de cada testigo, la parte contra quien deponga podrá deducir las tachas de los artículos 357 y 358, que a su juicio le inhabiliten para declarar. El juez, si lo estima necesario, proveerá lo conducente al establecimiento de las inhabilidades invocadas, las que apreciará en conciencia en la sentencia definitiva.

Las inhabilidades que se hagan valer en contra de los testigos no obstan a su examen; pero el tribunal podrá desechar de oficio a los que, según su criterio, aparezcan notoriamente inhábiles.

[Prueba confesional. Oportunidad para pedirla. Rebeldía]

Artículo 718. La confesión judicial de las partes podrá pedirse por una sola vez en el juicio y deberá solicitarse en la audiencia de contestación. También podrá pedirse, en la audiencia de prueba, siempre que se encuentre presente la persona que deba declarar.

Lo dicho en el inciso anterior es sin perjuicio de lo dispuesto en el inciso 1 del artículo 714.

Decretada la confesión, el juez la tomará de inmediato si está presente la parte que deba prestarla. En caso contrario, procederá a tomarla en la audiencia de prueba o en otra que señale para este solo efecto.

Si el absolvente se niega a declarar o da respuestas evasivas, el juez podrá dar por confesados los hechos materia de la respectiva pregunta.

---

[254] El artículo 8 de la Ley 21.394, publicada el 30 de noviembre de 2021 expresa que: "Cada vez que en el Código Civil, el Código de Procedimiento Civil, el Código Orgánico de Tribunales o en leyes especiales se haga referencia al juramento que debe prestar una persona, se entenderá incluida la posibilidad de prestar promesa. Este juramento o promesa se podrá realizar presencialmente o por vía remota mediante videoconferencia".

Si el absolvente no concurre el día y hora fijados y siempre que al pedir la diligencia la parte haya acompañado pliego de posiciones, se darán éstas por absueltas en rebeldía, sin necesidad de nueva citación, teniéndose al absolvente por confeso de todos aquellos hechos que estén categóricamente afirmados en dicho pliego, y que a juicio del tribunal sean verosímiles.

La comparecencia se verificará ante el tribunal de la causa si la parte se encuentra en el lugar del juicio; en caso contrario, ante el juez competente del lugar en que resida, pero no se podrá ejercitar este derecho si existe en el juicio mandatario con facultad de absolver posiciones a menos que el tribunal estime absolutamente necesaria la diligencia para el fallo.

[Diligencias probatorias fuera de la sala de despacho]

Artículo 719. Cuando hayan de practicarse diligencias probatorias fuera de la sala de despacho, podrá el tribunal proceder por sí solo o con notificación de las partes, según lo estime conveniente.

[Informe de peritos]

Artículo 720. Siempre que el tribunal decrete informe de peritos, designará preferentemente para el cargo al empleado público, municipal o de institución semifiscal que estime competente, quien estará obligado a desempeñarlo gratuitamente.

Los informes periciales se presentarán por escrito, pero el juez podrá pedir informes verbales que se consignarán en los autos con las firmas de quienes los emitan. De ellos deberá darse cuenta en la audiencia de prueba siempre que sea posible.

[Acta]

Artículo 721. De todo lo obrado en la primera audiencia y en las demás que se celebren, se levantará acta firmada por el juez, las partes asistentes, los testigos que hayan declarado y el secretario, si lo hay, o en defecto de éste, un ministro de fe o una persona que, en calidad de actuario, nombre el tribunal.

Si alguno de los comparecientes no sabe o no puede firmar, estampará su impresión digital, y si se niega a firmar, se dejará constancia de ello.

Las resoluciones se extenderán en el mismo expediente.

[Citación a las partes para oír sentencia. Plazo para pronunciar la sentencia]

Artículo 722. Sin perjuicio de lo dispuesto en el artículo 715, el tribunal citará a las partes para oír sentencia y la dictará dentro de los sesenta días contados desde la celebración de la audiencia de contestación, salvo que lo impidan circunstancias insuperables, de las cuales dejará constancia en la sentencia y de ello dará cuenta oportunamente en los estados mensuales a que se refiere el artículo 586 N° 4° del Código Orgánico de Tribunales[255].

[Sustanciación y fallo de los incidentes]

Artículo 723. Los incidentes deberán formularse y tramitarse en las audiencias de contestación y prueba y su fallo se reservará para la sentencia definitiva, la que será inapelable.

Podrá el tribunal, atendida la naturaleza del incidente, tramitarlo separadamente, con audiencia verbal de la parte contraria, y decretar las diligencias adecuadas a su acertada resolución.

De igual modo, podrán tramitarse los incidentes especiales de que tratan los artículos 79, 80 y 81; los Títulos X, XI, XII, XIII, XIV, XV y XVI del Libro Primero y los Títulos IV y V del Libro Segundo.

Las resoluciones que se dicten en todo procedimiento incidental, cualquiera sea su naturaleza, serán inapelables[256].

---

[255] Artículo modificado por el artículo 1°, N° 71, de la Ley N° 18.705, publicada en el Diario Oficial de 24 de mayo de 1988.

[256] Artículo sustituido por el artículo único, N° 5, de la Ley N° 19.594, publicada en el Diario Oficial de 1° de diciembre de 1998.

[VALORACIÓN DE LA PRUEBA]

Artículo 724. La prueba se apreciará en la forma ordinaria. Pero podrá el tribunal, en casos calificados, estimarla conforme a conciencia, y según la impresión que le haya merecido la conducta de las partes durante el juicio y la buena o mala fe con que hayan litigado en él.

[REQUISITOS DE LA SENTENCIA DEFINITIVA]

Artículo 725. La sentencia definitiva deberá expresar:

1° La individualización de los litigantes;

2° La enunciación brevísima de las peticiones del demandante y de las defensas del demandado y de sus fundamentos respectivos;

3° Un análisis somero de la prueba producida;

4° Las razones de hecho y de derecho, que sirven de fundamento al fallo; y

5° La decisión del asunto.

Si en la sentencia se da lugar a una excepción dilatoria, se abstendrá el tribunal de pronunciarse sobre la cuestión principal.

Deberá dejarse copia íntegra de la sentencia definitiva y de todo avenimiento o transacción que ponga término al juicio en el libro de sentencias que se llevará con este objeto.

[REGULACIÓN DE LAS COSTAS EN LA SENTENCIA DEFINITIVA]

Artículo 726. La regulación de las costas, cuando haya lugar a ellas, se hará en la sentencia misma.

Artículo 727. Derogado[257].

Artículo 728. Derogado[258].

---

257 Artículo derogado por el artículo 1°, N° 22, de la Ley N° 18.882, publicada en el Diario Oficial de 20 de diciembre de 1989.

258 Artículo derogado por el artículo 1°, N° 23, de la Ley N° 18.882, publicada en el Diario Oficial de 20 de diciembre de 1989.

[Procedimiento ejecutivo de mínima cuantía]

Artículo 729. Si la acción es ejecutiva y legalmente procedente, el acta a que se refiere el artículo 704, terminará con la orden de despachar mandamiento de ejecución en contra del deudor. El mandamiento dispondrá el embargo de bienes suficientes y designará un depositario que podrá ser el mismo deudor. El depositario nombrado tendrá carácter de definitivo.

Si la acción deducida no procede como ejecutiva, el tribunal lo declarará así y dará curso a la demanda en conformidad al procedimiento ordinario de mínima cuantía.

[Requerimiento de pago y embargo]

Artículo 730. El requerimiento de pago se efectuará en la forma prescrita en el artículo 705. En el caso del inciso 2°, el encargado de la notificación deberá indicar, en la copia respectiva, el lugar, día y hora que designe para la traba de embargo, a la que procederá sin otro trámite. De la diligencia se levantará acta individualizando suficientemente los bienes embargados y el lugar en que se encuentran. Si el deudor no está presente, quien practique la diligencia dejará copia del acta en el domicilio de aquél.

[Persona habilitada para embargar]

Artículo 731. La misma persona que practique el requerimiento, podrá efectuar el embargo, en su caso.

Si el depositario es el deudor, aunque no esté presente, se entenderá que ha quedado en posesión de la cosa embargada al trabarse el embargo. El encargado de la diligencia indicará en el acta el lugar en que ordinariamente deberá mantenerse aquélla.

[Responsabilidad del deudor depositario]

Artículo 732. El deudor depositario incurrirá en las penas contempladas en el artículo 471 del Código Penal cuando con perjuicio del acreedor falte a sus obligaciones de depositario, desobedezca o entorpezca las resoluciones judiciales para la inspección de los bienes embargados, o abandone, destruya o enajene dichos bienes.

Se presumirá que el deudor depositario ha faltado a sus obligaciones con perjuicio del acreedor cuando, sin permiso escrito de éste o autorización del juez, cambie la cosa embargada del lugar a que se refiere el artículo anterior.

[Oposición a la ejecución]

Artículo 733. El ejecutado tendrá el plazo fatal de cuatro días más el término de emplazamiento a que se refiere el artículo 259, contados desde el requerimiento, para oponerse a la demanda.

La oposición sólo podrá fundarse en algunas de las excepciones indicadas en los artículos 464 y 534.

El tribunal citará, en este caso, a las partes a una audiencia próxima y se procederá como se dispone en el artículo 710 y siguientes, hasta dictar sentencia, mandando llevar adelante la ejecución o absolviendo al demandado.

La citación se notificará al ejecutado en el acto mismo de formular su oposición y al ejecutante en la forma prescrita en el artículo 706.

Si las excepciones opuestas no son legales, se procederá como lo dispone el artículo 472.

[Tasación]

Artículo 734. Los bienes embargados serán tasados por el juez, quien podrá, si lo estima necesario, oír peritos designados en conformidad al artículo 720.

[Remate]

Artículo 735. Establecido el valor de los bienes embargados, el juez ordenará que se rematen, previa citación de las partes.

Si se trata de bienes raíces o de derechos reales constituidos en ellos, deberán, además, publicarse tres avisos en un diario de la comuna en que se encuentre situado el inmueble o, si allí no lo hubiere, en uno de la capital de la provincia o de la capital de la respectiva región[259].

Los remates se efectuarán solamente en los días 1 y 15 de cada mes, o en el día siguiente hábil si alguna de esas fechas corresponde a día inhábil.

Las posturas empezarán por los dos tercios de la tasación.

[Enajenación de bienes raíces]

Artículo 736. Cuando se enajenen bienes raíces, el acta de remate se extenderá en el libro copiador de sentencias y será subscrita por el juez y el secretario, si lo hay, y en su defecto por una persona que en calidad de actuario nombre el tribunal.

La escritura definitiva se otorgará en el registro de un notario y será subscrita por el juez ante quien se haya hecho el remate y por el subastador, o en defecto de aquél, por la persona a quien él comisione con tal objeto en el acta de remate.

[Aplicación supletoria de las reglas sobre ejecución de resoluciones judiciales]

Artículo 737. Regirán también en el juicio de mínima cuantía las disposiciones del Título XIX del Libro I; pero las peticiones de las partes, las notificaciones y el procedimiento de apremio deberán ajustarse a las reglas de este Título. La oposición del demandado cuando sea procedente en conformidad al artículo 234, se proveerá citando a las partes a una audiencia próxima para que concurran a ella con todos sus medios de prueba.

[Aplicación supletoria de las reglas del juicio ejecutivo de mayor cuantía]

Artículo 738. En los casos no previstos por los artículos precedentes, serán aplicables las reglas del juicio ejecutivo de mayor cuantía si la cuestión deducida es también ejecutiva.

---

259 Inciso sustituido por el artículo 5°, N° 20, de la Ley N° 18.776, publicada en el Diario Oficial de 18 de enero de 1989.

TÍTULO XV
DEL JUICIO SOBRE ARREGLO DE LA AVERÍA COMÚN[260]

Artículo 739. Derogado.

Artículo 740. Derogado.

Artículo 741. Derogado.

Artículo 742. Derogado.

Artículo 743. Derogado.

Artículo 744. Derogado.

Artículo 745. Derogado.

Artículo 746. Derogado.

Artículo 747. Derogado.

TÍTULO XVI
DE LOS JUICIOS DE HACIENDA

[Aplicación del procedimiento de hacienda]

Artículo 748 (922). Los juicios en que tenga interés el Fisco y cuyo conocimiento corresponda a los tribunales ordinarios, se substanciarán siempre por escrito, con arreglo a los trámites establecidos para los juicios del fuero ordinario de mayor cuantía, salvo las modificaciones que en los siguientes artículos se expresan[261].

---

[260] Título derogado por artículo 5°, N° 2, de la Ley N° 18.680, publicada en el Diario Oficial de 11 de enero de 1988.

[261] El artículo 3, inciso final, del Decreto con Fuerza de Ley N° 94, del Ministerio de Hacienda, publicado en el Diario Oficial de 23 de febrero de 1960, dispone: "Serán aplicables a los asuntos en que tenga interés la empresa de los Ferrocarriles del

[Procedencia de los trámites de réplica y dúplica]

Artículo 749 (923). Se omitirán en el juicio ordinario los escritos de réplica y dúplica, siempre que la cuantía del negocio no pase de quinientas unidades tributarias mensuales[262].

Artículo 750 (924). Derogado[263].

[Sentencia condenatoria contra el fisco. Consulta]

Artículo 751 (925). Toda sentencia definitiva pronunciada en primera instancia en juicios de hacienda y de que no se apele, se elevará en consulta a la Corte de Apelaciones respectiva, previa notificación de las partes, siempre que sea desfavorable al interés fiscal. Se entenderá que lo es, tanto la que no acoja totalmente la demanda del Fisco o su reconvención, como la que no deseche en todas sus partes la demanda deducida contra el Fisco o la reconvención promovida por el demandado.

Recibidos los autos, el tribunal revisará la sentencia en cuenta para el solo efecto de ponderar si ésta se encuentra ajustada a derecho. Si no mereciere reparos de esta índole, la aprobará sin más trámites. De lo contrario, retendrá el conocimiento del negocio y, en su resolución, deberá señalar los puntos que le merecen duda, ordenando traer los autos en relación. La vista de la causa se hará en la misma sala y se limitará estrictamente a los puntos de derecho indicados en la resolución[264].

Estado y de que conozcan los tribunales ordinarios de justicia, las disposiciones del Título XVI del Libro III del Código de Procedimiento Civil".

[262] Artículo modificado por el artículo único, N° 6, de la Ley N° 19.594, publicada en el Diario Oficial de 1° de diciembre de 1998.

[263] Artículo derogado por el artículo 2° de la Ley N° 19.806, publicada en el Diario Oficial de 31 de mayo de 2002.

[264] Inciso sustituido por el artículo 1°, N° 72, de la Ley N° 18.705, publicada en el Diario Oficial de 24 de mayo de 1988.

Las consultas serán distribuidas por el Presidente de la Corte, mediante sorteo, entre las salas en que ésta esté dividida[265].

[Reglas especiales sobre ejecución de sentencia condenatoria contra el Fisco]

Artículo 752. Toda sentencia que condene al Fisco a cualquiera prestación, deberá cumplirse dentro de los sesenta días siguientes a la fecha de recepción del oficio a que se refiere el inciso segundo, mediante decreto expedido a través del Ministerio respectivo.

Ejecutoriada la sentencia, el tribunal remitirá oficio al ministerio que corresponda, adjuntando fotocopia o copia autorizada de la sentencia de primera y de segunda instancia, con certificado de estar ejecutoriada.

Se certificará en el proceso el hecho de haberse remitido el oficio y se agregará al expediente fotocopia o copia autorizada del mismo. La fecha de recepción de éste se acreditará mediante certificado del ministro de fe que lo hubiese entregado en la Oficina de Partes del Ministerio o, si hubiese sido enviado por carta certificada, transcurridos tres días desde su recepción por el correo.

En caso que la sentencia condene al Fisco a prestaciones de carácter pecuniario, el decreto de pago deberá disponer que la Tesorería incluya en el pago el reajuste e intereses que haya determinado la sentencia y que se devenguen hasta la fecha de pago efectivo. En aquellos casos en que la sentencia no hubiese dispuesto el pago de reajuste y siempre que la cantidad ordenada pagar no se solucione dentro de los sesenta días establecidos en el inciso primero, dicha cantidad se reajustará en conformidad con la variación que haya experimentado el Índice de Precios al Consumidor entre el mes anterior a aquel en que quedó ejecutoriada la sentencia y el mes anterior al del pago efectivo[266].

---

[265] Inciso sustituido por el artículo 1°, N° 72, de la Ley N° 18.705, publicada en el Diario Oficial de 24 de mayo de 1988.

[266] Artículo sustituido por el artículo 1°, N° 24, de la Ley N° 18.882, publicada en el Diario Oficial de 20 de diciembre de 1989.

TÍTULO XVII
DE LOS JUICIOS DE NULIDAD DE MATRIMONIO Y DE DIVORCIO[267]

Artículo 753 (927). Derogado.

Artículo 754 (928). Derogado.

Artículo 755 (929). Derogado.

Artículo 756 (930). Derogado.

Artículo 757 (931). Derogado.

TÍTULO XVIII
DE LA ACCIÓN DE DESPOSEIMIENTO CONTRA TERCEROS POSEEDORES DE LA FINCA HIPOTECADA O ACENSUADA

[Notificación previa de desposeimiento contra el tercer poseedor]

Artículo 758 (932). Para hacer efectivo el pago de la hipoteca, cuando la finca gravada se posea por otro que el deudor personal, se notificará previamente al poseedor, señalándole un plazo de diez días para que pague la deuda o abandone ante el juzgado la propiedad hipotecada.

[Acción de desposeimiento se sustanciará de acuerdo a las reglas del procedimiento ordinario o ejecutivo]

Artículo 759 (933). Si el poseedor no efectúa el pago o el abandono en el plazo expresado en el artículo anterior, podrá desposeérsele de la propiedad hipotecada para hacer con ella pago al acreedor.

Esta acción se someterá a las reglas del juicio ordinario o a las del ejecutivo, según sea la calidad del título en que se funde, procediéndose

---

[267] Las disposiciones contenidas en este título fueron derogadas por el artículo 2°, de la Ley N° 19.947, publicada en el Diario Oficial de 17 de mayo de 2004.

contra el poseedor en los mismos términos en que podría hacerse contra el deudor personal.

[Abandono de la finca]

Artículo 760 (934). Efectuado el abandono o el desposeimiento de la finca perseguida, se procederá conforme a lo dispuesto en los artículos 2397 y 2424 del Código Civil, sin necesidad de citar al deudor personal. Pero si éste comparece a la incidencia, será oído en los trámites de tasación y de subasta.

[Tasación]

Artículo 761 (935). Si el deudor personal no es oído en el trámite de tasación esta diligencia deberá hacerse por peritos que nombrará el juez de la causa en la forma prescrita por este Código. La tasación, en este caso, no impide que el deudor personal pueda objetar la determinación del saldo de la obligación principal por el cual se le demande, si comprueba en el juicio correspondiente que se ha procedido en fraude de sus derechos[268].

[Purga de la hipoteca]

Artículo 762 (936). Lo dispuesto en el artículo 492 se aplicará también al caso en que se persiga la finca hipotecada contra terceros poseedores.

[Acción del censualista sobre la finca acensuada]

Artículo 763 (937). La acción del censualista sobre la finca acensuada se rige por las disposiciones del presente Título.

---

268 Artículo modificado por el artículo 2° de la Ley N° 19.806, publicada en el Diario Oficial de 31 de mayo de 2002.

TÍTULO XIX
DEL RECURSO DE CASACIÓN

1. Disposiciones generales[269]

[Objeto del recurso de casación]

Artículo 764. El recurso de casación se concede para invalidar una sentencia en los casos expresamente señalados por la ley.

[Especies de casación]

Artículo 765. El recurso de casación es de dos especies: de casación en el fondo y de casación en la forma.

Es de casación en el fondo en el caso del artículo 767.

Es de casación en la forma en los casos del artículo 768.

[Procedencia del recurso de casación en la forma]

Artículo 766. El recurso de casación en la forma se concede contra las sentencias definitivas, contra las interlocutorias cuando ponen término al juicio o hacen imposible su continuación y, excepcionalmente, contra las sentencias interlocutorias dictadas en segunda instancia sin previo emplazamiento de la parte agraviada, o sin señalar día para la vista de la causa.

Procederá, asimismo, respecto de las sentencias que se dicten en los juicios o reclamaciones regidos por leyes especiales, con excepción de aquéllos que se refieran a la constitución de las juntas electorales y a las reclamaciones de los avalúos que se practiquen en conformidad a la Ley N° 17.235, sobre Impuesto Territorial y de los demás que prescriban las leyes.

---

[269] Los artículos 764 a 787 de este párrafo fueron sustituidos, por los artículos 764 a 786 por el artículo 2°, N° 2, de la Ley N° 19.374, publicada en el Diario Oficial de 18 de febrero de 1995.

[Procedencia del recurso de casación en el fondo]

Artículo 767. El recurso de casación en el fondo tiene lugar contra sentencias definitivas inapelables y contra sentencias interlocutorias inapelables cuando ponen término al juicio o hacen imposible su continuación, dictadas por Cortes de Apelaciones o por un tribunal arbitral de segunda instancia constituido por árbitros de derecho en los casos en que estos árbitros hayan conocido de negocios de la competencia de dichas Cortes, siempre que se hayan pronunciado con infracción de ley y esta infracción haya influido substancialmente en lo dispositivo de la sentencia.

[Causales del recurso de casación en la forma]

Artículo 768. El recurso de casación en la forma ha de fundarse precisamente en alguna de las causas siguientes:

1ª En haber sido la sentencia pronunciada por un tribunal incompetente o integrado en contravención a lo dispuesto por la ley;

2ª En haber sido pronunciada por un juez, o con la concurrencia de un juez legalmente implicado, o cuya recusación esté pendiente o haya sido declarada por tribunal competente;

3ª En haber sido acordada en los tribunales colegiados por menor número de votos o pronunciada por menor número de jueces que el requerido por la ley o con la concurrencia de jueces que no asistieron a la vista de la causa, y viceversa;

4ª En haber sido dada ultra petita, esto es, otorgando más de lo pedido por las partes, o extendiéndola a puntos no sometidos a la decisión del tribunal, sin perjuicio de la facultad que éste tenga para fallar de oficio en los casos determinados por la ley;

5ª En haber sido pronunciada con omisión de cualquiera de los requisitos enumerados en el artículo 170;

6ª En haber sido dada contra otra pasada en autoridad de cosa juzgada, siempre que ésta se haya alegado oportunamente en el juicio;

7ª En contener decisiones contradictorias;

8ª En haber sido dada en apelación legalmente declarada desistida, y[270]

9ª En haberse faltado a algún trámite o diligencia declarados esenciales por la ley o a cualquier otro requisito por cuyo defecto las leyes prevengan expresamente que hay nulidad.

En los negocios a que se refiere el inciso segundo del artículo 766 sólo podrá fundarse el recurso de casación en la forma en alguna de las causales indicadas en los números 1°, 2°, 3°, 4°, 6°, 7° y 8° de este artículo y también en el número 5° cuando se haya omitido en la sentencia la decisión del asunto controvertido.

No obstante lo dispuesto en este artículo, el tribunal podrá desestimar el recurso de casación en la forma, si de los antecedentes aparece de manifiesto que el recurrente no ha sufrido un perjuicio reparable sólo con la invalidación del fallo o cuando el vicio no ha influido en lo dispositivo del mismo.

El tribunal podrá limitarse, asimismo, a ordenar al de la causa que complete la sentencia cuando el vicio en que se funda el recurso sea la falta de pronunciamiento sobre alguna acción o excepción que se haya hecho valer oportunamente en el juicio.

[Preparación del recurso de casación en la forma]

Artículo 769. Para que pueda ser admitido el recurso de casación en la forma es indispensable que el que lo entabla haya reclamado de la falta, ejerciendo oportunamente y en todos sus grados los recursos establecidos por la ley.

No es necesaria esta reclamación cuando la ley no admite recurso alguno contra la resolución en que se haya cometido la falta, ni cuando ésta haya tenido lugar en el pronunciamiento mismo de la sentencia que se trata de casar, ni cuando dicha falta haya llegado al conocimiento de la parte después de pronunciada la sentencia.

---

270 Una parte de la causal fue suprimida por el artículo 12, N° 37, de la Ley N° 20.886, publicada en el Diario Oficial de 18 de diciembre de 2015.

Es igualmente innecesario para interponer este recurso contra la sentencia de segunda instancia por las causales cuarta, sexta y séptima del artículo 768, que se haya reclamado contra la sentencia de primera instancia, aun cuando hayan afectado también a ésta los vicios que lo motivan.

La reclamación a que se refiere el inciso primero de este artículo deberá hacerse por la parte o su abogado antes de verse la causa, en el caso del número 1° del artículo 768.

[Plazo para interponer los recursos de casación]

Artículo 770. El recurso de casación deberá interponerse dentro de los quince días siguientes a la fecha de notificación de la sentencia contra la cual se recurre, sin perjuicio de lo establecido en el artículo 791. En caso que se deduzca recurso de casación de forma y de fondo en contra de una misma resolución, ambos recursos deberán interponerse simultáneamente y en un mismo escrito.

El recurso de casación en la forma contra sentencia de primera instancia deberá interponerse dentro del plazo concedido para deducir el recurso de apelación, y si también se deduce este último recurso, conjuntamente con él.

[Tribunal ante el cual se interpone el recurso de casación. Tribunal que conoce del recurso de casación]

Artículo 771. El recurso debe interponerse por la parte agraviada ante el tribunal que haya pronunciado la sentencia que se trata de invalidar y para ante aquel a quien corresponde conocer de él conforme a la ley.

[Requisitos de admisibilidad del recurso de casación en el fondo y en la forma]

Artículo 772. El escrito en que se deduzca el recurso de casación en el fondo deberá:

1) Expresar en qué consiste el o los errores de derecho de que adolece la sentencia recurrida, y

2) Señalar de qué modo ese o esos errores de derecho influyen sustancialmente en lo dispositivo del fallo.

Si el recurso es en la forma, el escrito mencionará expresamente el vicio o defecto en que se funda y la ley que concede el recurso por la causal que se invoca.

En uno y otro caso, el recurso deberá ser patrocinado por abogado habilitado, que no sea procurador del número.

[Efecto en que se concede el recurso. Fianza de resultas a petición de la parte vencida]

Artículo 773. El recurso de casación no suspende la ejecución de la sentencia, salvo cuando su cumplimiento haga imposible llevar a efecto la que se dicte si se acoge el recurso, como sería si se tratare de una sentencia que declare la nulidad de un matrimonio o permita el de un menor.

La parte vencida podrá exigir que no se lleve a efecto la sentencia mientras la parte vencedora no rinda fianza de resultas a satisfacción del tribunal que haya dictado la sentencia recurrida, salvo que el recurso se interponga por el demandado contra la sentencia definitiva pronunciada en el juicio ejecutivo, en los juicios posesorios, en los de desahucio y en los de alimentos.

El recurrente deberá ejercer este derecho conjuntamente con interponer el recurso de casación y en solicitud separada que se agregará a la carpeta electrónica a que se refiere el artículo 29. El tribunal a quo se pronunciará de plano y en única instancia a su respecto y fijará el monto de la caución antes de enviar la comunicación correspondiente al tribunal superior[271].

En este caso, se formará cuaderno electrónico separado con las piezas necesarias[272].

El tribunal *a quo* conocerá también en única instancia en todo lo relativo al otorgamiento y subsistencia de la caución.

---

[271] Inciso modificado por el artículo 12, N° 38, letra a), de la Ley N° 20.886, publicada en el Diario Oficial de 18 de diciembre de 2015.

[272] Inciso intercalado el artículo 12, N° 38), letra b), de la Ley N° 20.886, publicada en el Diario Oficial de 18 de diciembre de 2015, pasando el anterior inciso cuarto a ser el actual inciso quinto.

[PRECLUSIÓN POR CONSUMACIÓN DE LA FACULTAD DE RECURRIR]

Artículo 774. Interpuesto el recurso, no puede hacerse en él variación de ningún género.

Por consiguiente, aun cuando en el progreso del recurso se descubra alguna nueva causa en que haya podido fundarse, la sentencia recaerá únicamente sobre las alegadas en tiempo y forma.

[RECURSO DE CASACIÓN EN LA FORMA DE OFICIO]

Artículo 775. No obstante lo dispuesto en los artículos 769 y 774, pueden los tribunales, conociendo por vía de apelación, consulta o casación o en alguna incidencia, invalidar de oficio las sentencias cuando los antecedentes del recurso manifiesten que ellas adolecen de vicios que dan lugar a la casación en la forma, debiendo oír sobre este punto a los abogados que concurran a alegar en la vista de la causa e indicar a los mismos los posibles vicios sobre los cuales deberán alegar.

Si el defecto que se advierte es la omisión del fallo sobre alguna acción o excepción que se haya hecho valer en el juicio, el tribunal superior podrá limitarse a ordenar al de la causa que complete la sentencia, dictando resolución sobre el punto omitido, y entre tanto suspenderá el fallo del recurso.

[EXAMEN DE ADMISIBILIDAD DE LOS RECURSOS DE CASACIÓN EN LA FORMA Y EN EL FONDO ANTE EL TRIBUNAL A QUO]

Artículo 776. Presentado el recurso, el tribunal examinará si ha sido interpuesto en tiempo y si ha sido patrocinado por abogado habilitado. En el caso que el recurso se interpusiere ante un tribunal colegiado, el referido examen se efectuará en cuenta.

Si el recurso reúne estos requisitos, dará cumplimiento a lo establecido en el inciso primero del artículo 197[273].

---

273 Inciso modificado por el artículo 12, N° 39, letra a), de la Ley N° 20.886, publicada en el Diario Oficial de 18 de diciembre de 2015. El anterior inciso 3° de este artículo

Artículo 777. Derogado[274].

[Inadmisibilidad de los recursos de casación en la forma y en el fondo e impugnación]

Artículo 778. Si el recurso no cumple con los requisitos establecidos en el inciso primero del artículo 776, el tribunal lo declarará inadmisible, sin más trámite.

En contra del fallo que se dicte, sólo podrá interponerse el recurso de reposición, el que deberá fundarse en error de hecho y deducirse en el plazo de tercero día. La resolución que resuelva la reposición será inapelable.

[Certificación]

Artículo 779. Es aplicable al recurso de casación lo dispuesto en el artículo 200[275].

[Oportunidad para solicitar que el recurso de casación en el fondo sea conocido y resuelto por el pleno]

Artículo 780. Interpuesto el recurso de casación en el fondo, cualquiera de las partes podrá solicitar, dentro del plazo para hacerse parte en el tribunal *ad quem*, que el recurso sea conocido y resuelto por el pleno del tribunal. La petición sólo podrá fundarse en el hecho que la Corte Suprema, en fallos diversos, ha sostenido distintas interpretaciones sobre la materia de derecho objeto del recurso.

---

fue eliminado por el artículo 12, N° 39), letra b), de la Ley N° 20.886, publicada en el Diario Oficial de 18 de diciembre de 2015.

274 Artículo derogado por el artículo 12, N° 40), de la Ley N° 20.886, publicada en el Diario Oficial de 18 de diciembre de 2015.

275 Inciso modificado por el artículo 12, N° 41), letra a), de la Ley N° 20.886, publicada en el Diario Oficial de 18 de diciembre de 2015. El anterior inciso 2° de este artículo fue eliminado por el artículo 12, N° 41), letra b), de la Ley N° 20.886, publicada en el Diario Oficial de 18 de diciembre de 2015.

[EXAMEN DE ADMISIBILIDAD DEL RECURSO DE CASACIÓN EN LA FORMA ANTE EL TRIBUNAL AD QUEM]

Artículo 781. Elevado un proceso en casación de forma, el tribunal examinará en cuenta si la sentencia objeto del recurso es de aquéllas contra las cuales lo concede la ley y si éste reúne los requisitos que establecen los artículos 772, inciso segundo, y 776, inciso primero.

Si el tribunal encuentra mérito para considerarlo inadmisible, lo declarará sin lugar desde luego, por resolución fundada.

En caso de no declarar inadmisible desde luego el recurso, ordenará traer los autos en relación, sin más trámite. Asimismo, podrá decretar autos en relación, no obstante haber declarado la inadmisibilidad del recurso, cuando estime posible una casación de oficio.

La resolución por la que el tribunal de oficio declare la inadmisibilidad del recurso, sólo podrá ser objeto del recurso de reposición, el que deberá ser fundado e interponerse dentro de tercero día de notificada la resolución.

[EXAMEN DE ADMISIBILIDAD DEL RECURSO DE CASACIÓN EN EL FONDO ANTE EL TRIBUNAL AD QUEM]

Artículo 782. Elevado un proceso en casación de fondo, el tribunal examinará en cuenta si la sentencia objeto del recurso es de aquéllas contra las cuales lo concede la ley y si éste reúne los requisitos que se establecen en los incisos primeros de los artículos 772 y 776.

La misma sala, aun cuando se reúnan los requisitos establecidos en el inciso precedente, podrá rechazarlo de inmediato si, en opinión unánime de sus integrantes, adolece de manifiesta falta de fundamento.

Esta resolución deberá ser, a lo menos, someramente fundada y será susceptible del recurso de reposición que establece el inciso final del artículo 781.

En el mismo acto el tribunal deberá pronunciarse sobre la petición que haya formulado el recurrente, en cuanto a que el recurso sea visto por el pleno de la Corte Suprema, de conformidad a lo establecido en el artículo 780. La resolución que deniegue esta petición será susceptible del recurso de reposición que se establece en el inciso final del artículo 781.

Es aplicable al recurso de casación de fondo lo dispuesto en los incisos segundo, tercero y cuarto del artículo 781.

[Vista de la causa. Alegatos de los abogados]

Artículo 783. En la vista de la causa se observarán las reglas establecidas para las apelaciones.

La duración de las alegaciones de cada abogado se limitará, a una hora en los recursos de casación en la forma y a dos horas en los de casación en el fondo. En los demás asuntos que conozca la Corte Suprema, las alegaciones sólo podrán durar media hora.

El tribunal podrá, sin embargo, por unanimidad, prorrogar por igual tiempo la duración de las alegaciones. Con todo, si se tratare de una materia distinta de la casación, el tribunal podrá prorrogar el plazo por simple mayoría.

Las partes podrán, hasta el momento de verse el recurso, consignar en escrito firmado por un abogado, que no sea procurador del número, las observaciones que estimen convenientes para el fallo del recurso.

[Aplicación de disposiciones especiales]

Artículo 784. El recurso de casación se sujetará, además, a las disposiciones especiales de los párrafos 2°, 3° y 4° de este Título, según sea la naturaleza del juicio en que se haya pronunciado la sentencia recurrida.

[Recurso de casación en el fondo acogido. Sentencia de reemplazo. Casación en el fondo de oficio]

Artículo 785. Cuando la Corte Suprema invalide una sentencia por casación en el fondo, dictará acto continuo y sin nueva vista, pero separadamente, sobre la cuestión materia del juicio que haya sido objeto del recurso, la sentencia que crea conforme a la ley y al mérito de los hechos tales como se han dado por establecidos en el fallo recurrido, reproduciendo los fundamentos de derecho de la resolución casada que no se refieran a los puntos que hayan sido materia del recurso y la parte del fallo no afectada por éste.

En los casos en que desechare el recurso de casación en el fondo por defectos en su formalización, podrá invalidar de oficio la sentencia recurrida, si se hubiere dictado con infracción de ley y esta infracción haya influido substancialmente en lo dispositivo de la sentencia. La Corte deberá hacer constar en el fallo de casación esta circunstancia y los motivos que la determinan, y dictará sentencia de reemplazo con arreglo a lo que dispone el inciso precedente.

[Recurso de casación en la forma acogido. Principio de extensión de la nulidad. Sentencia de reemplazo y vicios que generan el reenvío]

Artículo 786. En los casos de casación en la forma, la misma sentencia que declara la casación determinará el estado en que queda el proceso, el cual se remitirá para su conocimiento al tribunal correspondiente.

Este tribunal es aquel a quien tocaría conocer del negocio en caso de recusación del juez o jueces que pronunciaron la sentencia casada.

Si el vicio que diere lugar a la invalidación de la sentencia fuere alguno de los contemplados en las causales 4ª, 5ª, 6ª y 7ª del artículo 768, deberá el mismo tribunal, acto continuo y sin nueva vista, pero separadamente, dictar la sentencia que corresponda con arreglo a la ley.

Lo dispuesto en el inciso precedente regirá, también, en los casos del inciso primero del artículo 776, si el tribunal respectivo invalida de oficio la sentencia por alguna de las causales antes señaladas.

Artículo 787. Derogado.

2. Disposiciones especiales del recurso de casación contra sentencias pronunciadas en juicios de mínima cuantía

[Causales de procedencia del recurso de casación en la forma]

Artículo 788 (962). En los juicios de mínima cuantía sólo hay lugar al recurso de casación en la forma, en los casos de los números 1°, 2°, 4°, 6°, 7° y 9° del artículo 768.

[Trámites esenciales]

Artículo 789 (963). En estos juicios sólo se considerarán diligencias o trámites esenciales, el emplazamiento del demandado en la forma prescrita por la ley para que conteste la demanda y el acta en que deben consignarse las peticiones de las partes y el llamado a conciliación[276].

[Forma de interposición]

Artículo 790 (964). El recurso se interpondrá verbalmente o por escrito sin previo anuncio y sólo se hará mención expresa de la causa en que se funde. Si se interpone verbalmente, se dejará de ella testimonio en un acta que firmarán el juez y el recurrente.

[Plazo de interposición]

Artículo 791 (965). El recurso de casación se interpondrá en el plazo fatal de cinco días[277].

Artículo 792 (966). Derogado[278].

[Vista de la causa]

Artículo 793. Elevado el proceso a un tribunal colegiado o encontrando éste admisible el recurso en el caso del artículo 781, mandará que se traigan sobre él los autos en relación.

Regirán también en este caso las disposiciones del inciso 2° del artículo 699 y los artículos 701 y 702.

---

276 Artículo modificado por el artículo único, N° 7, letras a) y b), de la Ley N° 19.594, publicada en el Diario Oficial de 1° de diciembre de 1998.

277 Artículo sustituido por el artículo único, N° 8, de la Ley N° 19.594, publicada en el Diario Oficial de 1° de diciembre de 1998.

278 Artículo derogado, por el artículo único, N° 9, de la Ley N° 19.594, publicada en el Diario Oficial de 1° de diciembre de 1998.

[Prueba de la causal del recurso de casación en la forma]

Artículo 794. Si la causal alegada necesita probarse, se abrirá un término con tal objeto y se rendirá la prueba según las reglas establecidas para los incidentes.

3. Disposiciones especiales de los recursos de casación contra sentencias pronunciadas en primera o en única instancia en juicios de mayor o de menor cuantía y en juicios especiales

[Trámites esenciales en primera o única instancia]

Artículo 795 (967). En general, son trámites o diligencias esenciales en la primera o en la única instancia en los juicios de mayor o de menor cuantía y en los juicios especiales:

1° El emplazamiento de las partes en la forma prescrita por la ley;

2° El llamado a las partes a conciliación, en los casos en que corresponda conforme a la ley[279];

3° El recibimiento de la causa a prueba cuando proceda con arreglo a la ley;

4° La práctica de diligencias probatorias cuya omisión podría producir indefensión;

5° La agregación de los instrumentos presentados oportunamente por las partes, con citación o bajo el apercibimiento legal que corresponda respecto de aquella contra la cual se presentan[280];

6° La citación para alguna diligencia de prueba; y

7° La citación para oír sentencia definitiva, salvo que la ley no establezca este trámite.

---

279 Número agregado por el artículo único, N° 7, de la Ley N° 19.334, publicada en el Diario Oficial de 7 de octubre de 1994.

280 Número sustituido por el artículo 1°, N° 27, de la Ley N° 18.882, publicada en el Diario Oficial de 20 de diciembre de 1989.

[Trámites esenciales en los juicios seguidos ante árbitros arbitradores]

Artículo 796 (968). En los juicios de mayor cuantía seguidos ante arbitradores son trámites esenciales los que las partes expresen en el acto constitutivo del compromiso, y, si nada han expresado acerca de esto, sólo los comprendidos en los números 1° y 5° del artículo precedente[281].

[Aplicación de disposiciones sobre juicios de menor cuantía]

Artículo 797 (969). Regirán también para los recursos de casación, en los juicios de menor cuantía, lo dispuesto en el inciso 2° del artículo 699, y en los artículos 701 y 702[282].

[Vista conjunta de los recursos de casación en la forma y de apelación]

Artículo 798. El recurso de casación en la forma contra la sentencia de primera instancia se verá conjuntamente con la apelación. Deberá dictarse una sola sentencia para fallar la apelación y desechar la casación en la forma.

Cuando se dé lugar a este último recurso, se tendrá como no interpuesto el recurso de apelación.

Si sólo se ha interpuesto recurso de casación en la forma, se mandarán traer los autos en relación.

[Prueba de la causal que funda el recurso de casación en la forma]

Artículo 799 (970). Cuando la causa alegada necesite de prueba, el tribunal abrirá para rendirla un término prudencial que no exceda de treinta días.

---

[281] Artículo modificado por el artículo 1°, N° 1, de la Ley N° 19.426, publicada en el Diario Oficial de 16 de diciembre de 1995.

[282] Artículo modificado por el artículo 2°, N° 3, de la Ley N° 19.374, publicada en el Diario Oficial de 18 de febrero de 1995.

4. Disposiciones especiales de los recursos de casación contra sentencias pronunciadas en segunda instancia en juicios de mayor o de menor cuantía y en juicios especiales

[Trámites esenciales en segunda instancia]

Artículo 800 (971). En general, son trámites o diligencias esenciales en la segunda instancia de los juicios de mayor o de menor cuantía y en los juicios especiales:

1° El emplazamiento de las partes, hecho antes de que el superior conozca del recurso;

2° La agregación de los instrumentos presentados oportunamente por las partes, con citación o bajo el apercibimiento legal que corresponda respecto de aquélla contra la cual se presentan[283];

3° La citación para oír sentencia definitiva;

4° La fijación de la causa en tabla para su vista en los tribunales colegiados, en la forma establecida en el artículo 163, y

5° Los indicados en los números 3°, 4° y 6° del artículo 795, en caso de haberse aplicado lo dispuesto en el artículo 207[284].

Artículo 801 (972). Derogado[285].

Artículo 802 (973). Derogado[286].

---

283 Número sustituido por el artículo 1°, N° 28, de la Ley N° 18.882, publicada en el Diario Oficial de 20 de diciembre de 1989.

284 Número modificado por el artículo 1°, N° 2, de la Ley N° 19.426, publicada en el Diario Oficial de 16 de diciembre de 1995. Los anteriores números 1° al 7° fueron sustituidos por los actuales números 1° al 5°, según lo dispuesto en el artículo 1°, N° 84, de la Ley N° 18.705, publicada en el Diario Oficial de 24 de mayo de 1988.

285 Artículo derogado por el artículo 2°, N° 4, de la Ley N° 19.374, publicada en el Diario Oficial de 18 de febrero de 1995.

286 Artículo derogado por el artículo 2°, N° 5, de la Ley N° 19.374, publicada en el Diario Oficial de 18 de febrero de 1995.

[Designación de abogado]

Artículo 803. El recurrente, hasta antes de la vista del recurso, podrá designar un abogado para que lo defienda ante el tribunal ad quem, que podrá ser o no el mismo que patrocinó el recurso[287].

Artículo 804 (975). Derogado[288].

[Informes en derecho. Prohibición de lectura durante el alegato. Plazo para pronunciar sentencia en el recurso de casación en el fondo]

Artículo 805 (976). Tratándose de un recurso de casación en el fondo, cada parte podrá presentar por escrito, y aun impreso, un informe en derecho hasta el momento de la vista de la causa[289].

No se podrá sacar los autos de la secretaría para estos informes.

En la vista de la causa no se podrá hacer alegación alguna extraña a las cuestiones que sean objeto del recurso, ni se permitirá la lectura de escritos o piezas de los autos, salvo que el presidente lo autorice para esclarecer la cuestión debatida.

El tribunal dictará sentencia dentro de los cuarenta días siguientes a aquel en que haya terminado la vista.

---

287 Los anteriores incisos segundo, tercero y cuarto de este artículo fueron derogados por el artículo 2° de la Ley N° 19.806, publicada en el Diario Oficial de 31 de mayo de 2002.

288 Artículo derogado, por el artículo 1°, N° 87, de la Ley N° 18.705, publicada en el Diario Oficial de 24 de mayo de 1988.

289 El anterior inciso primero de este artículo fue derogado, pasando el segundo a ser el primero, y así sucesivamente los restantes, por el artículo 1°, N° 88, letra a), de la Ley N° 18.705, publicada en el Diario Oficial de 24 de mayo de 1988. El inciso 2°, que pasó a ser 1°, fue sustituido por el artículo 1°, N° 88, letra b), de la Ley N° 18.705, publicada en el Diario Oficial de 24 de mayo de 1988.

[PLAZO PARA PRONUNCIAR SENTENCIA EN EL RECURSO DE CASACIÓN EN LA FORMA]

Artículo 806 (977). Cuando el recurso sea de casación en la forma, dispondrá el tribunal que se traigan los autos en relación, y fallará la causa en el término de veinte días contados desde aquel en que terminó la vista.

[INADMISIBILIDAD DE RENDIR PRUEBA EN EL RECURSO DE CASACIÓN EN EL FONDO]

Artículo 807 (978). En el recurso de casación en el fondo, no se podrán admitir ni decretar de oficio para mejor proveer pruebas de ninguna clase que tiendan a establecer o esclarecer los hechos controvertidos en el juicio en que haya recaído la sentencia recurrida.

Si la casación es en la forma, tendrá lugar lo dispuesto en el artículo 799.

[INTERPOSICIÓN CONJUNTA DE LOS RECURSOS DE CASACIÓN]

Artículo 808 (979). Si contra una misma sentencia se interponen recursos de casación en la forma y en el fondo, éstos se tramitarán y verán conjuntamente y se resolverán en un mismo fallo.

Si se acoge el recurso de forma, se tendrá como no interpuesto el de fondo[290].

Artículo 809. Derogado[291].

TÍTULO XX
DEL RECURSO DE REVISIÓN

[CAUSALES DE LA ACCIÓN DE REVISIÓN]

Artículo 810 (981). La Corte Suprema de Justicia podrá rever una sentencia firme en los casos siguientes:

---

290 Inciso modificado por el artículo 2°, N° 7, de la Ley N° 19.374, publicada en el Diario Oficial de 18 de febrero de 1995.

291 Artículo derogado por el artículo 2°, N° 8, de la Ley N° 19.374, publicada en el Diario Oficial de 18 de febrero de 1995.

1º Si se ha fundado en documentos declarados falsos por sentencia ejecutoria, dictada con posterioridad a la sentencia que se trata de rever;

2º Si pronunciada en virtud de pruebas de testigos, han sido éstos condenados por falso testimonio dado especialmente en las declaraciones que sirvieron de único fundamento a la sentencia;

3º Si la sentencia firme se ha ganado injustamente en virtud de cohecho, violencia u otra maquinación fraudulenta, cuya existencia haya sido declarada por sentencia de término; y

4º Si se ha pronunciado contra otra pasada en autoridad de cosa juzgada y que no se alegó en el juicio en que la sentencia firme recayó.

El recurso de revisión no procede respecto de las sentencias pronunciadas por la Corte Suprema, conociendo en los recursos de casación o de revisión.

[Plazo de interposición]

Artículo 811 (982). El recurso de revisión sólo podrá interponerse dentro de un año, contado desde la fecha de la última notificación de la sentencia objeto del recurso.

Si se presenta pasado este plazo, se rechazará de plano.

Sin embargo, si al terminar el año no se ha aún fallado el juicio dirigido a comprobar la falsedad de los documentos, el perjurio de los testigos o el cohecho, violencia u otra maquinación fraudulenta a que se refiere el artículo anterior, bastará que el recurso se interponga dentro de aquel plazo, haciéndose presente en él esta circunstancia, y debiendo proseguirse inmediatamente después de obtenerse sentencia firme en dicho juicio.

Artículo 812 (983). Derogado[292].

---

[292] Artículo suprimido, por el artículo 2º, Nº 9, de la Ley Nº 19.374, publicada en el Diario Oficial de 18 de febrero de 1995.

[Tramitación]

Artículo 813 (984). Presentado el recurso, el tribunal ordenará que se traigan a la vista todos los antecedentes del juicio en que recayó la sentencia impugnada y citará a las partes a quienes afecte dicha sentencia para que comparezcan en el término de emplazamiento a hacer valer su derecho.

Los trámites posteriores al vencimiento de este término se seguirán conforme a lo establecido para la substanciación de los incidentes, oyéndose al fiscal judicial antes de la vista de la causa[293].

[Suspensión de la ejecución de la sentencia impugnada]

Artículo 814 (985). Por la interposición de este recurso no se suspenderá la ejecución de la sentencia impugnada.

Podrá, sin embargo, el tribunal, en vista de las circunstancias, a petición del recurrente, y oído el fiscal judicial, ordenar que se suspenda la ejecución de la sentencia, siempre que aquél dé fianza bastante para satisfacer el valor de lo litigado y los perjuicios que se causen con la inejecución de la sentencia, para el caso de que el recurso sea desestimado[294].

[Efectos de acogerse la acción de revisión]

Artículo 815 (986). Si el tribunal estima procedente la revisión por haberse comprobado, con arreglo a la ley, los hechos en que se funda, lo declarará así, y anulará en todo o en parte la sentencia impugnada.

En la misma sentencia que acepte el recurso de revisión declarará el tribunal si debe o no seguirse nuevo juicio. En el primer caso determinará, además, el estado en que queda el proceso, el cual se remitirá para su conocimiento al tribunal de que proceda.

---

293 Inciso modificado por el artículo 2° de la Ley N° 19.806, publicada en el Diario Oficial de 31 de mayo de 2002.

294 Inciso modificado por el artículo 2° de la Ley N° 19.806, publicada en el Diario Oficial de 31 de mayo de 2002.

Servirán de base al nuevo juicio las declaraciones que se hayan hecho en el recurso de revisión, las cuales no podrán ser ya discutidas.

[Efectos de desestimarse la acción de revisión. Condena en costas]

Artículo 816 (987). Cuando el recurso de revisión se declare improcedente, se condenará en las costas del juicio al que lo haya promovido y se ordenará que sean devueltos al tribunal que corresponda los autos mandados traer a la vista.

LIBRO CUARTO
DE LOS ACTOS JUDICIALES NO CONTENCIOSOS

TÍTULO I
DISPOSICIONES GENERALES

[Actos judiciales no contenciosos]

Artículo 817 (989). Son actos judiciales no contenciosos aquellos que según la ley requieren la intervención del juez y en que no se promueve contienda alguna entre partes.

[Prueba en asuntos judiciales no contenciosos. La información sumaria]

Artículo 818 (990). Aunque los tribunales hayan de proceder en algunos de estos actos con *conocimiento de causa*, no es necesario que se les suministre este conocimiento con las solemnidades ordinarias de las pruebas judiciales.

Así, pueden acreditarse los hechos pertinentes por medio de *informaciones sumarias*.

Se entiende por *información sumaria* la prueba de cualquiera especie, rendida sin notificación ni intervención de contradictor y sin previo señalamiento de término probatorio.

[Apreciación prudencial de las pruebas]

Artículo 819 (991). Los tribunales en estos negocios apreciarán prudencialmente el mérito de las justificaciones y pruebas de cualquiera clase que se produzcan.

[Diligencias de oficio]

Artículo 820 (992). Asimismo decretarán de oficio las diligencias informativas que estimen convenientes.

[Cosa juzgada formal]

Artículo 821 (993). Pueden los tribunales, variando las circunstancias, y a solicitud del interesado, revocar o modificar las resoluciones negativas que hayan dictado, sin sujeción a los términos y formas establecidos para los asuntos contenciosos.

Podrán también en igual caso revocar o modificar las resoluciones afirmativas, con tal que esté aún pendiente su ejecución.

[Procedencia de los recursos de apelación y casación]

Artículo 822 (994). Contra las resoluciones dictadas podrán entablarse los recursos de apelación y de casación, según las reglas generales. Los trámites de la apelación serán los establecidos para los incidentes.

[Legítimo contradictor]

Artículo 823 (995). Si a la solicitud presentada se hace oposición por legítimo contradictor, se hará contencioso el negocio y se sujetará a los trámites del juicio que corresponda.

Si la oposición se hace por quien no tiene derecho, el tribunal, desestimándola de plano, dictará resolución sobre el negocio principal.

[Tramitación]

Artículo 824 (996). En los negocios no contenciosos que no tengan señalada una tramitación especial en el presente Código, procederá el tribunal de plano, si la ley no le ordena obrar con conocimiento de causa.

Si la ley exige este conocimiento, y los antecedentes acompañados no lo suministran, mandará rendir previamente información sumaria acerca de los hechos que legitimen la petición, y oirá después al respectivo defensor público[295].

---

[295] Inciso modificado por el artículo 2° de la Ley N° 19.806, publicada en el Diario Oficial de 31 de mayo de 2002.

[Dictamen de fiscales judiciales o defensores públicos]

Artículo 825 (997). En todos los casos en que haya de obtenerse el dictamen por escrito de los oficiales del fiscal judicial o de los defensores públicos, se les pasará al efecto el proceso en la forma establecida en el artículo 37[296].

[Requisitos de las sentencias]

Artículo 826 (998). Las sentencias definitivas en los negocios no contenciosos expresarán el nombre, profesión u oficio y domicilio de los solicitantes, las peticiones deducidas y la resolución del tribunal. Cuando éste deba proceder con conocimiento de causa, se establecerán además las razones que motiven la resolución.

Estas sentencias, como las que se expiden en las causas entre partes, se copiarán en el libro respectivo que llevará el secretario del tribunal.

[Inaplicación del fuero procesal]

Artículo 827 (999). En los asuntos no contenciosos no se tomará en consideración el fuero personal de los interesados para establecer la competencia del tribunal.

[Expediente o carpeta electrónica]

Artículo 828 (1000). Los procesos que se formen sobre actos no contenciosos quedarán en todo caso archivados, como los de negocios contenciosos.

Si se da copia de todo o parte del proceso, se dejará en él testimonio de este hecho con expresión del contenido de las copias que se hayan dado.

---

[296] Artículo modificado por el artículo 2° de la Ley N° 19.806, publicada en el Diario Oficial de 31 de mayo de 2002.

TÍTULO II
DE LA HABILITACIÓN PARA COMPARECER EN JUICIO

[Comparecencia en juicio de la mujer casada en sociedad conyugal]

Artículo 829 (1001). En los casos en que la ley autorice al juez para suplir la autorización del marido a fin de que la mujer casada pueda parecer en juicio, ocurrirá ésta ante el tribunal correspondiente manifestándole, por escrito, el juicio o juicios en que necesite actuar como demandante o demandada, los motivos que aconsejan su comparecencia y el hecho de que el marido le niegue la autorización o el impedimento que lo imposibilita para prestarla.

El tribunal concederá o negará la habilitación, con conocimiento de causa, si la estima necesaria, y oyendo en todo caso al defensor de menores. Citará además al marido cuando esté presente y no esté inhabilitado.

[Comparecencia en juicio del hijo de familia]

Artículo 830 (1002). Lo dispuesto en el artículo anterior se aplicará al caso en que el hijo de familia tenga que litigar como actor contra su padre o éste le niegue o no pueda prestarle su consentimiento o representación para parecer en juicio contra un tercero, ya sea como demandante o demandado.

En el auto en que se conceda la habilitación se dará al hijo de familia un curador para la litis, con arreglo a lo dispuesto en el artículo 852.

[Tramitación del juicio de habilitación]

Artículo 831 (1003). El juicio que tenga por objeto la habilitación, por negarse el padre o marido a representar o a autorizar al hijo o a la mujer para parecer en juicio, se substanciará en conformidad a los trámites establecidos para los incidentes.

Lo mismo sucederá cuando, antes de otorgarse la que se haya pedido por ausencia o ignorado paradero del padre o marido, comparece alguno de éstos oponiéndose.

[TRAMITACIÓN DE LA PRESENTACIÓN DEL PADRE O MARIDO]

Artículo 832 (1004). Si la presentación del padre o marido tiene lugar después de concedida la habilitación, su oposición se tramitará también como un incidente, y mientras no recaiga sentencia firme, surtirá todos sus efectos la habilitación.

TÍTULO III
DE LA AUTORIZACIÓN JUDICIAL PARA REPUDIAR LA LEGITIMACIÓN DE UN INTERDICTO

[AUTORIZACIÓN JUDICIAL PARA REPUDIAR UNA LEGITIMACIÓN DE UN INTERDICTO]

Artículo 833 (1005). Cuando deba obtenerse la autorización judicial para repudiar una legitimación, se expresarán las causas o razones que justifiquen el repudio, se acompañarán los documentos necesarios y se ofrecerá información sumaria para acreditarlas si fuere menester.

En todo caso se oirá el dictamen del respectivo defensor.

Artículo 834 (1006). Derogado[297].

[EXTENSIÓN DE ESCRITURA]

Artículo 835 (1007). El tribunal ordenará que se extienda la escritura de repudio, y que se practique la anotación exigida por el artículo 209 del Código Civil.

En dicha escritura se insertará, además del discernimiento de la curaduría, la resolución que autorizó el repudio.

---

297 Artículo derogado por el artículo 10 de la Ley N° 10.271, publicada en el Diario Oficial de 2 de abril de 1952.

TÍTULO IV
DE LA EMANCIPACIÓN VOLUNTARIA

[Aprobación judicial de la emancipación voluntaria]

Artículo 836 (1008). Para obtener la aprobación judicial de la emancipación voluntaria se presentarán al tribunal el padre y el hijo, declarando el primero que quiere emancipar al hijo y el segundo que consiente en ello[298].

El tribunal, previo conocimiento de causa en la forma expresada en el inciso 2° del artículo 824, autorizará la emancipación y mandará reducirla a escritura pública, si la encuentra ventajosa para el hijo, o denegará la autorización en caso contrario.

TÍTULO V
DE LA AUTORIZACIÓN JUDICIAL PARA REPUDIAR EL RECONOCIMIENTO DE UN INTERDICTO COMO HIJO NATURAL

[Autorización judicial para repudiar el reconocimiento de un hijo interdicto]

Artículo 837 (1009). La autorización judicial para repudiar el reconocimiento de un hijo natural que se encuentre bajo interdicción, se sujetará a lo dispuesto en los artículos 833 y 835.

TÍTULO VI
DEL NOMBRAMIENTO DE TUTORES Y CURADORES Y DEL DISCERNIMIENTO DE ESTOS CARGOS

1. Del nombramiento de tutores y curadores

[Nombramiento de tutor o curador]

Artículo 838 (1017). Cuando haya de procederse al nombramiento de tutor o curador legítimo para un menor, en los casos previstos por el Có-

---

298 Inciso modificado por el artículo 123, N° 2, de la Ley N° 19.968, publicada en el Diario Oficial de 30 de agosto de 2004.

digo Civil, se acreditará que ha lugar a la guarda legítima, que la persona designada es la que debe desempeñarla en conformidad a la ley, y que ella tiene las condiciones exigidas para ejercer el cargo.

[Tramitación]

Artículo 839 (1018). Para conferir la tutela o curaduría legítima del menor a su padre o madre legítimos o a los demás ascendientes de uno u otro sexo, procederá el tribunal oyendo sólo al defensor de menores.

En los demás casos de tutela o curaduría legítima, para la elección del tutor o curador oirá el tribunal al defensor de menores y a los parientes del pupilo.

Al defensor de menores se le pedirá dictamen por escrito; pero si ha de consultarse a los parientes del pupilo, bastará que se les cite para la misma audiencia a que deben éstos concurrir, en la cual será también oído el defensor.

La notificación y audiencia de los parientes tendrán lugar en la forma que establece el artículo 689[299].

[Nombramiento del tutor o curador dativo]

Artículo 840 (1019). Cuando haya de nombrarse tutor o curador dativo, se acreditará la procedencia legal del nombramiento, designando el menor la persona del curador si le corresponde hacer esta designación, y se observarán en lo demás las disposiciones de los cuatro últimos incisos del artículo anterior.

[Habilitados para provocar el nombramiento de tutor]

Artículo 841 (1020). Pueden en todo caso provocar el nombramiento de tutor el defensor de menores y cualquiera persona del pueblo, por intermedio de este funcionario.

---

[299] Artículo modificado por el artículo 123, número 2, de la Ley Nº 19.968, publicada en el Diario Oficial de 30 de agosto de 2004.

Si el nombramiento de curador dativo no es pedido por el menor sino por otra de las personas que según la ley tienen derecho a hacerlo, se notificará a aquél para que designe al que haya de servir el cargo, cuando le corresponda hacer tal designación, bajo apercibimiento de que ésta se hará por el tribunal si el menor no la hace en el plazo que al efecto se le fije.

[Nombramiento de tutor o curador interino por el tribunal]

Artículo 842 (1021). En los casos del artículo 371 del Código Civil, pueden los tribunales nombrar de oficio tutor o curador interino para el menor.

No es necesaria para este nombramiento la audiencia del defensor de menores ni la de los parientes del pupilo.

[Tramitación del nombramiento de curador de interdictos]

Artículo 843 (1022). Declarada por sentencia firme la interdicción del disipador, del demente o del sordomudo, se procederá al nombramiento de curador, en la forma prescrita por el artículo 839.

Pueden pedir este nombramiento el defensor de menores y las mismas personas que, conforme a los artículos 443, 444 y 459 del Código Civil, pueden provocar el respectivo juicio de interdicción.

Declarada la interdicción provisional, habrá lugar al nombramiento de curador, conforme a las reglas establecidas en el Código Civil.

[Nombramiento de curador de bienes del ausente]

Artículo 844 (1023). Habrá lugar al nombramiento de curador de bienes del ausente, fuera de los casos expresamente previstos por la ley, en el que menciona el artículo 285 del presente Código.

[Prueba de circunstancias]

Artículo 845 (1024). La primera de las circunstancias expresadas en el artículo 473 del Código Civil para el nombramiento de curador de bienes del ausente, se justificará a lo menos con declaración de dos testigos contestes o de tres singulares, que den razón satisfactoria de sus dichos. Podrá también exigir el tribunal, para acreditar esta circunstancia, que se compruebe por medio de información sumaria cuál fue el último domicilio del ausente, y que no ha dejado allí poder a ninguno de los procuradores del número, ni lo ha otorgado ante los notarios de ese domicilio durante los dos años que precedieron a la ausencia, o que dichos poderes no están vigentes.

Las diligencias expresadas se practicarán con citación del defensor de ausentes; y si este funcionario pide que se practiquen también algunas otras para la justificación de las circunstancias requeridas por la ley, el tribunal accederá a ello, si las estima necesarias para la comprobación de los hechos.

[Representación del ausente que no tiene mandatario para contestar nuevas demandas]

Artículo 846 (1025). Siempre que el mandatario de un ausente cuyo paradero se ignora, carezca de facultades para contestar nuevas demandas, asumirá la representación del ausente el defensor respectivo, mientras el mandatario nombrado obtiene la habilitación de su propia personería o el nombramiento de otro apoderado especial para este efecto, conforme a lo previsto en el artículo 11.

[Deudor que se oculta]

Artículo 847 (1026). La ocultación a que se refiere el inciso final del artículo 474 del Código Civil, se hará constar, con citación del defensor de ausentes, a lo menos en la forma que expresa el inciso 1° del artículo 845.

[Litis expensas]

Artículo 848 (1027). Se sacarán de los bienes del ausente las expensas de la litis, así como los fondos necesarios para dar cumplimiento a los fallos que se expidan en su contra y para cubrir los gastos que ocasione la curaduría.

[Nombramiento de curador de la herencia yacente]

Artículo 849 (1028). Declarada yacente la herencia en conformidad a lo prevenido en el párrafo respectivo de este Libro, se procederá inmediatamente al nombramiento de curador de la misma cumplidas en su caso las disposiciones de los artículos 482 y 483 del Código Civil[300].

[Nombramiento de curador de los derechos eventuales del que está por nacer]

Artículo 850 (1029). Para proceder al nombramiento de curador de los derechos eventuales del que está por nacer, bastará la denunciación o declaración de la madre que se crea embarazada, y en el caso de haberse nombrado ese curador por el padre, bastará el hecho del testamento y la comprobación de la muerte de éste.

[Nombramiento de curador adjunto]

Artículo 851 (1030). El nombramiento de curador adjunto se hará como el de curador dativo.

El nombramiento recaerá en la persona designada por el donante o testador, con tal que sea idónea, siempre que haya de nombrarse curador para la administración particular de bienes donados o asignados por testamento con la condición de que no los administre el padre, marido o guardador general del donatario o asignatario.

[Nombramiento de curadores especiales]

Artículo 852 (1031). Los curadores especiales serán nombrados por el tribunal, con audiencia del defensor respectivo, sin perjuicio de la designación que corresponda al menor en conformidad a la ley.

---

300 Artículo modificado por el artículo 2º de la Ley Nº 19.806, publicada en el Diario Oficial de 31 de mayo de 2002.

2. *Del discernimiento de la tutela o curaduría*

[Discernimiento del tutor o curador testamentario]

Artículo 853 (1032). El tutor o curador testamentario que pida el discernimiento de la tutela o curaduría, presentará el nombramiento que se le haya hecho y hará constar que se han verificado las condiciones legales necesarias para que el nombramiento tenga lugar.

Encontrando justificada la petición, el tribunal aprobará el nombramiento y mandará discernir el cargo, previa audiencia del defensor de menores.

[Reducción a escritura pública]

Artículo 854 (1033). El decreto judicial que autoriza al tutor o curador para ejercer su cargo, se reducirá a escritura pública, la cual será firmada por el juez que apruebe o haga el nombramiento.

No es necesaria esta solemnidad respecto de los curadores para pleito o *ad litem*, ni de los demás tutores o curadores, cuando la fortuna del pupilo sea escasa a juicio del tribunal. En tales casos servirá de título la resolución en que se nombre el guardador o se apruebe su designación.

Salvo las excepciones establecidas en el inciso precedente, sólo se entenderá discernida la tutela o curaduría desde que se otorgue la escritura prescrita en el inciso 1° de este artículo.

[Otorgamiento de fianza del tutor o curador]

Artículo 855 (1034). Para que el tribunal mande otorgar la escritura de discernimiento o dar copia del título, en el caso del 2° inciso del artículo anterior, es necesario que preceda el otorgamiento por escritura pública de la fianza a que el tutor o curador esté obligado.

Esta fianza debe ser aprobada por el tribunal, con audiencia del defensor respectivo.

[Otorgamiento de fianza de curadores interinos]

Artículo 856 (1035). No están dispensados de la fianza los curadores interinos que hayan de durar o hayan durado tres meses o más en el ejercicio de su cargo.

[Ofrecimiento de la fianza]

Artículo 857 (1036). En el escrito en que se solicita el discernimiento de una tutela o curaduría se podrá ofrecer la fianza necesaria; y el tribunal se pronunciará en una misma resolución sobre lo uno y lo otro.

Podrán también ser una misma la escritura de fianza y la de discernimiento.

TÍTULO VII
DEL INVENTARIO SOLEMNE

[Inventario solemne]

Artículo 858 (1037). Es inventario solemne el que se hace, previo decreto judicial, por el funcionario competente y con los requisitos que en el artículo siguiente se expresan.

Pueden decretar su formación los jueces árbitros en los asuntos de que conocen.

[Requisitos]

Artículo 859 (1038). El inventario solemne se extenderá con los requisitos que siguen:

1° Se hará ante un notario y dos testigos mayores de dieciocho años, que sepan leer y escribir y sean conocidos del notario. Con autorización del tribunal podrá hacer las veces de notario otro ministro de fe o un juez de menor cuantía;

2° El notario o el funcionario que lo reemplace, si no conoce a la persona que hace la manifestación, la cual deberá ser, siempre que esté presente, el tenedor de los bienes, se cerciorará ante todo de su identidad y la hará constar en la diligencia;

3° Se expresará en letras el lugar, día, mes y año en que comienza y concluye cada parte del inventario;

4° Antes de cerrado, el tenedor de los bienes o el que hace la manifestación de ellos, declarará bajo juramento que no tiene otros que manifestar y que deban figurar en el inventario; y

5° Será firmado por dicho tenedor o manifestante, por los interesados que hayan asistido, por el ministro de fe y por los testigos.

[Forma en que se citará a los interesados]

Artículo 860 (1039). Se citará a todos los interesados conocidos y que según la ley tengan derecho de asistir al inventario.

Esta citación se hará personalmente a los que sean condueños de los bienes que deban inventariarse, si residen en el mismo territorio jurisdiccional. A los otros condueños y a los demás interesados, se les citará por medio de avisos publicados durante tres días en un diario de la comuna, o de la capital de la provincia o de la capital de la región, cuando allí no lo haya[301].

En representación de los que residan en país extranjero se citará al defensor de ausentes, a menos que por ellos se presente procurador con poder bastante.

El ministro de fe que practique el inventario dejará constancia en la diligencia de haberse hecho la citación en forma legal.

[Descripción o noticia de los bienes inventariados]

Artículo 861 (1040). Todo inventario comprenderá la descripción o noticia de los bienes inventariados en la forma prevenida por los artículos 382 y 384 del Código Civil.

---

[301] Inciso reemplazado por el artículo 5°, N° 21, de la Ley N° 18.776, publicada en el Diario Oficial de 18 de enero de 1989.

Pueden figurar en el inventario los bienes que existan fuera del territorio jurisdiccional, sin perjuicio de lo dispuesto en el artículo siguiente[302].

[Exhorto]

Artículo 862 (1041). Si hay bienes que inventariar en otro territorio jurisdiccional y lo pide algún interesado presente, se expedirán exhortos a los jueces respectivos, a fin de que los hagan inventariar y remitan originales las diligencias obradas para unirlas a las principales[303].

[Protocolización]

Artículo 863 (1042). Concluido el inventario, se protocolizará en el registro del notario que lo haya formado, o en caso de haber intervenido otro ministro de fe, en el protocolo que designe el tribunal.

El notario deberá dejar constancia de la protocolización en el inventario mismo.

[Inventario de nuevos bienes]

Artículo 864 (1043). Es extensiva a todo inventario la disposición del artículo 383 del Código Civil.

[Tasación de los bienes inventariados]

Artículo 865 (1044). Cuando la ley ordene que al inventario se agregue la tasación de los bienes, podrá el tribunal, al tiempo de disponer que se inventaríen, designar también peritos para que hagan la tasación, o reservar para más tarde esta operación.

Si se trata de objetos muebles podrá designarse al mismo notario o funcionario que haga sus veces para que practique la tasación.

---

[302] Inciso modificado por el artículo 5°, N° 22, de la Ley N° 18.776, publicada en el Diario Oficial de 18 de enero de 1989.

[303] Artículo modificado por el artículo 5°, N° 23, de la Ley N° 18.776, publicada en el Diario Oficial de 18 de enero de 1989.

TÍTULO VIII
DE LOS PROCEDIMIENTOS A QUE DA LUGAR LA SUCESIÓN POR CAUSA DE MUERTE

1. De los procedimientos especiales de la sucesión testamentaria

[Ejecución del testamento abierto no protocolizado]

Artículo 866 (1045). El testamento abierto, otorgado ante funcionario competente y que no se haya protocolizado en vida del testador, será presentado después de su fallecimiento y en el menor tiempo posible al tribunal, para que ordene su protocolización. Sin este requisito no podrá procederse a su ejecución.

[Publicación y protocolización de testamentos otorgados ante testigos]

Artículo 867 (1046). La publicación y protocolización de los testamentos otorgados sólo ante testigos, se hará en la forma prevenida por el artículo 1020 del Código Civil.

[Apertura del testamento cerrado]

Artículo 868 (1047). La apertura del testamento cerrado se hará en la forma establecida por el artículo 1025 del Código Civil. Si el testamento se ha otorgado ante notario que no sea del último domicilio del testador, podrá ser abierto ante el juez del territorio jurisdiccional a que pertenezca dicho notario, por delegación del juez del domicilio que se expresa. En tal caso, el original se remitirá con las diligencias de apertura a este juez, y se dejará archivada además una copia autorizada en el protocolo del notario que autoriza el testamento[304].

---

[304] Artículo reemplazado por el artículo 5°, N° 24, de la Ley N° 18.776, publicada en el Diario Oficial de 18 de enero de 1989.

[HABILITADOS PARA PEDIR APERTURA, PUBLICACIÓN Y PROTOCOLIZACIÓN DE UN TESTAMENTO]

Artículo 869 (1048). Puede pedir la apertura, publicación y protocolización de un testamento cualquiera persona capaz de parecer por sí misma en juicio.

[TESTAMENTOS PRIVILEGIADOS]

Artículo 870 (1049). Los testamentos privilegiados se someterán en su apertura, publicación y protocolización a las reglas establecidas por el Código Civil respecto de ellos.

[ACTUACIÓN DEL SECRETARIO DEL TRIBUNAL]

Artículo 871 (1050). En las diligencias judiciales a que se refieren los artículos que preceden, actuará el secretario del tribunal a quien corresponda por la ley el conocimiento del negocio.

2. De la guarda de los muebles y papeles de la sucesión

[GUARDA Y APOSICIÓN DE SELLOS]

Artículo 872 (1051). Si el albacea o cualquier interesado pide que se guarden bajo llave y sello los papeles de la sucesión, el tribunal así lo decretará, y procederá por sí mismo a practicar estas diligencias, o comisionará al efecto a su secretario o algún notario del territorio jurisdiccional, quienes se asociarán con dos testigos mayores de dieciocho años, que sepan leer y escribir y sean conocidos del secretario o notario[305].

Nombrará también una persona de notoria probidad y solvencia que se encargue de la custodia de las llaves, o las hará depositar en el oficio del secretario.

Puede el tribunal decretar de oficio estas diligencias.

---

[305] Inciso modificado por el artículo 5°, N° 25, de la Ley N° 18.776, publicada en el Diario Oficial de 18 de enero de 1989.

Si ha de procederse a ellas en diversos territorios jurisdiccionales, cada tribunal, al mandar practicarlas, designará la persona que, dentro de su territorio, haya de encargarse de la custodia[306].

[Procedencia de la guarda y aposición de sellos]

Artículo 873 (1052). Se procederá a la guarda y aposición de sellos respecto de todos los muebles y papeles que se encuentren entre los bienes de la sucesión, no obstante cualquiera oposición.

El funcionario que practique la diligencia podrá pesquisar el testamento entre los papeles de la sucesión.

Si se interpone el recurso de alzada, se concederá sólo en el efecto devolutivo.

Se exceptúan de lo dispuesto en el inciso 1° del presente artículo los muebles domésticos de uso cotidiano, respecto de los cuales bastará que se forme lista.

[Bienes eximidos de la guarda y aposición de sellos]

Artículo 874 (1053). Puede el tribunal, siempre que lo estime conveniente, eximir también el dinero y las alhajas de la formalidad de la guarda y aposición de sellos. En tal caso mandará depositar estas especies en un Banco o en las arcas del Estado, o las hará entregar al administrador o tenedor legítimo de los bienes de la sucesión.

[Presencia de los interesados]

Artículo 875 (1054). Decretada la guarda y aposición de sellos, se pueden practicar estas diligencias aun cuando no esté presente ninguno de los interesados.

---

306 Inciso modificado por el artículo 5°, N° 25, de la Ley N° 18.776, publicada en el Diario Oficial de 18 de enero de 1989.

[Ruptura de sellos]

Artículo 876 (1055). La ruptura de los sellos deberá hacerse en todo caso judicialmente, con citación de las personas que pueden tomar parte en la facción del inventario, citadas en la forma que dispone el artículo 860; salvo que por la urgencia del caso el tribunal ordene prescindir de este trámite[307].

3. De la dación de la posesión efectiva de la herencia

[Posesión efectiva de la herencia]

Artículo 877 (1056). Se dará la posesión efectiva de la herencia al que la pida exhibiendo un testamento aparentemente válido en que se le instituya heredero.

[Otorgamiento al heredero abintestato]

Artículo 878 (1057). Se dará igualmente al heredero abintestato que acredite el estado civil que le da derecho a la herencia, siempre que no conste la existencia de heredero testamentario, ni se presenten otros abintestatos de mejor derecho.

[Solicitud de posesión efectiva]

Artículo 879. La posesión efectiva de una herencia deberá solicitarse para todos los herederos indicándolos por sus nombres, apellidos, domicilios y calidades con que heredan.

En la solicitud se expresará, además, el nombre, apellido, profesión u oficio, estado civil, lugar y fecha de la muerte y último domicilio del causante, si la herencia es o no testamentaria, acompañándose en el primer caso copia del testamento.

---

307 Artículo modificado por el artículo 2° de la Ley N° 19.806, publicada en el Diario Oficial de 31 de mayo de 2002.

[Inventario]

Artículo 880. Los herederos que no estén obligados a practicar inventario solemne o no lo exijan al tiempo de pedir la posesión efectiva, deberán presentar inventario simple en los términos de los artículos 382 y 384 del Código Civil. Dicho inventario, que se acompañará a la solicitud de posesión efectiva, llevará la firma de todos los que la hayan pedido.

En todo caso, los inventarios deberán incluir una valoración de los bienes de acuerdo a lo previsto en el artículo 46 de la Ley Nº 16.271[308].

[Concesión de la posesión efectiva]

Artículo 881 (1058). La posesión efectiva se entenderá dada a toda la sucesión, aun cuando sólo uno de los herederos la pida. Para este efecto, una vez presentada la solicitud, el tribunal solicitará informe al Servicio de Registro Civil e Identificación respecto de las personas que posean presuntamente la calidad de herederos conforme a los registros del Servicio, y de los testamentos que aparezcan otorgados por el causante en el Registro Nacional de Testamentos. El hecho de haber cumplido con este trámite deberá constar expresamente en la resolución que conceda la posesión efectiva[309].

La resolución que la conceda contendrá el nombre, apellido, profesión u oficio, lugar y fecha de la muerte, y último domicilio del causante, la calidad de la herencia, indicando el testamento cuando lo haya, su fecha y la notaría en que fue extendido o protocolizado, la calidad de los herederos, designándolos por sus nombres, apellidos, profesiones u oficios y domicilios.

La resolución terminará, según el caso, ordenando la facción de inventario solemne de los bienes cuya posesión efectiva se solicita, o la

---

308 Artículo reemplazado por el artículo 15, Nº 1, de la Ley Nº 19.903, publicada en el Diario Oficial de 10 de octubre de 2003.

309 Inciso reemplazado por el artículo 15, Nº 2, de la Ley Nº 19.903, publicada en el Diario Oficial de 10 de octubre de 2003.

protocolización del inventario simple de los mismos, sellado previamente en cada hoja por el secretario.

[PUBLICACIONES]

Artículo 882 (1060). La resolución que concede la posesión efectiva de la herencia, se publicará en extracto por tres veces en un diario de la comuna, o de la capital de la provincia o de la capital de la región cuando allí no lo haya[310].

En dicho aviso podrá también anunciarse la facción del inventario solemne.

Hechas las publicaciones a que se refieren los incisos anteriores y previa agregación de una copia autorizada del inventario, el tribunal ordenará la inscripción de la posesión efectiva y oficiará al Servicio de Registro Civil e Identificación dando conocimiento de este hecho[311].

El secretario deberá dejar constancia en el proceso que se hicieron las publicaciones en forma legal[312].

[INSCRIPCIONES DE LA RESOLUCIÓN QUE CONCEDE LA POSESIÓN EFECTIVA]

Artículo 883 (1061). La inscripción a que se refiere el artículo anterior se hará en el Registro de Propiedad del Conservador de Bienes Raíces del territorio jurisdiccional en que haya sido pronunciada la resolución de posesión efectiva, con indicación de la notaría en que se protocolizó el inventario y la enumeración de los bienes raíces que en él se comprendan[313].

---

310 Inciso reemplazado por el artículo 5º, Nº 26, de la Ley Nº 18.776, publicada en el Diario Oficial de 18 de enero de 1989.

311 Inciso reemplazado por el artículo 15, Nº 3, letra a), de la Ley Nº 19.903, publicada en el Diario Oficial de 10 de octubre de 2003.

312 El inciso cuarto de este artículo fue suprimido por el artículo 15, Nº 3, letra b, de la Ley Nº 19.903, publicada en el Diario Oficial de 10 de octubre de 2003, pasando el antiguo inciso 5º a ser 4º.

313 Inciso modificado por el artículo 5º, Nº 27, de la Ley Nº 18.776, publicada en el Diario Oficial de 18 de enero de 1989.

Con el mérito de esa inscripción, los conservadores deberán proceder a efectuar las especiales que procedan, sin necesidad de otro trámite.

Cuando entre los bienes hereditarios no haya inmuebles, la inscripción de la posesión efectiva sólo se hará en el Conservador del territorio jurisdiccional en donde se haya concedido[314].

Las adiciones, supresiones o modificaciones que se hagan al inventario cuando se trate de bienes raíces, deberán protocolizarse en la misma notaría en que se protocolizó el inventario y anotarse en el Registro Conservatorio, al margen de la inscripción primitiva.

Artículo 884. Derogado[315].

4. De la declaración de herencia yacente y de los procedimientos subsiguientes a esta declaración

[DECLARACIÓN DE LA HERENCIA YACENTE]

Artículo 885 (1062). La declaración de herencia yacente se hará en conformidad a lo establecido en el artículo 1240 del Código Civil.

Toca al curador que se nombre cuidar de que se hagan la inserción y fijación ordenadas en dicho artículo.

[OFICIO AL CÓNSUL]

Artículo 886 (1063). En el caso del artículo 482 del Código Civil, se hará saber por oficio dirigido al efecto al cónsul respectivo la resolución que declara yacente la herencia, a fin de que en el término de cinco días proponga, si lo tiene a bien, la persona o personas a quienes pueda nombrarse curadores.

---

314 Inciso modificado por el artículo 5°, N° 27, de la Ley N° 18.776, publicada en el Diario Oficial de 18 de enero de 1989.

315 Artículo derogado por el artículo 15, N° 4, de la Ley N° 19.903, publicada en el Diario Oficial de 10 de octubre de 2003.

Si el cónsul propone curador, se procederá conforme a lo dispuesto en el artículo 483 del Código citado.

En el caso contrario, el tribunal hará el nombramiento de oficio[316].

5. Disposiciones comunes a los párrafos precedentes

[Prueba de la muerte]

Artículo 887 (1064). Para provocar las diligencias o para pedir las declaraciones expresadas en los párrafos precedentes, es necesario acreditar la muerte, real o presunta, del testador o de la persona de cuya sucesión se trata.

[Acta]

Artículo 888 (1065). Se levantará acta circunstanciada de todas las diligencias prescritas en este Título.

TÍTULO IX
DE LA INSINUACIÓN DE DONACIONES

[Requisitos de la solicitud de insinuación de donación]

Artículo 889 (1066). El que pida autorización judicial para una donación que deba insinuarse, expresará:

1º El nombre del donante y del donatario, y si alguno de ellos se encuentra sujeto a tutela o curaduría o bajo potestad de padre o marido;

2º La cosa o cantidad que se trata de donar;

3º La causa de la donación, esto es, si la donación es remuneratoria o si se hace a título de legítima, de mejora, de dote o sólo por liberalidad; y

4º El monto líquido del haber del donante y sus cargas de familia.

---

[316] Inciso modificado por el artículo 2º de la Ley Nº 19.806, publicada en el Diario Oficial de 31 de mayo de 2002.

[Resolución]

Artículo 890 (1067). El tribunal, según la apreciación que haga de los particulares comprendidos en el artículo precedente, concederá o denegará la autorización, conforme a lo dispuesto en el artículo 1401 del Código Civil.

TÍTULO X
DE LA AUTORIZACIÓN JUDICIAL PARA ENAJENAR, GRAVAR O DAR EN ARRENDAMIENTO POR LARGO TIEMPO BIENES DE INCAPACES, O PARA OBLIGAR A ÉSTOS COMO FIADORES

[Autorización judicial para actos de incapaces]

Artículo 891 (1068). Cuando deba obtenerse autorización judicial para obligar como fiador a un incapaz, o para enajenar, gravar con hipoteca, censo o servidumbre, o para dar en arrendamiento sus bienes, se expresarán las causas o razones que exijan o legitimen estas medidas, acompañando los documentos necesarios u ofreciendo información sumaria para acreditarlas.

En todo caso se oirá el dictamen del respectivo defensor antes de resolverse en definitiva.

Si se concede la autorización fijará el tribunal un plazo para que se haga uso de ella.

En caso de no fijar plazo alguno, se entenderá caducada la autorización en el término de seis meses.

TÍTULO XI
DE LA VENTA EN PÚBLICA SUBASTA

[Venta voluntaria en pública subasta]

Artículo 892 (1069). La venta voluntaria en pública subasta, en los casos en que la ley ordene esta forma de enajenación, se someterá a las reglas establecidas en el Título IX del Libro III para la venta de bienes comunes, procediéndose ante el tribunal ordinario que corresponda.

[Nueva subasta por falta de posturas admisibles]

Artículo 893 (1070). Si no se hacen posturas admisibles, podrán los interesados pedir que se señale otro día para la subasta, manteniendo el valor asignado a los bienes, o reduciéndolo, o modificando como se estime conveniente la forma o condiciones del pago.

Si para autorizar la venta ha debido oírse a alguno de los defensores públicos, se le oirá también para aprobar la reducción o modificación indicada.

[Normas del juicio ejecutivo aplicables a la venta voluntaria en pública subasta]

Artículo 894 (1071). Se observarán también en la venta voluntaria en pública subasta las disposiciones de los artículos 494, 495, 496 y 497; pero la escritura definitiva de compraventa será subscrita por el rematante y por el propietario de los bienes, o su representante legal si es incapaz.

TÍTULO XII
DE LAS TASACIONES

[Tasación]

Artículo 895 (1072). Las tasaciones que ocurran en los negocios no contenciosos y las que se decreten en los contenciosos, se harán por el tribunal que corresponda, oyendo a peritos nombrados en la forma establecida por el artículo 414.

[Notificación a los interesados]

Artículo 896 (1073). Practicada la tasación, se depositará en la oficina a disposición de los interesados, los cuales serán notificados de ella por el secretario o por otro ministro de fe, sin necesidad de previo decreto del tribunal.

[Impugnación]

Artículo 897 (1074). Los interesados tendrán el término de tres días para impugnar la tasación.

[Tramitación de la impugnación]

Artículo 898 (1075). De la impugnación de una de las partes se dará traslado a la otra, por el término de tres días.

[Resolución]

Artículo 899 (1076). Oída la contestación, el tribunal resolverá sobre la impugnación, sea aprobando la operación, sea mandando rectificarla por el mismo u otro perito, sea fijando por sí mismo el justiprecio de los bienes.

Si el tribunal manda rectificar la operación, expresará los puntos sobre los cuales debe recaer la rectificación.

Presentada la operación por el perito, hará el tribunal el justiprecio sin más trámite.

[Rectificación por perito]

Artículo 900 (1077). En el caso del número 16 del artículo 445 de este Código, podrá el tribunal, aunque el interesado no reclame, negar su aprobación a la tasación y nombrar otro perito que la rectifique.

Se observará también en este caso lo dispuesto en el artículo precedente.

TÍTULO XIII
DE LA DECLARACIÓN DEL DERECHO AL GOCE DE CENSOS

[Declaración del derecho al goce de un censo]

Artículo 901 (1078). El que pretenda entrar en el goce de un censo de transmisión forzosa pedirá al tribunal competente que le declare su derecho, previa la comprobación de los requisitos legales y de las formalidades necesarias.

[Requisitos]

Artículo 902 (1079). Son requisitos legales para la declaración de este derecho:

1° El fallecimiento del último censualista; y

2° El llamamiento establecido a favor del compareciente por el acto constitutivo del censo o de la antigua vinculación que se haya convertido en él, o por la ley.

[Publicación de avisos]

Artículo 903 (1080). Reclamado este derecho, el tribunal llamará por medio de tres avisos que se publicarán de ocho en ocho días a lo menos en un diario de la comuna, si lo hay, o de la capital de la región, en el caso contrario, a los que se crean llamados al goce del censo, a fin de que hagan uso de su derecho[317].

[Término de prueba]

Artículo 904 (1081). Transcurridos ocho días después del último aviso de los indicados en el artículo anterior, el tribunal abrirá un término de prueba para que el compareciente acredite su derecho.

Se rendirá esta prueba con citación del defensor de obras pías, cuando a éste corresponda intervenir[318].

---

317 Artículo modificado por el artículo 5°, N° 28, de la Ley N° 18.776, publicada en el Diario Oficial de 18 de enero de 1989.

318 Inciso modificado por el artículo 2° de la Ley N° 19.806, publicada en el Diario Oficial de 31 de mayo de 2002.

[Decreto del derecho del compareciente]

Artículo 905 (1082). Comprobada la constitución del censo y no presentándose contradictor, lo que certificará antes del último decreto el secretario, el tribunal decretará el derecho del compareciente, si acredita los requisitos establecidos en el artículo 902.

[Existencia de contradictores]

Artículo 906 (1083). Compareciendo uno o más contradictores, se seguirá con ellos el juicio sobre mejor derecho a censo, sirviendo de demanda la solicitud de denuncia, y con las especialidades siguientes:

1ª Serán admitidos en cualquier estado del juicio; y, salvo lo dispuesto en el número 5° del presente artículo, cada contradictor lo tomará en el estado en que lo encuentre;

2ª En la solicitud de oposición fundará su derecho el que la presente;

3ª Transcurrido el plazo a que se refiere el inciso 1° del artículo 904, se recibirá la causa a prueba sin previa discusión sobre el derecho de los comparecientes;

4ª Las pruebas legales rendidas por cualquiera de los interesados, aun cuando lo hayan sido antes de formulada alguna oposición, afectarán a todos, como si efectivamente se hubieran producido con su citación;

5ª A los que se presenten después del término de prueba, se les concederá uno nuevo, que no excederá de la mitad del primero. Durante este término podrán también los otros interesados rendir prueba dirigida a destruir el derecho para cuya justificación se haya concedido aquél;

6ª La prueba se rendirá en la forma establecida para los juicios ordinarios de mayor cuantía, fijándose por el tribunal los puntos sobre que debe recaer, al tiempo de decretarla; y

7ª Terminada la prueba, cada parte tendrá el plazo de seis días para presentar su alegato, lo que harán en el orden en que hayan comparecido al juicio.

[Capellanías laicales]

Artículo 907 (1084). Todo lo dicho en este Título se aplica a las capellanías laicales a que esté afecto algún censo.

[Exvinculaciones]

Artículo 908 (1085). Queda vigente el procedimiento establecido por las leyes de la materia sobre exvinculaciones.

TÍTULO XIV
DE LAS INFORMACIONES PARA PERPETUA MEMORIA

[Información para perpetua memoria]

Artículo 909 (1086). Los tribunales admitirán las informaciones de testigos que ante ellos se promuevan, con tal que no se refieran a hechos de que pueda resultar perjuicio a persona conocida y determinada.

[Hechos sobre los cuales declararán los testigos]

Artículo 910 (1087). En el mismo escrito en que se pida que se admita la información, se articularán los hechos sobre los cuales hayan de declarar los testigos.

Artículo 911 (1088). Derogado[319].

[Declaración de testigos]

Artículo 912 (1089). Admitida la información, serán examinados los testigos que el interesado presente[320].

---

319 Artículo derogado por el artículo 2° de la Ley N° 19.806, publicada en el Diario Oficial de 31 de mayo de 2002.

320 Inciso modificado por el artículo 2° de la Ley N° 19.806, publicada en el Diario Oficial de 31 de mayo de 2002.

Si los testigos son conocidos del juez o del ministro de fe que autoriza la diligencia, se dejará en ella testimonio de esta circunstancia.

Si no lo son, se les exigirá que comprueben su identidad con dos testigos conocidos.

[Actuación del defensor público]

Artículo 913 (1090). Concluida la información, se pasará al defensor público para que examine las cualidades de los testigos y si se ha acreditado su identidad por alguno de los medios expresados[321].

[Aprobación judicial]

Artículo 914 (1091). Los tribunales aprobarán las informaciones rendidas con arreglo a lo dispuesto en este Título, siempre que los hechos aparezcan justificados con la prueba que expresa el número 2° del artículo 384, y mandarán archivar los antecedentes, dándose copia a los interesados.

Estas informaciones tendrán el valor de una presunción legal.

TÍTULO XV
DE LA EXPROPIACIÓN POR CAUSA DE UTILIDAD PÚBLICA[322]

[Citación a comparendo de nombramiento de peritos]

Artículo 915 (1092). Autorizada la expropiación en la forma que dispone el número 10 del artículo 10 de la Constitución, el juez letrado dentro de cuya jurisdicción se encontraren los bienes que han de expropiarse, a solicitud escrita del que pida la expropiación, citará a éste y al propietario

---

321 Artículo modificado por el artículo 2° de la Ley N° 19.806, publicada en el Diario Oficial de 31 de mayo de 2002.

322 Las disposiciones contenidas en este título están derogadas de acuerdo con lo que dispuesto por el artículo 41 del Decreto Ley N° 2.186, publicado en el Diario oficial de 9 de junio de 1978, salvo respecto de los casos a que se refiere su artículo transitorio.

de los bienes a un comparendo, con el fin de nombrar peritos que hagan el justiprecio ordenado por dicho artículo.

[Comparendo]

Artículo 916 (1093). El comparendo tendrá lugar aun cuando sólo concurra el que pide la expropiación. Cada parte nombrará un perito, y de común acuerdo al que deba hacer las veces de tercero en discordia. No habiendo acuerdo para este nombramiento, lo hará el juez, al cual corresponderá también designar perito a nombre del propietario de los bienes, si éste no concurre al comparendo.

[Avaluación]

Artículo 917 (1094). Reunidos los peritos y el tercero en el día y hora que designe el tribunal, bajo una multa de un sueldo vital en caso de inasistencia, harán un avalúo circunstanciado de los bienes que se trata de expropiar y de los daños y perjuicios que con la expropiación se causen al propietario. No se tomará en cuenta para este avalúo el mayor valor que puedan obtener los bienes expropiados a consecuencia de las obras a que esté destinada la expropiación[323].

[Valor de los bienes]

Artículo 918 (1095). Si la estimación de los dos peritos es idéntica, o si lo es la de uno de los peritos y la del tercero, se aceptará como valor de los bienes el que establezcan las dos avaluaciones conformes.

No existiendo esta conformidad, se tendrá como valor de los bienes el tercio de la suma de las tres operaciones; pero si entre ellas hay notable diferencia, podrá el tribunal modificar prudencialmente ese valor.

---

323 Artículo modificado por el artículo 2°, letra u), del Decreto Ley N° 1.417, publicado en el Diario Oficial de 29 de abril de 1976.

[Publicación de avisos]

Artículo 919 (1096). Declarado por el tribunal el valor de los bienes y perjuicios con arreglo al artículo anterior, se mandará publicar esta declaración por medio de cinco avisos que se insertarán de tres en tres días, a lo menos, en un periódico del departamento, si lo hay, o de la cabecera de la provincia, en caso contrario, a fin de que los terceros a que se refieren los artículos 923 y 924 puedan solicitar las medidas precautorias que en dichos artículos se mencionan. Transcurridos tres días después del último aviso y no habiendo oposición de terceros, el tribunal ordenará que el precio de la expropiación se entregue al propietario, o si está él ausente del departamento o se niega a recibir que se consigne dicho valor en un establecimiento de crédito.

Verificado el pago o la consignación, se mandará poner inmediatamente al interesado en posesión de los bienes expropiados, si son muebles, y si son raíces, se ordenará el otorgamiento dentro del segundo día de la respectiva escritura, la cual será firmada por el juez a nombre del vendedor, si éste se niega a hacerlo o está ausente del departamento.

[Notificaciones]

Artículo 920 (1097). Las notificaciones en esta gestión se harán en la forma que establece el artículo 48.

[Efecto en que se concede el recurso de apelación]

Artículo 921 (1098). Las apelaciones que se interpongan se concederán sólo en el efecto devolutivo.

[Nueva estimación pericial en segunda instancia]

Artículo 922 (1099). En segunda instancia podrá hacerse nueva estimación pericial en la forma dispuesta por los artículos 915 a 918 inclusive, si el tribunal lo juzga necesario.

[Juicios pendientes sobre la cosa expropiada]

Artículo 923 (1100). Los juicios pendientes sobre la cosa expropiada no impedirán el procedimiento que este Título establece.

En este caso, el valor de la expropiación se consignará a la orden del tribunal, para que sobre él se hagan valer los derechos de los litigantes.

Aun cuando el actual poseedor de los bienes expropiados resulte vencido en el juicio de propiedad, se considerará firme la enajenación a favor del expropiante, pudiendo el que sea declarado dueño ejercer los derechos a que se refiere el inciso anterior y las demás acciones que le correspondan.

[Existencia de hipotecas o gravámenes no impide la expropiación]

Artículo 924 (1101). Tampoco será obstáculo para la expropiación la existencia de hipotecas u otros gravámenes que afecten a la cosa expropiada; sin perjuicio de los derechos que sobre el precio puedan hacer valer los interesados. Las gestiones a que dé lugar el ejercicio de estos derechos se tramitarán como incidentes en ramo separado y no entorpecerán el cumplimiento de la expropiación.

[Reclamo de la expropiación]

Artículo 925 (1102). Las gestiones para reclamar la expropiación deberán iniciarse dentro de los seis meses subsiguientes a la ley que la autorice, salvo que la misma ley fije un plazo diverso.

TÍTULO FINAL
DE LA DEROGACIÓN DE LAS LEYES DE PROCEDIMIENTO

Artículo final

La derogación de las leyes preexistentes al 1° de marzo de 1903, sobre las materias de que trata el presente Código, se rige por el siguiente artículo final del Código de Procedimiento Civil aprobado por la Ley N° 1.552, de 28 de agosto de 1902:

"Desde la vigencia de este Código quedarán derogadas todas las leyes preexistentes sobre las materias que en él se tratan, aun en la parte que no le sean contrarias, salvo que ellas se refieran a los tribunales especiales no regidos por la ley de 15 de octubre de 1875.

Sin embargo, los Códigos Civil, de Comercio y de Minería, la Ley de Organización y Atribuciones de los Tribunales y las leyes que los hayan complementado o modificado, sólo se entenderán derogados en lo que sean contrarios a las disposiciones de este Código".

Santiago, veintiuno de marzo de 1944.— J. A. RÍOS M.— Óscar Gajardo V.

APÉNDICE DEL CÓDIGO DE PROCEDIMIENTO CIVIL

LEY Nº 18.120
ESTABLECE NORMAS SOBRE COMPARECENCIA EN JUICIO Y MODIFICA LOS ARTÍCULOS 4º DEL CÓDIGO DE PROCEDIMIENTO CIVIL Y 523 DEL CÓDIGO ORGÁNICO DE TRIBUNALES[1]

Publicada en el Diario Oficial de 18 de mayo de 1982

La Junta de Gobierno de la República de Chile ha dado su aprobación al siguiente PROYECTO DE LEY:

[Patrocinio. Sanción por falta de patrocinio]

Artículo 1º. La primera presentación de cada parte o interesado en asuntos contenciosos o no contenciosos ante cualquier tribunal de la República, sea ordinario, arbitral o especial, deberá ser patrocinada por un abogado habilitado para el ejercicio de la profesión.

Esta obligación se entenderá cumplida por el hecho de poner el abogado su firma, indicando además su nombre, apellidos y domicilio. Sin estos requisitos no podrá ser proveída y se tendrá por no presentada para todos los efectos legales. Las resoluciones que al respecto se dicten no serán susceptibles de recurso alguno.

El abogado conservará este patrocinio y su responsabilidad, mientras en el proceso no haya testimonio de la cesación de dicho patrocinio. Podrá, además, tomar la representación de su patrocinado en cualquiera de las actuaciones, gestiones o trámites de las diversas instancias del juicio o asunto.

Si la causa de la expiración fuere la renuncia del abogado, deberá éste ponerla en conocimiento de su patrocinado, junto con el estado del negocio, y conservará su responsabilidad hasta que haya transcurrido el

---

[1] Ley rectificada, como aparece en el texto, por el Ministerio de Justicia, en el Diario Oficial de 19 de mayo de 1982.

término de emplazamiento desde la notificación de su renuncia, salvo que antes se haya designado otro patrocinante.

Si la causa de expiración fuere el fallecimiento del abogado, el interesado deberá designar otro en su reemplazo en la primera presentación que hiciere, en la forma y bajo la sanción que se indica en el inciso segundo de este artículo.

[Personas que tienen ius postulandi. Sanción por falta o indebida constitución del mandato judicial. Hipótesis de comparecencia personal de la parte]

Artículo 2º. Ninguna persona, salvo en los casos de excepción contemplados en este artículo, o cuando la ley exija la intervención personal de la parte, podrá comparecer en los asuntos y ante los tribunales a que se refiere el inciso primero del artículo anterior, sino representada por un abogado habilitado para el ejercicio de la profesión, por procurador del número, por estudiante actualmente inscrito en tercero, cuarto o quinto año de las Escuelas de Derecho de las Facultades de Ciencias Jurídicas y Sociales de alguna de las universidades autorizadas, o por egresado de esas mismas escuelas hasta tres años después de haber rendido los exámenes correspondientes. La autoridad universitaria competente certificará, a petición verbal del interesado, el hecho de estar vigente la matrícula o la fecha del egreso, en su caso. La exhibición del certificado respectivo habilitará al interesado para su comparecencia.

Las Corporaciones de Asistencia Judicial podrán designar como mandatario a los egresados de las Escuelas de Derecho a que se refiere el inciso anterior, cualquiera sea el tiempo que hubiere transcurrido después de haber rendido los exámenes correspondientes, para el solo efecto de realizar la práctica judicial necesaria para obtener el título de abogado.

Para la iniciación y secuela del juicio podrá, sin embargo, solicitarse autorización para comparecer y defenderse personalmente. El juez podrá concederla atendida la naturaleza y cuantía del litigio o las circunstancias que se hicieren valer, sin perjuicio de exigir la intervención de abogados, siempre que la corrección del procedimiento así lo aconsejare. Las resoluciones que se dicten en esta materia sólo serán apelables en el efecto devolutivo.

Si al tiempo de pronunciarse el tribunal sobre el mandato éste no estuviere legalmente constituido, el tribunal se limitará a ordenar la debida constitución de aquél dentro de un plazo máximo de tres días. Extinguido este plazo y sin otro trámite, se tendrá la solicitud por no presentada para todos los efectos legales. Las resoluciones que se dicten sobre esta materia no serán susceptibles de recurso alguno.

Lo dispuesto en este artículo se aplicará también a la delegación del mandato y a las autorizaciones para diligenciar exhortos. En este último caso, las calidades a que se refiere el inciso primero de este artículo se acreditarán ante el tribunal exhortado.

Si al mandatario o delegado no se le hubieren conferido todas o algunas de las facultades que se indican en el inciso segundo del artículo 7° del Código de Procedimiento Civil, la parte firmará con aquél los escritos que digan relación con tales facultades, ante el secretario del tribunal o el jefe de la unidad administrativa que tenga a su cargo la administración de causas en el caso de los juzgados de garantía y de los tribunales de juicio oral en lo penal[2].

No obstante lo dispuesto en el inciso primero de este artículo, en los mandatos con administración de bienes podrá conferirse al mandatario la facultad de comparecer en juicio, pero si éste no fuere abogado habilitado para el ejercicio de la profesión o procurador del número, deberá delegarlo, en caso necesario, en persona que posea alguna de estas calidades.

El juez, de oficio o a petición de parte, podrá exigir, si lo estima necesario, la comparecencia del abogado patrocinante o del mandatario de cualquiera de las partes a fin de que ratifique su firma ante el secretario o el jefe de la unidad administrativa a cargo de la administración de causas[3].

---

[2] Inciso modificado por el artículo 2°, número 1, de la Ley N° 19.708, publicada en el Diario Oficial de 5 de enero de 2001. Con anterioridad fue modificado por el artículo 12 de la Ley N° 19.665, publicada en el Diario Oficial de 9 de marzo de 2000.

[3] Inciso modificado por el artículo 2°, número 1, de la Ley N° 19.708, publicada en el Diario Oficial de 5 de enero de 2001. Con anterioridad fue modificado por el artículo

Las obligaciones consignadas en el primer inciso del artículo 1° y de este artículo, no regirán en aquellos departamentos en que el número de abogados en ejercicio sea inferior a cuatro, hecho que determinará la Corte de Apelaciones correspondiente.

Exceptúanse, también, del cumplimiento de dichas obligaciones, las solicitudes sobre pedimentos de minas que se formulen ante los tribunales, sin perjuicio de cumplirse tales exigencias respecto de las tramitaciones posteriores a que den lugar.

No regirán tampoco respecto de los asuntos de que conozcan los jueces de subdelegación y de distrito; los alcaldes; los jueces de Policía Local, salvo en los asuntos sobre regulación de daños y perjuicios de cuantía superior a cuatro unidades tributarias mensuales; los juzgados de menores; los árbitros arbitradores; la Contraloría General de la República; la Cámara de Diputados y el Senado en los casos de los artículos 48 y 49 de la Constitución Política de la República; ni en los juicios cuya cuantía no exceda de media unidad tributaria mensual; en las causas electorales; en los recursos de amparo y protección; respecto del denunciante en materia criminal; en las solicitudes en que aisladamente se pidan copias, desarchivos y certificaciones, ni respecto de los martilleros, peritos, depositarios, interventores, secuestres y demás personas que desempeñen funciones análogas, cuando sus presentaciones tuvieren por único objeto llevar a efecto la misión que el tribunal les ha confiado o dar cuenta de ella[4].

En los asuntos de que conozcan los juzgados de menores, los interesados que comparecieren por mandatario, deberán ajustarse a lo dispuesto en el inciso primero de este artículo.

En las ciudades donde rijan las obligaciones establecidas en este artículo y no existieren entidades públicas o privadas que presten asistencia jurídica o judicial gratuitas, las personas notoriamente menesterosas, a juicio del tribunal, serán representadas gratuitamente por el abogado de turno.

---

12 de la Ley N° 19.665, publicada en el Diario Oficial de 9 de marzo de 2000.

4 Inciso modificado por el artículo séptimo de la Ley N° 20.322, publicada en el Diario Oficial de 27 de enero de 2009.

[Ejercicio ilegal de la profesión. Sanción penal]

Artículo 3°. El que sin ser abogado ejecutare cualquiera de los actos a que esta ley se refiere, incurrirá en la pena de reclusión menor en su grado mínimo a medio.

En la misma pena incurrirá el que, sin tener algunas de las calidades que señala el inciso primero del artículo 2°, represente a otro en un asunto contencioso o no contencioso que no sea de los expresamente exceptuados por la presente ley.

[Acreditación del ius postulandi al ministro de fe]

Artículo 4°. Ningún secretario, o jefe de la unidad administrativa a cargo de la administración de causas de un juzgado de garantía o tribunal de juicio oral en lo penal, autorizará un mandato para comparecer ante el respectivo tribunal sin cerciorarse previamente de que el mandatario tiene alguna de las calidades indicadas en el inciso primero del artículo 2° de la presente ley[5].

[Actuación de los procuradores del número]

Artículo 5°. Los procuradores del número deberán limitarse estrictamente a los términos de su mandato y no les será lícito hacer acto alguno de abogado, salvo cuando posean este título y cumplan los requisitos legales que los habiliten para ejercer la profesión.

No obstante, los procuradores del número no podrán ejercer la profesión de abogado ante las Cortes de Apelaciones en que actúan.

La contravención a este artículo será castigada con multa de dos unidades tributarias mensuales, y remoción en caso de reincidencia, que acordará el pleno de la respectiva Corte de Apelaciones, la que será apelable

---

5 Artículo modificado por el artículo 2°, número 1, de la Ley N° 19.708, publicada en el Diario Oficial de 5 de enero de 2001. Con anterioridad fue modificado por el artículo 12 de la Ley N° 19.665, publicada en el Diario Oficial de 9 de marzo de 2000.

dentro de tercero día ante el tribunal superior, el que la resolverá de plano, en cuenta, sin otra formalidad que esperar la comparecencia del recurrente.

[Limitación a ciertos auxiliares de la administración de justicia]

Artículo 6°. Los notarios, archiveros y conservadores y los empleados de estos funcionarios no podrán encargarse de ninguna clase de gestiones ante los tribunales, ni de tramitar inscripciones o legalizaciones, ni, en general, de efectuar ningún acto o diligencia que, aunque se relacione con escrituras o actuaciones realizadas en la notaría o que sean consecuencias de tales escrituras o actuaciones, deban completarse en otras reparticiones del servicio judicial o administrativo.

[Intervención de un abogado como patrocinante o mandatario ante servicios de la administración del Estado y de las entidades privadas con participación estatal mayoritaria]

Artículo 7°. Los servicios de la administración del Estado y las entidades privadas en que el Estado tenga aporte o participación mayoritarios, no podrán negarse a aceptar la intervención de un abogado como patrocinante o mandatario de los asuntos que en ellas se tramiten.

[Efectos de la presente ley en otros cuerpos legales]

Artículo 8°. Las normas de la presente ley no modifican ni alteran las demás reglas contempladas en los Códigos de Procedimiento Civil, Procedimiento Penal, Orgánico de Tribunales y otras leyes especiales sobre la comparecencia en juicio y personería o capacidad legal para interponer toda clase de recurso por los interesados o quienes los representan.

[Personas habilitadas para denunciar las infracciones a la presente Ley]

Artículo 9°. Sólo podrán denunciar infracciones a esta ley, las partes, los funcionarios judiciales, los abogados habilitados para el ejercicio de la profesión y las Asociaciones Gremiales de Abogados.

[Reemplazo del artículo 4° del Código de Procedimiento Civil]

Artículo 10. Reemplázase el artículo 4° del Código de Procedimiento Civil por el siguiente:

"*Artículo 4°*. Toda persona que deba comparecer en juicio a su propio nombre o como representante legal de otra, deberá hacerlo en la forma que determine la ley".

[Supresión de inciso segundo del N° 4 del artículo 523 del Código Orgánico de Tribunales]

Artículo 11. Suprímese en el inciso segundo del N° 4° del artículo 523 del Código Orgánico de Tribunales la oración "con el mismo objeto, pedirá informe al Consejo de Abogados respectivo, y".

JOSÉ T. MERINO CASTRO, Almirante, Comandante en Jefe de la Armada, Miembro de la Junta de Gobierno.— FERNANDO MATTHEI AUBEL, General del Aire, Comandante en Jefe de la Fuerza Aérea, Miembro de la Junta de Gobierno.— CÉSAR MENDOZA DURÁN, General Director de Carabineros, Miembro de la Junta de

Gobierno.— CÉSAR RAÚL BENAVIDES ESCOBAR, Teniente General de Ejército, Miembro de la Junta de Gobierno.

Por cuanto he tenido a bien aprobar la precedente ley, la sanciono y la firmo en señal de promulgación. Llévese a efecto como ley de la República.

Regístrese en la Contraloría General de la República, publíquese en el Diario Oficial e insértese en la Recopilación Oficial de dicha Contraloría.

Santiago, treinta de abril de mil novecientos ochenta y dos.— AUGUSTO PINOCHET UGARTE, General de Ejército, Presidente de la República.— Mónica Madariaga Gutiérrez, Ministra de Justicia.

LEY Nº 14.908
SOBRE ABANDONO DE FAMILIA Y PAGO DE PENSIONES ALIMENTICIAS

DECRETO CON FUERZA DE LEY Nº 1

Ministerio de Justicia

Publicado en el Diario Oficial de 30 de mayo de 2000

FIJA TEXTO REFUNDIDO, COORDINADO Y SISTEMATIZADO DEL CÓDIGO CIVIL; DE LA LEY Nº 4.808, SOBRE REGISTRO CIVIL; DE LA LEY Nº 17.344, QUE AUTORIZA CAMBIO DE NOMBRES Y APELLIDOS; DE LA LEY Nº 16.618, LEY DE MENORES; DE LA LEY Nº 14.908, SOBRE ABANDONO DE FAMILIA Y PAGO DE PENSIONES ALIMENTICIAS, Y DE LA LEY Nº 16.271, DE IMPUESTO A LAS HERENCIAS, ASIGNACIONES Y DONACIONES[1]

Hoy se decretó lo que sigue

Teniendo presente:

1.- Que el artículo 8º de la Ley Nº 19.585, facultó al Presidente de la República para fijar el texto refundido, coordinado y sistematizado del Código Civil y de las leyes que se modifican expresamente en la presente ley; como, asimismo, respecto de todos aquellos cuerpos legales que contemplen parentescos y categorías de ascendientes, parientes, padres, madres, hijos, descendientes o hermanos legítimos, naturales e ilegítimos, para lo cual podrá incorporar las modificaciones y derogaciones de que hayan sido objeto tanto expresa como tácitamente;

2.- Que entre las leyes que complementan las disposiciones del Código Civil deben considerarse las siguientes: Ley Nº 4.808 sobre Registro

---

[1] Ver Decreto Nº 23, del Ministerio de Relaciones Exteriores, del 10 de enero de 1961, publicado en el Diario Oficial del 23 de enero de 1961, que ordena cumplir como ley de la República la Convención sobre la Obtención de Alimentos en el Extranjero, concertada en la ciudad de Nueva York el 20 de junio de 1956.

Civil; Ley N° 17.344, que autoriza cambio de nombres y apellidos; Ley N° 16.618, Ley de Menores; Ley N° 14.908, sobre Abandono de Familia y Pago de Pensiones Alimenticias y la Ley N° 16.271, de Impuesto a las Herencias, Asignaciones y Donaciones;

3.- Que asimismo es recomendable por razones de ordenamiento y de utilidad práctica, que en los textos refundidos del Código Civil y de las leyes señaladas precedentemente, se indique mediante notas al margen el origen de las normas que conformarán su texto legal; y

Visto: lo dispuesto en el artículo 8° de la Ley N° 19.585, dicta el siguiente DECRETO CON FUERZA DE LEY

Artículo 7°. Fíjase el siguiente texto refundido, coordinado y sistematizado de la Ley N° 14.908 sobre Abandono de Familia y Pago de Pensiones Alimenticias.

[Tribunales competentes]

Artículo 1°. De los juicios de alimentos, conocerá el juez de familia del domicilio del alimentante o del alimentario, a elección de este último. Estos juicios se tramitarán conforme a la Ley N° 19.968, con las modificaciones establecidas en este cuerpo legal[2].

Será competente para conocer de las demandas de aumento de la pensión alimenticia el mismo tribunal que decretó la pensión o el del nuevo domicilio del alimentario, a elección de éste[3].

De las demandas de rebaja o cese de la pensión conocerá el tribunal del domicilio del alimentario[4]. El tribunal deberá declarar inadmisible la demanda de rebaja o cese de pensión en el caso que la persona se encontrare con inscripción vigente en el Registro Nacional de Deudores de Pensiones de Alimentos, salvo que se presentaren antecedentes calificados

---

[2] Inciso reemplazado por el artículo primero, N° 1, letra a), de la Ley N° 20.152, publicada en el Diario Oficial de 9 de enero de 2007.

[3] Inciso sustituido por el artículo primero, N° 1, letra b), de la Ley N° 20.152, publicada en el Diario Oficial de 9 de enero de 2007.

[4] Inciso sustituido por el artículo primero, N° 1, letra b), de la Ley N° 20.152, publicada en el Diario Oficial de 9 de enero de 2007.

para ello, en concordancia con lo dispuesto en el inciso cuarto del artículo 3°[5].

La madre, cualquiera sea su edad, podrá solicitar alimentos para el hijo ya nacido o que está por nacer. Si aquélla es menor, el juez deberá ejercer la facultad que le otorga el artículo 19 de la Ley Nº 19.968, en interés de la madre[6].

[Domicilio del demandado]

Artículo 2°. La demanda podrá omitir la indicación del domicilio del demandado si éste no se conociera. En tal caso, el tribunal procederá en conformidad a lo previsto en el artículo 23 de la Ley Nº 19.968[7].

El demandado deberá informar al tribunal todo cambio de domicilio, de empleador y de lugar en que labore o preste servicios, dentro de treinta días contados desde que el cambio se haya producido[8].

Al demandado que no dé cumplimiento a lo previsto en el inciso anterior se le impondrá, a solicitud de parte, una multa de 1 a 15 unidades tributarias mensuales, a beneficio fiscal[9].

El abogado patrocinante, en cumplimiento de la carga legal de las partes de actualizar la forma de notificación electrónica que se ha ofrecido al tribunal, aun en la etapa de cumplimiento y previo a renunciar al patrocinio, deberá informar al tribunal una forma de notificación electrónica válida respecto de su representado. El abogado patrocinante que incum-

---

5 Inciso modificado por el artículo 1°, Nº 1), de la Ley Nº 21.484, publicada en el Diario Oficial de 7 de septiembre de 2022.

6 Inciso agregado por el artículo primero, Nº 1, letra c), de la Ley Nº 20.152, publicada en el Diario Oficial de 9 de enero de 2007.

7 Inciso modificado por el artículo primero, Nº 2, letra b), de la Ley Nº 20.152, publicada en el Diario Oficial de 9 de enero de 2007.

8 Inciso agregado por el artículo primero, Nº 2, letra c), de la Ley Nº 20.152, publicada en el Diario Oficial de 9 de enero de 2007.

9 Inciso agregado por el artículo primero, Nº 2, letra c), de la Ley Nº 20.152, publicada en el Diario Oficial de 9 de enero de 2007. Los anteriores incisos primero a tercero de este artículo, fueron suprimidos por el artículo primero, Nº 2, letra a), de la Ley Nº 20.152, publicada en el Diario Oficial de 9 de enero de 2007.

pliere esta obligación será sancionado con multa a beneficio fiscal de 3 a 15 unidades tributarias mensuales[10].

[Monto mínimo de pensión alimenticia a favor de un menor alimentario]

Artículo 3°. Para los efectos de decretar los alimentos cuando un menor los solicitare de su padre o madre, se presumirá que el alimentante tiene los medios para otorgarlos.

En virtud de esta presunción, el monto mínimo de la pensión alimenticia que se decrete a favor de un menor alimentario no podrá ser inferior al cuarenta por ciento del ingreso mínimo remuneracional que corresponda según la edad del alimentante. Tratándose de dos o más menores, dicho monto no podrá ser inferior al 30% por cada uno de ellos. Sin perjuicio de lo anterior, el juez, en la resolución que fija o aprueba la pensión alimenticia, deberá expresar su monto en unidades tributarias mensuales, de conformidad a lo dispuesto en el inciso segundo del artículo 6[11].

Todo lo anterior es sin perjuicio de lo dispuesto en el inciso primero del artículo 7° de la presente ley.

Si el alimentante justificare ante el tribunal que carece de los medios para pagar el monto mínimo establecido en el inciso anterior, el juez podrá rebajarlo prudencialmente.

Cuando los alimentos decretados no fueren pagados o no fueren suficientes para solventar las necesidades del hijo, el alimentario podrá demandar a los abuelos, de conformidad con lo que establece el artículo 232 del Código Civil[12] salvo que la única fuente de ingreso de éstos corresponda a una pensión de vejez, invalidez o sobrevivencia[13].

---

10 Inciso agregado por el artículo 1°, N° 1, de la Ley N° 21.389, publicada en el Diario Oficial de 18 de noviembre de 2021.

11 Inciso modificado por el artículo 1°, N° 2, de la Ley N° 21.389, publicada en el Diario Oficial de 18 de noviembre de 2021.

12 Artículo reemplazado por el artículo 1°, Nº 3, de la Ley Nº 19.741, publicada en el Diario Oficial de 24 de julio de 2001.

13 Inciso modificado por el artículo 1°, Nº 2), de la Ley Nº 21.484, publicada en el Diario Oficial de 7 de septiembre de 2022.

[ALIMENTOS PROVISORIOS AL ADMITIRSE LA DEMANDA]

Artículo 4°. En los juicios en que se demanden alimentos el juez deberá pronunciarse sobre los alimentos provisorios, junto con admitir la demanda a tramitación, con el solo mérito de los documentos y antecedentes presentados.

El demandado tendrá el plazo de cinco días para oponerse al monto provisorio decretado. En la notificación de la demanda deberá informársele sobre esta facultad.

Presentada la oposición, el juez resolverá de plano, salvo que del mérito de los antecedentes estime necesario citar a una audiencia, la que deberá efectuarse dentro de los diez días siguientes.

Si en el plazo indicado en el inciso segundo no existe oposición, la resolución que fija los alimentos provisorios causará ejecutoria.

El tribunal podrá acceder provisionalmente a la solicitud de aumento, rebaja o cese de una pensión alimenticia, cuando estime que existen antecedentes suficientes que lo justifiquen.

La resolución que decrete los alimentos provisorios o la que se pronuncie provisionalmente sobre la solicitud de aumento, rebaja o cese de una pensión alimenticia, será susceptible del recurso de reposición con apelación subsidiaria, la que se concederá en el solo efecto devolutivo y gozará de preferencia para su vista y fallo.

El tribunal inmediatamente después de decretar los alimentos provisorios, deberá ordenar de oficio a la entidad financiera correspondiente, la apertura de una cuenta de ahorro u otro instrumento equivalente exclusivo para el cumplimiento de la obligación[14].

El juez que no dé cumplimiento a lo previsto en el inciso primero incurrirá en falta o abuso que la parte agraviada podrá perseguir conforme al artículo 536 del Código Orgánico de Tribunales[15].

---

14 Inciso agregado por el artículo 1°, N° 3, de la Ley N° 21.389, publicada en el Diario Oficial de 18 de noviembre de 2021.

15 Artículo agregado por el artículo primero, N° 3, de la Ley N° 20.152, publicada en el Diario Oficial de 9 de enero de 2007.

[Prueba del patrimonio y capacidad económica del demandado]

Artículo 5°. El juez, al proveer la demanda, ordenará que el demandado acompañe, en la audiencia preparatoria, las liquidaciones de sueldo, copia de la declaración de impuesto a la renta del año precedente y de las boletas de honorarios emitidas durante el año en curso y demás antecedentes que sirvan para determinar su patrimonio y capacidad económica. En el evento de que no disponga de tales documentos, acompañará, o extenderá en la propia audiencia, una declaración jurada, en la cual dejará constancia de su patrimonio y capacidad económica. La declaración de patrimonio deberá señalar el monto aproximado de sus ingresos ordinarios y extraordinarios, individualizando lo más completamente posible, si los tuviere, sus activos, tales como bienes inmuebles, vehículos, valores, derechos en comunidades o sociedades.

Con la sola resolución que provea la demanda, el tribunal, de oficio o a solicitud del demandante, podrá ordenar dentro de quinto día, al Servicio de Impuestos Internos, a PREVIRED, a las entidades bancarias, al Conservador de Bienes Raíces, a la Tesorería General de la República, a la Superintendencia de Pensiones, a la Comisión para el Mercado Financiero, a las instituciones de salud previsional, a las administradoras de fondos de pensiones y a cualquier otro organismo público o privado que aporten antecedentes útiles que permitan determinar los ingresos y la capacidad económica del demandado[16].

Para efectos de lo anterior, el tribunal citará al demandado a la audiencia preparatoria personalmente o representado, bajo apercibimiento del apremio establecido en el artículo 543 del Código de Procedimiento Civil[17].

El ocultamiento de cualquiera de las fuentes de ingreso del demandado, efectuado enjuicio en que se exija el cumplimiento de la obligación alimenticia, será sancionado con la pena de prisión en cualquiera de sus grados.

---

16 Inciso agregado por el artículo 1°, N° 4, letra a), de la Ley N° 21.389, publicada en el Diario Oficial de 18 de noviembre de 2021.

17 El inciso 3° vigente antes de la modificación introducida por la Ley N° 21.389 fue suprimido por el artículo 1°, N° 4, letra b), de la Ley N° 21.389, publicada en el Diario Oficial de 18 de noviembre de 2021.

El demandado que no acompañe todos o algunos de los documentos requeridos o no formule la declaración jurada, así como el que presente a sabiendas documentos falsos, y el tercero que le proporcione maliciosamente documentos falsos o inexactos o en que se omitan datos relevantes, con la finalidad de facilitarle el ocultamiento de sus ingresos, patrimonio o capacidad económica, serán sancionados con las penas del artículo 207 del Código Penal.

La inclusión de datos inexactos y la omisión de información relevante en la declaración jurada que el demandado extienda conforme a este artículo, será sancionada con las penas del artículo 212 del Código Penal.

El alimentario tendrá derecho a que se rescindan los actos y contratos celebrados por el alimentante con la finalidad de reducir su patrimonio en perjuicio del alimentario, de conformidad con las disposiciones siguientes:

1. Podrán rescindirse los actos y contratos gratuitos.

En cuanto a los contratos onerosos, podrán rescindirse probándose la mala fe del adquirente, esto es, conociendo o debiendo conocer que el otorgante tenía una o más deudas alimenticias impagas.

2. También podrá ejercerse para rescindir los actos o contratos simulados o aparentes celebrados por el alimentante con la finalidad de reducir su patrimonio en perjuicio del alimentario.

3. La acción prescribirá en un plazo de tres años contado desde la fecha de celebración del acto o contrato.

4. Esta acción se tramitará como incidente, ante el juez con competencia en asuntos de familia, pudiendo ser deducida tanto en la etapa de cumplimiento de la pensión alimenticia, como en la etapa declarativa respecto de los alimentos provisorios impagos. La resolución que se pronuncie sobre esta materia será apelable en el solo efecto devolutivo.

5. Esta acción no aplicará respecto de los actos celebrados en cumplimiento de las condiciones legales previstas en el Título Final de la presente ley, referido al Registro Nacional de Deudores de Pensiones de Alimentos[18].

---

[18] Inciso sustituido por el artículo 1°, N° 4, letra c), de la Ley N° 21.389, publicada en el Diario Oficial de 18 de noviembre de 2021.

[Medidas precautorias]

Artículo 6°. Las medidas precautorias en estos juicios podrán decretarse por el monto y en la forma que el tribunal determine de acuerdo con las circunstancias del caso.

Toda resolución que fije una pensión de alimentos deberá disponer el pago mensual y anticipado de un monto expresado en unidades tributarias mensuales, y señalar el período del mes en que ha de realizarse el pago, y ordenará la apertura de una cuenta de ahorro u otro instrumento equivalente exclusivo para el cumplimiento de la obligación. Lo anterior es sin perjuicio de lo dispuesto en el artículo 9. Asimismo, deberá especificar las circunstancias consideradas para determinar la capacidad económica del alimentante y las necesidades del alimentario, considerando en ello, además de lo dispuesto en el Código Civil, la distribución y tasación económica del trabajo de cuidados para la sobrevivencia del alimentario e indicar la proporción en la que los padres deberán contribuir, conforme a sus capacidades económicas, a solucionar los gastos extraordinarios del hijo en común, entendiéndose por tales aquellas necesidades que surgen con posterioridad y cuya existencia no era posible prever, tales como el caso de hospitalizaciones y gastos médicos de urgencia[19]-[20].

[Límites al fijar el monto de la pensión de alimentos]

Artículo 7°. El tribunal no podrá fijar como monto de la pensión una suma que exceda del cincuenta por ciento de las rentas del alimentante, salvo que existan razones fundadas para fijarlo sobre este límite, teniendo especialmente en cuenta el interés superior del niño, niña o adolescente, velando por que se conserve un reparto equitativo en los aportes del ali-

---

[19] Inciso sustituido por el artículo 1°, N° 5, de la Ley N° 21.389, publicada en el Diario Oficial de 18 de noviembre de 2021.

[20] El inciso segundo de la norma fue modificado por el artículo 1°, N° 3), de la Ley N° 21.484, publicada en el Diario Oficial de 7 de septiembre de 2022.

mentante demandado para con todos los alimentarios a quienes tiene el deber de proveer alimentos[21].

Las asignaciones por "carga de familia" no se considerarán para los efectos de calcular esta renta y corresponderán, en todo caso, a la persona que causa la asignación y serán inembargables por terceros[22].

[Modalidad de pago de la pensión de alimentos]

Artículo 8°. Las resoluciones judiciales que ordenen el pago de una pensión alimenticia, provisoria o definitiva, por un trabajador dependiente, o que perciba una pensión de vejez, invalidez o sobrevivencia, establecerán, como modalidad del pago, la retención por parte del empleador o la entidad pagadora de las pensiones, a menos que el tribunal establezca, por razones fundadas, su falta de idoneidad para asegurar el pago. Asimismo, si se tratare de un trabajador independiente, sujeto a contrato de honorarios, el tribunal establecerá la retención de sus honorarios, si atendidas las circunstancias concretas, estima que es un medio idóneo para garantizar el cumplimiento íntegro y oportuno de la pensión alimenticia.

La resolución que ordena o aprueba la retención que indica el inciso anterior se notificará a quien deba pagar al alimentante su remuneración, pensión o cualquier otra prestación en dinero, a fin de que retenga y entregue la suma o cuotas periódicas fijadas en ella directamente al alimentario, a su representante legal, o a la persona a cuyo cuidado esté.

La notificación del inciso anterior se efectuará por cédula, dejándose testimonio en el proceso de la práctica de la diligencia, en los términos del artículo 48 del Código de Procedimiento Civil. No obstante lo anterior, el juez podrá ordenar que dicha notificación se efectúe por alguna

---

21 Inciso sustituido por el artículo 1°, N° 6, letra a), literales i) y ii) de la Ley N° 21.389, publicada en el Diario Oficial de 18 de noviembre de 2021.

22 Los incisos 3° y 4° de este artículo fueron derogados por el artículo 1°, N° 6, letra b) de la Ley N° 21.389, publicada en el Diario Oficial de 18 de noviembre de 2021.

otra forma expedita, segura y eficaz, y dejará constancia de ella en el proceso[23].

[Imputación de gastos útiles o extraordinarios y de derechos reales al pago de la pensión de alimentos]

Artículo 9°. El juez podrá fijar o aprobar que la pensión alimenticia se impute total o parcialmente a un derecho de usufructo, uso o habitación sobre bienes del alimentante, quien no podrá enajenarlos ni gravarlos sin autorización del juez. Si se tratare de un bien raíz, la resolución judicial servirá de título para inscribir los derechos reales y la prohibición de enajenar o gravar en los registros correspondientes del Conservador de Bienes Raíces. Podrá requerir estas inscripciones el propio alimentario.

La constitución de los mencionados derechos reales no perjudicará a los acreedores del alimentante cuyos créditos tengan una causa anterior a su inscripción.

En estos casos, el usufructuario, el usuario y el que goce del derecho de habitación estarán exentos de las obligaciones que para ellos establecen los artículos 775 y 813 del Código Civil, respectivamente, estando sólo obligados a confeccionar un inventario simple. Se aplicarán al usufructuario las normas de los artículos 819, inciso primero, y 2466, inciso tercero, del Código Civil.

Cuando el cónyuge alimentario tenga derecho a solicitar, para sí o para sus hijos menores, la constitución de un usufructo, uso o habitación en conformidad a este artículo, no podrá pedir la que establece el artículo 147 del Código Civil respecto de los mismos bienes.

El no pago de la pensión así decretada o acordada hará incurrir al alimentante en los apremios establecidos en esta ley y, en el caso del derecho de habitación o usufructo recaído sobre inmuebles, se incurrirá en

---

23 Artículo sustituido por el artículo 1°, N° 7, de la Ley N° 21.389, publicada en el Diario Oficial de 18 de noviembre de 2021.

dichos apremios aun antes de haberse efectuado la inscripción a que se refiere el inciso segundo[24].

[Garantías de cumplimiento de la obligación alimenticia]

Artículo 10. El juez deberá[25] ordenar que el deudor garantice el cumplimiento de la obligación alimenticia con una hipoteca o prenda sobre bienes del alimentante o con otra forma de caución.

Lo ordenará especialmente si hubiere motivo fundado para estimar que el alimentante se ausentará del país. Mientras no rinda la caución ordenada, que deberá considerar el período estimado de ausencia, el juez decretará el arraigo del alimentante, el que quedará sin efecto por la constitución de la caución, debiendo el juez comunicar este hecho de inmediato a la misma autoridad policial a quien impartió la orden, sin más trámite[26].

[Mérito ejecutivo. Tribunal competente]

Artículo 11. Toda resolución judicial que fijare una pensión alimenticia, o que aprobare una transacción bajo las condiciones establecidas en el inciso tercero, tendrá mérito ejecutivo. Será competente para conocer de la ejecución el tribunal que la dictó en única o en primera instancia o el del nuevo domicilio del alimentario.

En las transacciones sobre alimentos futuros tendrán la calidad de ministros de fe, además de aquellos señalados en otras disposiciones legales, los Abogados Jefes o Coordinadores de los Consultorios de la respectiva Corporación de Asistencia Judicial, para el solo efecto de autorizar las firmas que se estamparen en su presencia.

---

24 Artículo modificado por el artículo 1°, N° 8, letras a) y b), de la Ley N° 21.389, publicada en el Diario Oficial de 18 de noviembre de 2021.

25 El inciso primero de la norma fue modificado por el artículo 1°, Nº 4), de la Ley Nº 21.484, publicada en el Diario Oficial de 7 de septiembre de 2022.

26 Inciso agregado por el artículo 1º, Nº 12, de la Ley Nº 19.741, publicada en el Diario Oficial de 24 de julio de 2001.

El juez sólo podrá dar su aprobación a las transacciones sobre alimentos futuros a que hace referencia el artículo 2451 del Código Civil, cumpliéndose los siguientes presupuestos:

a) Que el acuerdo disponga el pago mensual y anticipado de un monto expresado en unidades tributarias mensuales, a través del depósito o transferencia a una cuenta de ahorro u otro instrumento equivalente dispuesto exclusivamente para el cumplimiento de esta obligación, especificándose la época del mes en que dicho depósito o transferencia ha de realizarse. Sin perjuicio de lo anterior, también serán válidos los acuerdos de constitución de derechos de usufructo y de uso o habitación sobre bienes del alimentante, realizados de conformidad a lo dispuesto en el artículo 9 y aquellos aportes económicos a los que se obligue el alimentante para el otorgamiento de prestaciones o beneficios en favor del alimentario, que surgen de una relación contractual suya que permite satisfacer las necesidades del alimentario en condiciones más favorables, tales como el aporte de la cotización para salud o el pago de la prima del seguro de salud. Estas prestaciones deberán ser valorizadas en unidades tributarias mensuales en el acuerdo, debiendo el incumplimiento ser alegado por el alimentario tan pronto lo conozca, objetando la liquidación.

b) Que el acuerdo especifique las circunstancias consideradas para determinar la capacidad económica del alimentante y las necesidades del alimentario, e indique la proporción en la que los padres deberán contribuir, conforme a sus capacidades económicas, a solucionar los gastos extraordinarios del hijo en común, entendiéndose por tales aquellas necesidades que surgen con posterioridad y cuya existencia no era posible prever, tales como el caso de hospitalizaciones y gastos médicos de urgencia.

c) Que el monto de la pensión expresado en unidades tributarias mensuales no sea inferior al establecido en el artículo 3.

Deberán verificarse las mismas exigencias señaladas en el inciso anterior para que el tribunal apruebe un acuerdo sobre alimentos futuros, cualquiera sea la forma autocompositiva por la que éste se alcance[27].

Salvo estipulación en contrario, el juez que aprobare un acuerdo sobre alimentos futuros deberá ordenar al empleador del alimentante, a la entidad que pague la respectiva pensión, o a quienes suscriban con él un contrato de honorarios, en los términos dispuestos en el artículo 8, que retengan de la suma de dinero que le deben pagar, el monto equivalente a la pensión de alimentos convenida[28].

Esta modalidad de pago se decretará, de oficio o a petición de parte, sin más trámite, cada vez que el alimentante no cumpla con la obligación alimenticia acordada. En la misma resolución, el tribunal ordenará su notificación a quien deba practicar la retención, en los términos de los incisos segundo y tercero del artículo 8[29].

[Deber del retenedor de descontar los montos correspondientes]

Artículo 11 bis. El empleador del alimentante, quien lo contrate a honorarios o la entidad que pague la pensión respectiva, que esté obligado a practicar la retención judicial, deberá descontar el monto correspondiente a los alimentos decretados o aprobados judicialmente, a continuación de los descuentos obligatorios por concepto de impuestos y cotizaciones obligatorias de seguridad social.

En caso de que haya más de un empleador, el tribunal ordenará el pago en los términos más convenientes para el alimentario[30].

---

27 Inciso sustituido por el artículo 1°, N° 9, letra a), de la Ley N° 21.389, publicada en el Diario Oficial de 18 de noviembre de 2021.

28 Inciso sustituido por el artículo 1°, N° 9, letra b), de la Ley N° 21.389, publicada en el Diario Oficial de 18 de noviembre de 2021.

29 Inciso sustituido por el artículo 1°, N° 9, letra c), de la Ley N° 21.389, publicada en el Diario Oficial de 18 de noviembre de 2021.

30 Artículo agregado por el artículo 1°, N° 10, de la Ley N° 21.389, publicada en el Diario Oficial de 18 de noviembre de 2021.

[Requerimiento de pago. Derecho de defensa restringido. Omisión de la sentencia si no se oponen excepciones]

Artículo 12. El requerimiento de pago se notificará al ejecutado en la forma establecida en los incisos primero y segundo del artículo 23 de la ley que crea los juzgados de familia[31].

Solamente será admisible la excepción de pago y siempre que se funde en un antecedente escrito.

El pago parcial que efectúe el ejecutado frente al requerimiento de pago no entorpecerá la tramitación del procedimiento de ejecución ni hará exigible una nueva liquidación. El juez, de oficio, deberá ordenar la deducción de la cantidad abonada, una vez acreditada, del monto expresado en el mandamiento de ejecución y embargo[32].

Si no se opusieran excepciones en el plazo legal, se omitirá la sentencia y bastará el mandamiento para que el acreedor haga uso de su derecho en conformidad al procedimiento de apremio del juicio ejecutivo.

Si las excepciones opuestas fueren inadmisibles, el tribunal lo declarará así y ordenará seguir la ejecución adelante.

El mandamiento de embargo que se despache para el pago de la primera pensión alimenticia será suficiente para el pago de cada una de las venideras, sin necesidad de nuevo requerimiento; pero si no se efectuara oportunamente el pago de una o más pensiones, deberá, en cada caso, notificarse por el mandamiento, pudiendo el demandado oponer excepción de pago dentro del término legal a contar de la notificación[33].

Para facilitar el cobro ejecutivo de la deuda, la aplicación de un apremio, la inscripción del alimentante en el Registro Nacional de Deudores de Pensiones de Alimentos, o actualizar en dicho Registro el monto de la deuda, los juzgados con competencia en asuntos de familia deberán

---

31 Inciso sustituido por el artículo 124, número 6, letra a), de la Ley N° 19.968, publicada en el Diario Oficial de 30 de agosto de 2004.

32 Inciso agregado por el artículo 1°, N° 11, letra a), de la Ley N° 21.389, publicada en el Diario Oficial de 18 de noviembre de 2021.

33 Inciso modificado por el artículo 1°, N° 11, letra b), de la Ley N° 21.389, publicada en el Diario Oficial de 18 de noviembre de 2021.

disponer de oficio, mensualmente, que se practique la liquidación de la pensión y su notificación a las partes para que presenten sus objeciones dentro de tercero día. Presentada la objeción a la liquidación, el tribunal deberá resolverla en el más breve plazo, de plano o previo traslado, y con el solo mérito de los antecedentes que las partes acompañen a sus presentaciones y aquellos que obren en el proceso. La decisión que acoge la objeción a la liquidación, sea total o parcialmente, sólo será impugnable por la contraparte mediante recurso de reposición y siempre que ésta no hubiere tenido ocasión de ser oída sobre la materia que se reclama. Dicha solicitud de reposición deberá deducirse dentro de tercero día y de forma fundada. El tribunal fallará de plano la reposición, pero podrá oír a la otra parte cuando la complejidad del asunto así lo aconsejare. En contra de la resolución que resuelve la reposición no procederá recurso alguno. Tampoco será recurrible la resolución que rechaza la objeción a la liquidación.

Salvo lo dispuesto en el inciso primero, las resoluciones dictadas en la etapa de cumplimiento de la pensión alimenticia deberán notificarse en la forma electrónica que el alimentante hubiere indicado, según lo dispuesto en el inciso final del artículo 23 de la ley N° 19.968, que crea los tribunales de familia, y, en caso de no haber señalado forma alguna de notificación o no encontrarse ésta vigente, por medio del estado diario electrónico. En estos casos no tendrá aplicación lo dispuesto en el artículo 52 del Código de Procedimiento Civil.

Durante la etapa de cumplimiento el alimentante podrá requerir al tribunal, excepcionalmente, la imputación de los gastos útiles y extraordinarios que hubiere efectuado para satisfacer necesidades del alimentario, que no hubieren sido previstos, en aquella proporción que exceda a la contribución que al alimentante corresponda. En estos casos, podrá el juez imputarlo al pago de la pensión, considerando la naturaleza del gasto y el grado de contribución que el alimentante y a quien tiene el cuidado personal del alimentario les corresponda, de acuerdo a sus facultades económicas, previo traslado al alimentario. La resolución que acoja dicha solicitud deberá ser fundada, teniendo en especial consideración el interés superior del niño, niña o adolescente. Cualquiera sea el caso, el juez no podrá imputar al pago mensual una suma que exceda del veinte por ciento del monto de la pensión fijada o aprobada, debiendo proceder, si fuera necesario, a prorratear la suma total a imputar al pago de las pensiones sucesivas[34].

[MEDIDA CAUTELAR DE OFICIO. RETENCIÓN DE DINERO]

Artículo 12 bis. En cualquier etapa del procedimiento, sea éste ordinario, especial o de cumplimiento, el tribunal, con objeto de cautelar derechos derivados de pensiones alimenticias invocados ante sí y que se encuentren devengados, podrá decretar la medida cautelar de retención de fondos acumulados en cuentas bancarias u otros instrumentos de inversión del alimentante, teniendo en cuenta la verosimilitud del derecho invocado y el peligro en la demora que implica la tramitación del proceso, ante la inminencia del retiro de los fondos depositados o invertidos.

La medida cautelar de retención decretada conforme al presente artículo surtirá efecto desde la notificación de la resolución a la respectiva entidad bancaria o financiera, y aun antes de notificarse a la persona contra quien se dicte. Para estos efectos, cuando el tribunal decretare la medida cautelar de retención, dictará resolución ordenando que primero sea notificada la respectiva entidad en que se encuentran los fondos, en el más breve plazo y por medios electrónicos, y que la notificación a la persona contra quien se dicte la medida sea practicada inmediatamente después. La entidad, tan pronto fuere notificada de la resolución, deberá comunicarla al titular de los fondos contra quien se dictó la medida, mediante medios electrónicos o, en su defecto, mediante carta certificada dirigida al domicilio registrado en la respectiva entidad. En estos casos, la comunicación por medios electrónicos o por carta certificada, servirá de suficiente notificación, la que se entenderá practicada, según corresponda, a contar del envío de la comunicación por

---

34 Los actuales incisos 7°, 8° y 9° fueron agregados por el artículo 1°, N° 11, letra c), de la Ley N° 21.389, publicada en el Diario Oficial de 18 de noviembre de 2021.

medios electrónicos, o a contar del tercer día siguiente a la recepción de la carta certificada en la oficina de correos respectiva[35].

[Retención. Sanciones por desobedecer la orden judicial]

Artículo 13. Si la persona natural o jurídica que deba hacer la retención a que se refieren los artículos 8, 11 y 11 bis, desobedeciere la respectiva orden judicial, incurrirá en multa, a beneficio fiscal, equivalente al doble de la cantidad mandada retener, lo que no obsta para que se despache en su contra o en contra del alimentante el mandamiento de ejecución que corresponda[36].

La resolución que imponga la multa tendrá mérito ejecutivo una vez ejecutoriada[37].

El empleador deberá dar cuenta al tribunal del término de la relación laboral con el alimentante, dentro del término de diez días hábiles. En caso de incumplimiento, el tribunal aplicará, si correspondiere, la sanción establecida en los incisos precedentes. La notificación a que se refiere el artículo 8° deberá expresar dicha circunstancia[38].

En caso de que sea procedente el pago de la indemnización sustitutiva del aviso previo a que se refieren los artículos 161 y 162 del Código del Trabajo, será obligación del empleador retener de ella la suma equivalente a la pensión alimenticia del mes siguiente a la fecha de término de la relación laboral, para su pago al alimentario.

Asimismo, si fuere procedente la indemnización por años de servicio a que hace referencia el artículo 163 del Código del Trabajo, o se pactare ésta voluntariamente, el empleador estará obligado a retener del total de

---

35 Artículo agregado por el artículo 1°, N° 12, de la Ley N° 21.389, publicada en el Diario Oficial de 18 de noviembre de 2021.

36 Inciso modificado por el artículo 1°, N° 13, letra a), de la Ley N° 21.389, publicada en el Diario Oficial de 18 de noviembre de 2021.

37 Inciso reemplazado por el artículo primero, N° 7, letra b), de la Ley N° 20.152, publicada en el Diario Oficial de 9 de enero de 2007.

38 Inciso modificado por el artículo 1°, N° 13, letra b), de la Ley N° 21.389, publicada en el Diario Oficial de 18 de noviembre de 2021.

dicha indemnización el porcentaje que corresponda al monto de la pensión de alimentos en el ingreso mensual del trabajador, con el objeto de realizar el pago al alimentario. El alimentante podrá, en todo caso, imputar el monto retenido y pagado a las pensiones futuras que se devenguen.

En caso de ser procedentes las retenciones de los dos incisos anteriores, los ministros de fe respectivos, previo a la ratificación del finiquito, deberán exigir al empleador la acreditación de haberse efectuado el descuento, la retención y el pago del monto indicado en dichos incisos, en la cuenta ordenada por el tribunal. Lo anteriormente señalado también será aplicable al funcionario de la Inspección del Trabajo que autorice un acta de comparendo de conciliación, a propósito del término de la relación laboral y en que conste el pago de las indemnizaciones señaladas en los incisos precedentes. Para dar cumplimiento a lo anterior, el funcionario de la Inspección del Trabajo o el ministro de fe, según corresponda, deberá verificar si el empleador está sujeto a la obligación de retener judicialmente la pensión de alimentos, para lo cual deberá solicitar las tres últimas liquidaciones que den cuenta de las remuneraciones mensuales del trabajador y su correspondiente descuento por retención judicial, anteriores al término de la relación laboral. No obstante lo anterior, el empleador estará obligado a declarar por escrito su deber de retener judicialmente la pensión alimenticia, especialmente cuando dicha retención no apareciere especificada en las liquidaciones.

La obligación del inciso anterior se extenderá al presidente del sindicato o al delegado sindical respectivo, si procediere de acuerdo con el artículo 177 del Código del Trabajo. Tratándose de las obligaciones consagradas en éste y en el inciso precedente, su incumplimiento hará a quien corresponda solidariamente responsable del pago de las pensiones alimenticias no descontadas, retenidas y pagadas, sin perjuicio de la reparación civil de los daños que por su omisión pudiere causar.

Si hubiere intervención judicial, el tribunal con competencia en lo laboral, una vez establecida la suma total a pagar en favor del trabajador, ordenará al empleador descontar, retener, pagar y acompañar el comprobante de pago de las sumas a que se refieren los incisos cuarto y quinto. Para estos efectos, el empleador estará obligado a poner en conocimiento del tribunal su deber de retener judicialmente la pensión alimenticia. Sin perjuicio de lo anterior, se admitirá la participación del alimentario, en calidad de tercero, para efectos de acreditar en juicio la existencia de la obligación alimenticia y el deber de retención del empleador. Asimismo, el tribunal podrá consultar al tribunal con competencia en asuntos de familia o a la institución financiera correspondiente a fin de comprobar la efectividad del depósito de los alimentos por parte del empleador.

Si el empleador incumpliere una o más de las obligaciones expresadas en este artículo, quedará sujeto a la sanción dispuesta en el inciso primero. Asimismo, quedará obligado solidariamente al pago de las pensiones no descontadas, retenidas y pagadas en favor del alimentario[39].

[Apremios por incumplimiento de la obligación del alimentante]

Artículo 14. Si decretados los alimentos por resolución que cause ejecutoria en favor del cónyuge, de los padres, de los hijos o del adoptado, el alimentante no hubiere cumplido su obligación en la forma pactada u ordenada o hubiere dejado de pagar una o más de las pensiones decretadas, el tribunal que dictó la resolución deberá, a petición de parte o de oficio y sin necesidad de audiencia, imponer al deudor como medida de apremio, el arresto nocturno entre las veintidós horas de cada día hasta las seis horas del día siguiente, hasta por quince días. El juez podrá repetir esta medida hasta obtener el íntegro pago de la obligación.

Si el alimentante infringiere el arresto nocturno o persistiere en el incumplimiento de la obligación alimenticia después de dos periodos de arresto nocturno, el juez podrá apremiarlo con arresto hasta por quince días. En caso de que procedan nuevos apremios, podrá ampliar el arresto hasta por 30 días.

Para los efectos de los incisos anteriores, el tribunal que dicte el apremio podrá facultar a la policía para allanar y descerrajar el domicilio del demandado y ordenará que éste sea conducido directamente ante Gen-

---

39 Los actuales incisos 6°, 7°, 8° y 9° fueron agregados por el artículo 1°, N° 13, letra c), de la Ley N° 21.389, publicada en el Diario Oficial de 18 de noviembre de 2021.

darmería de Chile de ser habido. La policía deberá intimar previamente la actuación a los moradores del domicilio que consta en el proceso, dejando constancia por escrito en el acta. En el caso de que el alimentante no fuese habido en el domicilio que conste en el proceso, los funcionarios deberán solicitar a los moradores un documento que acredite la identidad y su relación con el demandado, lo que quedará registrado en el acta de notificación.

El alimentante podrá ser arrestado en el domicilio que se registre en autos o en cualquier otro que tenga conocimiento la parte, el tribunal o la fuerza pública o en el que aquel se encuentre, por un plazo de sesenta días desde la resolución que lo ordena.

Si el alimentante no es habido en el plazo estipulado en el inciso anterior, el juez podrá ordenar a la fuerza pública investigar su paradero y adoptará todas las medidas necesarias para hacer efectivo el apremio. Si transcurridos sesenta días desde que el juez ordenó a la fuerza pública investigar el paradero del alimentante y éste no fuese localizado, el juez podrá declararlo rebelde y solicitar su incorporación al Registro Nacional de Prófugos de la Justicia contemplado en la ley N° 20.593[40].

En las situaciones contempladas en este artículo, el juez dictará también orden de arraigo en contra del alimentante, la que permanecerá vigente hasta que se efectúe el pago de lo adeudado. Para estos efectos, las órdenes de apremio y de arraigo expresarán el monto de la deuda, y podrá recibir válidamente el pago la unidad policial que les dé cumplimiento, debiendo entregar comprobante al deudor. Esta disposición se aplicará asimismo en el caso del arraigo a que se refiere el artículo 10.

Si el alimentante justificare ante el tribunal que carece de los medios necesarios para el pago de su obligación alimenticia, podrá suspenderse el apremio y el arraigo, y no tendrá aplicación lo dispuesto en el inciso cuarto. Igual decisión podrá adoptar el tribunal, de oficio, a petición de parte

---

40 Los incisos 3° y 4° fueron sustituidos por el artículo 1°, N° 14, letra a), de la Ley N° 21.389, publicada en el Diario Oficial de 18 de noviembre de 2021. El artículo 1°, N° 14, letra b), de la Ley N° 21.389, publicada en el Diario Oficial de 18 de noviembre de 2021, suprimió el anterior inciso 5°.

o de Gendarmería de Chile, en caso de enfermedad, invalidez, embarazo y puerperio que tengan lugar entre las seis semanas antes del parto y doce semanas después de él, o de circunstancias extraordinarias que impidieren el cumplimiento del apremio o lo transformaren en extremadamente grave.

[Aplicación del apremio por término de la relación laboral por renuncia voluntaria o de mutuo acuerdo con el empleador]

Artículo 15. El apremio regulado en el artículo precedente se aplicará al que, estando obligado a prestar alimentos a las personas mencionadas en dicha disposición, ponga término a la relación laboral por renuncia voluntaria o mutuo acuerdo con el empleador, sin causa justificada, después de la notificación de la demanda y carezca de rentas que sean suficientes para poder cumplir la obligación alimenticia[41].

[Otras sanciones. Retención de devolución anual de impuestos a la renta, suspensión de licencia de conducir]

Artículo 16. Sin perjuicio de los demás apremios y sanciones previstos en la ley, existiendo una o más pensiones insolutas, el juez adoptará, a petición de parte, las siguientes medidas:

1. Ordenará, en el mes de marzo de cada año, a la Tesorería General de la República, que retenga de la devolución anual de impuestos a la renta que corresponda percibir a deudores de pensiones alimenticias, los montos insolutos y las pensiones que se devenguen hasta la fecha en que debió haberse verificado la devolución.

La Tesorería deberá comunicar al tribunal respectivo el hecho de la retención y el monto de la misma.

2. Suspenderá la licencia para conducir vehículos motorizados por un plazo de hasta seis meses, prorrogables hasta por igual período, si el alimentante persiste en el incumplimiento de su obligación. Dicho término

---

41 Artículo incorporado por el artículo 1°, N° 16, de la Ley N° 19.741, publicada en el Diario Oficial de 24 de julio de 2001.

se contará desde que se ponga a disposición del administrador del Tribunal la licencia respectiva.

En el evento de que la licencia de conducir sea necesaria para el ejercicio de la actividad o empleo que genera ingresos al alimentante, éste podrá solicitar la interrupción de este apremio, siempre que garantice el pago de lo adeudado y se obligue a solucionar, dentro de un plazo que no podrá exceder de quince días corridos, la cantidad que fije el juez, en relación con los ingresos mensuales ordinarios y extraordinarios que perciba el alimentante[42].

3. Ordenará la retención de los fondos que el alimentante tenga en sus cuentas bancarias u otros instrumentos financieros o de inversión, para lo cual resolverá en un plazo de cinco días hábiles.

En el caso que no se tuviere conocimiento de las cuentas bancarias o de los instrumentos financieros o de inversión, se aplicará el procedimiento especial de cobro de deudas de pensiones de alimentos establecido en los artículos 19 quáter y siguientes[43].

[Tasa de interés que devenga el alimento adeudado]

Artículo 17. Los alimentos adeudados devengarán el interés corriente para operaciones reajustables, determinado por la Comisión para el Mercado Financiero, de acuerdo a lo establecido en el artículo 6 de la ley Nº 18.010, que establece normas sobre operaciones de crédito y otras obligaciones en dinero que indica.

La entidad financiera en la que se abra una cuenta de ahorro u otro instrumento equivalente, para el cumplimiento de la pensión alimenticia, deberá proporcionar al tribunal todos los medios y antecedentes necesarios para poner a disposición de las partes una liquidación con informa-

---

42 Artículo incorporado por el artículo primero, Nº 9, de la Ley Nº 20.152, publicada en el Diario Oficial de 9 de enero de 2007.

43 El Nº 3 de la norma fue agregado por el artículo 1°, Nº 5), de la Ley Nº 21.484, publicada en el Diario Oficial de 7 de septiembre de 2022.

ción actualizada del monto de la deuda y la cantidad de mensualidades adeudadas[44].

[Responsabilidad solidaria]

Artículo 18. Serán solidariamente responsables del pago de la obligación alimenticia los que, sin derecho para ello, dificultaren o imposibilitaren el fiel y oportuno cumplimiento de dicha obligación[45].

El tercero que colabore con el ocultamiento del paradero del demandado para efectos de impedir su notificación o el cumplimiento de alguna de las medidas de apremio establecidas en la presente ley, será sancionado con la pena de reclusión nocturna, entre las veintidós horas de cada día hasta las seis horas del día siguiente, hasta por quince días[46].

[Efectos por la reiteración de apremios]

Artículo 19. Si constare en el proceso que en contra del alimentante se hubiere decretado dos veces alguno de los apremios señalados en los artículos 14 y 16, procederá en su caso, ante el tribunal que corresponda y siempre a petición del titular de la acción respectiva, lo siguiente[47]:

1. Decretar la separación de bienes de los cónyuges.

2. Autorizar a la mujer para actuar conforme a lo dispuesto en el inciso segundo del artículo 138 del Código Civil, sin que sea necesario acreditar el perjuicio a que se refiere dicho inciso.

3. Autorizar la salida del país de los hijos menores de edad sin necesidad del consentimiento del alimentante, en cuyo caso procederá en

---

44 Artículo agregado por el artículo 1°, N° 15, de la Ley N° 21.389, publicada en el Diario Oficial de 18 de noviembre de 2021.

45 Inciso modificado por el artículo primero, N° 10, letra a), de la Ley N° 20.152, publicada en el Diario Oficial de 9 de enero de 2007.

46 Inciso agregado por el artículo primero, N° 10, letra b), de la Ley N° 20.152, publicada en el Diario Oficial de 9 de enero de 2007.

47 Párrafo modificado por el artículo primero, N° 11, letra a), de la Ley N° 20.152, publicada en el Diario Oficial de 9 de enero de 2007.

conformidad a lo dispuesto en el inciso sexto del artículo 49 de la Ley N° 16.618[48].

La circunstancia señalada en el inciso anterior será especialmente considerada para resolver sobre:

a) La falta de contribución a que hace referencia el artículo 225 del Código Civil.

b) La emancipación judicial por abandono del hijo a que se refiere el artículo 271, número 2, del Código Civil[49].

[Prescripción de la acción ejecutiva de cobro de alimentos]

Artículo 19 bis. El plazo de prescripción para las acciones ejecutivas de cobro por deudas de pensión alimenticia será de tres años y se convertirá en ordinaria por dos años más, y se comenzará a computar desde el momento en que el alimentario o alimentaria cumpla 21 años[50].

[Acción de reembolso. Litisdenunciación]

Artículo 19 ter. Por el no pago de la deuda alimentaria, el tercero que ha debido contribuir económicamente a satisfacer las necesidades del alimentario, sin estar legalmente obligado o en exceso de lo que era su obligación, tendrá acción de reembolso en contra del alimentante, por el enriquecimiento sin causa de éste a expensas suya. Esta acción se tramitará ante el tribunal con competencia en asuntos de familia que hubiere decretado o aprobado la pensión alimenticia.

---

48 Número agregado por el artículo primero, N° 11, letra a), de la Ley N° 20.152, publicada en el Diario Oficial de 9 de enero de 2007.

49 La anterior letra a) de este inciso, fue suprimida por el artículo primero, N° 11, letra b), de la Ley N° 20.152, publicada en el Diario Oficial de 9 de enero de 2007, pasando las letras b) y c) a ser letras a) y b), respectivamente.

50 Artículo agregado por el artículo 1°, N° 16, de la Ley N° 21.389, publicada en el Diario Oficial de 18 de noviembre de 2021. Con posterioridad fue modificado por el artículo 1°, N° 6), de la Ley N° 21.484, publicada en el Diario Oficial de 7 de septiembre de 2022.

Ante la solicitud de condonación de la deuda alimenticia presentada por el alimentario, el tribunal que estimare que a otros sujetos que no han comparecido al proceso pudiera corresponderles el ejercicio esta acción, deberá ordenar poner el proceso en su conocimiento, para que dentro del término de emplazamiento presente su demanda. Si no la presentare, caducará su derecho[51].

[Procedimiento especial de cobro de deudas de pensiones alimenticias]

Artículo 19 quáter. Procedimiento especial para el cobro de deudas de pensiones de alimentos. Si decretados los alimentos por resolución que cause ejecutoria en favor de las personas señaladas en los números 1°, 2° y 3° del artículo 321 del Código Civil, estando la deuda de alimentos liquidada y verificado el supuesto del número 3 del artículo 16 de esta ley, el tribunal competente deberá iniciar una investigación del patrimonio activo del deudor bajo reserva, para lo cual deberá revisar, dentro del plazo de tres días hábiles desde que se inició la investigación, en los sistemas de interconexión que mantiene con la Comisión para el Mercado Financiero, el Servicio de Impuestos Internos y otros servicios del Estado que estime pertinente, las cuentas bancarias, las cuentas de ahorro previsional voluntario y los instrumentos financieros o de inversión que el alimentante mantenga en las instituciones bancarias y financieras. En caso de encontrar cuentas bancarias, cuentas de ahorro previsional voluntario y/o instrumentos financieros o de inversión a nombre del alimentante, el tribunal tendrá un plazo de cinco días hábiles, desde que se inició la investigación, para dictar una resolución por medio de la cual se ordena oficiar a dichas instituciones bancarias y/o financieras a fin de que informen dentro de un plazo de diez días hábiles los saldos, movimientos y toda la información que se considere relevante para el pago efectivo de la deuda de alimentos. Una vez recibidos dichos oficios, el tribunal tendrá un plazo de tres días

---

51 Artículo agregado por el artículo 1°, N° 17, de la Ley N° 21.389, publicada en el Diario Oficial de 18 de noviembre de 2021.

hábiles para dictar la resolución que ordena el pago de la deuda liquidada con dichos fondos.

Con el objeto de cautelar los derechos derivados de la pensión de alimentos, la resolución que oficia a las instituciones bancarias y/o financieras, también deberá decretar una medida cautelar de retención de los fondos del deudor en las cuentas bancarias y/o instrumentos financieros o de inversión cuando aquellos sean habidos, hasta un monto equivalente al total de la deuda actualmente exigible, el que deberá ser expresado en la resolución. Esta medida surtirá efectos desde la notificación de la resolución a la respectiva entidad bancaria o financiera y antes de notificarse a la persona en contra de quien se dicte. Para estos efectos, el tribunal ordenará que la respectiva resolución sea primero notificada a la institución en que se encuentran los fondos e inmediatamente después a la persona en contra de quien se dictó. La entidad, tan pronto fuera notificada de la resolución, deberá comunicarla al titular de los fondos a través de los medios que establece el inciso segundo del artículo 12 bis de esta ley. Si se hubiere procedido a retener una suma que excede el total de la deuda, el alimentante una vez liquidada íntegramente la deuda podrá requerir la liberación de los fondos restantes. En dicho caso, para efectos de determinar sobre qué fondos ha de mantenerse la retención, se preferirá en primer lugar los dineros depositados en cuentas bancarias y cuentas de ahorro previsional voluntario y, en lo que faltare, aquellos instrumentos financieros o de inversión cuya liquidación resulte más sencilla o expedita.

La resolución que ordena el pago de la deuda deberá individualizar las cuentas bancarias, las cuentas de ahorro previsional voluntario, los instrumentos financieros y/o de inversión del alimentante, según sea el caso, que se utilizarán para el pago total de la deuda, el monto específico y porcentaje de la deuda que se ordena pagar respecto de cada una de ellas y la individualización de la cuenta bancaria en que se debe realizar el pago.

Notificada la resolución señalada en el inciso anterior, la respectiva institución tendrá un plazo de quince días hábiles para realizar la transferencia ordenada por el tribunal, bajo sanción de que, en caso de no hacerlo, se le aplique lo dispuesto en el artículo 18 de esta ley.

Una vez iniciada la investigación regulada en este artículo, el tribunal revisará dentro del plazo de tres días hábiles dispuesto en el inciso primero de este artículo, por medio del sistema de interconexión, si existen otros alimentarios y/o alimentarias respecto del mismo alimentante, y en el evento de que ello así ocurra, dicha circunstancia será conocida conjuntamente y en un solo proceso por el tribunal competente que conozca de la causa vigente más antigua, el que deberá para efectos del pago prorratear los fondos habidos del alimentante entre cada una de las deudas alimentarias. A las alimentarias y/o alimentarios que no son solicitantes, se le efectuará el pago prorrateado por medio del presente procedimiento si, al menos, tienen una mensualidad de alimentos adeudada por parte del alimentante. Con todo, efectuado el prorrateo de la deuda por el tribunal competente, el plazo para el pago íntegro a los alimentarios y/o alimentarias no podrá exceder de veinticinco días hábiles desde el inicio de la investigación.

En caso de que durante el procedimiento se haya dictado la medida cautelar de retención de fondos dispuesta en el artículo 12 bis de esta ley y que los fondos retenidos sean suficientes para el pago de la deuda de alimentos, el tribunal procederá directamente a ordenar el pago con estos fondos, de conformidad a lo señalado en el inciso segundo de este artículo. En caso de que los fondos retenidos sean insuficientes para el pago íntegro de la deuda, las actuaciones dispuestas en este artículo sólo tendrán por objeto buscar los fondos suficientes para pagar el saldo de la deuda[52].

[Saldos de dinero en administradora de fondos de pensiones]

Artículo 19 quinquies. Extraordinariamente, siempre que hubiere tres pensiones adeudadas continuas o discontinuas y el alimentante no mantenga fondos en cuentas bancarias o instrumentos financieros o de inversión, o que habiendo fondos éstos sean insuficientes para el pago de la deuda, la parte alimentaria podrá solicitar al tribunal que consulte,

---

52 Artículo agregado por el artículo 1°, N° 7) de la Ley N° 21.484, publicada en el Diario Oficial de 7 de septiembre de 2022.

por vía de interconexión con la institución administradora de fondos de pensiones en la que se encuentra afiliado el alimentante, de los saldos que éste mantiene en su cuenta de capitalización individual de cotizaciones obligatorias, comunicando a dicha entidad la prohibición de que el deudor cambie de institución de administración de fondos de pensiones. La obtención de la información señalada en este inciso y la dictación de la resolución que ordena el pago de la deuda liquidada se realizará dentro de un plazo de tres días hábiles contados desde la presentación de la solicitud que regula este artículo.

Los recursos destinados al pago de deudas de pensiones alimenticias se regularán de la siguiente manera:

1. En el caso de que, al momento de presentar la solicitud de inicio de este procedimiento, el alimentante se encuentre a 15 años o menos de cumplir con la edad legal para ser beneficiario de la pensión de vejez, según lo dispuesto en el inciso primero del artículo 3° del decreto ley N° 3.500, de 1980, el pago que se efectúe con cargo a la cuenta de capitalización individual de cotizaciones obligatorias del deudor, no podrá exceder de un 50% de los recursos acumulados en ésta.

2. En el caso de que, al momento de presentar la solicitud de inicio de este procedimiento, el alimentante se encuentre a más de 15 años y menos de 30 años de cumplir con la edad para ser beneficiario de la pensión de vejez, según lo dispuesto en el inciso primero del artículo 3° del decreto ley N° 3.500, de 1980, el pago que se efectúe con cargo a la cuenta de capitalización individual de cotizaciones obligatorias del deudor, no podrá exceder de un 80% de los recursos acumulados en ésta.

3. En el caso de que, al momento de presentar la solicitud de inicio de este procedimiento, el alimentante se encuentre a más de 30 años de cumplir con la edad para ser beneficiario de la pensión de vejez, según lo dispuesto en el inciso primero del artículo 3° del decreto ley N° 3.500, de 1980, el pago que se efectúe con cargo a la cuenta de capitalización individual de cotizaciones obligatorias del deudor, no podrá exceder de un 90% de los recursos acumulados en ésta.

La resolución que ordena el pago de la deuda deberá individualizar la cuenta de capitalización individual de cotizaciones obligatorias del afiliado al sistema privado de pensiones regido por el decreto ley N° 3.500, de 1980, que se utilizará para el pago de la deuda, el monto específico y porcentaje de la deuda que se ordena pagar respecto de aquella y la individualización de la cuenta bancaria en que se debe realizar el pago. El valor cuota del fondo de capitalización obligatoria, corresponderá al día en que la administradora previsional sea notificada de la resolución que ordena el pago de la deuda.

El tribunal ordenará que la resolución por la que se dispone el pago sea notificada a la administradora de fondos de pensiones respectiva en el más breve plazo y por medios electrónicos[53].

[Pago con cargo a los fondos de la cuenta de capitalización individual del deudor]

Artículo 19 sexies. Para efectos de realizar el pago de la deuda con cargo a los fondos acumulados en la cuenta de capitalización individual de cotizaciones obligatorias del deudor de alimentos referido en el artículo 19 quinquies, la administradora de fondos de pensiones deberá liquidar la cantidad de cuotas necesarias para obtener el monto en dinero correspondiente a la deuda ordenada pagar por el tribunal.

El pago deberá efectuarlo la administradora de fondos de pensiones en la cuenta bancaria individualizada en la correspondiente resolución del tribunal, en un plazo de cinco días hábiles desde que le fuere notificada la resolución que ordena el pago de la deuda liquidada conforme lo dispuesto en el inciso final del artículo 19 quinquies, bajo sanción de que, en caso de no hacerlo, sea solidariamente responsable del pago de la obligación alimenticia conforme a las limitaciones establecidas en el inciso segundo del referido artículo.

Los fondos con los que se pagará la deuda de alimentos, a los cuales hace referencia el artículo 19 quinquies, no constituirán renta o remuneración para ningún efecto legal y, en consecuencia, serán pagados en forma

---

[53] Artículo agregado por el artículo 1°, N° 7) de la Ley N° 21.484, publicada en el Diario Oficial de 7 de septiembre de 2022.

íntegra y no estarán afectos a comisiones o descuento alguno por parte de las administradoras de fondos de pensiones.

Sin perjuicio de lo señalado en este artículo y en el artículo 19 quinquies, si el alimentante se encuentra percibiendo una pensión por vejez o invalidez de conformidad con el decreto ley N° 3.500, de 1980, no podrán pagarse las deudas de pensiones de alimentos con los recursos de su cuenta de capitalización individual de cotizaciones obligatorias, si los hubiere[54].

[Prorrateo de deudas alimentarias]

Artículo 19 septies. Dentro del plazo de tres días hábiles contados desde la presentación de la solicitud regulada en el artículo 19 quinquies, el tribunal revisará por medio del sistema de interconexión, si existen otros alimentarios y/o alimentarias a quienes se les adeude alimentos por el mismo alimentante. En el evento de que ello así ocurra, la solicitud será conocida conjuntamente y en un solo proceso por el tribunal competente que conozca de la causa vigente más antigua. Para efectos del pago de las deudas, el tribunal deberá prorratear los fondos disponibles del alimentante según las restricciones establecidas en el inciso segundo del artículo 19 quinquies entre cada una de las deudas alimentarias. A las alimentarias y/o alimentarios que no son solicitantes, se le efectuará el pago por medio del presente procedimiento si, al menos, tienen una mensualidad de alimentos adeudada por parte del alimentante. Además de las menciones señaladas en el inciso tercero del artículo 19 quinquies, la resolución que el tribunal dicte en el caso tratado en este inciso deberá consignar el monto y porcentaje de los fondos con que se pagará cada una de las deudas[55].

---

54 Artículo agregado por el artículo 1°, N° 7) de la Ley N° 21.484, publicada en el Diario Oficial de 7 de septiembre de 2022.

55 Artículo agregado por el artículo 1°, N° 7) de la Ley N° 21.484, publicada en el Diario Oficial de 7 de septiembre de 2022.

[Improcedencia de recursos contra resoluciones que ordenen el pago]

Artículo 19 octies. En contra de las resoluciones que ordenan el pago, señaladas en los artículos 19 quáter, 19 quinquies, 19 sexies y 19 septies de esta ley, no procederá recurso alguno[56].

TÍTULO FINAL DEL REGISTRO NACIONAL DE DEUDORES DE PENSIONES DE ALIMENTOS[57]

[Definiciones]

Artículo 20. Definiciones. Para los efectos de este Título, se entenderá por:

1. Registro: el Registro Nacional de Deudores de Pensiones de Alimentos.
2. Deudor de alimentos: el alimentante con inscripción vigente en el Registro.
3. Personas con interés legítimo en la consulta: el deudor de alimentos, su alimentario o el representante legal de éste, los tribunales con competencia en asuntos de familia y las personas o entidades obligadas a consultar el Registro.
4. Servicio: el Servicio de Registro Civil e Identificación.

[Registro Nacional de Deudores de Pensiones de Alimentos]

Artículo 21. El Registro. Créase el Registro Nacional de Deudores de Pensiones de Alimentos, cuyo objeto es articular diversas medidas legales, a fin de promover y garantizar el cumplimiento de las pensiones de alimentos. Este Registro será electrónico y de acceso remoto, gratuito e inmediato, para cualquier persona con interés legítimo en la consulta.

---

56 Artículo agregado por el artículo 1°, N° 7) de la Ley N° 21.484, publicada en el Diario Oficial de 7 de septiembre de 2022.

57 Este Título Final fue agregado por el artículo 1°, N° 18, de la Ley N° 21.389, publicada en el Diario Oficial de 18 de noviembre de 2021.

El funcionamiento y la administración del Registro estarán a cargo del Servicio de Registro Civil e Identificación. Un reglamento, expedido por el Ministerio de Justicia y Derechos Humanos, regulará los aspectos técnicos, de operatividad y de cualquier otra especie necesarios para la adecuada implementación y funcionamiento del Registro.

[Contenido del Registro]

Artículo 22. Contenido. El Registro dará cuenta de la inscripción de las personas que reúnan copulativamente las siguientes condiciones:

a) Que estén obligadas al pago de una pensión de alimentos, provisorios o definitivos, fijados o aprobados por resolución judicial que causa ejecutoria.

b) Que adeuden, total o parcialmente, al menos tres mensualidades consecutivas de alimentos provisorios o definitivos, o cinco discontinuas.

[Funciones del Servicio]

Artículo 23. Funciones del Servicio. En lo que respecta al Registro, son funciones del Servicio de Registro Civil e Identificación:

a) Realizar las inscripciones, modificaciones, actualizaciones y cancelaciones en el Registro, ordenadas por el tribunal competente, por los medios y en la forma que determine el reglamento.

b) Certificar en línea, por los medios y en la forma que determine el reglamento, si la persona por la que se consulta tiene inscripciones vigentes en el Registro en calidad de deudor de alimentos.

Toda persona con interés legítimo en la consulta y quienes deban realizarla podrán acceder en línea al Registro y obtener en forma gratuita la certificación indicada en este literal. En caso de existir una inscripción vigente, la certificación deberá individualizar al deudor de alimentos, mediante su nombre completo y número de cédula de identidad o documento de identificación correspondiente; indicar el número de alimentarios afectados, el monto actualizado de la deuda y la cantidad de cuotas adeudadas, la individualización del tribunal que fijó o aprobó la pensión y los datos de la cuenta dispuesta para realizar el pago. Si quien realiza la consulta es el alimentario afectado o su representante legal, se podrá optar a que la certificación también incluya referencia a dicho alimentario, individualizándolo a través de su nombre completo y número de cédula de identidad o documento de identificación correspondiente.

[Inscripción en el Registro]

Artículo 24. Inscripción en el Registro. Mensualmente, el tribunal competente, de oficio o a petición de parte, una vez practicadas las liquidaciones correspondientes, ordenará al Servicio, con citación al alimentante y al alimentario, inscribir en el Registro al alimentante moroso que reúna las condiciones señaladas en el artículo 22. Esta resolución deberá individualizar de forma completa a la persona que registre deudas derivadas de pensiones alimenticias, con señalamiento de la identificación de cada uno de los alimentarios, causas respectivas, número de cuotas adeudadas, sea total o parcialmente, monto adeudado resultante de la liquidación y datos de la cuenta dispuesta para realizar el pago.

La resolución indicada en el inciso anterior y la o las liquidaciones en las que se funda deberán ser notificadas conjuntamente y en un solo acto a las partes interesadas, en la forma dispuesta por el inciso octavo del artículo 12, teniéndose por aprobadas si no fueren objetadas dentro de tercero día. Habiéndose presentado objeción contra esta resolución o las liquidaciones, el tribunal resolverá en el más breve plazo, de plano o previo traslado, y con el solo mérito de los antecedentes que las partes acompañen a sus presentaciones y aquellos que obren en el proceso. En contra de la resolución que ordena la inscripción del alimentante en el Registro, éste sólo podrá alegar el incumplimiento de las condiciones legales del artículo 22.

La única oportunidad para presentar objeciones a la liquidación, en los casos en que habiéndose practicado ésta el tribunal constate que el alimentante moroso reúne las condiciones señaladas en el artículo 22 para ser inscrito en el Registro, es el plazo de tres días referido en el inciso anterior. En consecuencia, en estos casos, el tribunal únicamente notificará a las partes la liquidación conjuntamente con la orden de inscripción, y en un solo acto, para que exista un plazo único y común para hacer valer las objeciones que correspondan.

La decisión que acoja la objeción deducida, sea respecto de la orden de inscripción o de la liquidación que le sirve de fundamento, sólo será impugnable por la contraparte mediante recurso de reposición y siempre que ésta no hubiere tenido ocasión de ser oída sobre la materia que se reclama. Dicha solicitud de reposición deberá deducirse dentro de tercero día y de forma fundada. El tribunal fallará de plano la reposición, pero podrá oír a la otra parte cuando la complejidad del asunto así lo aconsejare. En contra de la resolución que resuelve la reposición no procederá recurso alguno. Tampoco será recurrible la decisión que rechaza la objeción deducida.

El alimentante, dentro del plazo señalado para presentar objeciones o, en su caso, hasta el día siguiente a que se falle la objeción o solicitud de reposición deducida, podrá enervar la orden de inscripción mediante el pago íntegro de la deuda por pensión alimenticia.

Una vez practicada la inscripción en el Registro, el tribunal competente, mensualmente, tan pronto quede firme la liquidación respectiva, deberá comunicar al Servicio el número de mensualidades y monto adeudado para proceder a su actualización.

[Cancelación de la inscripción en el Registro]

Artículo 25. Cancelación de la inscripción en el Registro. La cancelación de la inscripción en el Registro será dispuesta de oficio por orden judicial y comunicada al Servicio, tan pronto se constate el pago íntegro de los alimentos adeudados o se adopte un acuerdo de pago, serio y suficiente, que sea aprobado por el tribunal por resolución firme o ejecutoriada, según lo dispuesto en el artículo 26[58].

---

[58] Artículo modificado por el artículo 1°, N° 8), de la Ley N° 21.484, publicada en el Diario Oficial de 7 de septiembre de 2022.

[Acuerdo de pago de pensiones alimenticias]

Artículo 26. Acuerdo de pago serio y suficiente de las pensiones de alimentos adeudadas. El alimentante que no tuviere bienes suficientes para solucionar el monto total de las pensiones alimenticias adeudadas podrá proponer por intermedio del tribunal la adopción de un acuerdo de pago de la deuda, que sea serio y suficiente.

Se entenderá que es serio el acuerdo si da cuenta de las circunstancias o garantías objetivas que hacen verosímil proyectar su cumplimiento íntegro y oportuno, atendido el grado de diligencia con que el alimentante regularmente ha dado cumplimiento al pago de la pensión, y la buena fe con la que ha actuado, especialmente, al transparentar su capacidad económica. Se entenderá que es suficiente, si permite solucionar íntegramente la deuda en el menor plazo posible, atendida la capacidad económica actual del alimentante y las necesidades del alimentario.

La solicitud presentada por el alimentante de conformidad con lo dispuesto en el inciso anterior se tramitará como incidente, y cuando resulte necesario, el tribunal citará a las partes a audiencia especial. Para aprobar el acuerdo de pago de la deuda, el tribunal previamente deberá resguardar su seriedad y suficiencia, y verificará el consentimiento del alimentario. En ejercicio de esta función podrá proponer las modificaciones que estime necesarias a fin de subsanar sus deficiencias.

Para efectos de alcanzar un acuerdo, se podrá dividir en cuotas el monto total adeudado, expresándose el valor de cada cuota en unidades tributarias mensuales. No será aplicable el límite previsto en el inciso primero del artículo 7 al monto que resulte de adicionar a la pensión de alimentos el pago de las pensiones adeudadas.

Tan pronto el acuerdo de pago fuere aprobado por el tribunal por medio de una resolución firme o ejecutoriada, el tribunal deberá comunicarlo al Servicio y solicitará la correspondiente cancelación en el Registro.

Si el alimentante incumpliere el acuerdo de pago, el tribunal ordenará inscribir al deudor en el Registro. Cuando el acuerdo de pago se hubiere dividido en cuotas, el incumplimiento de una sola cuota hará exigible la totalidad de la deuda. Si el alimentante no compareciere al tribunal a señalar las razones que justificaren el incumplimiento del acuerdo dentro del término de un mes desde que éste se produjo, se le impondrá una multa de 1 a 5 unidades tributarias mensuales, que en caso de reincidencia podrá imponerse hasta por el doble. Si en cambio compareciere dando razones justificadas, podrá proponer al tribunal la aprobación de un nuevo acuerdo de pago serio y suficiente.

[Formularios especiales]

Artículo 27. Formularios. Para realizar las presentaciones judiciales a que se refiere este Título, deberá disponerse de formularios especiales, cuyo contenido y formato serán determinados por la Corporación Administrativa del Poder Judicial. Dichas presentaciones deberán realizarse a través de la plataforma electrónica del Poder Judicial, por el medio de identificación que el sistema provee.

[Retención en las operaciones de crédito de dinero]

Artículo 28. Retención en las operaciones de crédito de dinero. Todo proveedor de servicios financieros que al celebrar con una persona natural una operación de crédito de dinero, entregue o se obligue a entregar una suma igual o superior a cincuenta unidades de fomento, para que sea restituida en cuotas periódicas, a excepción de los productos financieros con créditos disponibles o créditos rotativos, estará obligado a consultar, en la forma y por los medios dispuestos en el artículo 23, si el solicitante se encuentra inscrito en el Registro en calidad de deudor de alimentos.

Si el solicitante de una operación de crédito tiene inscripción vigente en el Registro, el proveedor de servicios financieros estará obligado a retener el equivalente al cincuenta por ciento del crédito o un monto inferior si éste es suficiente para solucionar el total de los alimentos adeudados y pagar dicha suma al alimentario a través del depósito de los fondos en la cuenta bancaria inscrita en el Registro.

El Conservador de Bienes Raíces, en forma previa a la inscripción de una hipoteca que tenga por objeto caucionar el crédito otorgado por un proveedor de servicios financieros, deberá requerir a quien solicita la inscripción que acredite que la persona a la cual se le asigna el crédito no figura inscrita en el Registro en calidad de deudor de alimentos, o en su defecto, que el proveedor de servicios financieros ha dado cumplimiento a los deberes de retención y pago señalados en el inciso anterior.

Los mismos deberes serán aplicables respecto del Servicio, tratándose de la inscripción de una prenda sin desplazamiento, constituida para caucionar el crédito otorgado por un proveedor de servicios financieros.

Será aplicable lo dispuesto en el artículo 31 cuando la operación de crédito de dinero tenga por objeto financiar la compraventa de inmuebles o vehículos motorizados. En consecuencia, en tales casos, no será aplicable lo señalado en los incisos tercero y cuarto.

El proveedor de servicios financieros que celebre una operación de crédito de dinero señalada en este artículo y omitiera consultar si el solicitante de la operación se encuentra inscrito en el Registro en calidad de deudor de alimentos o bien omitiera los deberes de retención y pago, incurrirá en multa, a beneficio fiscal, equivalente al doble de la cantidad que debió retener y pagar al alimentario. La misma sanción recaerá respecto del Conservador de Bienes Raíces que no cumpla con las obligaciones contenidas en el inciso tercero. En caso de incumplimiento de las obligaciones a su cargo por parte de personal del Servicio, éste incurrirá en responsabilidad disciplinaria, la que será sancionada con multa, a beneficio fiscal, de diez a cincuenta por ciento de su remuneración.

A la Comisión para el Mercado Financiero le corresponderá supervisar el cumplimiento de las obligaciones contenidas en los incisos primero y segundo, cuando la entidad con la cual se celebre la respectiva operación de crédito de dinero sea de aquellas fiscalizadas por la Comisión en virtud del decreto con fuerza de ley Nº 3, del Ministerio de Hacienda, de 1997, que fija texto refundido, sistematizado y concordado de la Ley General de Bancos y de otros cuerpos legales que se indican; del decreto con fuerza de ley Nº 5, del Ministerio de Economía, de 2003, que fija texto refundido, concordado y sistematizado de la Ley General de Cooperativas; o del decreto con fuerza de ley Nº 251, del Ministerio de Hacienda, de 1931, de Compañías de Seguros, Sociedades Anónimas y Bolsas de Comercio. En caso de que fuere procedente, también le corresponderá aplicar las multas hasta los montos señalados en el inciso anterior, previa tramitación del procedimiento simplificado establecido en el párrafo 3 del Título IV del decreto ley N° 3.538, que crea la Comisión para el Mercado Financiero.

Para efectos de lo establecido en el inciso anterior, la Comisión para el Mercado Financiero dispondrá de todas las facultades que le confiere el artículo 5 del decreto ley N° 3.538. Especialmente, podrá establecer los términos de las obligaciones de consulta y retención a los que se refiere el inciso primero y segundo de este artículo mediante el ejercicio de las facultades consagradas en los numerales 1 y 2 del referido artículo 5 del decreto ley N° 3.538.

Respecto de las decisiones que adopte la Comisión para el Mercado Financiero en ejercicio de estas atribuciones sólo procederán los recursos administrativos y judiciales contemplados en el Título V del decreto ley N° 3.538. Asimismo, las decisiones que la Comisión para el Mercado Financiero adopte en esta materia deberán ser tenidas en cuenta por los Tribunales de Familia al aplicar la presente ley.

Para el cumplimiento de lo señalado en los incisos séptimo, octavo y noveno anteriores, el Servicio de Registro Civil e Identificación deberá dar acceso permanente a la Comisión para el Mercado Financiero de toda la información del Registro Nacional de Deudores de Pensiones de Alimentos[59].

[Consulta previa al pago]

Artículo 29. Los tribunales de justicia, en la tramitación de los procedimientos de ejecución, antes de realizar el pago del dinero embargado o producido por la realización de bienes, deberán consultar, en la forma y por los medios dispuestos en el artículo 23, si el ejecutado y el ejecutante aparecen con inscripción vigente en el Registro en calidad de deudor de alimentos.

Si el ejecutado aparece inscrito en el Registro en calidad de deudor de alimentos, el tribunal, al hacer el pago, deberá considerar al alimentario

[59] Los incisos 7° al 10° de este artículo fueron incorporados por el artículo 72 de la Ley N° 21.526, publicada en el Diario Oficial de 28 de diciembre de 2022.

como un acreedor preferente, en los términos del número 5 del artículo 2472 del Código Civil. Respecto del pago que al alimentario corresponda, deberá el tribunal hacer la retención correspondiente y pagar a través del depósito de los fondos en la cuenta bancaria inscrita en el Registro.

Si el ejecutante tiene inscripción vigente en el Registro, el tribunal deberá retener del pago el equivalente al cincuenta por ciento o el monto total de los alimentos adeudados si éste es inferior, y pagar dicha suma al alimentario a través del depósito de los fondos en la cuenta bancaria inscrita en el Registro.

Tratándose de los procedimientos concursales de la ley Nº 20.720, con el objeto de asegurar el pago de los créditos alimenticios, el liquidador, previo a realizar el primer pago o reparto de fondos, deberá consultar en el Registro, en la forma y por los medios dispuestos en el artículo 23, si el deudor y los acreedores beneficiarios tienen inscripción vigente en calidad de deudor de alimentos. Si el deudor aparece inscrito en el Registro en calidad de deudor de alimentos, el liquidador deberá considerar de oficio al alimentario como acreedor preferente en los términos del número 5 del artículo 2472 del Código Civil. Para estos efectos, el liquidador deberá hacer reserva de fondos y pagar la deuda alimenticia a través del depósito de los fondos en la cuenta bancaria inscrita en el Registro. Si el acreedor tiene inscripción vigente en el Registro, el liquidador deberá retener del pago o reparto el equivalente al cincuenta por ciento o el monto total de los alimentos adeudados si éste es inferior, y pagar dicha suma a su alimentario a través del depósito de los fondos en la cuenta bancaria inscrita en el Registro.

En la realización de los remates públicos los tribunales de justicia no admitirán a participar como postores a las personas con inscripción vigente en el Registro en calidad de deudor de alimentos. Para estos efectos, el tribunal deberá consultar el Registro, en la forma y por los medios dispuestos en el artículo 23, en forma previa a hacer la calificación de la garantía de seriedad de la oferta. De igual forma, el Notario Público no extenderá la escritura pública de compraventa, mientras no verifique que el adjudicatario no tiene una inscripción vigente en el Registro en calidad de deudor de alimentos. Si por lo dispuesto anteriormente no pudiere suscribirse la escritura pública de compraventa, el tribunal deberá dejar sin efecto el acta de remate y el proceso de subasta pública, haciendo efectiva la garantía de seriedad de la oferta, en los términos del artículo 494 del Código de Procedimiento Civil, y dispondrá la devolución del dinero del precio de venta consignado por el adjudicatario, con deducción del monto que éste adeude por pensión alimenticia, el que será retenido y pagado a su alimentario.

En caso de incumplimiento de las obligaciones previstas en los incisos precedentes por parte de funcionarios de los tribunales, éstos incurrirán en responsabilidad disciplinaria, la que será sancionada con multa, a beneficio fiscal, de diez a cincuenta por ciento de su remuneración. En caso de incumplimiento del deber referido en el inciso cuarto por parte del Notario Público, éste incurrirá en multa a beneficio fiscal, equivalente al doble de la cantidad que debió retener y pagar al alimentario.

[Retención de devolución de impuesto a la renta]

Artículo 30. Retención de la devolución de impuestos a la renta. En el mes de marzo de cada año, la Tesorería General de la República, antes del pago de la devolución anual de impuestos a la renta, deberá consultar, en la forma y por los medios dispuestos en el artículo 23, si el contribuyente aparece inscrito en el Registro en calidad de deudor de alimentos.

Si el contribuyente tiene inscripción vigente en el Registro, la Tesorería General de la República deberá retener de la devolución, con preferencia a otro tipo de deudas que generen retención, una suma equivalente al monto de los alimentos adeudados y pagar dicha suma al alimentario a través del depósito de los fondos en la cuenta bancaria inscrita en el Registro, en la medida en que el monto a devolver sea superior a la deuda. Si la deuda alimentaria fuere mayor al monto correspondiente a la devolución anual de impuestos a la renta, la Tesorería deberá retener y pagar al alimentario la totalidad de la suma correspondiente a la devolución anual de impuestos a la renta. La Tesorería General de la República siempre deberá informar de la retención y el pago al tribunal respectivo. Si la Tesorería General de la República efectúa el pago habiéndose incumplido las obligaciones previstas en los incisos precedentes, el personal respectivo incurrirá en responsabilidad disciplinaria, la que será sancionada con multa, a beneficio fiscal, del diez por ciento al cincuenta por ciento de su remuneración.

[Traspaso de bienes sujetos a registro]

Artículo 31. Traspaso de bienes sujetos a registro. El Servicio de Registro Civil e Identificación deberá rechazar la inscripción de dominio por compraventa de un vehículo motorizado a nombre de una persona con inscripción vigente en el Registro, en calidad de deudor de alimentos, a menos que a la fecha de suscripción del título se certifique por un notario público que tales inscripciones no existían y que a partir de esa fecha, no han transcurrido cinco meses. La misma obligación adoptarán los Conservadores de Bienes Raíces ante la presentación de una solicitud de inscripción de dominio de un inmueble por compraventa.

Si el vendedor del vehículo o inmueble tiene vigente una inscripción en el Registro en calidad de deudor de alimentos, la entidad a cargo de practicar la inscripción de dominio sólo podrá admitir la solicitud cuando se deje constancia en el título traslaticio, por un notario público, de que el cincuenta por ciento del dinero correspondiente al precio de venta, o una proporción inferior si ésta es suficiente para solucionar el total de la deuda, ha sido retenido y pagado al alimentario, o que se han otorgado garantías que aseguran el pago en un plazo no mayor a cinco días hábiles contados desde la inscripción. Para estos efectos, se entenderá que la entrega al notario en comisión de confianza de valores o documentos representativos de pago e instrucciones escritas constituyen garantía suficiente para asegurar el correspondiente pago. El notario, una vez cumplido el encargo, deberá mantener el texto de la instrucción dejada en su poder, al menos por un año.

Para los fines de este artículo, la entidad registral deberá consultar, en la forma y por los medios dispuestos en el artículo 23, si las partes del contrato de compraventa tienen inscripciones vigentes en el Registro, en calidad de deudor de alimentos.

Sin perjuicio de lo dispuesto en los incisos precedentes, la entidad a cargo del registro en que se deba practicar la inscripción de dominio, antes de practicar la inscripción solicitada, cualquiera sea el título en que se funde, deberá comunicar inmediatamente al tribunal con competencia en asuntos de familia que fuere competente, de la solicitud de inscripción que tenga por título el aporte, transferencia, transmisión o adquisición del bien por un deudor de alimentos, para que éste proceda conforme a sus atribuciones legales.

El Conservador de Bienes Raíces que incumpla los deberes a que se refieren los incisos precedentes incurrirá en multa, a beneficio fiscal, equivalente al doble de la cantidad que debió retener y pagar al alimentario. En caso de incumplimiento de las obligaciones a su cargo por parte de personal del Servicio, éste incurrirá en responsabilidad disciplinaria, la que será sancionada con multa, a beneficio fiscal, del diez al cincuenta por ciento de su remuneración.

En ningún caso la infracción a los deberes contemplados en este artículo acarreará la nulidad de la inscripción de dominio ni de la transferencia.

Tratándose de la venta en pública subasta no tendrá aplicación el presente artículo, con excepción del deber de comunicación al tribunal con competencia en asuntos de familia al que hace referencia el inciso cuarto. Respecto de tales actuaciones, será aplicable lo dispuesto en el artículo 29.

[Consulta para otorgar Pasaporte]

Artículo 32. Del pasaporte. Para dar curso a la tramitación de un pasaporte de conformidad con la normativa vigente, al momento de la petición, el Servicio deberá consultar en línea si el solicitante se encuentra inscrito en el Registro a su cargo en calidad de deudor de alimentos. En el evento de aparecer con inscripción vigente en el Registro el Servicio rechazará, sin más trámite y en el acto, la solicitud.

En caso de incumplimiento de las obligaciones previstas en el inciso precedente, el personal respectivo incurrirá en responsabilidad disciplinaria, la que será sancionada con multa, a beneficio fiscal, del diez al cincuenta por ciento de su remuneración.

[Consulta para otorgar Licencia de conducir]

Artículo 33. De la licencia de conducir. La municipalidad competente para expedir una licencia de conducir o su duplicado, de conformidad con el artículo 5 de la ley N° 18.290, de Tránsito, cuyo texto refundido, coordinado y sistematizado fue fijado por el decreto con fuerza de ley N° 1, de 2007, del Ministerio de Transportes y Telecomunicaciones, y de Justicia, deberá consultar en línea al Servicio si el solicitante se encuentra inscrito en el Registro en calidad de deudor de alimentos. Si aparece con inscripción vigente en el Registro, lo informará al solicitante y no dará curso a la solicitud.

En caso de incumplimiento de las obligaciones previstas en el inciso precedente, el personal respectivo incurrirá en responsabilidad disciplinaria, la que será sancionada con multa, a beneficio fiscal, del diez al cincuenta por ciento de su remuneración.

[Reglas comunes a los artículos 32 y 33]

Artículo 34. Reglas comunes a los artículos 32 y 33. Si el o la solicitante de los documentos a que se refieren los artículos 32 y 33 precedentes justificare ante el tribunal, de forma fundada, que la expedición del pasaporte o de la licencia de conducir son indispensables para el ejercicio de la actividad o empleo que le genera ingresos, éste podrá ordenar a la autoridad correspondiente que expida la licencia de conducir o el pasaporte, con una vigencia limitada, por un plazo no inferior a seis meses ni superior a un año, siempre que el alimentante garantice el pago íntegro de la deuda y se obligue a solucionar las cantidades y con la periodicidad que fije el juez, en relación con los ingresos mensuales ordinarios y extraordinarios que perciba. Una vez recibida la solicitud, el tribunal deberá resolverla en el más breve plazo, de plano o previo traslado, con el solo mérito de los antecedentes que las partes acompañen a sus presentaciones y aquéllos que obren en el proceso.

Con todo, vencidos los documentos otorgados con vigencia limitada, la tramitación ordinaria de renovación de alguno de éstos por las autoridades autorizadas por ley a otorgarlos quedará supeditada al cumplimiento íntegro y oportuno de las condiciones señaladas por el juez, hasta alcanzar el pago íntegro de la deuda.

Deberá dejarse constancia en el Registro de la orden judicial que el tribunal expida de conformidad con este artículo.

[Beneficios económicos]

Artículo 35. Beneficios económicos. Los órganos de la Administración del Estado podrán consultar el Registro, en la forma y por los medios dispuestos en el artículo 23, para la adjudicación de los beneficios económicos señalados en el inciso segundo, cuando en el acto administrativo por el que se aprobaren las bases de postulación a ellos se disponga como requisito o condición para percibirlo, no tener una inscripción vigente en el Registro como deudor de alimentos, o se pondere dicha circunstancia en los procesos de evaluación de antecedentes de los postulantes, o se establezcan exigencias u obligaciones especiales a su respecto, en orden a promover el pago total o parcial de la deuda alimenticia. En tales casos, se entenderá que los respectivos órganos de la Administración del Estado son personas con interés legítimo en la consulta.

Los órganos de la Administración del Estado deberán realizar la consulta regulada en el inciso primero cuando se trate de las postulaciones a beneficios económicos que se otorguen a las personas, destinados al desarrollo del capital humano; al financiamiento para la creación de empresas o para el fomento de empresas ya creadas; o para el desarrollo de proyectos de inversión.

Será también aplicable lo señalado en los incisos precedentes, tratándose de las personas jurídicas sin fines de lucro creadas de conformidad con lo dispuesto en los artículos 100 y siguientes de la ley N° 19.175, orgánica constitucional sobre Gobierno y Administración Regional, cuyo texto refundido, coordinado, sistematizado fue fijado por el decreto con fuerza de ley N° 1-19.175, de 2005, del Ministerio del Interior; en el artículo 12 del decreto con fuerza de ley N° 1-3.063, de 1980, del Ministerio del Interior, y en los artículos 129 y siguientes de la ley N° 18.695, orgánica constitucional de Municipalidades, cuyo texto refundido, coordinado y sistematizado fue fijado por el decreto con fuerza de ley N° 1, de 2006, del Ministerio del Interior. En tales casos, se entenderá que las respectivas entidades son personas con interés legítimo en la consulta.

Con todo, si el favorecido por un beneficio estatal que implica una transferencia directa de dinero tiene inscripción vigente en el Registro, el ente estatal estará obligado a retener el equivalente al cincuenta por ciento de la transferencia directa o un monto inferior si éste es suficiente para solucionar el monto total de los alimentos adeudados, y entregar dicha suma al alimentario a través de una transferencia de los fondos a la cuenta bancaria inscrita en el Registro.

Para efectos del presente artículo, en ningún caso se considerarán dentro de las categorías de beneficios económicos sujetos a sus disposiciones, aquéllos que estén destinados a ayudar a personas y familias en situación de vulnerabilidad socioeconómica, ni los destinados a enfrentar la cesantía.

[Autorización para retener y pagar pensiones alimenticias]

Artículo 36. Autoridades y personal de organismos públicos. Toda persona, para ingresar a las dotaciones de la Administración del Estado, del Poder Judicial, del Congreso Nacional o de otro organismo público, o ser nombrado o contratado en alguna de estas instituciones, o promovido o ascendido y que tenga una inscripción vigente en el Registro en calidad de deudor de alimentos, deberá autorizar, como condición habilitante para su contratación, nombramiento, promoción o ascenso, que la institución respectiva proceda a retener y pagar directamente al alimentario el monto de las futuras pensiones de alimentos, más un recargo de un diez por ciento, que será imputado a la deuda de alimentos hasta extinguirla íntegramente. Tratándose del nombramiento, contratación, promoción o ascenso en cargos directivos de exclusiva confianza de la autoridad facultada para efectuar el nombramiento, en cargos de alta dirección pública del primer y segundo nivel jerárquico de acuerdo al Título VI de la ley N° 19.882, y en cargos con remuneración bruta mensualizada igual o superior a 80 unidades tributarias mensuales, el recargo será de un veinte por ciento. Para estos efectos, no será aplicable el límite previsto en el inciso primero del artículo 7, al monto que resulte de adicionar a la pensión de alimentos el respectivo recargo del diez o veinte por ciento.

No podrán ser candidatos a gobernadores regionales, consejeros regionales, alcaldes o concejales, quienes tengan una inscripción vigente en el Registro Nacional de Deudores de Pensiones de Alimentos[60].

Tratándose de quienes resulten electos senadores, diputados, gobernadores regionales, consejeros regionales, alcaldes, concejales y cualquiera otra persona que resulte electa para ejercer un cargo de elección popular, que tengan una inscripción vigente en el Registro en calidad de deudores de alimentos, deberán autorizar, en forma previa a la asunción de su cargo, que la institución respectiva proceda a retener y pagar directamente al alimentario en los términos expresados en el inciso precedente, con recargo de un veinte por ciento.

Extinguida la deuda, la institución respectiva continuará obligada a retener y entregar directamente al alimentario, a su representante legal o la persona a cuyo cuidado esté, la suma o cuota periódica establecida como pensión alimenticia, y deberá ajustar la retención al monto necesario para el pago de ella.

Es obligación de la institución respectiva consultar en el Registro, en la forma y por los medios dispuestos en el artículo 23, si el interesado se encuentra inscrito en calidad de deudor de alimentos, como asimismo, deberá adoptar los protocolos y medidas administrativas necesarias para dar íntegro cumplimiento a lo dispuesto en este artículo. Tratándose de senadores, diputados, gobernadores regionales, consejeros regionales, alcaldes, concejales y cualquiera otra persona que resulte electa para ejercer un cargo de elección popular, para efectos de lo dispuesto en el inciso segundo, las entidades correspondientes deberán cumplir con las obliga-

---

60 El inciso 2° de la norma fue agregado por el artículo 1°, N° 9), de la Ley N° 21.484, publicada en el Diario Oficial de 7 de septiembre de 2022.

ciones de que trata este inciso, de consulta en el Registro, y de adopción de las medidas administrativas del caso, dentro de los diez días hábiles anteriores a la fecha prevista para la asunción del cargo de que se trate.

En caso de incumplimiento de las obligaciones previstas en este artículo, el personal respectivo incurrirá en responsabilidad disciplinaria, la que será sancionada con multa, a beneficio fiscal, de diez a cincuenta por ciento de su remuneración.

[Pluralidad de deudas inscritas en el Registro]

Artículo 37. Pluralidad de deudas inscritas en el Registro. Si la suma retenida, de conformidad con lo dispuesto en los artículos 28 a 31 y en el artículo 36, es insuficiente para cubrir íntegramente las deudas consignadas en el Registro, a través de distintas inscripciones, la cuantía retenida deberá distribuirse de manera que todas las deudas inscritas sean solucionadas de forma proporcional.

[De los directores y gerentes generales de sociedades anónimas abiertas con transacción bursátil]

Artículo 38. De los directores y gerentes generales de sociedades anónimas abiertas con transacción bursátil. Cuando un gerente general o director de una sociedad anónima abierta con transacción bursátil tenga una inscripción vigente en el Registro, en carácter de deudor de alimentos, la sociedad respectiva deberá retener del sueldo del director o del gerente general, según corresponda, el equivalente al cincuenta por ciento de su sueldo o el monto total de los alimentos adeudados si éste es inferior y pagar directamente esos montos al alimentario a través del depósito de los fondos en la cuenta bancaria inscrita en el Registro.

El incumplimiento del deber de retención antes indicado no afectará la validez de los actos o contratos que hubieren practicado o celebrado los gerentes generales o directores.

Para estos efectos, se entenderán personas con interés legítimo en la consulta, además del propio interesado, la respectiva sociedad anónima abierta y el competente órgano fiscalizador.

[Deber de información en la manifestación del matrimonio o acuerdo de unión civil]

Artículo 39. Deber de información en la manifestación del matrimonio o acuerdo de unión civil. El Oficial del Servicio de Registro Civil e Identificación, al comunicársele por los futuros contrayentes la intención de celebrar matrimonio o acuerdo de unión civil, deberá consultar el Registro e informarles por escrito, entregándoles copia de la certificación, si los futuros contrayentes poseen una inscripción vigente en calidad de deudor de alimentos, so pena de incurrir el funcionario en responsabilidad por su omisión, en los términos dispuestos en el inciso final del artículo 10 de la ley N° 19.947, que establece nueva Ley de Matrimonio Civil.

En ningún caso la infracción de este deber acarreará la nulidad del matrimonio o del acuerdo de unión civil, ni del régimen patrimonial aplicable.

[Comisión de Coordinación y Evaluación del Nuevo Sistema de Cumplimiento de Pensiones Alimenticias]

Artículo 40. Comisión de Coordinación y Evaluación del Nuevo Sistema de Cumplimiento de Pensiones Alimenticias. Créase la Comisión de Coordinación y Evaluación del Nuevo Sistema de Cumplimiento de Pensiones Alimenticias, con carácter consultivo, que tendrá por objetivo procurar el fortalecimiento del sistema de cumplimiento de pago de pensiones alimenticias concebido en este Título, en adelante, "Sistema" o "Sistema de Cumplimiento", a través de proposiciones técnicas que faciliten su implementación, coordinación, seguimiento, evaluación y eficacia, así como la acción mancomunada de las instituciones en ella representadas.

En particular, corresponderá a esta Comisión ejercer las siguientes funciones:

a) Coordinar la actuación de los organismos que participan de la operatoria del Registro.

b) Coordinar la actuación de los organismos encargados de dar cumplimiento a las medidas legales contempladas en este Título que afectan a las personas con inscripción vigente en el Registro.

c) Evaluar la implementación y el funcionamiento del sistema, con el objeto de proponer las medidas pertinentes tendientes a mejorar su funcionamiento.

En el marco de esta función, podrá preparar propuestas de convenios de colaboración interinstitucional que se estimen necesarios para el debido funcionamiento del Sistema, a fin de proponer su suscripción a los representantes de las respectivas instituciones.

d) Proponer las reformas que resulten pertinentes a las autoridades de los ministerios integrantes de la Comisión; preparando para estos efectos evaluaciones, estudios y demás antecedentes que sustenten las proposiciones técnicas que se formulen.

e) Preparar un informe anual, respecto de las evaluaciones, propuestas técnicas y demás antecedentes preparados por la Comisión; y respecto de los diagnósticos de la gestión institucional y proposiciones técnicas que remitan las instituciones, de conformidad a lo dispuesto en el inciso final del presente artículo. El informe deberá ser entregado a las autoridades de las instituciones integrantes de la Comisión en el mes de diciembre de cada año y remitido en igual fecha a la Comisión Especial encargada de conocer iniciativas y tramitar proyectos de ley relacionados con la mujer y la igualdad de género del Senado y a la Comisión de Mujeres y Equidad de Género de la Cámara de Diputados.

Para facilitar la debida coordinación institucional, y el cumplimiento de las normas legales que integran el sistema, la Comisión podrá establecer lineamientos, estándares y criterios generales, así como proponer los protocolos de actuación institucional que correspondan a las entidades encargadas de dar cumplimiento a las obligaciones dispuestas en este Título.

La Comisión estará integrada por un representante del Poder Judicial, del Ministerio de la Mujer y la Equidad de Género, del Ministerio de Justicia y Derechos Humanos, del Ministerio de Desarrollo Social y Familia y del Servicio de Registro Civil e Identificación. Dichos representantes serán funcionarios de las instituciones mencionadas y serán designados por medio de la dictación del acto administrativo correspondiente emanado de la autoridad respectiva. Asimismo, los representantes podrán hacerse acompañar en las sesiones de la Comisión por otros funcionarios de las respectivas instituciones.

La Comisión será coordinada bajo la responsabilidad del Ministerio de la Mujer y la Equidad de Género, en el que estará radicada su secretaría ejecutiva. El Ministerio de la Mujer y la Equidad de Género deberá proveer los medios necesarios para garantizar el funcionamiento de las sesiones y la elaboración y registro de las evaluaciones, estudios y demás antecedentes que debe preparar la Comisión en el marco de sus funciones.

La Comisión sesionará en forma ordinaria, convocada por su secretaría ejecutiva, cada cuatro meses, dentro de los primeros quince días del mes correspondiente. Las sesiones extraordinarias serán convocadas por la secretaría ejecutiva a solicitud de al menos dos de sus miembros.

La Comisión no podrá sesionar sin la concurrencia de, al menos, tres de sus integrantes. Sus acuerdos se adoptarán por la mayoría de sus miembros presentes. Si un integrante titular estuviere imposibilitado de asistir, será reemplazado por quien corresponda que lo subrogue.

La secretaría ejecutiva deberá levantar acta de cada sesión respecto a las materias tratadas y de los acuerdos adoptados y, en su caso, incluirá los antecedentes estadísticos, técnicos y demás pertinentes en que se haya fundado la Comisión para obrar y resolver. Estas actas serán públicas de acuerdo a las disposiciones establecidas en la ley N° 20.285, sobre acceso a la información pública.

La Comisión podrá invitar a sus sesiones a los representantes de organizaciones e instituciones públicas y privadas que estime pertinente, como, asimismo, podrá solicitar ser recibida por cualquier autoridad o funcionario del Estado, para recabar antecedentes o representar las necesidades que sea indispensable atender para el cumplimiento de sus fines.

Con el fin de garantizar el trabajo coordinado de los actores involucrados en la Comisión, el o la Ministro(a) de la Mujer y la Equidad de Género, el o la Presidente(a) de la Corte Suprema, el o la Ministro(a) de Justicia y Derechos Humanos, el o la Ministro(a) de Desarrollo Social y Familia y el o la Director(a) Nacional del Servicio de Registro Civil e Identificación deberán remitir a la Comisión, en el mes de octubre de cada año, un diagnóstico de la gestión institucional respectiva en torno al funcionamiento del Sistema de Cumplimiento concebido en este Título, y propuestas de trabajo para el diseño de proposiciones técnicas para su seguimiento, evaluación y fortalecimiento. En todo caso, la Comisión podrá requerir mayor información o antecedentes a las referidas autoridades para una mejor comprensión de los datos proporcionados.

[Responsabilidad solidaria]

Artículo transitorio. Se entenderá solidariamente responsable, de acuerdo con lo establecido en el artículo 18 de este cuerpo legal, a la Administradora de Fondos de Pensiones que no realice el pago de la retención del diez por ciento, por concepto de deudas del alimentante, o bien si es que realiza el pago del diez por ciento al deudor de alimentos habiendo una medida cautelar vigente. Asimismo, se le sancionará con multas de 15 a 40 unidades tributarias mensuales[61].

---

[61] Artículo agregado por el por el artículo 1°, N° 19, de la Ley N° 21.389, publicada en el Diario Oficial de 18 de noviembre de 2021.

DECRETO Nº 23
PROMULGA CONVENCIÓN SOBRE LA OBTENCIÓN DE ALIMENTOS EN EL EXTRANJERO

Publicado en el Diario Oficial de 23 de enero de 1961

Núm. 23.— JORGE ALESSANDRI RODRÍGUEZ, Presidente de la República de Chile.

Por cuanto, la República de Chile adhirió con fecha veinte de junio de un mil novecientos cincuenta y seis la Convención sobre la Obtención de Alimentos en el Extranjero, concertada en la ciudad de Nueva York, en la fecha antes indicada.

Y por cuanto la mencionada Convención ha sido ratificada por mí, previa aprobación del Congreso Nacional, según consta en el oficio Nº 259, de fecha veintiséis de enero de un mil novecientos sesenta, del H. Senado, y la adhesión ha sido depositada en la Secretaría General de las Naciones Unidas, en la ciudad de Nueva York, con fecha nueve de enero de un mil novecientos sesenta y uno.

Por tanto, y en uso de la facultad que me confiere la Parte 16 del artículo 72 de la Constitución Política del Estado, dispongo y mando que se cumpla y lleve a efecto en todas sus partes como ley de la República, publicándose copia autorizada de su texto en el Diario Oficial.

Dado en la Sala de mi despacho y refrendado por el Ministro de Estado en el Departamento de Relaciones Exteriores, en Santiago de Chile, a los diez días del mes de enero de un mil novecientos sesenta y uno.— J. ALESSANDRI R.— Germán Vergara Donoso.

CONVENCIÓN SOBRE LA OBTENCIÓN DE ALIMENTOS EN EL EXTRANJERO

Firma o adhesión: Nueva York, 20 de junio de 1956.
Mensaje: Nº 8, de 4 de marzo de 1959.
Aprobación legislativa: 26 de enero de 1960.
Ratificación: 14 de marzo de 1960.
Depósito: Nueva York, el 9 de enero de 1961.

Promulgación: Decreto N° 23, de 10 de enero de 1961.
Publicado: Diario Oficial de 23 de enero de 1961.
El Colegio de Abogados de Chile asumirá las funciones de "Autoridad Remitente" y de "Institución Intermediaria".

PREÁMBULO

Considerando que es urgente la solución del problema humanitario originado por la situación de las personas sin recursos que tienen derecho a obtener alimentos de otras que se encuentran en el extranjero.

Considerando que el ejercicio en el extranjero de acciones sobre prestación de alimentos o la ejecución en el extranjero de decisiones relativas a la obligación de prestar alimentos suscita graves dificultades legales y de orden práctico.

Dispuestas a establecer los medios conducentes a resolver ese problema y a subsanar las mencionadas dificultades.

Las Partes Contratantes han convenido lo siguiente:

Artículo 1°
Alcance de la Convención

1°. La finalidad de la presente Convención es facilitar a una persona llamada en lo sucesivo demandante, que se encuentra en el territorio de una de las Partes Contratantes, la obtención de los alimentos que pretende tener derecho a recibir de otra persona, llamada en lo sucesivo demandado, que está sujeta a la jurisdicción de otra Parte Contratante. Esta finalidad se perseguirá mediante los servicios de organismos llamados en lo sucesivo Autoridades Remitentes e Instituciones Intermediarias.

2°. Los medios jurídicos a que se refiere la presente Convención son adicionales a cualesquiera otros medios que puedan utilizarse conforme al derecho interno o al derecho internacional, y no substitutivos de los mismos.

Artículo 2º
Designación de organismos

1º. En el momento de depositar el instrumento de ratificación o adhesión, cada Parte Contratante designará una o más autoridades judiciales o administrativas para que ejerzan en su territorio las funciones de Autoridades Remitentes.

2º. En el momento de depositar el instrumento de ratificación o adhesión, cada Parte Contratante designará un organismo público o privado para que ejerza en su territorio las funciones de Institución Intermediaria.

3º. Cada Parte Contratante comunicará sin demora al Secretario General de las Naciones Unidas las designaciones hechas conforme a lo dispuesto en los párrafos 1 y 2 y cualquier modificación al respecto.

4º. Las Autoridades Remitentes y las Instituciones Intermediarias podrán comunicarse directamente con las Autoridades Remitentes y las Instituciones Intermediarias de las demás Partes Contratantes.

Artículo 3º
Solicitud a la Autoridad Remitente

1º. Cuando el demandante se encuentre en el territorio de una de las Partes Contratantes, denominada en lo sucesivo Estado del demandante, y el demandado esté sujeto a la jurisdicción de otra Parte Contratante, que se denominará Estado del demandado, el primero podrá presentar una solicitud a la Autoridad Remitente de su Estado encaminada a obtener alimentos del demandado.

2º. Cada Parte Contratante informará al Secretario General acerca de los elementos de prueba normalmente exigidos por la ley del Estado de la Institución Intermediaria para justificar la demanda de prestación de alimentos, de la forma en que la prueba debe ser presentada para ser admisible y de cualquier otro requisito que haya de satisfacerse de conformidad con esa ley.

3º. La solicitud deberá ir acompañada de todos los documentos pertinentes, inclusive, en caso necesario, un poder que autorice a la Institución

Intermediaria para actuar en nombre del demandante o para designar a un tercero con ese objeto. Se acompañará también una fotografía del demandante y, de ser posible, una fotografía del demandado.

4°. La Autoridad Remitente adoptará las medidas a su alcance para asegurar el cumplimiento de los requisitos exigidos por la ley del Estado de la Institución Intermediaria. Sin perjuicio de lo que disponga dicha ley, la solicitud expresará:

a) El nombre y apellido del demandante, su dirección, fecha de nacimiento, nacionalidad y ocupación, y, en su caso, el nombre y dirección de su representante legal;

b) El nombre y apellido del demandado y, en la medida en que sean conocidas por el demandante, sus direcciones durante los últimos cinco años, su fecha de nacimiento, nacionalidad y ocupación;

c) Una exposición detallada de los motivos en que se funda la pretensión del demandante y del objeto de ésta y cualesquiera otros datos pertinentes, tales como los relativos a la situación económica y familiar del demandante y del demandado.

Artículo 4°
Transmisión de los documentos

1°. La Autoridad Remitente transmitirá los documentos a la Institución Intermediaria del Estado del demandado, a menos que considere que la solicitud no ha sido formulada de buena fe.

2°. Antes de transmitir estos documentos, la Autoridad Remitente se cerciorará de que los mismos reúnen los requisitos de forma de acuerdo con la ley del Estado del demandante.

3°. La Autoridad Remitente podrá hacer saber a la Institución Intermediaria su opinión sobre los méritos de la pretensión del demandante y recomendar que se conceda a éste asistencia jurídica gratuita y exención de costas.

Artículo 5°
Transmisión de sentencias y otros actos judiciales

1°. La Autoridad Remitente transmitirá, a solicitud del demandante y de conformidad con las disposiciones del artículo 4°, cualquier decisión provisional o definitiva, o cualquier otro acto judicial, que haya intervenido en materia de alimentos en favor del demandante en un tribunal competente de cualquiera de las Partes Contratantes, y, si fuere necesario y posible, copia de las actuaciones en que haya recaído esa decisión.

2°. Las decisiones y actos judiciales a que se refiere el párrafo precedente podrán ser transmitidos para reemplazar o completar los documentos mencionados en el artículo 3°.

3°. El procedimiento previsto en el artículo 6° podrá incluir, conforme a la ley del Estado del demandado, el exequátur o el registro, o una nueva acción basada en la decisión transmitida en virtud de lo dispuesto en el párrafo 1.

Artículo 6°
Funciones de la Institución Intermediaria

1°. La Institución Intermediaria, actuando siempre dentro de las facultades que le haya conferido el demandante, tomará todas las medidas apropiadas para obtener el pago de alimentos, inclusive por transacción, y podrá, en caso necesario, iniciar y proseguir una acción de alimentos y hacer ejecutar cualquier sentencia, decisión u otro acto judicial.

2°. La Institución Intermediaria tendrá convenientemente informada a la Autoridad Remitente. Si no pudiere actuar, le hará saber los motivos de ello y le devolverá la documentación.

3°. No obstante cualquier disposición de esta Convención, la ley aplicable a la resolución de las acciones de alimentos y de toda cuestión que surja con ocasión de las mismas será la ley del Estado del demandado, inclusive el derecho internacional privado de ese Estado.

Artículo 7°
Exhortos

Si las leyes de las dos Partes Contratantes interesadas admiten exhortos, se aplicarán las disposiciones siguientes:

a) El tribunal que conozca de la acción de alimentos podrá enviar exhortos para obtener más pruebas, documentales o de otra especie, al tribunal competente de la otra Parte Contratante o a cualquier otra autoridad o institución designada por la Parte Contratante en cuyo territorio haya de diligenciarse el exhorto;

b) A fin de que las Partes puedan asistir a este procedimiento o estar representadas en él, la autoridad requerida deberá hacer saber a la Institución Intermediaria, a la Autoridad Remitente que corresponda y al demandado, la fecha y el lugar en que hayan de practicarse las diligencias solicitadas;

c) Los exhortos deberán cumplimentarse con la diligencia debida; y si a los cuatro meses de recibido un exhorto por la autoridad requerida no se hubiere diligenciado, deberán comunicarse a la autoridad requirente las razones a que obedezca la demora o la falta de cumplimiento;

d) La tramitación del exhorto no dará lugar al reembolso de derechos o costas de ninguna clase;

e) Sólo podrá negarse la tramitación del exhorto:

1°. Si no se hubiere establecido la autenticidad del documento;

2°. Si la Parte Contratante en cuyo territorio ha de diligenciarse el exhorto juzga que la tramitación de éste menoscabaría su soberanía o su seguridad.

Artículo 8°
Modificación de decisiones judiciales

Las disposiciones de la presente Convención se aplicarán asimismo a las solicitudes de modificación de decisiones judiciales dictadas en materia de prestación de alimentos.

Artículo 9º
Exenciones y facilidades

1º. En los procedimientos regidos por esta Convención, los demandantes gozarán del mismo trato y de las mismas exenciones de gastos y costas otorgadas por la ley del Estado en que se efectúe el procedimiento a sus nacionales o a sus residentes.

2º. No podrá imponerse a los demandantes, por su condición de extranjeros o por carecer de residencia, caución, pago o depósito alguno para garantizar el pago de costas o cualquier otro cargo.

3º. Las Autoridades Remitentes y las Instituciones Intermediarias no percibirán remuneración de ninguna clase por los servicios prestados de conformidad con esta Convención.

Artículo 10
Transferencias de fondos

La Parte Contratante cuya legislación imponga restricciones a la transferencia de fondos al extranjero concederá la máxima prioridad a la transferencia de fondos destinados al pago de alimentos o a cubrir los gastos a que den lugar los procedimientos previstos en esta Convención.

Artículo 11
Cláusula relativa a los Estados federales

Con respecto a los Estados federales o no unitarios, se aplicarán las disposiciones siguientes:

a) En lo concerniente a los artículos de esta Convención, cuya aplicación depende de la acción legislativa del poder legislativo federal, las obligaciones del gobierno federal serán, en esta medida, las mismas que las de las Partes que no son Estados federales;

b) En lo concerniente a los artículos de esta Convención, cuya aplicación dependa de la acción legislativa de cada uno de los Estados, provincias o cantones constituyentes que, en virtud del régimen constitucional de la federación, no estén obligados a adoptar medidas legislativas, el gobierno federal, a la mayor brevedad posible y con recomendación favorable, comunicará el texto de dichos artículos a las autoridades competentes de los Estados, provincias o cantones;

c) Todo Estado federal que sea Parte en la presente Convención, proporcionará, a solicitud de cualquiera otra Parte Contratante que le haya sido transmitida por el Secretario General, un resumen de la legislación y de las prácticas vigentes en la federación y en sus entidades constitutivas con respecto a determinada disposición de la Convención, indicando hasta qué punto, por acción legislativa o de otra índole, se ha aplicado tal disposición.

Artículo 12
Aplicación territorial

Las disposiciones de la presente Convención se aplicarán igualmente a todos los territorios no autónomos o en fideicomiso y a todos los demás territorios de cuyas relaciones internacionales sea responsable una Parte Contratante, a menos que dicha Parte Contratante, al ratificar la Convención o adherirse a ella, haya declarado que no se aplicará a determinado territorio o territorios que estén en esas condiciones. Toda Parte Contratante que haya hecho esa declaración podrá en cualquier momento posterior extender la aplicación de la Convención al territorio o territorios así excluidos o a cualquiera de ellos, mediante notificación al Secretario General.

Artículo 13
Firma, ratificación y adhesión

1°. La presente Convención quedará abierta hasta el 31 de diciembre de 1956, a la firma de todo miembro de las Naciones Unidas, de todo Estado no miembro que sea parte en el Estatuto de la Corte Internacional de Justicia o miembro de un organismo especializado, y de todo otro Estado no miembro que haya sido invitado por el Consejo Económico y Social a participar en la Convención.

2°. La presente Convención será ratificada. Los instrumentos de ratificación serán depositados en poder del Secretario General.

3°. Cualquiera de los Estados que se mencionan en el párrafo 1 de este artículo podrá adherirse a la presente Convención en cualquier momento. Los instrumentos de adhesión serán depositados en poder del Secretario General.

Artículo 14
Entrada en vigor

1°. La presente Convención entrará en vigor el trigésimo día siguiente a la fecha en que se haya efectuado el depósito del tercer instrumento de ratificación o de adhesión con arreglo a lo previsto en el artículo 13.

2°. Con respecto a cada uno de los Estados que la ratifiquen o se adhieran a ella después del depósito del tercer instrumento de ratificación o adhesión, la Convención entrará en vigor treinta días después de la fecha en que dicho Estado deposite su instrumento de ratificación o de adhesión.

Artículo 15
Denuncia

1°. Cualquiera de las Partes Contratantes podrá denunciar la presente Convención mediante notificación al Secretario General. Dicha denuncia podrá referirse también a todos o algunos de los territorios mencionados en el artículo 12.

2°. La denuncia surtirá efecto un año después de la fecha en que el Secretario General reciba la notificación, excepto para los casos que se estén sustanciando en la fecha en que entre en vigencia dicha denuncia.

Artículo 16
Solución de controversias

Si surgiere entre Partes Contratantes una controversia respecto a la interpretación o aplicación de la presente Convención, y si tal controversia no pudiere ser resuelta por otros medios, será sometida a la Corte Internacional de Justicia. La controversia será planteada ante la Corte mediante la notificación del compromiso concertado por las Partes en la controversia, o unilateralmente a solicitud de una de ellas.

Artículo 17
Reservas

1º. Si un Estado formula una reserva relativa a cualquier artículo de la presente Convención en el momento de depositar el instrumento de ratificación o de adhesión, el Secretario General comunicará el texto de la reserva a las demás Partes Contratantes y a todos los demás Estados mencionados en el artículo 13. Toda Parte Contratante que se oponga a la reserva podrá notificar al Secretario General, dentro del plazo de noventa días contados a partir de la fecha de la comunicación, que no acepta dicha reserva, y en tal caso la Convención no entrará en vigor entre el Estado que haya objetado la reserva y el que la haya formulado. Todo Estado que se adhiera posteriormente a la Convención podrá hacer esta notificación en el momento de depositar su instrumento de adhesión.

2º. Toda Parte Contratante podrá retirar en cualquier momento una reserva que haya formulado anteriormente y deberá notificar esa decisión al Secretario General.

Artículo 18
Reciprocidad

Una Parte Contratante no podrá invocar las disposiciones de la presente Convención respecto de otra Parte Contratante sino en la medida en que ella misma esté obligada.

Artículo 19
Notificaciones del Secretario General

1º. El Secretario General notificará a todos los Estados miembros de las Naciones Unidas y a los Estados no miembros mencionados en el artículo 13:

a) Las comunicaciones previstas en el párrafo 3 del artículo 2º;

b) Las informaciones recibidas conforme al párrafo 2 del artículo 3º;

c) Las declaraciones y notificaciones hechas conforme al artículo 12;

d) Las firmas, ratificaciones y adhesiones hechas conforme al artículo 13;

e) La fecha en que la Convención haya entrado en vigor conforme a las disposiciones del párrafo 1 del artículo 14;

f) Las denuncias hechas conforme al párrafo 1 del artículo 15;

g) Las reservas y notificaciones hechas conforme al artículo 17.

2º. El Secretario General notificará también a todas las Partes Contratantes las solicitudes de revisión y las respuestas a las mismas hechas conforme a lo dispuesto en el artículo 20.

Artículo 20
Revisión

1º. Toda Parte Contratante podrá pedir en cualquier momento la revisión de la presente Convención mediante notificación dirigida al Secretario General.

2º. El Secretario General transmitirá dicha notificación a cada una de las Partes Contratantes y le pedirá que manifieste dentro de un plazo de cuatro meses si desea la reunión de una Conferencia para considerar la revisión propuesta. Si la mayoría de las Partes Contratantes responde en sentido afirmativo, dicha Conferencia será convocada por el Secretario General.

Artículo 21
Idiomas y depósito de la Convención

El original de la presente Convención, cuyos textos español, chino, francés, inglés y ruso son igualmente auténticos, será depositado en poder del Secretario General, quien enviará copias certificadas conformes a todos los Estados a que se hace referencia en el artículo 13.

Es copia fiel del original.— F. Orrego, Subsecretario.

TEXTO REFUNDIDO DEL AUTO ACORDADO SOBRE TRAMITACIÓN Y FALLO DEL RECURSO DE PROTECCIÓN DE LAS GARANTÍAS CONSTITUCIONALES

Publicado en el Diario Oficial de 28 de agosto de 2015

En Santiago, a diecisiete de julio de dos mil quince se deja constancia que con fecha diecinueve de junio pasado, se reunió el Tribunal Pleno bajo la Presidencia del titular señor Sergio Muñoz Gajardo y con la asistencia de los ministros señores Juica, Valdés, Pierry y Silva, señoras Maggi, Egnem y Sandoval, señores Cisternas y Blanco, señoras Chevesich y Muñoz, señor Cerda y el suplente señor Miranda, se acordó dictar el siguiente:

TEXTO REFUNDIDO DEL AUTO ACORDADO SOBRE TRAMITACIÓN Y FALLO DEL RECURSO DE PROTECCIÓN DE LAS GARANTÍAS CONSTITUCIONALES

Teniendo presente:

Que se aprobaron las modificaciones propuestas por el Comité de Modernización al Auto Acordado sobre Tramitación y Fallo del Recurso de Protección de las Garantías Constitucionales. Asimismo, se acordó dictar un texto refundido de tal normativa, cuyo tenor es el siguiente:

"En ejercicio de las facultades económicas de que está investida esta Corte, en conformidad con lo preceptuado por el artículo 79 de la Constitución Política y artículo 96 N° 4 e inciso final, del Código Orgánico de Tribunales, se acuerda dictar el siguiente Auto Acordado para regular la tramitación y fallo del recurso de protección de garantías constitucionales a que se refiere el artículo 20 de la Carta Fundamental:

[Tribunal competente]

1°.- El recurso o acción de protección se interpondrá ante la Corte de Apelaciones en cuya jurisdicción se hubiere cometido el acto o incurrido en la omisión arbitraria o ilegal que ocasionen privación, perturbación o amenaza en el legítimo ejercicio de las garantías constitucionales respectivas, o donde éstos hubieren producido sus efectos, a elección del recurrente, dentro del plazo fatal de treinta días corridos contados desde la ejecución del acto o la ocurrencia de la omisión o, según la naturaleza de éstos, desde que se haya tenido noticias o conocimiento cierto de los mismos, lo que se hará constar en autos.

[Interposición del recurso. Examen de admisibilidad]

2°.- El recurso se interpondrá por el afectado o por cualquiera otra persona en su nombre, capaz de parecer en juicio, aunque no tenga para ello mandato especial, por escrito en papel simple o por cualquier medio electrónico.

Presentado el recurso, el Tribunal examinará en cuenta si ha sido interpuesto en tiempo y si se mencionan hechos que puedan constituir la vulneración de garantías de las indicadas en el artículo 20 de la Constitución Política de la República. Si su presentación es extemporánea o no se señalan hechos que puedan constituir vulneración a garantías de las mencionadas en la referida disposición constitucional, lo declarará inadmisible desde luego por resolución fundada, la que será susceptible del recurso de reposición ante el mismo tribunal, el que deberá interponerse dentro de tercero día. En carácter de subsidiario de la reposición, procederá la apelación para ante la Corte Suprema, recurso que será resuelto en cuenta.

[Informe del recurrido]

3°.- Acogido a tramitación el recurso, la Corte de Apelaciones ordenará que informe, por la vía que estime más rápida y efectiva, la persona o personas, funcionarios o autoridad que según el recurso o en concepto del Tribunal son los causantes del acto u omisión arbitraria o ilegal, que haya podido producir privación, perturbación o amenaza del libre ejercicio de los derechos que se solicita proteger, fijándole un plazo breve y perentorio para emitir el informe, señalándole que conjuntamente con éste, el obligado en evacuarlo remitirá a la Corte todos los antecedentes que existan en su poder sobre el asunto motivo del recurso.

En los casos en que el recurrido sea un organismo público, bastará la notificación al jefe local del servicio o a su representante en el territorio jurisdiccional respectivo.

Asimismo, y bajo las mismas condiciones señaladas en el inciso primero, la Corte de Apelaciones podrá solicitar informe a los terceros que, en su concepto, pudieren resultar afectados por la sentencia de protección[1].

Recibido el informe y los antecedentes requeridos, o sin ellos, el Tribunal ordenará traer los autos en relación y dispondrá agregar extraordinariamente la causa a la tabla del día subsiguiente, previo sorteo, en las Cortes de Apelaciones de más de una Sala.

Los oficios que fueren necesarios para el cumplimiento de las diligencias decretadas se despacharán por comunicación directa, por correo o por cualquier medio electrónico; a través de las Oficinas del Estado o por medio de un ministro de fe.

El Tribunal cuando lo juzgue conveniente para los fines del recurso, podrá decretar orden de no innovar.

[Intervención]

4°.- Las personas, funcionarios u Órganos del Estado afectados o recurridos, podrán hacerse parte en el recurso.

[Diligencias de oficio. Valoración de la prueba]

5°.- Para mejor acierto del fallo se podrán decretar todas las diligencias que el Tribunal estime necesarias.

La Corte apreciará de acuerdo con las reglas de la sana crítica los antecedentes que se acompañen al recurso y los demás que se agreguen duran-

---

1 Inciso incorporado por el Acta N° 173-2018, publicada en el Diario Oficial de 5 de octubre de 2018.

te su tramitación. La sentencia que se dicte, ya sea que lo acoja, rechace o declare inadmisible el recurso, será apelable ante la Corte Suprema.

[Notificación de la sentencia y plazo para apelar contra la misma]

6º.- La sentencia se notificará personalmente o por el estado a la persona que hubiere deducido el recurso y a los recurridos que se hubieren hecho parte en él.

La apelación se interpondrá en el término fatal de cinco días hábiles, contados desde la notificación por el Estado Diario de la sentencia que decide el recurso.

[Forma de conocer el recurso]

7º.- Recibidos los autos en la Secretaría de la Corte Suprema, el Presidente del Tribunal ordenará dar cuenta preferente del recurso en la Sala que corresponda, la cual si lo estima conveniente, se le solicita con fundamento plausible y especialmente cuando se le pide de común acuerdo por recurrente, recurrido y quienes hayan sido considerados como partes en el procedimiento, podrá ordenar que sea resuelto previa vista de la causa, disponiendo traer los autos en relación, evento en el cual el recurso se agregará extraordinariamente a la tabla respectiva de la Sala que corresponda.

[Solicitud de antecedentes necesarios]

8º.- Para entrar al conocimiento del recurso o para el mejor acierto del fallo, la Corte Suprema, podrá solicitar de cualquier autoridad o persona los antecedentes que considere necesarios para la resolución del asunto.

Todas las notificaciones que deban practicarse se harán por el estado diario.

[Suspensión de la vista de la causa]

9º.- Tanto en la Corte de Apelaciones como en la Corte Suprema, cuando en ésta se traiga el recurso "en relación", la suspensión de la vista de las causas procederá por una sola vez a petición del recurrente, cualquiera que sea el número de ellos y respecto de la otra parte, aunque fuere más de uno el funcionario o persona afectada, sólo cuando el Tribunal estimare el fundamento de su solicitud muy calificado. La suspensión no procederá de común acuerdo de las partes.

[Plazo para dictar sentencia definitiva]

10°.- La Corte de Apelaciones y la Corte Suprema, en su caso, fallará el recurso dentro del quinto día hábil, pero tratándose de las garantías constitucionales contempladas en los números 1°, 3° inciso 5°, 12° y 13° del artículo 19 de la Constitución Política, la sentencia se expedirá dentro del segundo día hábil, plazos que se contarán desde que se halle en estado la causa.

[Condena en costas]

11°.- Tanto la Corte de Apelaciones como la Corte Suprema, cuando lo estimen procedente, podrán imponer la condenación en costas.

[Improcedencia del recurso de casación]

12°.- En contra de la sentencia que expida la Corte de Apelaciones no procederá el recurso de casación.

[Acumulación de recursos]

13°.- Si respecto de un mismo acto u omisión se dedujeren dos o más recursos, aún por distintos afectados, y de los que corresponda conocer a una determinada Corte de Apelaciones, de acuerdo con lo establecido en el punto primero del presente auto, se acumularán todos los recursos al que hubiere ingresado primero en el respectivo libro de la Secretaría del Tribunal formándose un solo expediente, para ser resueltos en una misma sentencia.

[Oficio]

14°.- Firme el fallo de primera instancia por haber transcurrido el plazo para interponer el recurso de apelación, sin que éste se hubiere deducido, o dictado sentencia por la Corte Suprema cuando fuere procedente, se transcribirá lo resuelto a la persona, funcionario o autoridad cuyas actuaciones hubieren motivado el recurso de protección, por oficio directo, o por cualquier medio electrónico si el caso así lo requiere.

[Sanciones aplicables al rebelde]

15°.- Si la persona, el funcionario o el representante o Jefe del Órgano del Estado, ya tenga éste la calidad de titular, interino, suplente o subrogante, o cualquiera otra, no evacuare los informes o no diere cumplimiento a las diligencias, resoluciones y sentencias dentro de los plazos que la Corte de Apelaciones o la Corte Suprema ordenaren, conforme a lo establecido en este Auto Acordado, podrán éstas imponer al renuente, oyéndolo o en su rebeldía alguna o algunas de las siguientes medidas: a) amonestación privada; b) censura por escrito; c) multa a beneficio fiscal que no sea inferior a una unidad tributaria mensual ni exceda de cinco unidades tributarias mensuales; y d) suspensión de funciones hasta por cuatro meses, tiempo durante el cual el funcionario gozará de medio sueldo. Todo ello además de la responsabilidad penal en que pudieran incurrir dichas personas.

[Vigencia del Auto Acordado]

16°.- Este Auto Acordado reemplaza el de 29 de marzo de 1977, sobre la misma materia y empezará a regir treinta días después de su publicación en el Diario Oficial.

Transcríbase a las Cortes de Apelaciones del país para su conocimiento.
Háganse las comunicaciones pertinentes.
Para constancia se extiende la presente acta.

Los votos particulares de los Ministros señores Muñoz, Valdés y Pierry, señoras Maggi, Egnem y Sandoval, señor Cisternas, señora Muñoz y señor Cerda y suplente señor Miranda quedaron expresados en la resolución de 17 de julio de 2015, escrita a fojas 11 de los antecedentes administrativos AD-132-2015.".- María Loreto Gutiérrez Alvear, Secretaria (I).

AUTO ACORDADO DE LA CORTE SUPREMA SOBRE LA FORMA DE LAS SENTENCIAS

En Santiago, a treinta días del mes de septiembre de mil novecientos veinte, reunida la Excma. Corte Suprema, en acuerdo extraordinario, presidida por el señor don Gabriel Gaete y con asistencia de los señores Ministros Varas, Foster Recabarren, Castillo Vicuña, Silva, Zenteno Barros, Rojas, Salas, De la Cruz, Figueroa Lagos, Cisternas Peña y Risopatrón, con el objeto de dar cumplimiento a lo dispuesto en el artículo 5° de los transitorios de la Ley N° 3.390, de 15 de julio de 1918, que dispone que: "La Corte Suprema establecerá, por medio de un auto acordado, la forma en que deben ser redactadas las sentencias definitivas para dar cumplimiento a lo dispuesto en los artículos 170 (193) y 785 (959) del Código de Procedimiento Civil"; acordó que las sentencias definitivas de primera o de única instancia y las de segunda que revoquen o modifiquen las de otros tribunales, comenzarán expresando el lugar en que se expidan y en letras el día, mes y año, y contendrán:

1° La designación precisa de las partes litigantes, su domicilio y profesión u oficio;

2° La enunciación breve de las peticiones o acciones deducidas por el demandante y de sus fundamentos e igual enunciación de las excepciones o defensas alegadas por el demandado, no debiendo, en consecuencia, transcribirse en la sentencia íntegramente o en parte las solicitudes o memoriales que hayan presentado los litigantes, salvo aquellas peticiones o declaraciones concretas que por su naturaleza o significación exijan ser transcritas íntegramente para su más fácil o exacta inteligencia;

3° Si ha sido o no recibida la causa a prueba;

4° Si las partes fueron citadas para sentencia o no lo fueron en los casos previstos por la ley;

5º Las consideraciones de hecho que sirvan de fundamento al fallo. Se establecerán con precisión los hechos sobre que versa la cuestión que debe fallarse, con distinción de los que hayan sido aceptados o reconocidos por las partes y de aquellos respecto de los cuales haya versado la discusión;

6º En seguida, si no hubiere discusión acerca de la procedencia legal de la prueba, los hechos que se encuentren justificados con arreglo a la ley y los fundamentos que sirvan para estimarlos comprobados, haciéndose, en caso necesario, la apreciación correspondiente de la prueba de autos conforme a las reglas legales;

7º Si se suscitare cuestión acerca de la procedencia de la prueba producida, la exposición de los fundamentos que deben servir para aceptarla o rechazarla, sin perjuicio del establecimiento de los hechos en la forma expuesta en los párrafos precedentes para los fines consiguientes;

8º Establecidos los hechos, las consideraciones de derecho aplicables al caso;

9º La enunciación de las leyes o en su defecto de los principios de equidad con arreglo a los cuales se pronuncia el fallo;

10 Tanto respecto de las consideraciones de hecho como las de derecho, el tribunal observará al consignarlas el orden lógico que el encadenamiento de las proposiciones requiera, y, al efecto, se observará, en cuanto pueda ser aplicable a tribunales unipersonales, lo dispuesto en el artículo 186 del Código de Procedimiento Civil;

11 La parte resolutoria del fallo deberá comprender todas las acciones y excepciones que se hayan hecho valer en el juicio; expresando de un modo determinado y preciso las acciones, peticiones y excepciones que se acepten o rechacen. Podrá omitirse la resolución de aquellas acciones y excepciones que fueren incompatibles con las aceptadas; en este caso el tribunal deberá exponer los motivos que hubiere tenido para considerarlas incompatibles;

12 Las sentencias definitivas de segunda instancia, que confirmen sin modificación las de primera, se sujetarán a las reglas anteriormente expuestas, cuando éstas no reúnan todos o algunos de los requisitos apuntados; las de segunda que las modifiquen o revoquen no necesitan consignar la exposición de las circunstancias de los números 1º, 2º y 3º del artículo 170 (193) del Código de Procedimiento Civil y bastará referirse a ellas;

13 Cuando la Corte Suprema invalide una sentencia por casación en el fondo, la que dicte como tribunal de segunda instancia en cumplimiento del artículo 785 (959) del Código de Procedimiento Civil, se sujetará a lo dispuesto en este artículo y también a lo establecido en el número 10 de este auto acordado;

14 En los tribunales colegiados, la opinión de sus miembros que fuere disconforme con la de la mayoría;

15 El nombre del ministro redactor de la sentencia si fuere ésta dictada por un tribunal colegiado;

16 La sentencia terminará con la firma del juez o jueces que la hubieren dictado y del secretario, y éste expresará, antes de la suya, el nombre y apellido del juez o jueces y la calidad de propietario, interino, suplente o subrogante en virtud de la cual se pronuncia el fallo.

Los señores ministros Varas, Foster Recabarren, Rojas, Figueroa Lagos y Cisternas Peña, fueron de parecer de que se consignara expresamente en este reglamento, que sus prescripciones y las del artículo 170 (193) del Código de Procedimiento Civil, en cuanto le fueren aplicables, se referían también a las sentencias que se pronuncien sobre las excepciones perentorias mencionadas en los artículos 304 (294) y 310 (300) del citado Código, tanto por el carácter de definitivas que ellas invisten, en razón de su naturaleza jurídica, como porque no existe disposición o motivo legal alguno que induzca a prescindir en esos fallos de las garantías que para los litigantes importan los requisitos exigidos por el legislador en su redacción y pronunciamiento.

La mayoría del tribunal no aceptó esta indicación porque ella da origen a otras cuestiones que no es del caso resolver en este auto acordado, que se dicta únicamente en cumplimiento de lo dispuesto en el artículo citado.

Se acordó transcribir este auto acordado para su debido cumplimiento a las Cortes de Apelaciones para que éstas a su vez lo comuniquen a los jueces letrados de su jurisdicción.

Para debido testimonio firmó con SS.SS. el infrascrito secretario.— Gabriel Gaete.— Carlos Varas.— E. Foster Recabarren.— E. Castillo Vicuña.— Luis Ignacio Silva.— Julio Zenteno B.— J. Agustín Rojas.— J. I. 2° Salas.— Elías de la Cruz.— E. Cisternas Peña.— Víctor Risopatrón.— Luis Larraín C., Secretario.

AUTO ACORDADO DE LA CORTE SUPREMA SOBRE VISTA DE LA CAUSA

Publicado en el Diario Oficial de 16 de septiembre de 1994

En Santiago, a dos de septiembre de mil novecientos noventa y cuatro, se reunió esta Corte Suprema en Pleno extraordinario, presidido por su titular don Marcos Aburto Ochoa y con la asistencia de los Ministros señores Jordán, Zurita, Faúndez, Dávila, Béraud, Toro, Araya, Valenzuela, Álvarez, Bañados, Carrasco, Garrido y Libedinsky, y luego de efectuarse un detenido examen de las modificaciones a las normas relativas a la vista de las causas, introducidas por la Ley N° 19.317 publicada en el Diario Oficial del día ocho de agosto último, se acordó dictar el siguiente Auto Acordado:

[Recepción de los escritos de suspensión de la vista de la causa]

1° El señor Secretario de la Corte Suprema y los señores Secretarios de las Cortes de Apelaciones, en su caso, dispondrán las medidas convenientes para la oportuna recepción de los escritos de suspensión de las causas en tabla. Para ese efecto, personal de la Secretaría atenderá de lunes a sábado, en horario que se extenderá de 9 a 12 horas. En el cargo de recepción de la solicitud se estampará, además de la fecha, la hora de su presentación.

[Anuncio]

2° Las solicitudes de suspensión se anotarán en un libro ad hoc y se entregarán oportunamente al Relator bajo recibo o firma, quien dará cuenta al Presidente de la Sala antes del inicio de la respectiva audiencia, oportunidad en que éste resolverá sobre ellas y determinará, asimismo, las demás causas que no se verán por falta de tiempo, lo cual se hará constar señalándolo en el anuncio a que se refiere el inciso segundo del artículo 222 del Código de Procedimiento Civil.

[Causas el tribunal conocerá]

3° Efectuada esa determinación, las demás causas de la tabla que resten, de acuerdo con el anuncio, se verán, en lo posible, dentro de la misma audiencia, la que si fuere necesario prorrogará para ese fin el Presidente de la Sala.

[Vista de las causas con relación o alegatos pendientes]

4° La vista de las causas que, excepcionalmente, dadas su extensión y complejidad, no hayan podido ser concluidas en la audiencia respectiva y queden con relación o alegatos pendientes, deberá proseguirse en la audiencia más próxima que señale el Presidente de la Sala.

[Anuncio del alegato]

5° Los abogados que quisieren hacer uso de su derecho a alegar, deberán anunciarse ante el respectivo Relator antes del inicio de la audiencia en la que debe verse la causa, ya sea en forma personal o por intermedio del Procurador del Número a quien se haya conferido poder en el proceso respectivo. Podrá también anunciarse el propio letrado o el Procurador del Número designado mediante escrito que deberá ser presentado en Secretaría y entregado al Relator antes de la oportunidad recién señalada.

En todo caso, en los aludidos escritos se indicará siempre el tiempo aproximado que durará el alegato, lo que el Relator hará constar en el expediente[1].

[Certificado del relator]

6° El abogado que se hubiere anunciado para alegar, tendrá derecho a oír la relación con que se inicia la vista de la causa, pero —ni aun así— podrá hacerlo una vez comenzada la relación. Concluida la vista, el Relator

---

1 Número modificado por el Auto Acordado de la Corte Suprema, publicado en el Diario Oficial de 29 de septiembre de 2006. Anteriormente fue modificado por el Auto Acordado de la Corte Suprema, publicado en Diario Oficial de 26 de diciembre de 2000.

dejará constancia en los autos si el abogado que se anunció para alegar efectivamente lo hizo y si además asistió a escuchar la respectiva relación. Hará constar, asimismo, si se acompañó minuta de alegatos.

Para los efectos de presenciar la relación, se considerará a los postulantes de la Corporación de Asistencia judicial en la misma situación que los abogados.

[Multa]

7° La aplicación de la multa a que se refiere el inciso final del artículo 223 del Código de Procedimiento Civil, la impondrá el Presidente de la Sala, oyendo previamente al respectivo abogado, de preferencia cuando éste, habiéndose anunciado para alegar, no lo hubiere efectuado, sin justificación plausible.

[Informe]

8° Para este efecto, con el mérito de las constancias estampadas por el Relator, el Presidente de la Sala procederá a pedir informe al respectivo abogado, señalándole para evacuarlo un plazo perentorio no superior a cinco días. Notificada que sea esta resolución, se compulsarán de inmediato estas actuaciones, formándose un cuaderno especial al expediente, y una vez evacuado el informe o sin él, y vencido el plazo otorgado, resolverá sin más trámite sobre la imposición de la multa, en las referidas compulsas.

La resolución que la imponga sólo será susceptible del recurso de reposición ante el mismo Presidente que la dictó.

El Secretario del tribunal velará por la oportuna cancelación de la multa y dejará constancia de su pago en las mismas compulsas y en la respectiva causa si fuere posible. Asimismo, mantendrá una nómina al día, y a disposición del tribunal, de los Abogados sancionados que no hayan pagado la multa que se les hubiera impuesto, para los efectos de lo dispuesto en el inciso final del artículo 223 del Código de Procedimiento Civil.

[Causas que deben agregarse extraordinariamente a la Tabla]

9° Con la salvedad de los recursos de amparo, de la apelación o consulta de excarcelaciones y las otras excepciones que se contengan expresamente en leyes especiales, las demás causas que deban agregarse extraordinariamente a la Tabla, lo serán para una audiencia no anterior al día subsiguiente de su ingreso a la Corte.

[Aplicación del presente auto acordado]

10 El presente Auto Acordado será de general aplicación, por lo que se dejan sin efecto los acuerdos que en relación a la materia hayan adoptado las Cortes de Apelaciones del país.

Se previene que los Ministros señores Faúndez, Carrasco y Garrido no concurren a la primera parte del punto sexto de este Auto Acordado, por cuanto en él se establece que el oír la relación constituye un derecho para el abogado que anunció su alegato, por lo que es renunciable, en circunstancias que, a su juicio, la referida concurrencia a la relación de la causa constituye una obligación para el abogado que desee alegarla.

Asimismo, estuvieron por eliminar el último párrafo del punto séptimo, desde donde dice "de preferencia..." hasta su término, sustituyendo la coma que le antecede por un punto, por las mismas razones expresadas anteriormente. Transcríbase a las Cortes de Apelaciones del país para su cumplimiento.

LEY Nº 18.101
FIJA NORMAS ESPECIALES SOBRE ARRENDAMIENTO DE PREDIOS URBANOS

La Junta de Gobierno de la República de Chile ha dado su aprobación al siguiente Proyecto de ley:

TÍTULO I
ÁMBITO DE APLICACIÓN DE LA LEY

[Ámbito de aplicación de la ley]

Artículo 1°.- El contrato de arrendamiento de bienes raíces urbanos, entendiéndose por tales los ubicados dentro del radio urbano respectivo, se regirá por las disposiciones especiales de esta ley y, en lo no previsto en ella, por el Código Civil.

La misma norma se aplicará a los arrendamientos de viviendas situadas fuera del radio urbano, aunque incluyan terreno, siempre que su superficie no exceda de una hectárea.

[Inaplicación de la presente ley]

Artículo 2°.- Esta ley no será aplicable a los siguientes bienes raíces urbanos:

1.- Predios de cabida superior a una hectárea y que tengan aptitud agrícola, ganadera o forestal, o estén destinados a ese tipo de explotación;

2.- Inmuebles fiscales;

3.- Viviendas que se arrienden por temporadas no superiores a tres meses, por períodos continuos o discontinuos, siempre que lo sean amobladas y para fines de descanso o turismo;

4.- Hoteles, residenciales y establecimientos similares, en las relaciones derivadas del hospedaje, y

5.- Estacionamiento de automóviles y vehículos.

6.- Las viviendas regidas por la ley Nº 19.281[1].

No obstante, los juicios que se originen en relación con los contratos a que se refieren los Nos. 3 y 5 de este artículo, se sustanciarán con arreglo al procedimiento establecido en el Título III de la presente ley.

TÍTULO II
DESAHUCIO Y RESTITUCIÓN

[Desahucio]

Artículo 3°.- En los contratos en que el plazo del arrendamiento se haya pactado mes a mes y en los de duración indefinida, el desahucio dado por el arrendador sólo podrá efectuarse judicialmente o mediante notificación personal efectuada por un notario.

En los casos mencionados en el inciso anterior, el plazo de desahucio será de dos meses, contado desde su notificación, y se aumentará en un mes por cada año completo que el arrendatario hubiera ocupado el inmueble. Dicho plazo más el aumento no podrá exceder, en total, de seis meses.

El arrendatario desahuciado podrá restituir el bien raíz antes de expirar el plazo establecido en este artículo y, en tal caso, estará obligado a pagar la renta de arrendamiento sólo hasta el día de la restitución[2].

[Duración del contrato]

Artículo 4°.- En los contratos de plazo fijo que no exceda de un año el arrendador sólo podrá solicitar judicialmente la restitución del inmueble

---

1 Número agregado por el artículo 1, N° 1), de la Ley 19.866, publicada en el Diario Oficial de 11 de abril de 2003.

2 Artículo reemplazado por el artículo 1, N° 2), de la Ley 19.866, publicada en el Diario Oficial de 11 de abril de 2003.

y, en tal evento, el arrendatario tendrá derecho a un plazo de dos meses, contado desde la notificación de la demanda[3].

En los casos a que se refiere este artículo el arrendatario podrá restituir el inmueble antes de expirar el plazo de restitución y sólo estará obligado a pagar la renta de arrendamiento hasta el día en que aquélla se efectúe.

[Facultad de subarrendar]

Artículo 5°.- En los contratos de arrendamiento de inmuebles destinados a la habitación con plazo fijo superior a un año, se entenderá siempre implícita la facultad del arrendatario de subarrendar, salvo estipulación en contrario, en cuyo caso éste podrá poner término anticipado al contrato sin la obligación de pagar la renta por el período que falte.

[Obligación de pago de la renta hasta la restitución del inmueble]

Artículo 6°.- Cuando el arrendamiento termine por la expiración del tiempo estipulado para su duración, por la extinción del derecho del arrendador o por cualquier otra causa, el arrendatario continuará obligado a pagar la renta de arrendamiento y los gastos por servicios comunes que sean de su cargo, hasta que efectúe la restitución del inmueble.

Si el arrendatario abandonare el inmueble sin restituirlo al arrendador, éste podrá solicitar al juez de letras competente que se lo entregue, sin forma de juicio, con la sola certificación del abandono por un ministro de fe. Dicho funcionario levantará acta del estado en que se encuentre el bien raíz al momento de su entrega al arrendador y remitirá copia de ella al tribunal[4].

---

3 Inciso modificado por el artículo 1, N° 3), de la Ley 19.866, publicada en el Diario Oficial de 11 de abril de 2003.

4 Inciso agregado por el artículo 1, N° 4), de la Ley 19.866, publicada en el Diario Oficial de 11 de abril de 2003.

TÍTULO III
DE LA COMPETENCIA Y DEL PROCEDIMIENTO

[Acumulación de acciones]

Artículo 7°.- Las normas de que trata este Título se aplicarán a los juicios relativos a los contratos de arrendamientos de inmuebles a que se refiere el artículo 1° de esta ley.

Deberán aplicarse, en especial, a los juicios siguientes:

1.- Desahucio;

2.- Terminación del arrendamiento;

3.- Restitución de la propiedad por expiración del tiempo estipulado para la duración del arriendo;

4.- Restitución de la propiedad por extinción del derecho del arrendador;

5.- De indemnización de perjuicios que intente el arrendador o el arrendatario, y

6.- Otros que versen sobre las demás cuestiones derivadas de estos contratos.

[Procedimiento sumario especial de arrendamiento]

Artículo 8°.- Los juicios a que se refiere el artículo anterior se regirán por las reglas siguientes[5]:

1) El procedimiento será verbal; pero las partes podrán, si quieren, presentar minutas escritas en que se establezcan los hechos invocados y las peticiones que se formulen. Deducida la demanda, citará el tribunal a la audiencia del quinto día hábil después de la última notificación;

2) La notificación de la demanda se efectuará conforme a la norma del inciso primero del artículo 553 del Código de Procedimiento Civil. Para los efectos de lo dispuesto en el artículo 44 del mismo Código, se presumirá

---

[5] Artículo reemplazado por el artículo 1, N° 5), de la Ley 19.866, publicada en el Diario Oficial de 11 de abril de 2003.

de pleno derecho como domicilio del demandado el que corresponda al inmueble arrendado;

3) En la demanda deberán indicarse los medios de prueba de que pretende valerse la demandante. Sólo podrán declarar hasta cuatro testigos por cada parte y la nómina, con la individualización de los que el actor se proponga hacer declarar, se presentará en el escrito de demanda. La nómina con los testigos del demandado, hasta antes de las 12:00 horas del día que preceda al de la audiencia;

4) La audiencia tendrá lugar con sólo la parte que asista, se iniciará con la relación verbal de la demanda y continuará con la contestación verbal del demandado. Acto seguido se procederá obligatoriamente al llamado a conciliación;

5) En la contestación el demandado podrá reconvenir al actor, debiendo en el mismo acto dar cuenta de los medios de prueba que sustentan su pretensión. De la reconvención se dará traslado a la demandante, la que podrá contestar de inmediato o reservar dicha gestión para la audiencia a que se refiere el inciso final del número 6) del presente artículo. En ambos casos, la reconvención será tramitada y resuelta conjuntamente con la cuestión principal;

6) En caso de no producirse avenimiento total, el juez establecerá los puntos sustanciales, pertinentes y controvertidos que deban ser acreditados, procediendo de inmediato a la recepción de la prueba ofrecida en la demanda y la contestación.

Si el tribunal no estimare que existan puntos sustanciales, pertinentes y controvertidos que deban ser acreditados, citará de inmediato a las partes para oír sentencia.

Si se hubiere deducido demanda reconvencional, la demandante podrá solicitar se cite a las partes a una nueva audiencia a realizarse dentro de los 5 días siguientes, a objeto de proceder a la contestación de la misma y a la recepción de la prueba que ofrezca. Las partes se entenderán citadas de pleno derecho a dicha audiencia y se procederá en ella en conformidad a lo establecido en el presente artículo. En este caso, cualquiera de las partes podrá solicitar se reserve para dicha audiencia el examen de la prueba que no pudiere ser rendida en el acto;

7) La prueba será apreciada conforme a las reglas de la sana crítica. La prueba testimonial no se podrá rendir ante un tribunal diverso de aquél que conoce de la causa. Concluida la recepción de la prueba, las partes serán citadas a oír sentencia;

7 bis) A solicitud del demandante y con el mérito de lo obrado en la audiencia, el juez podrá ordenar la restitución anticipada del inmueble y el lanzamiento del arrendatario demandado, con auxilio de la fuerza pública si fuere necesario.

Esta medida será procedente en aquellos casos en que el arrendador demandare la terminación del contrato de arrendamiento y la restitución del bien arrendado, por haberse destruido parcialmente o haber quedado inutilizado para su uso como consecuencia de la acción u omisión del arrendatario en su cuidado. En todos los casos sólo será necesario acreditar, sobre la base de los antecedentes presentados junto a la demanda y a aquellos ventilados en la audiencia, la existencia de una presunción grave del derecho que se reclama.

Cuando lo estime necesario para acceder a la restitución anticipada del bien arrendado, el juez podrá exigir caución al demandante con cargo a la cual se indemnizará al arrendatario demandado de los perjuicios sufridos con el lanzamiento, si es que la sentencia definitiva del juicio no lo condenare a su restitución[6].

8) Los incidentes deberán promoverse y tramitarse en la misma audiencia, conjuntamente con la cuestión principal, sin paralizar el curso de ésta. La sentencia definitiva se pronunciará sobre la acción deducida y sobre los incidentes, o sólo sobre éstos cuando sean previos o incompatibles con aquélla;

9) Sólo serán apelables la sentencia definitiva de primera instancia y las resoluciones que pongan término al juicio o hagan imposible su continuación.

---

6 Número agregado por el artículo 1, N° 1, de la Ley N° 21.461, publicada en el Diario Oficial de 30 de junio de 2022.

Todas las apelaciones se concederán en el solo efecto devolutivo; tendrán preferencia para su vista y fallo y durante su tramitación, no se podrá conceder orden de no innovar.

En segunda instancia, podrá el tribunal de alzada, a solicitud de parte, pronunciarse por vía de apelación sobre todas las cuestiones que se hayan debatido en primera para ser falladas en definitiva, aun cuando no hayan sido resueltas en el fallo apelado, y

10) Las partes podrán comparecer y defenderse personalmente, en primera instancia, en los juicios cuya renta vigente al tiempo de interponerse la demanda no sea superior a cuatro unidades tributarias mensuales.

[Indemnizaciones que reclama el demandado haciendo valer el derecho legal de retención]

Artículo 9°.- Cuando el demandado reclame indemnizaciones haciendo valer el derecho de retención que otorga el artículo 1.937 del Código Civil, deberá interponer su reclamo en la audiencia a que se refiere el artículo anterior. El tribunal resolverá en la sentencia definitiva si ha lugar o no a la retención solicitada[7].

[Segunda reconvención de pago por término del contrato por no pago de rentas]

Artículo 10.- Derogado[8].

[Litis denunciación. Oposición de la sentencia a subarrendatarios]

Artículo 11.- Para que a los subarrendatarios les sean oponibles lo obrado y la sentencia recaída en los juicios de desahucio, de restitución o de terminación de arrendamiento por falta de pago de la renta seguidos

---

7 Inciso modificado por el artículo 1, N° 6), de la Ley 19.866, publicada en el Diario Oficial de 11 de abril de 2003.

8 Artículo derogado por el por el artículo 1, N° 2, de la Ley N° 21.461, publicada en el Diario Oficial de 30 de junio de 2022.

contra el arrendatario, les deberá ser notificada la demanda o deberán haberse apersonado a la causa.

Con tal fin, en dichos juicios el ministro de fe, en el acto de notificación personal de la demanda, requerirá de juramento al demandado acerca de la existencia o no de subarrendatarios y, en caso afirmativo, de sus nombres. El ministro de fe deberá dejar constancia escrita de la notificación a una persona adulta ocupante del inmueble[9].

Si la demanda no hubiere sido notificada personalmente, el mismo requerimiento lo deberá hacer el tribunal en la audiencia respectiva de contestación, si concurriere el demandado y, en caso afirmativo, se suspenderá ésta, se ordenará notificar a los subarrendatarios y se citará a una nueva audiencia, la que tendrá lugar una vez practicadas las notificaciones pertinentes o una vez que los subarrendatarios se hayan apersonado a la causa.

[Derechos del subarrendatario]

Artículo 12.- En los juicios de terminación del arrendamiento por falta de pago de la renta seguidos contra un subarrendador, los subarrendatarios podrán pagar al demandante, antes de la dictación de la sentencia de primera instancia, las rentas adeudadas por el arrendatario. Si así lo hicieren, enervarán de este modo la acción y tendrán derecho a ser reembolsados de ellas por el subarrendador, con más el interés corriente a contar de su pago, o a imputarlas a las rentas más inmediatas; todo ello, sin perjuicio de las indemnizaciones que correspondan.

---

9 El artículo 8 de la Ley 21.394, publicada el 30 de noviembre de 2021 expresa que: "Cada vez que en el Código Civil, el Código de Procedimiento Civil, el Código Orgánico de Tribunales o en leyes especiales se haga referencia al juramento que debe prestar una persona, se entenderá incluida la posibilidad de prestar promesa. Este juramento o promesa se podrá realizar presencialmente o por vía remota mediante videoconferencia".

[Cumplimiento de resoluciones]

Artículo 13.- El cumplimiento de las resoluciones que se dicten en los juicios a que se refiere este Título se regirá por las reglas generales. Sin embargo, cuando ellas ordenaren la entrega de un inmueble, se aplicará lo prescrito en el artículo 595 del Código de Procedimiento Civil.

En estos juicios y en los de comodato precario, el juez de la causa, decretado el lanzamiento, podrá suspenderlo en casos graves y calificados, por un plazo no superior a treinta días[10].

[Responsabilidad. Pago de servicios básicos]

Artículo 14.- En los juicios a que se refiere este Título en que se solicite la entrega del inmueble, el arrendador podrá hacer notificar la demanda a las empresas que suministren gas, energía eléctrica o agua potable, y en tal caso el demandado será el único responsable de los consumos mientras dure la ocupación del inmueble por él mismo o por las personas a su cargo. Las empresas no podrán excepcionarse alegando ignorancia del domicilio del deudor.

[Libertad de medios de prueba]

Artículo 15.- El tribunal, de oficio o a petición de parte, podrá decretar los medios probatorios que estime pertinentes.

[Límite temporal para intentar nuevamente la acción de desahucio o restitución]

Artículo 16.- Si se declarare sin lugar el desahucio o la restitución, el actor no podrá intentar nuevamente tales acciones sino transcurrido seis meses desde que haya quedado ejecutoriada la sentencia de rechazo, a menos que se funden en hechos acaecidos con posterioridad a la fecha de presentación de la demanda.

---

[10] Inciso sustituido por el artículo 1, N° 7), de la Ley 19.866, publicada en el Diario Oficial de 11 de abril de 2003.

[Tribunales competentes]

Artículo 17.- Los jueces letrados de mayor cuantía serán competentes, conforme a las reglas generales del Código Orgánico de Tribunales, para conocer en única o en primera instancia de los juicios a que se refiere este Título, sin perjuicio de las atribuciones que competen en la materia a los jueces de policía local que sean abogados.

[Tribunal competente cuando el Fisco es parte o tiene interés]

Artículo 18.- De los juicios en que el Fisco sea parte o tenga interés conocerán en primera instancia los jueces a que se refiere el artículo 48 del Código Orgánico de Tribunales.

TÍTULO III BIS[11]
DEL PROCEDIMIENTO MONITORIO PARA COBRO DE RENTAS DE ARRENDAMIENTO

[Requisitos de la demanda]

Artículo 18-A.- La demanda monitoria de cobro de rentas de arrendamiento y restitución consecuencial del inmueble arrendado deberá señalar:

1. El nombre, profesión u oficio y domicilio del arrendador y del arrendatario.

2. El inmueble arrendado, la o las rentas de arrendamiento y las cuentas por gastos comunes y de consumo adeudadas; una relación precisa de los antecedentes y las razones que explican tales deudas; y la forma, fecha y lugar en que hubiesen sido contraídas.

3. La solicitud de que se requiera al deudor para que, dentro del plazo de diez días corridos, pague las rentas y las cuentas de gastos comunes y de consumo adeudadas, y las que se devenguen con posterioridad a la presentación de la demanda, más los intereses y costas que correspondan, y,

---

[11] Las normas del título III bis fueron agregadas por el artículo 1, N° 3, de la Ley N° 21.461, publicada en el Diario Oficial de 30 de junio de 2022.

para el caso de que el deudor no pagare o no compareciere o no formulare oposición, que se le tenga por condenado al pago de la obligación reclamada, bajo el apercibimiento previsto en el artículo 18-C, y se materialice el lanzamiento en la forma prevista en la ley.

El demandante deberá acompañar a la demanda todos los antecedentes que le sirvan de fundamento.

[Subsanación de defectos. Requisitos de admisibilidad de la demanda]

Artículo 18-B.- Presentada una demanda sin cumplir con los requisitos formales previstos en la ley, el tribunal dispondrá que se subsanen los defectos en el plazo no superior a diez días. El actor quedará apercibido, por el solo ministerio de la ley, a que, si no lo hiciere, se tendrá por no presentada y se procederá al archivo de los antecedentes.

Si el tribunal estimare que la demanda no puede ser admitida a tramitación por carecer de jurisdicción o de competencia absoluta, por litispendencia; inexistencia, falta de capacidad o representación de una de las partes; manifiesta falta de legitimación para actuar u otro defecto que afecte la existencia, validez o eficacia del proceso, lo declarará de plano, siempre que consten en forma manifiesta en el expediente o se funden en hechos de pública notoriedad, y deberá expresar los fundamentos de su decisión.

En contra de la resolución que declare inadmisible la demanda monitoria no procederá recurso alguno, salvo el de reposición ante el mismo tribunal.

La declaración de inadmisibilidad no obstará a que el acreedor demande la misma obligación en el procedimiento declarativo previsto en esta ley.

En el procedimiento monitorio no procederá el ejercicio conjunto de la acción de cobro de rentas de arrendamiento y de las acciones de desahucio y restitución que tengan un fundamento distinto del no pago de las rentas de arrendamiento y de las cuentas adeudadas por gastos comunes y de consumo del inmueble arrendado.

[Demanda monitoria acogida y sus efectos]

Artículo 18-C.- Si el juez estima que la demanda monitoria cumple con todos los requisitos legales y, en especial, los contemplados en los números 1 y 2 del artículo 18-A, acogerá la demanda y ordenará que se requiera de pago al deudor para que, en el plazo de diez días corridos, cumpla con su obligación, más los intereses y costas. La demanda no será susceptible de ampliación alguna fuera de los casos previstos en este Título.

El juez establecerá en la resolución que, en el evento de que el deudor no pague, o no comparezca o no formule oposición, se le tendrá por condenado al pago de la obligación reclamada y dispondrá su lanzamiento y el de los otros ocupantes del inmueble en el plazo no superior a diez días, contado desde que la respectiva resolución se encuentre firme y ejecutoriada o cause ejecutoria. Esta resolución tendrá la fuerza de sentencia definitiva firme y servirá de título suficiente para su ejecución.

[Notificación de la demanda y requerimientos de pago]

Artículo 18-D.- La demanda monitoria y la resolución que sobre ella recaiga podrán notificarse al deudor en la forma prevista en el número 2 del artículo 8.

Se tendrá por formulado el primer requerimiento de pago una vez practicada la notificación. El segundo requerimiento se entenderá efectuado transcurridos cinco días desde la notificación de la demanda. Se entenderá que ambos requerimientos se han verificado por el solo ministerio de la ley.

[Efectos del pago total o parcial de la deuda en el procedimiento monitorio]

Artículo 18-E.- El procedimiento monitorio de cobro de rentas de arrendamiento terminará si, antes del vencimiento del plazo previsto para la oposición, el deudor procediere al pago requerido dando satisfacción total a la deuda, incluidos intereses y costas. Si el pago fuere parcial, se seguirá adelante el procedimiento monitorio por la parte de la deuda no solucionada.

[Requisitos de la oposición a la demanda monitoria]

Artículo 18-F.- Dentro del plazo legal, el deudor requerido podrá formular, por escrito, oposición a la demanda monitoria, y señalará los fundamentos de hecho y de derecho de las alegaciones y excepciones que opone. En su escrito, el deudor deberá acompañar los documentos e indicar todos los demás medios de prueba de que se valdrá en el juicio declarativo posterior. En el nuevo procedimiento no podrá producir ni ofrecer otros medios de prueba, salvo las excepciones legales.

En caso de presentarse demanda monitoria en contra de más de un deudor por una misma deuda, el plazo para formular la oposición será común y correrá hasta el vencimiento del plazo de mayor extensión que tuviere alguno de los deudores de conformidad con la fecha de su notificación.

El juez podrá desestimar la oposición y seguir adelante con el procedimiento monitorio como si ella no se hubiere verificado cuando las alegaciones o excepciones deducidas por el demandado, o los medios de prueba señalados, carecieren de fundamento plausible; o cuando los antecedentes no fueren señalados de conformidad con el inciso primero.

[Oposición de excepciones procesales o dilatorias. Plazo para subsanar defectos. Efectos del rechazo de las excepciones]

Artículo 18-G.- Si el deudor opusiere únicamente alguna excepción dilatoria de las contempladas en el artículo 303 del Código de Procedimiento Civil, se conferirá traslado de ella al demandante y se tramitará como incidente, que se deberá resolver dentro de tercero día de concluida dicha tramitación.

En caso de ser acogida alguna de las excepciones dilatorias opuestas, el tribunal ordenará subsanar los defectos si es posible. Si la excepción acogida no admite ser subsanada, se pondrá término al procedimiento monitorio.

Rechazadas las excepciones, se le tendrá por condenado al pago de la obligación, el procedimiento continuará como si no se hubiese formulado la oposición y regirá lo previsto en el artículo 18-C.

[Oposición de excepciones perentorias o materiales]

Artículo 18-H.- Formulada oposición fundada en otras excepciones, sea que se promuevan o no en conjunto con aquellas previstas en el artículo 303 del Código de Procedimiento Civil, el tribunal declarará terminado el procedimiento monitorio y quedará sin efecto de pleno derecho la resolución prevista en el artículo 18-C.

Con todo, la oposición del demandado configurará y delimitará necesariamente el objeto del juicio declarativo posterior de arrendamiento que decidiere iniciar el demandante, y no podrán discutirse en él cuestiones diversas de la existencia de la obligación y de las alegaciones y excepciones planteadas por el deudor en el procedimiento monitorio.

Si las otras excepciones a que se refiere el inciso primero se hicieren valer conjuntamente con la prevista en el artículo 18-G, el tribunal deberá necesariamente pronunciarse sobre esta última.

[Condena en costas]

Artículo 18-I.- En los procedimientos monitorios sólo procederá la condena en costas prevista en el artículo 18-C.

[Resoluciones apelables]

Artículo 18-J.- En el procedimiento monitorio sólo será apelable, en el solo efecto devolutivo, la resolución que se pronuncie respecto de la oposición del deudor.

[Normas aplicables al comodato precario y al precario]

Artículo 18-K.- Las normas de este Título serán aplicables, en lo pertinente, a las acciones de comodato precario que persigan la restitución del inmueble y a la acción de precario establecida en el artículo 2.195 del Código Civil.

TÍTULO IV
DISPOSICIONES GENERALES

[Derechos irrenunciables]

Artículo 19.- Son irrenunciables los derechos que esta ley confiere a los arrendatarios.

[Autorización de firmas ante notario, Presunción de renta]

Artículo 20.- En los contratos de arrendamiento regidos por esta ley que consten por escrito, las firmas de los contratantes serán autorizadas por un notario público, quien deberá solicitar los títulos que habiliten al arrendador a ceder el uso del inmueble respecto del cual recaiga el contrato. Estos contratos autorizados ante notario constituirán un antecedente suficiente para ejercer la demanda monitoria conforme a lo previsto en el artículo 18-A.

Cuando los contratos no consten por escrito, se presumirá que la renta es el monto consignado en los depósitos o documentos de pago por al menos tres meses consecutivos y, en caso de que éstos no existan, se presumirá que la renta es la que declare el arrendatario[12].

[Reajustes]

Artículo 21.- En caso de mora, los pagos o devoluciones que deban hacerse entre las partes de todo contrato de arriendo, regido o no por esta ley, se efectuarán reajustados en la misma proporción en que hubiere variado el valor de la unidad de fomento entre la fecha en que debieron realizarse y aquella en que efectivamente se hagan.

Cuando se deban intereses, se calculará sobre la suma primitivamente adeudada, más el reajuste de que trata el inciso anterior.

---

12 Artículo reemplazado por el artículo 1, N° 4, de la Ley N° 21.461, publicada en el Diario Oficial de 30 de junio de 2022.

[Aplicación de la ley a subarrendadores y subarrendatarios]

Artículo 22.- Todo lo dispuesto en esta ley respecto de los arrendadores y arrendatarios se aplicará, en su caso, a los subarrendadores y subarrendatarios, respectivamente.

[Depósito en Servicio de Tesorería]

Artículo 23.- En caso de negativa del arrendador a recibir la renta de arrendamiento o a otorgar el correspondiente recibo al arrendatario que no deseare recurrir al procedimiento de pago por consignación establecido en el párrafo 7° del Título XIV del libro IV del Código Civil, podrá depositar aquélla en la unidad del Servicio de Tesorerías que corresponda a la ubicación del inmueble, indicando el nombre, apellidos y la residencia del arrendador. Dicha unidad le otorgará el respectivo recibo y comunicará al arrendador, por carta certificada, la existencia del depósito. Este pago se considerará hecho al arrendador para todos los efectos legales; pero su suficiencia será calificada en el juicio que corresponda.

El retiro del depósito por el arrendador no significará renuncia a sus derechos ni producirá los efectos previstos en el inciso tercero del artículo 1.956 del Código Civil.

Si transcurridos tres años desde la fecha del ingreso del depósito en el Servicio de Tesorerías, el arrendador no hubiere efectuado su retiro, los fondos correspondientes pasarán a rentas generales de la Nación.

[Derecho de retención]

Artículo 23 bis.- Para los efectos del artículo 1.942 del Código Civil, a los contratos de arrendamiento regidos por esta ley les será aplicable lo dispuesto en el artículo 598 del Código de Procedimiento Civil[13].

---

[13] Artículo intercalado por el artículo 1, N° 11), de la Ley 19.866, publicada en el Diario Oficial de 11 de abril de 2003.

[Multas]

Artículo 24.- Serán sancionados con multas de una a sesenta unidades de fomento, que impondrá el juez que conozca del juicio en que sea controvertido el hecho que las motiva:

1) El arrendatario que, en los casos contemplados en los incisos segundo y tercero del artículo 11, incurriere en falsedad en la declaración, sea acerca de la existencia o no de subarrendatarios, sea acerca de sus nombres;

2) El subarrendador que, habiendo percibido las rentas de subarriendo, no pagare la renta del arrendamiento y a consecuencias de ello el subarrendatario fuese lanzado del inmueble.

Las multas indicadas serán de beneficio fiscal e ingresarán a Rentas Generales de la Nación, y

3) El arrendador que injustificadamente se negare a otorgar al arrendatario la autorización para abandonar el inmueble y retirar sus muebles, o el recibo que acredite el pago de la renta de arrendamiento[14].

TÍTULO V[15]
DEL ARRIENDO Y SUBARRENDAMIENTO ABUSIVO, Y DEL HACINAMIENTO

[Arrendador o subarrendador abusivo]

Artículo 24 bis.- El arrendador o subarrendador que arriende o subarriende un inmueble por pieza o habitación, cuyos estándares incumplan las condiciones mínimas establecidas en la Ordenanza General de Urbanismo y Construcciones, será sancionado conforme a lo señalado en el artículo 24 quáter de la presente ley.

La Ordenanza General de Urbanismo y Construcciones establecerá las condiciones mínimas de habitabilidad, seguridad, estabilidad, ventilación,

---

14 Número agregado por el artículo 1, N° 12), letra c), de la Ley 19.866, publicada en el Diario Oficial de 11 de abril de 2003.

15 El título V fue intercalado por el artículo 175, N° 13, de la Ley N° 21.325, publicada en el Diario Oficial de 20 de abril de 2021.

iluminación, dimensiones y acondicionamiento térmico de los inmuebles que se destinen al arrendamiento o subarrendamiento por pieza o por habitación. Igualmente, determinará la carga de ocupación máxima que podrán tener los inmuebles arrendados por pieza o habitación.

El arrendador o subarrendador será igualmente responsable de que, en la ocupación de las piezas o habitaciones, no se sobrepase la carga de ocupación que resulte de la aplicación de lo dispuesto en el inciso segundo de este artículo.

[ARRENDADOR O SUBARRENDADOR ABUSIVO]

Artículo 24 ter.- Será considerado abusivo el arrendamiento o subarrendamiento que incumpla lo establecido en el artículo precedente.

[DENUNCIA ANTE JUZGADOS DE POLICÍA LOCAL, FISCALIZACIÓN Y SANCIÓN]

Artículo 24 quáter.- La municipalidad que corresponda, la secretaría regional ministerial de Vivienda y Urbanismo respectiva, o cualquier persona podrá denunciar ante el juzgado de policía local correspondiente el incumplimiento de las disposiciones señaladas en este título. La denuncia deberá ser fundada y acompañarse de los medios probatorios que se dispongan.

Recibida la denuncia en los términos del inciso anterior, el juzgado de policía local dispondrá la fiscalización por parte de funcionarios de la Dirección de Obras Municipales de la respectiva comuna, quienes serán auxiliados por la fuerza pública en la forma dispuesta por el artículo 25 de la ley Nº 18.287.

Las infracciones de lo dispuesto en este título serán sancionadas con multa a beneficio municipal de 5 a 100 unidades tributarias mensuales. En caso que medie dolo, engaño o aprovechamiento de la situación de vulnerabilidad de los arrendatarios de las piezas o habitaciones, el monto de la multa que se aplique no podrá ser inferior al treinta por ciento de la multa máxima antes referida.

Asimismo, para la determinación de la cuantía de la multa se ponderará la gravedad del incumplimiento, su duración y el beneficio que el contrato hubiera reportado al arrendador o al subarrendador, según corresponda.

TÍTULO V[16]
DISPOSICIONES VARIAS

[Derogación de Decreto Ley 964, de 1975]

Artículo 25.- Derógase el decreto ley N° 964, de 1975, sobre arrendamiento de bienes raíces urbano, cuyo texto refundido, coordinado y sistematizado fue fijado por el decreto supremo N° 357, del Ministerio de Vivienda y Urbanismo, publicado en el Diario Oficial del 22 de Agosto de 1978.

[Derogación art. único Ley 17.410]

Artículo 26.- Derógase el artículo único de la ley N° 17.410.

DISPOSICIONES TRANSITORIAS

Artículo 1°.- Los contratos de arrendamiento de bienes raíces urbanos celebrados con anterioridad a la vigencia de esta ley continuarán regidos por las disposiciones del decreto ley N° 964, de 1975, el que se entenderá subsistente a todas sus partes para tal fin.

Los juicios actualmente pendientes y los que se promuevan en el futuro, relativos a los contratos celebrados con anterioridad a la vigencia de esta ley, se sustanciarán y fallarán con arreglo a las disposiciones del decreto ley N° 964, de 1975.

Artículo 2°.- Los contratos de arrendamiento de bienes raíces urbanos que se celebren durante los cuatro años siguientes a la fecha de publi-

---

16 El antiguo título V pasó a ser el actual título VI en virtud de la modificación introducida por el artículo 175, N° 13, de la Ley N° 21.325, publicada en el Diario Oficial de 20 de abril de 2021.

cación de la presente ley se regirán, además, por las siguientes normas relativas a renta y garantía:

1) La renta anual máxima no podrá exceder del 11% del avalúo vigente para el pago del impuesto territorial.

Si se modificaren los avalúos vigentes para el pago de dicho tributo, la renta máxima de arrendamiento se ajustará automáticamente en la misma proporción en que se hubieren modificado los avalúos respectivos, pudiendo el arrendador cobrar hasta dicha renta sin necesidad de convención modificatoria especial. El Servicio de Impuestos Internos establecerá de oficio en el rol general de avalúo y en los recibos de contribuciones la renta anual máxima de arrendamiento aplicable a los inmuebles en general.

2) La renta del inmueble que se arriende por piezas, secciones o dependencias se determinará separadamente por cada una de ellas y no podrá exceder, en conjunto, de la renta máxima total de todo el inmueble.

Cualquiera de las partes podrá solicitar al Servicio de Impuestos Internos la fijación de la renta de la o las piezas, secciones o dependencias del inmueble.

3) El subarrendador sólo podrá cobrar al o a los subarrendatarios la renta proporcional a la renta máxima legal correspondiente a todo el inmueble, aumentada hasta en un 10%.

No obstante, si se subarrendara todo el inmueble, se estará a lo dispuesto en el número anterior.

4) Si el arrendamiento o el subarrendamiento incluye bienes muebles, la renta de estos últimos se fijará separadamente del inmueble y no podrá exceder del 30% de la renta máxima. Sin embargo, si la renta máxima no excediere de una unidad de fomento, no podrá cobrarse renta alguna por el arriendo de los bienes muebles.

5) El arrendador no podrá, directa o indirectamente, exigir al arrendatario, convenir con éste, ni percibir una renta superior a la máxima legal, ni el pago anticipado de más de un mes de dicha renta.

6) Todo lo que el arrendatario pagare o se obligare a pagar, sea en dinero o en especies, de una vez o periódicamente, por cualquier concepto que, en forma directa o indirecta, aumentare la renta, se considerará como tal.

7) El arrendador podrá exigir al arrendatario que caucione sus obligaciones mediante una garantía que deberá ser en dinero y, en tal caso, ésta no podrá exceder de un mes de renta.

Cuando procediere la devolución de la garantía, el arrendador deberá restituirla reajustada en la misma proporción a la variación que haya experimentado el Índice de Precios al Consumidor, determinado por el Instituto Nacional de Estadísticas o por el organismo que haga sus veces, entre el mes anteprecedente a la entrega de ella y el mes anteprecedente al de su devolución.

8) Las convenciones y los pagos que contravengan lo dispuesto en los números anteriores adolecerán de nulidad absoluta y las sumas que el arrendador hubiese percibido con infracción a lo establecido en dichos preceptos las devolverá al arrendatario con más el interés corriente, desde la fecha de su respectiva percepción.

9) La renta no comprende los gastos por los servicios de calefacción, agua potable, agua caliente, gas, energía eléctrica, ni los gastos por servicios comunes de que goce el arrendatario, incluyéndose en ellos los correspondientes a la administración de los bienes comunes.

El precio de estos servicios y gastos deberá determinarse independientemente de la renta, no podrá significar lucro o beneficio para el arrendador y, cuando sea percibido por éste, deberá expresarse en el recibo pertinente, en forma separada de la renta de arrendamiento.

Si el arrendador hubiere percibido sumas superiores por los gastos y servicios a que se refiere este número, devolverá el exceso al arrendatario, con más el interés corriente desde la fecha de su percepción y el reajuste que proceda de acuerdo con el alza experimentada por el Índice de Precios al Consumidor, determinada por el Instituto Nacional de Estadísticas.

10) El propietario que haya adquirido un bien raíz por intermedio del sistema nacional de ahorro y préstamo o a través de cualquier institución o entidad que financie la compra de bienes raíces mediante la concesión de mutuos hipotecarios reembolsables periódicamente, que no posea otro dentro del mismo departamento, tendrá derecho a percibir por tales inmuebles una renta igual al dividendo que pague a la respectiva asociación u organismo y los gastos señalados en el número 9) que procedan.

Serán también de cargo del arrendatario los demás gastos en que incurra el comprador con motivo del servicio de su préstamo durante el período correspondiente y hasta la restitución del inmueble.

11) No regirá lo dispuesto en los números 1) al 10) respecto de los contratos de arrendamiento y subarrendamiento de los siguientes bienes raíces:

a) Las edificaciones cuyo certificado de recepción final se haya otorgado por la municipalidad respectiva con posterioridad al 12 de Abril de 1975.

b) Los construidos conforme al decreto con fuerza de ley Nº 2, de 1959, o a la ley Nº 9.135.

c) Todas las viviendas cuyos avalúos, para los efectos del pago del impuesto territorial, sean superiores a cuatrocientas seis unidades de fomento.

d) Los destinados a locales comerciales o industriales; oficinas; teatros y cines, y, en general, a actividades lucrativas.

JOSE T. MERINO CASTRO, Almirante, Comandante en Jefe de la Armada, Miembro de la Junta de Gobierno.- FERNANDO MATTHEI AUBEL, General del Aire, Comandante en Jefe de la Fuerza Aérea, Miembro de la Junta de Gobierno.- CESAR MENDOZA DURAN, General Director de Carabineros, Miembro de la Junta de Gobierno.- CESAR RAUL BENAVIDES ESCOBAR, Teniente General de Ejército, Miembro de la Junta de Gobierno.

Por cuanto he tenido a bien aprobar la precedente ley, la sanciono y la firmo en señal de promulgación.

Llévese a efecto como ley de la República.

Regístrese en la Contraloría General de la República, publíquese en el Diario Oficial e insértese en la Recopilación Oficial de dicha Contraloría.

Santiago, siete de Enero de mil novecientos ochenta y dos.- AUGUSTO PINOCHET UGARTE, General de Ejército, Presidente de la República.- Jaime Estrada Leigh, Brigadier General, Ministro de la Vivienda y Urbanismo.- Mónica Madariaga Gutiérrez, Ministro de Justicia.

LEY NÚM. 20.886
MODIFICA EL CÓDIGO DE PROCEDIMIENTO CIVIL, PARA ESTABLECER LA TRAMITACIÓN DIGITAL DE LOS PROCEDIMIENTOS JUDICIALES

Teniendo presente que el H. Congreso Nacional ha dado su aprobación al siguiente proyecto de ley originado en Moción de los Honorables Senadores señores Pedro Araya Guerrero, Alfonso De Urresti Longton, Alberto Espina Otero, Felipe Harboe Bascuñán y Hernán Larraín Fernández,

Proyecto de ley:

TÍTULO I
DE LA TRAMITACIÓN ELECTRÓNICA DE LOS PROCEDIMIENTOS JUDICIALES

Artículo 1°.- Ámbito de aplicación. La presente ley se aplicará a todas las causas que conozcan los tribunales indicados en los incisos segundo y tercero del artículo 5° del Código Orgánico de Tribunales, con excepción de las causas que conozcan los tribunales militares en tiempo de paz.

Artículo 2°.- Principios. La tramitación de las causas regidas por la presente ley se sujetará a los siguientes principios generales:

a) Principio de equivalencia funcional del soporte electrónico. Los actos jurisdiccionales y demás actos procesales suscritos por medio de firma electrónica serán válidos y producirán los mismos efectos que si se hubieren llevado a cabo en soporte papel.

b) Principio de fidelidad. Todas las actuaciones del proceso se registrarán y conservarán íntegramente y en orden sucesivo en la carpeta electrónica, la que garantizará su fidelidad, preservación y la reproducción de su contenido.

c) Principio de publicidad. Los actos de los tribunales son públicos y, en consecuencia, los sistemas informáticos que se utilicen para el registro de los procedimientos judiciales deberán garantizar el pleno acceso de todas las personas a la carpeta electrónica en condiciones de igualdad, salvo las excepciones establecidas por la ley.

No obstante lo anterior, las demandas, las presentaciones relativas a medidas cautelares, incluso aquellas solicitadas en carácter prejudicial, y a otras materias cuya eficacia requiera de reserva serán accesibles únicamente al solicitante mientras no se haya notificado la resolución recaída en ellas.

Se prohíbe el tratamiento masivo de los datos personales contenidos en el sistema de tramitación electrónica del Poder Judicial, sin su autorización previa. La infracción cometida por entes públicos y privados a lo dispuesto en este inciso será sancionada conforme a la ley N° 19.628.

La Corte Suprema regulará mediante auto acordado la búsqueda de causas en el sistema de tramitación electrónica del Poder Judicial.

d) Principio de buena fe. Las partes, sus apoderados y todos quienes intervengan en el proceso conforme al sistema informático de tramitación deberán actuar de buena fe.

El juez, de oficio o a petición de parte, deberá prevenir, corregir y sancionar, según corresponda, toda acción u omisión que importe un fraude o abuso procesal, contravención de actos propios o cualquiera otra conducta ilícita, dilatoria o de cualquier otro modo contraria a la buena fe.

e) Principio de actualización de los sistemas informáticos. Los sistemas informáticos de tramitación del Poder Judicial deberán ser actualizados a través de la Corporación Administrativa del Poder Judicial con el objeto de permitir su correcto funcionamiento y la más fluida y expedita interconexión e interoperabilidad entre sí y con otras instituciones públicas o privadas[1].

f) Principio de cooperación. Los auxiliares de la administración de justicia, las instituciones públicas o privadas y el Poder Judicial deberán cooperar entre sí en la utilización de medios electrónicos con el objeto de garantizar la interconexión e interoperabilidad de los sistemas informáti-

---

[1] El literal e) fue modificado por el artículo 7, N° 1, de la Ley N° 21.394, publicada en el Diario Oficial de 30 de noviembre de 2021.

cos y, en particular, el reconocimiento mutuo de los documentos electrónicos y de los medios de identificación y autentificación respectivos[2].

Para ello, las instituciones públicas o privadas y los tribunales propenderán a la celebración de convenios de cooperación.

Artículo 3°.- Uso obligatorio del sistema informático, respaldo y conservación. Los jueces, auxiliares de la administración de justicia y funcionarios de cada tribunal estarán obligados a utilizar y a registrar en el sistema informático todas las resoluciones y actuaciones procesales que se verifiquen en el juicio.

Para el registro de las resoluciones y actuaciones en el sistema informático de tramitación se deberán aplicar adecuadamente las nomenclaturas pertinentes, según la etapa y estado procesal de cada causa, de modo tal que constituya un registro exacto de su tramitación, desde el inicio hasta su término.

La conservación de los registros estará a cargo del tribunal correspondiente a través de la Corporación Administrativa del Poder Judicial, de conformidad a lo previsto en el Código Orgánico de Tribunales.

La carpeta electrónica y sus registros deberán ser respaldados informáticamente en forma periódica.

Si por cualquier causa se viere dañado el soporte material del registro electrónico afectando su contenido, el tribunal ordenará reemplazarlo en todo o parte por una copia fiel, que obtendrá de quien la tuviere, si no dispusiere de ella directamente.

Si no existiere copia fiel, las resoluciones se dictarán nuevamente, para lo cual el tribunal reunirá los antecedentes que le permitan fundamentar su preexistencia y contenido, y las actuaciones se repetirán con las formalidades previstas para cada caso. Sin embargo, no será necesario volver a dictar las resoluciones o repetir las actuaciones que sean el antecedente de resoluciones conocidas o en etapa de cumplimiento o ejecución.

---

[2] El literal f) fue modificado por el artículo 7, N° 1, de la Ley N° 21.394, publicada en el Diario Oficial de 30 de noviembre de 2021.

Artículo 4°.- Firma electrónica de resoluciones y actuaciones del tribunal y copias autorizadas. Las resoluciones y actuaciones del juez, del secretario, del administrador del tribunal y de los auxiliares de la administración de justicia serán suscritas mediante firma electrónica avanzada.

Los jueces y los demás funcionarios mencionados en el inciso anterior serán personalmente responsables de la firma electrónica avanzada que se ponga a su disposición, por lo que les estará prohibido compartirlas.

Las resoluciones suscritas por los jueces mediante firma electrónica avanzada no requerirán de la firma ni de la autorización del ministro de fe correspondiente.

Las copias autorizadas de las resoluciones y actuaciones deberán ser obtenidas directamente del sistema informático de tramitación con la firma electrónica correspondiente, la que contará con un sello de autenticidad.

Artículo 5°.- Presentación de demandas y de escritos. El ingreso de las demandas y de todos los escritos se hará por vía electrónica a través del sistema de tramitación electrónica del Poder Judicial, para cuyos efectos los abogados o habilitados en derecho se registrarán en los términos que se regulen en el auto acordado que la Corte Suprema dictará al efecto.

En casos excepcionales, cuando las circunstancias así lo requieran o se trate de una persona autorizada por el tribunal por carecer de los medios tecnológicos necesarios, los escritos podrán presentarse al tribunal materialmente y en soporte papel por conducto del ministro de fe respectivo o del buzón especialmente habilitado al efecto.

Los escritos presentados en formato papel serán digitalizados e ingresados a la carpeta electrónica inmediatamente.

Artículo 6°.- Presentación de documentos. Los documentos electrónicos se presentarán a través del sistema de tramitación electrónica del Poder Judicial o, en caso de requerirlo así las circunstancias, se acompañarán en el tribunal a través de la entrega de algún dispositivo de almacenamiento de datos electrónicos.

Los documentos cuyo formato original no sea electrónico se presentarán de forma electrónica, salvo que la parte contraria formule objeción.

En este caso, los documentos deberán presentarse materialmente en el tribunal y quedarán bajo la custodia del funcionario o ministro de fe correspondiente. Con todo, los títulos ejecutivos cuyo formato original no sea electrónico deberán presentarse materialmente en el tribunal y quedarán bajo la custodia del funcionario o ministro de fe correspondiente, bajo apercibimiento de tener por no iniciada la ejecución[3].

Sin perjuicio de lo dispuesto en el inciso anterior, los documentos y títulos ejecutivos presentados materialmente deberán acompañarse con una copia en formato digital a través del sistema de tramitación electrónica del Poder Judicial o, en caso de requerirlo así las circunstancias, en el tribunal, a través de la entrega de algún dispositivo de almacenamiento de datos electrónicos.

Si no se presentaren las copias digitales de los documentos o títulos ejecutivos, o si existiere una disconformidad substancial entre aquellas y el documento o título ejecutivo original, el tribunal ordenará, de oficio o a petición de parte, que se acompañen las copias digitales correspondientes dentro de tercero día, bajo apercibimiento de tener por no presentado el documento o título ejecutivo respectivo.

En casos excepcionales, cuando se haya autorizado a una persona para presentar escritos materialmente por carecer de los medios tecnológicos, no será necesario acompañar copias digitales. En este caso, los documentos y títulos ejecutivos presentados en formato que no sea electrónico serán digitalizados e ingresados inmediatamente por el tribunal a la carpeta electrónica.

Artículo 7°.- Patrocinio y poder electrónico. El patrocinio por abogado habilitado para el ejercicio de la profesión podrá constituirse mediante firma electrónica simple o avanzada. Si el patrocinio se otorgare por firma

---

3 Inciso modificado por el artículo 7, N° 2, de la Ley N° 21.394, publicada en el Diario Oficial de 30 de noviembre de 2021.

electrónica simple, deberá ratificarse ante el ministro de fe del tribunal por vía remota mediante videoconferencia[4].

El mandato judicial podrá constituirse mediante la firma electrónica avanzada o simple del mandante. En consecuencia, para obrar como mandatario judicial se considerará poder suficiente el constituido mediante declaración escrita del mandante suscrita con firma electrónica avanzada, sin que se requiera su comparecencia personal para autorizar su representación judicial. Si el mandato se otorgare por firma electrónica simple, deberá ratificarse por el mandante y el mandatario de conformidad a lo dispuesto en el inciso anterior[5].

La constatación de la calidad de abogado habilitado la hará el tribunal a través de sus registros.

Artículo 8°.- Otras formas de notificación. Cualquiera de las partes o intervinientes podrá proponer para sí una forma de notificación electrónica, la que el tribunal podrá aceptar aun cuando la ley disponga que la notificación deba realizarse por cédula si, en su opinión, resultare suficientemente eficaz y no causare indefensión. Esta forma de notificación será válida para todo el proceso.

Artículo 9°.- Registro de actuaciones de receptores. Para efectuar los registros de actuaciones, los receptores judiciales deberán registrarse en el sistema de tramitación electrónica del Poder Judicial.

Los receptores deberán agregar a la carpeta electrónica un testimonio dando cuenta de la actuación realizada dentro de los dos días hábiles siguientes a la fecha en que se practicó la diligencia, con la debida constancia de todo lo obrado.

En las notificaciones, requerimientos o embargos, el testimonio o acta de la diligencia incluirá un registro georreferenciado, que dé cuenta del

---

4 Inciso modificado por el artículo 7, N° 3, letra a), literales i) y ii), de la Ley N° 21.394, publicada en el Diario Oficial de 30 de noviembre de 2021.

5 Inciso modificado por el artículo 7, N° 3, letra b), literales i) y ii), de la Ley N° 21.394, publicada en el Diario Oficial de 30 de noviembre de 2021.

lugar, fecha y horario de su ocurrencia. Además, en el caso de retiro de especies, los receptores incluirán un registro fotográfico o de video con fecha y hora de los bienes muebles, al momento del retiro para su entrega al martillero, a menos que exista oposición de parte del deudor o el depositario.

La Corte Suprema podrá regular a través de auto acordado la forma de dejar constancia de la georreferenciación, estableciendo los requerimientos y especificaciones técnicas que deberán cumplir los receptores para determinar, mediante un sistema de coordenadas, su localización geográfica al momento de practicar la diligencia.

Todo incumplimiento culpable o doloso a estas normas constituirá una falta grave a las funciones y será sancionado por el tribunal, previa audiencia del afectado, con alguna de las medidas contempladas en los números 2, 3 y 4 del inciso tercero del artículo 532 del Código Orgánico de Tribunales. En caso de reincidencia, el juez deberá aplicar la medida de suspensión de funciones por un mes.

Artículo 10.- Exhortos. Los exhortos que se dirijan entre tribunales nacionales deberán ser remitidos, diligenciados y devueltos mediante la utilización del sistema de tramitación electrónica del Poder Judicial.

Toda carta rogatoria nacional deberá ser derivada través del sistema de tramitación electrónica desde el tribunal exhortante al exhortado y, una vez tramitada por este último, deberá devolverse, incorporando todas y cada una de las actuaciones que se realizaron en la carpeta electrónica a que dio origen.

No obstante, cuando los exhortos se verifiquen desde o hacia tribunales nacionales que carezcan del sistema de tramitación electrónica, se utilizará una casilla de correo electrónico creada para tales efectos o el medio de comunicación idóneo más eficaz de que disponga ese tribunal.

Artículo 11.- Oficios y comunicaciones judiciales. Los oficios y comunicaciones judiciales que se verifiquen desde o hacia instituciones públicas o privadas nacionales que cuenten con los recursos técnicos necesarios se diligenciarán a través de medios electrónicos[6].

Los oficios y comunicaciones judiciales que se verifiquen desde o hacia instituciones públicas o privadas nacionales que carezcan de los recursos técnicos necesarios se diligenciarán a través del medio de comunicación idóneo más eficaz de que disponga esa institución pública.

TÍTULO II
DE LA MODIFICACIÓN DE DIVERSOS CUERPOS LEGALES[7]

(...)

DISPOSICIONES TRANSITORIAS

Artículo primero.- Entrada en vigencia. La presente ley entrará en vigencia a contar de seis meses desde la fecha de su publicación, para todas las causas que se tramiten ante los tribunales que ejerzan jurisdicción en los territorios jurisdiccionales de las Cortes de Apelaciones de Arica, Iquique, Antofagasta, Copiapó, La Serena, Rancagua, Talca, Chillán, Temuco, Valdivia, Puerto Montt, Coihaique y Punta Arenas, y a contar de un año desde la fecha de su publicación para las causas que se tramiten ante los tribunales que ejerzan jurisdicción en los territorios jurisdiccionales de las demás Cortes de Apelaciones del país.

Artículo segundo.- Aplicación de las disposiciones de la ley. Las disposiciones de esta ley sólo se aplicarán a las causas iniciadas con posterioridad a su entrada en vigencia. Las causas se entenderán iniciadas

---

6 Inciso modificado por el artículo 7, N° 4, letra a), de la Ley N° 21.394, publicada en el Diario Oficial de 30 de noviembre de 2021.

7 Las modificaciones introducidas al Código de Procedimiento Civil por el artículo 12 de la Ley N° 20.886, de 18 de diciembre de 2015, no se insertan porque fueron incorporadas a la presente edición del Código de Procedimiento Civil. Las modificaciones introducidas por el artículo 13 de la mencionada Ley no se insertan por pertenecer al ámbito orgánico.

desde la fecha de presentación de la demanda o medida prejudicial, según corresponda.

Para los efectos del presente artículo, la Corte Suprema dictará uno o más auto acordados con el objetivo de asegurar su correcta implementación.

Artículo tercero.- Limitación a los artículos 12 y 13. Las modificaciones introducidas en el Código de Procedimiento Civil y en el Código Orgánico de Tribunales mediante los artículos 12 y 13, respectivamente, no se aplicarán a las causas tramitadas en tribunales distintos de los comprendidos en el artículo 1°.

Y por cuanto he tenido a bien aprobarlo y sancionarlo; por tanto promúlguese y llévese a efecto como Ley de la República.

Santiago, 14 de diciembre de 2015.- MICHELLE BACHELET JERIA, Presidenta de la República.- Javiera Blanco Suárez, Ministra de Justicia.

Lo que transcribo a Ud., para su conocimiento.- Atentamente, Ignacio Suárez Eytel, Subsecretario de Justicia.

LEY NÚM. 21.226
ESTABLECE UN RÉGIMEN JURÍDICO DE EXCEPCIÓN PARA LOS PROCESOS JUDICIALES, EN LAS AUDIENCIAS Y ACTUACIONES JUDICIALES, Y PARA LOS PLAZOS Y EJERCICIO DE LAS ACCIONES QUE INDICA, POR EL IMPACTO DE LA ENFERMEDAD COVID-19 EN CHILE

Teniendo presente que el H. Congreso Nacional ha dado su aprobación al siguiente

Proyecto de ley:

Artículo 1.- La Corte Suprema, durante la vigencia del estado de excepción constitucional de catástrofe, por calamidad pública, declarado por decreto supremo N° 104, de 18 de marzo de 2020, del Ministerio del Interior y Seguridad Pública, y por el tiempo en que este sea prorrogado, si es el caso, deberá ordenar que se suspendan las audiencias en los tribunales señalados en el inciso cuarto, de conformidad con los términos dispuestos en los incisos siguientes.

La Corte Suprema cumplirá la obligación señalada en el inciso anterior cuando sea un hecho público y notorio que, a consecuencia de las restricciones impuestas por la autoridad en el marco del estado de excepción constitucional referido, tales como las limitaciones a la movilidad o al ingreso o salida a determinadas zonas, o en razón de las consecuencias provocadas por la emergencia sanitaria ocasionada por la enfermedad COVID-19, tales como medidas de aislamiento, las audiencias no podrán realizarse, por faltar a la bilateralidad, la contradictoriedad, la apreciación de la prueba, el impulso procesal de las partes, la publicidad y otras garantías básicas del debido proceso, contempladas en la Constitución Política de la República y en los tratados internacionales ratificados por Chile y que se encuentren vigentes.

La Corte Suprema deberá cumplir fundadamente esta obligación, y deberá señalar en forma expresa y circunstanciada las condiciones y los términos en que operará específicamente cada suspensión que decrete, conforme a las disposiciones de este artículo. En caso de decretar en un mismo acto variadas suspensiones, igualmente deberá señalar en forma específica las condiciones y los términos de cada suspensión que disponga por judicatura y territorio jurisdiccional. En los mismos términos deberá proceder para modificar una suspensión decretada, y siempre podrá hacer cesar una suspensión antes de los plazos con que originalmente la hubiere decretado, procediendo fundadamente.

En el cumplimiento de esta obligación, la Corte Suprema podrá ordenar las suspensiones que estime pertinentes y por los tiempos que estime necesarios, que no excedan de la vigencia del referido estado de excepción constitucional, y el tiempo en que este sea prorrogado, si es el caso, pudiendo disponer por separado, por judicaturas y territorios jurisdiccionales, dentro de las judicaturas señaladas y en los términos dispuestos a continuación:

a) Podrá ordenar a los Juzgados de Letras, los Juzgados con Competencia en Materias de Familia, los Juzgados de Letras del Trabajo y los Juzgados de Cobranza Laboral y Previsional, y los tribunales unipersonales de excepción, que suspendan las audiencias que corresponda realizar en el marco de los procedimientos de que conocen, inclusive los relativos a actos judiciales no contenciosos, con excepción de aquellas audiencias que requieran la intervención urgente del tribunal.

b) Podrá ordenar a los Juzgados de Garantía y los Tribunales de Juicio Oral en lo Penal, que suspendan las audiencias que corresponda realizar en el marco de los procedimientos de que conocen, con excepción de las de control de detención, las de revisión de la medida cautelar de prisión preventiva o internación provisoria, las audiencias de revisión o sustitución de penas de la ley N° 18.216 y la ejecución de condenas de menores de edad, aquellas en las que se discuta la internación provisional y el cumplimiento de medidas de seguridad, y aquellas que requieran la intervención urgente del tribunal.

c) Podrá ordenar que se suspendan las audiencias y vistas de causas que corresponda realizar ante los tribunales superiores de justicia, con las excepciones señaladas en los literales a) y b), según las materias de las respectivas causas.

Ordenada una suspensión por la Corte Suprema, los tribunales respectivos deberán reagendar cada una de las audiencias o vistas de causas suspendidas para la fecha más próxima posible, posterior al cese de la suspensión ordenada por la Corte Suprema. En estos casos, valdrá la presente disposición por sobre cualquier otra disposición legal que fije plazo para la realización de la respectiva audiencia o vista de causa.

Asimismo, cuando sea ordenada una suspensión por la Corte Suprema, los tribunales respectivos, en los términos del artículo 10, podrán proceder en forma remota para la realización de las audiencias y vistas de causas que conforme el inciso segundo no puedan suspenderse, lo que también podrá ser solicitado por las partes o intervinientes.

Artículo 2.- Los tribunales especiales que no forman parte del Poder Judicial y los tribunales arbitrales ad hoc e institucionales del país, durante la vigencia del estado de excepción constitucional de catástrofe, por calamidad pública, declarado por decreto supremo N° 104, de 18 de marzo de 2020, del Ministerio del Interior y Seguridad Pública, y el tiempo en que este sea prorrogado, si es el caso, podrán suspender cualquier audiencia que corresponda realizar en el marco de los procedimientos de que conocen, con excepción de aquellas que requieran la intervención urgente del tribunal, en los mismos términos referidos en el artículo anterior. Decretada la suspensión de una audiencia, deberá el tribunal reagendarla para la fecha más próxima posible posterior al cese del referido estado de excepción constitucional, y el tiempo en que este sea prorrogado, si es el caso.

Los tribunales respectivos, en los términos del artículo 10, podrán proceder en forma remota para la realización de las audiencias que conforme al inciso primero no puedan suspenderse, lo que también podrá ser solicitado por las partes.

Artículo 3.- Durante la vigencia del estado de excepción constitucional de catástrofe, por calamidad pública, declarado por decreto supremo N° 104, de 18 de marzo de 2020, del Ministerio del Interior y Seguridad Pública, y el tiempo en que este sea prorrogado, si es el caso, los tribunales ordinarios y especiales no podrán decretar diligencias ni actuaciones judiciales que, de realizarse, puedan causar indefensión a alguna de las partes o intervinientes, a consecuencia de las restricciones impuestas por la autoridad en el marco del estado de excepción constitucional referido, o en razón de las consecuencias provocadas por la emergencia sanitaria ocasionada por la enfermedad COVID-19. En estos casos, los tribunales respectivos deberán postergar la realización de dichas diligencias y actuaciones judiciales para la fecha más próxima posible, posterior al cese de referido estado de excepción constitucional, y el tiempo en que este sea prorrogado, si es el caso.

Se entenderá que se deja a las partes o intervinientes en la indefensión cuando no se cumplan las normas del debido proceso, en los términos del inciso segundo del artículo 1.

Lo dispuesto en el inciso primero no aplicará respecto de aquellas diligencias y actuaciones judiciales que requieran ser realizadas con urgencia o sin dilación, las que en ningún caso podrán ser postergadas, debiendo el tribunal adoptar las medidas del caso para la debida administración de justicia, de oficio o a petición de parte.

Artículo 4.- En los procedimientos judiciales en trámite o que deban tramitarse ante la Corte Suprema, las Cortes de Apelaciones, Presidentes de Corte, Ministros de Corte, los Juzgados de Letras, los Juzgados con Competencia en Materias de Familia, los Juzgados de Letras del Trabajo, los Juzgados de Cobranza Laboral y Previsional, los Juzgados del Crimen, Tribunales Militares en tiempos de paz, los tribunales especiales que no forman parte del Poder Judicial y los tribunales arbitrales del país, las partes, sus abogados, mandatarios y demás intervinientes que hayan estado impedidos de cumplir los plazos establecidos para diligencias, actuaciones o ejercicio de acciones o derechos ante ellos, a consecuencia de las restricciones impuestas por la autoridad en el marco del estado de excepción constitucional de catástrofe, por calamidad pública, declarado por decreto supremo N° 104, de 18 de marzo de 2020, del Ministerio del Interior y Seguridad Pública, o en razón de las consecuencias provocadas por la emergencia sanitaria ocasionada por la enfermedad COVID-19, podrán reclamar del impedimento dentro del término de los diez días siguientes al cese del impedimento. El tribunal resolverá de plano o previa tramitación incidental y apreciará la prueba de acuerdo a las reglas de la sana crítica, sin perjuicio de los recursos que procedan en contra de esta resolución con arreglo a la ley.

Artículo 5.- En los procedimientos judiciales en trámite o que deban tramitarse ante los Juzgados de Garantía y los Tribunales de Juicio Oral en lo Penal, los intervinientes que se hayan visto impedidos de cumplir los plazos establecidos para diligencias, actuaciones o ejercicio de acciones o derechos, podrán formular la solicitud regulada en el artículo 17 del Código Procesal Penal, fundada en cualquier impedimento generado por la calamidad pública o por la emergencia sanitaria, ocasionadas por la enfermedad COVID-19. En estos casos, cuando el tribunal otorgue un nuevo plazo, deberá decretar que comience a correr con posterioridad al cese del estado de excepción constitucional de catástrofe, por calamidad pública, declarado por decreto supremo N° 104, de 18 de marzo de 2020, del Ministerio del Interior y Seguridad Pública, y el tiempo en que este sea prorrogado, si es el caso, con excepción de aquellas diligencias y actuaciones que requieran ser realizadas con urgencia o sin dilación, las que en ningún caso podrán ser postergadas, debiendo el tribunal adoptar las medidas del caso para la debida administración de justicia.

Artículo 6.- Derogado[1].

---

1 Artículo derogado por el artículo único, N° 1, de la Ley N° 21.379, publicada en el Diario Oficial del 30 de septiembre de 2021. El artículo 6 actualmente derogado expresaba: Los términos probatorios que a la entrada en vigencia de esta ley hubiesen empezado a correr, o que se inicien durante la vigencia del estado de excepción constitucional de catástrofe, en todo procedimiento judicial en trámite ante los tribunales ordinarios, especiales y arbitrales del país, se suspenderán hasta

Artículo 7.- En materia penal, solo se suspenderán los plazos establecidos en los artículos 248, 281, 392, 393 y 402 del Código Procesal Penal, y en los artículos 424 al 549, ambos inclusive, del Código de Procedimiento Penal. Tratándose del plazo para el cierre de la investigación, regulado en el artículo 247 del Código Procesal Penal, no aplicará lo dispuesto en el artículo anterior; pero cuando dicho plazo venza, los términos posteriores vinculados al cierre de la investigación se suspenderán en los términos del artículo anterior.

Asimismo, en los procedimientos contemplados en el Código Procesal Penal y en el Código de Procedimiento Penal, los plazos de actuaciones y diligencias judiciales que a la entrada en vigencia de esta ley se encuentren pendientes, se entenderán prorrogados desde dicha fecha hasta el vencimiento de los diez días hábiles posteriores al cese del estado de excepción constitucional de catástrofe, por calamidad pública, declarado por decreto supremo N° 104, de 18 de marzo de 2020, del Ministerio del Interior y Seguridad Pública, y el tiempo en que este sea prorrogado, si es el caso. Sin perjuicio de lo anterior, el tribunal y las partes o los intervinientes estarán obligados a adoptar las medidas necesarias del caso para la realización oportuna de aquellas diligencias y actuaciones que requieran ser realizadas con urgencia o sin dilación.

Las audiencias de juicio de los procedimientos contemplados en el Código Procesal Penal, que a la entrada en vigencia de esta ley se encuentren agendadas, podrán ser reagendadas para la fecha más próxima posible posterior al cese de referido estado de excepción constitucional, y el tiempo en que este sea prorrogado, si es el caso, quedando por esta ley facultados los tribunales para tal efecto.

En los procedimientos contemplados en el Código Procesal Penal, los tribunales podrán suspender las audiencias de juicio que a la entrada en vigencia de esta ley se encuentren en curso, en razón de cualquier

---

el vencimiento de los diez días hábiles posteriores al cese del estado de excepción constitucional de catástrofe, por calamidad pública, declarado por decreto supremo N° 104, de 18 de marzo de 2020, del Ministerio del Interior y Seguridad Pública, y el tiempo en que este sea prorrogado, si es el caso.

impedimento generado por la calamidad pública o por la emergencia sanitaria, ocasionadas por la enfermedad COVID-19, en los términos establecidos en el artículo 1. En tales casos, el tribunal podrá suspender el juicio por todo el tiempo que resulte necesario, pudiendo incluso decretar la reanudación para la fecha más próxima posible posterior al cese de referido estado de excepción constitucional, y el tiempo en que este sea prorrogado, si es el caso. Esta facultad podrá ser ejercida incluso si el juicio ya se hubiere suspendido por el máximo de veces señalados en el Código Procesal Penal.

La suspensión decretada conforme al inciso anterior no generará la nulidad de todo lo obrado ni dará lugar al reinicio del juicio. Al reanudarse la audiencia, el tribunal efectuará un resumen de los actos realizados hasta antes de la suspensión.

Artículo 8.- Durante la vigencia del estado de excepción constitucional de catástrofe, por calamidad pública, declarado por decreto supremo Nº 104, de 18 de marzo de 2020, del Ministerio del Interior y Seguridad Pública, y el tiempo en que este sea prorrogado, si es el caso, se entenderá interrumpida la prescripción de las acciones por la sola presentación de la demanda, bajo condición de que esta no sea declarada inadmisible y que sea válidamente notificada dentro de los cincuenta días hábiles siguientes a la fecha del cese del referido estado de excepción constitucional, y el tiempo en que este sea prorrogado, si es el caso, o dentro de los treinta días hábiles siguientes a la fecha en que la demanda fuere proveída, lo que suceda último.

No será aplicable lo dispuesto en el inciso anterior para el ejercicio de las acciones penales.

Asimismo, no aplicará lo dispuesto en el inciso primero de este artículo para el ejercicio de las acciones laborales y de competencia de los juzgados de policía local, en cuyo caso se entenderán prorrogados los plazos de prescripción y de caducidad respectivos, hasta cincuenta días hábiles contados desde la fecha de cese del estado de excepción constitucional de catástrofe, por calamidad pública, declarado por decreto supremo Nº 104, de 18 de marzo de 2020, del Ministerio del Interior y Seguridad Pública, y el tiempo en que este sea prorrogado, si es el caso.

Durante la vigencia del estado de excepción constitucional de catástrofe, por calamidad pública, a que se refiere el inciso primero, la presentación de la demanda podrá realizarse sin necesidad de acreditar el cumplimiento de la mediación previa obligatoria, o cualquier otra exigencia, cuyo cumplimiento se torne difícil de satisfacer, en razón de las restricciones impuestas por la autoridad o de las consecuencias provocadas por la emergencia sanitaria, como es el caso de la reclamación y la conciliación del artículo 497 del Código del Trabajo.

Artículo 9.- En los procedimientos judiciales en trámite ante las Cortes de Apelaciones o ante la Corte Suprema, durante la vigencia del estado de excepción constitucional de catástrofe, por calamidad pública, declarado por decreto supremo Nº 104, de 18 de marzo de 2020, del Ministerio del Interior y Seguridad Pública, y el tiempo en que este sea prorrogado, podrá solicitarse por alguna de las partes o intervinientes, la suspensión de la vista de la causa o de la audiencia, alegando cualquier impedimento generado por la calamidad pública o por la emergencia sanitaria, ocasionadas por la enfermedad COVID-19.

En las causas de los procedimientos contemplados en el Código Procesal Penal y en el Código de Procedimiento Penal, en que hubiere persona privada de libertad, solo se podrá alegar la causal del inciso primero cuando el impedimento obstaculice en forma absoluta que alguna de las partes o intervinientes pueda ejercer las facultades que la ley le otorga.

No será aplicable lo dispuesto en el inciso primero en la tramitación de los recursos de amparo y de los recursos protección, y en las causas que requieran la intervención urgente del tribunal. En estos casos, los tribunales respectivos, en los términos del artículo 10, podrán proceder en forma remota para la realización de la vista de la causa o de la audiencia, lo que también podrá ser solicitado por las partes o intervinientes.

En los procedimientos contemplados en el Código Procesal Penal y en el Código de Procedimiento Penal que se encuentren en trámite ante las Cortes de Apelaciones o ante la Corte Suprema, también se podrá alegar la causal del inciso primero, para solicitar que el tribunal, en los términos del artículo 10, proceda a la realización de la vista de la causa o de la audiencia en forma remota. Los tribunales también podrán disponer de oficio que se proceda en forma remota, en los términos del artículo 10.

Artículo 10.- En los casos en que, conforme a las disposiciones de esta ley, un tribunal disponga proceder en forma remota, deberá tomar todas las medidas necesarias que aseguren las condiciones para el cumplimiento de las garantías judiciales del proceso, contempladas en la Constitución Política de la República y en los tratados internacionales ratificados por Chile y que se encuentren vigentes.

DISPOSICIONES COMPLEMENTARIAS

Artículo 11.- A excepción de los artículos 4 y 6, en cada una de las demás disposiciones de la presente ley en que se refiere a la vigencia del estado de excepción constitucional de catástrofe, por calamidad pública declarado por decreto supremo N° 104, de 18 de marzo de 2020, del Ministerio del Interior y Seguridad Pública, y al tiempo en que éste sea prorrogado ha de entenderse que las respectivas reglas refieren al término que se extiende hasta el 30 de noviembre de 2021.

Asimismo, la regla del inciso primero del artículo 7 ha de entenderse referida al término que se extiende hasta los diez días hábiles posteriores al 30 de noviembre de 2021 .

Artículo 12.- Los términos probatorios que durante la vigencia del artículo 6 se hubieren suspendido por disposición de dicha norma, se reanudarán, a petición de parte, desde la fecha en que se notifique la resolución que acoja la solicitud, extendiéndose por el tiempo que corresponda de conformidad a las reglas generales. El tribunal, atendido el número de testigos y el de los puntos de prueba, señalará una o más audiencias para el examen de los testigos.

En aquellas contiendas civiles que, a consecuencia de haberse suspendido el respectivo término probatorio por disposición del artículo 6, hubieren estado paralizadas por seis meses o más sin que se dicte resolución alguna, no regirá lo dispuesto en el artículo 52 del Código de Procedimiento Civil. Lo anterior, sin perjuicio de las facultades de los tribunales de ordenar otras formas de notificación.

Para efectos de lo dispuesto en los artículos 152 y 153 del Código de Procedimiento Civil, no se contabilizará el tiempo en que el juicio hubiere estado paralizado por disposición del artículo 6 o por cualquiera otra causal producto de la pandemia[2].

Habiéndose cumplido con lo establecido en el Nº 1 del artículo 93 de la Constitución Política de la República y por cuanto he tenido a bien aprobarlo y sancionarlo; por tanto, promúlguese y llévese a efecto como Ley de la República.

Santiago, 1 de abril de 2020.- SEBASTIÁN PIÑERA ECHENIQUE, Presidente de la República.- Hernán Larraín Fernández, Ministro de Justicia y Derechos Humanos.

Lo que transcribo a Ud. para su conocimiento.- Saluda atentamente a Ud., Sebastián Valenzuela Agüero, Subsecretario de Justicia.

TRIBUNAL CONSTITUCIONAL

Proyecto de ley que establece un régimen jurídico de excepción para los procesos judiciales, en las audiencias y actuaciones judiciales, y para los plazos y ejercicio de las acciones que indica, por el impacto de la enfermedad Covid-19 en Chile, correspondiente al boletín Nº 13.343-07

La Secretaria del Tribunal Constitucional, quien suscribe, certifica que la Honorable Cámara de Diputadas y Diputados envió el proyecto de ley enunciado en el rubro, aprobado por el Congreso Nacional, a fin de que este Tribunal ejerza el control de constitucionalidad respecto de todas las normas del proyecto de ley, y, por sentencia de fecha 30 de marzo de 2020, en los autos Rol Nº 8564-20- CPR.

Se declara:

---

2 Artículo incorporado por el artículo único, N° 4 de la Ley N° 21.379, publicada en el Diario Oficial del 30 de septiembre de 2021.

I. Que las disposiciones contenidas en los artículos 1° y 3°, del proyecto de ley remitido, son conformes con la Constitución Política.

II. Que no se emite pronunciamiento, en control preventivo de constitucionalidad, de los artículos 2°, 4°, 5°, 6°, 7°, 8°, 9° y 10, del proyecto de ley, por no regular materias reservadas a la ley orgánica constitucional.

Santiago, 31 de marzo de 2020.- María Angélica Barriga Meza, Secretaria.

ACTA Nº 263-2021[1]

En Santiago, a primero de diciembre de dos mil veintiuno, se reunió el tribunal pleno bajo la presidencia del subrogante señor Sergio Muñoz G., y la asistencia de los ministros señoras Chevesich y Muñoz S., señores Prado, Silva C., Llanos, Carroza, y suplentes señores Muñoz P., Gómez, Zepeda y Contreras; y acordó lo siguiente:

AUTO ACORDADO SOBRE REMATES JUDICIALES DE INMUEBLES POR VÍA REMOTA

Teniendo presente:

1. Que la ley Nº 21.394, en su artículo 3º, numeral 19, letra b), mandata a la Corte Suprema regular, mediante auto acordado, la forma en que se realizarán los remates por vía remota.

2. Que la celebración de remates judiciales por video conferencia fue regulada por la Corte Suprema a través del Acta 13-2021, en ejercicio de las facultades directivas y económicas en conformidad a lo establecido en los artículos 79 de la Constitución Política de la República y 96 número 4 del Código Orgánico de Tribunales, atendida la necesidad de implementar medidas para asegurar la continuidad del servicio judicial, a fin de evitar postergaciones en la resolución de los asuntos y asegurar la pronta y cumplida administración de justicia, provocadas por las restricciones a la movilidad y uso de dependencias judiciales que la pandemia Covid-19 trajo consigo.

3. Que, en consecuencia, con la entrada en vigencia de la ley Nº 21.394, y el mandato de regulación antes referido, resulta necesario dictar una nueva normativa en la materia, que se ajuste a las exigencias de la referida ley y que recoja la experiencia y buenas prácticas surgidas de la aplicación del Acta 13-2021.

---

1 Publicado en el Diario Oficial de 10 de diciembre de 2021.

Por estas razones, en ejercicio de las facultades directivas y económicas de esta Corte y en conformidad a lo establecido en los artículos 79 de la Constitución Política de la República, 96 número 4 del Código Orgánico de Tribunales, y 3°, numeral 19, letra c), de la ley N° 21.394, se acuerda dictar el siguiente:

AUTO ACORDADO SOBRE REMATES JUDICIALES DE INMUEBLES POR VÍA REMOTA

Artículo 1. Ámbito de Aplicación.- El presente auto acordado tendrá aplicación respecto de los remates judiciales de bienes inmuebles que se celebren de conformidad al artículo 485 del Código de Procedimiento Civil, en las causas que se tramiten antes los tribunales que forman parte del Poder Judicial, cuando el tribunal respectivo disponga, por resolución fundada, que se verifique en forma remota.

Asimismo, será extensivo a todos los tribunales que apliquen lo dispuesto por el artículo 485 del Código de Procedimiento Civil.

Artículo 2. Observancia de la regulación y entrada en vigencia.- Los aspectos operativos relacionados con las subastas judiciales de inmuebles por vía remota, se regirán conforme la regulación vigente a la fecha de su celebración.

Artículo 3. Información de la subasta.- Se habilitará en la página web del Poder Judicial una agenda con los remates programados, indicando el tribunal, día y hora de la subasta. Además, sin perjuicio de las publicaciones establecidas en la ley, las partes podrán acompañar fotografías del inmueble a rematar, para ser publicadas en el sitio web del Poder Judicial, no siendo responsabilidad de éste el contenido proporcionado por los usuarios a través de la página web, ni el estado en que se encuentre actualmente el inmueble.

Artículo 4. Deberes de los postores para participar en la subasta.- Todo interesado en participar en la subasta como postor, deberá tener activa su Clave Única del Estado, para la eventual suscripción de la correspondiente acta de remate, y, además, deberá disponer de los elementos tecnológicos y de conexión necesarios para participar, sin perjuicio de cumplir las demás cargas y deberes que establece la ley.

Artículo 5. Garantías.- Los postores interesados en una determinada subasta deberán constituir garantía suficiente en la causa donde se desarrolle el remate, a través de la forma que establezcan las base de remate respectivas, tales como cupón de pago en Banco Estado, depósito judicial en la cuenta corriente del tribunal pertinente, o cualquier otro medio habilitado por el Poder Judicial para recibir pagos. Cada postor será responsable de verificar que se efectúe oportuna y correctamente la consignación en la causa que corresponda.

Artículo 6. Comprobante de garantía.- Los postores interesados en la subasta deberán ingresar comprobante legible de rendición de la caución a través del módulo especialmente establecido al efecto en la Oficina Judicial Virtual, a más tardar a la hora y fecha indicada en las bases de remate, individualizándose en dicho módulo e indicando el rol de la causa en la cual participará, correo electrónico y un número telefónico para el caso en que se requiera contactarlo durante la subasta.

Artículo 7. Certificación de garantías.- El ministro de fe del tribunal deberá certificar, conforme a lo resuelto en las bases para la subasta, que son suficientes las garantías rendidas para participar en ella, y que están debidamente conciliadas, esto es, ingresadas y disponibles en la cuenta corriente bancaria del tribunal, individualizando al postor, monto y número de cupón de pago, depósito judicial u otro medio autorizado y aceptado para rendir la garantía, de acuerdo a las bases para la subasta.

Artículo 8. Ingreso a la audiencia de remate y registro.- El día de la subasta, el tribunal aceptará la solicitud de conectarse a la audiencia de remate, permitiendo el acceso al abogado del ejecutante y a los postores interesados, previa comprobación de sus identidades por el ministro de fe del tribunal; sin perjuicio de la concurrencia de público en general, que así lo requiera, debiendo adoptar las medidas administrativas necesarias que aseguren la transmisión simultánea, de manera que la concurrencia de ofertas no se vea interrumpida ni afectada.

La diligencia deberá ser grabada íntegramente y respaldada por el tribunal.

Artículo 9. Llamado a remate.- Verificada la presencia de los postores, abogados de las partes y el público que requiera presenciar la subasta, y encontrándose el tribunal presente, el ministro de fe realizará el llamado a remate, mediante la individualización de la causa, señalando la cantidad de postores presentes, la forma en que se verificó su identidad y la efectividad de haberse realizado la correspondiente prueba de audio y video, en su caso.

Artículo 10. Desarrollo del remate.- El tribunal dirigirá el remate y en el caso que un postor quiera hacer una oferta, deberá señalarla verbalmente o de manera escrita, a través de la plataforma utilizada por el tribunal, indicando su monto y el nombre del oferente. Lo anterior, sin perjuicio de otros mecanismos habilitados por el Poder Judicial para el desarrollo del remate.

Artículo 11. Adjudicación y firma del acta de remate.- Concluida la subasta, se verificarán los datos del postor adjudicatario, y para la suscripción del acta, se le remitirá a su Oficina Judicial Virtual el proyecto de acta respectivo para que lo firme virtualmente en dicha plataforma. Para que se produzca la referida remisión, el tribunal agregará previamente al postor adjudicatario a la causa, enrolándolo. Suscrita, el tribunal y el ministro de fe respectivo firmarán el acta de remate con su firma electrónica avanzada, dejando constancia en la misma, del hecho de haberse firmado por el postor adjudicatario a través de la Oficina Judicial Virtual.

Artículo 12. Restitución de garantías.- Al postor no adjudicatario se le restituirá su garantía en el plazo y en la forma indicada en las bases para la subasta.

Artículo 13. Aplicación supletoria.- En todos los aspectos no regulados por el presente auto acordado, regirán las normas generales vigentes.

Artículo 14. Vigencia.- El presente auto acordado entrará en vigencia una vez publicado en el Diario Oficial.

Se deroga el Acta 13-2021, "auto acordado para los remates judiciales de bienes inmuebles mediante el uso de video conferencia en tribunales". Sin perjuicio de lo anterior, las disposiciones que se refieren al módulo de ingreso de comprobante de caución y a la firma electrónica por la Oficina Judicial Virtual del postor adjudicatario del acta de remate, entrarán en vigencia a más tardar el 1° de marzo de 2022. En el intertanto, regirán a su respecto las disposiciones previstas en el Acta 13-2021.

Para constancia se extiende la presente acta.

Publíquese en el Diario Oficial.

Comuníquese vía electrónica a las Cortes de Apelaciones del país y a la Corporación Administrativa del Poder Judicial, para su conocimiento y adecuada difusión.

Incorpórese al Compendio de Autos Acordados de la Corte Suprema.- Ricardo Guzmán Sanza, Director.

APRUEBA EL REGLAMENTO QUE ESTABLECE LA FORMA, CARACTERÍSTICAS Y REGISTRO DE LAS ESCRITURAS PÚBLICAS OTORGADAS A TRAVÉS DE MEDIOS ELECTRÓNICOS Y PROTOCOLIZACIÓN DE LOS DOCUMENTOS ELECTRÓNICOS, SEGÚN LO DISPUESTO EN EL ARTÍCULO 497 DEL CÓDIGO DE PROCEDIMIENTO CIVIL, DE ACUERDO A LO PREVISTO EN EL ARTÍCULO 409 BIS DEL CÓDIGO ORGÁNICO DE TRIBUNALES, INCORPORADO POR LA LEY Nº 21.394.

Núm. 73.- Santiago, 27 de mayo de 2022.

Vistos:

Lo dispuesto en los artículos 32 Nº 6 y 35 de la Constitución Política de la República; en el decreto con fuerza de ley Nº 1/19.653, de 2000, del Ministerio Secretaría General de la Presidencia, que fija el texto refundido, coordinado y sistematizado de la Ley Nº 18.575, Orgánica Constitucional de Bases Generales de la Administración del Estado; en el Código de Procedimiento Civil; en el Código Orgánico de Tribunales; en el decreto con fuerza de ley Nº 5.200, de 1929, sobre instituciones nacionales patrimoniales dependientes del Servicio Nacional de Patrimonio Cultural, del Ministerio de Educación Pública; en la ley Nº 20.886 que modifica el Código de Procedimiento Civil, para establecer la tramitación digital de los procedimientos judiciales; en la ley Nº 21.394 que introduce reformas al Sistema de Justicia para enfrentar la situación luego del Estado de Excepción Constitucional de Catástrofe por Calamidad Pública; en la ley Nº 19.799 sobre documentos electrónicos, firma electrónica y servicios de certificación de dicha firma; en el decreto con fuerza de ley Nº 3, de 2016, del Ministerio de Justicia y Derechos Humanos, que fija el texto refundido, coordinado y sistematizado de la Ley Orgánica del Ministerio de Justicia y Derechos Humanos; en la resolución N° 7, de 2019, de la Contraloría General de la República; y en las demás normas aplicables.

Considerando:

1° Que la ley N° 21.394, publicada en el Diario Oficial con fecha 30 de noviembre de 2021, introdujo reformas al Sistema de Justicia para enfrentar la situación luego del Estado de Excepción Constitucional de Catástrofe por Calamidad Pública.

2° Que el referido cuerpo legal, modifica, entre otras disposiciones, el artículo 497 del Código de Procedimiento Civil, con el objeto de permitir el otorgamiento de la escritura definitiva de compraventa en pública subasta a través de documento electrónico suscrito mediante firma electrónica avanzada, en los términos allí previstos.

3° Que, en armonía con lo anterior, la ley introduce el artículo 409 bis en el Código Orgánico de Tribunales, con el fin de señalar la forma en que deberá ser extendidas e incorporadas en los libros respectivos las escrituras públicas electrónicas. Tal artículo dispone en su inciso final que: "Un reglamento dictado por el Ministerio de Justicia y Derechos Humanos y suscrito también por el Ministro de Hacienda y el Ministro Secretario General de la Presidencia, detallará la forma y características que deberán tener las escrituras públicas otorgadas a través de documentos electrónicos y las copias autorizadas de dichas escrituras. Este reglamento, a su vez, detallará la forma en que el notario deberá protocolizar y registrar las escrituras públicas electrónicas y documentos electrónicos que se insertaren a ellas".

4° Que, por su parte, el artículo decimoctavo transitorio de la ley N° 21.394 establece que el reglamento referido en el considerando 3° precedente, deberá dictarse en el plazo de seis meses contado desde la fecha de publicación de la ley.

Decreto:

Artículo único.- Apruébase el siguiente Reglamento que establece la forma, características y registro de las escrituras públicas otorgadas a través de medios electrónicos y protocolización de los documentos electrónicos, según lo dispuesto en el artículo 497 del Código de Procedimiento Civil, de acuerdo a lo previsto en el artículo 409 bis del Código Orgánico de Tribunales, incorporado por la ley Nº 21.394:

Artículo 1º.- Las escrituras públicas extendidas través de documento electrónico, a que hace referencia el inciso segundo del artículo 497 del Código de Procedimiento Civil, así como el libro repertorio y el protocolo electrónico en que se inserten, se regirán por lo dispuesto en el párrafo 7º del Título XI del Código Orgánico de Tribunales; en la ley Nº 19.799, sobre documentos electrónicos, firma electrónica y servicios de certificación de dicha firma; y en el presente Reglamento.

Artículo 2º.- Las escrituras públicas electrónicas que se otorguen de conformidad a lo dispuesto en el artículo 497 del Código de Procedimiento Civil deberán cumplir con lo previsto en los incisos primero y segundo del artículo 404 del Código Orgánico de Tribunales, debiendo contener las menciones a que refiere el artículo 405 del mismo cuerpo legal.

Las escrituras públicas electrónicas deberán otorgarse empleando medios tecnológicos que permitan su suscripción por el rematante y el juez, como representante legal del vendedor, sin perjuicio de lo previsto en el inciso tercero del articulo 497 del Código de Procedimiento Civil, para el caso de que el adjudicatario no contare con firma electrónica avanzada.

Estas escrituras deberán ser rubricadas por el notario mediante firma electrónica avanzada y fechado electrónico, de acuerdo con los requisitos y características establecidas en la ley Nº 19.799 sobre documentos electrónicos, firma electrónica y servicios de certificación de dicha firma y su reglamento.

Artículo 3º.- Todo notario llevará un libro repertorio electrónico de escrituras públicas electrónicas y de documentos protocolizados conforme a lo dispuesto en el inciso quinto del artículo 497 del Código de Procedimiento Civil, en el que se dará un número a cada uno de estos instrumentos por riguroso orden de presentación. Deberán suscribirse las certificaciones que contempla la ley mediante firma electrónica avanzada con fechado electrónico.

Artículo 4°.- Los notarios deberán llevar un protocolo electrónico en el que serán incorporadas las escrituras públicas electrónicas a que refiere el presente reglamento. Igualmente serán agregados a este los documentos electrónicos que se acompañen de conformidad al inciso tercero del artículo 495 del Código de Procedimiento Civil. El protocolo electrónico deberá sujetarse a lo dispuesto en el inciso primero del artículo 429 del Código Orgánico de Tribunales.

Artículo 5°.- Tratándose de documentos cuyo formato original no sea electrónico, estos deberán ser protocolizados de conformidad a las disposiciones generales establecidas en el artículo 415 y siguientes del Código Orgánico de Tribunales. De dicha circunstancia, deberá dejarse constancia a través de una certificación que será incorporada en el protocolo electrónico, junto con la copia digitalizada de dichos documentos.

Artículo 6°.- Cada protocolo llevará un índice electrónico de las escrituras públicas electrónicas y documentos electrónicos que se acompañen de conformidad al inciso tercero del artículo 495 del Código de Procedimiento Civil, que contenga, y en su confección se observará lo dispuesto en el inciso tercero del artículo 431 del Código Orgánico de Tribunales.

Tal índice deberá encontrarse permanentemente actualizado y a disposición del público, ya sea mediante la habilitación en la notaría de un dispositivo electrónico que permita su consulta, o bien, mediante su publicación a través del portal electrónico que se habilite para tales efectos.

Artículo 7°.- Al término de cada mes, el notario certificará de entre las escrituras que hubieren sido incorporadas en el protocolo electrónico durante el mes inmediatamente anterior, aquellas que hubieren quedado sin efecto por no haber sido suscritas por todos los otorgantes. Dichas escrituras serán singularizadas en un certificado, suscrito mediante firma electrónica avanzada con fechado electrónico, que será incorporado al protocolo, dejándose constancia de dicha circunstancia en el repertorio.

Artículo 8°.- Para efectos de lo dispuesto en el artículo 433 del Código Orgánico de Tribunales, se entenderá que integran un protocolo todas las escrituras públicas electrónicas y documentos electrónicos que se acompañen de conformidad al inciso tercero del artículo 495 del Código de Procedimiento Civil, dentro de un mismo año calendario, de conformidad a la fecha consignada en el libro repertorio. Se reputará, para estos efectos, que el cierre de los respectivos protocolos se ha producido a la medianoche del 31 de diciembre de cada año.

Artículo 9°.- Las escrituras públicas electrónicas que se otorguen conforme a lo dispuesto en este reglamento, los documentos electrónicos que se acompañen, y los sistemas de almacenamiento de esta información, deberán interoperar con los sistemas que utilicen el resto de los servicios públicos y auxiliares de la Administración de Justicia, en especial para efectos de lo dispuesto en el artículo 433 del Código Orgánico de Tribunales. Para estos efectos deberá igualmente atenderse a las recomendaciones que pueda impartir el Archivo Nacional en el ejercicio de las facultades que le otorga el decreto con fuerza de ley N° 5.200, de 1929, sobre instituciones nacionales patrimoniales dependientes del Servicio Nacional de Patrimonio Cultural, del Ministerio de Educación Pública.

De conformidad a lo previsto en el literal f) del artículo 2° de la ley N° 20.886, los auxiliares de la Administración de Justicia, las instituciones públicas o privadas y el Poder Judicial deberán cooperar entre sí en la utilización de medios electrónicos con el objeto de garantizar la interconexión e interoperabilidad de los sistemas informáticos y, en particular, el reconocimiento mutuo de los documentos electrónicos y de los medios de identificación y autentificación respectivos.

Artículo 10°.- La conservación de los registros electrónicos estará a cargo del notario correspondiente, de conformidad a lo previsto en el Código Orgánico de Tribunales, sin perjuicio de lo previsto en el artículo 433 del referido cuerpo legal.

Artículo 11.- Solo podrán otorgar duplicados o copias de las escrituras públicas electrónicas y de los documentos electrónicos, el notario autorizante, quien lo subroga o suceda legalmente, o el archivero a cuyo cargo esté el protocolo electrónico.

Se entenderá, para efectos de este reglamento, que la matriz de la escritura pública electrónica corresponde exclusivamente a aquella incorporada en el protocolo electrónico a que refiere el artículo 4° de este reglamento.

Los duplicados de la escritura pública que sean solicitados deberán contar con un sello de autenticidad, consistente en un código único que permitirá verificar, a través del portal electrónico que se habilite para tales efectos, su integridad. De igual modo se procederá tratándose de solicitudes de duplicados de los documentos electrónicos que se agreguen al protocolo.

Igualmente podrán otorgarse copias de las escrituras públicas electrónicas o documentos electrónicos de manera impresa, en caso de que se soliciten y, especialmente para efectos de lo dispuesto en el inciso cuarto del artículo 497 del Código de Procedimiento Civil. En estas situaciones, el notario deberá señalar en ellas que se trata de un testimonio fiel del original y llevarán la fecha, firma manuscrita y sello del notario.

Las copias de documentos protocolizados cuyo formato original no sea electrónico deberán ser otorgadas de conformidad a lo previsto en los artículos 421 a 425 del Código Orgánico de Tribunales.

Artículo 12.- Los sistemas que se implementen para dar cumplimiento a lo previsto en el presente reglamento, deberán estar compuestos por una infraestructura de hardware, software y de comunicaciones, con la capacidad necesaria para alojar de forma segura los datos que se generen, debiendo velarse por el adecuado mantenimiento y uso de esta infraestructura, así como de los futuros desarrollos que puedan implementarse para el buen funcionamiento de estos.

Todas las actuaciones se registrarán y conservarán íntegramente y en orden sucesivo a través de los sistemas informáticos que se implementen, los que deberán garantizar la fidelidad, preservación y reproducción de su contenido. Los sistemas deberán ser capaces de registrar íntegramente la trazabilidad de las distintas operaciones efectuadas en ella.

Para efectos de lo previsto en el inciso primero del artículo 429 del Código Orgánico de Tribunales, estos sistemas deberán permitir la generación de informes que permitan verificar el orden y fecha de incorporación de las escrituras públicas electrónicas y documentos electrónicos al protocolo respectivo.

La información de estos sistemas deberá mantenerse actualizada, a objeto de que estos mantengan las características de completitud, exactitud y veracidad necesarias para su adecuada operación. El libro repertorio y el protocolo electrónico deberán ser respaldados informáticamente en forma periódica.

Artículo 13.- Los datos tratados deberán estar protegidos contra los peligros que afecten su integridad y confidencialidad. Será responsabilidad de los notarios controlar y mantener resguardo de accesos no autorizados o intrusiones a los sistemas que deban implementarse, resolviendo y reportando dichas situaciones a las autoridades competentes. De igual modo, deberán implementar los procedimientos que sean necesarios para autorizar o habilitar a las personas de su dependencia que hubieren sido designadas para acceder a dichos sistemas. Los notarios deberán propender a mantener mecanismos que permitan garantizar la seguridad de la información electrónica y adoptar las medidas en el ámbito de sus facultades que les permitan hacerlo.

Anótese, tómese razón y publíquese.- GABRIEL BORIC FONT, Presidente de la República.- Marcela Ríos Tobar, Ministra de Justicia y Derechos Humanos.- Mario Marcel Cullell, Ministro de Hacienda.- Kenneth Giorgio Jackson Drago, Ministro Secretario General de la Presidencia.

Lo que transcribo para su conocimiento.- Le saluda atentamente, Jaime Gajardo Falcón, Subsecretario de Justicia.

ÍNDICE ANALÍTICO

El presente índice analítico se ha elaborado de manera alfabética teniendo en consideración las principales instituciones y principios procesales reconocidos en el Código de Procedimiento Civil, con el objeto de ofrecer una ayuda al lector, logrando ubicar rápidamente la institución de que se trate y los artículos que principalmente se refieren a aquella.

En la segunda edición se incluyó al apéndice la Ley N° 21.226, publicada el 2 de abril de 2020, que establece un régimen jurídico de excepción para los procesos judiciales, en las audiencias y actuaciones judiciales, y para los plazos y ejercicio de las acciones que indica, por el impacto de la enfermedad COVID-19 en Chile.

En la cuarta edición se incluyeron las modificaciones introducidas por la Ley N° 21.379, de 30 de septiembre de 2021, a la Ley N° 21.226; la reforma generada por la Ley N° 21.389, de 18 de noviembre de 2021 a la Ley N° 14.908; y las modificaciones incorporadas por la Ley N° 21.394, de 30 de noviembre de 2021, tanto al Código de Procedimiento Civil como a la Ley N° 20.886 sobre tramitación electrónica.

En esta cuarta edición se incluyen las modificaciones introducidas por las Leyes N° 21.325, de 20 de abril de 2021 y N° 21.461 de 30 de junio de 2022 a la Ley N° 18.101 sobre arrendamiento de predios urbanos y al Código de Procedimiento Civil. Al apéndice de esta edición se agregó el Auto Acordado sobre remates judiciales de inmuebles por vía remota (Acta 263-2021 publicado en el Diario Oficial de 10 de diciembre de 2021) y el Reglamento que establece la forma, características y registro de las escrituras públicas otorgadas a través de medios electrónicos y protocolización de los documentos electrónicos, publicado en el Diario Oficial de 14 de septiembre de 2022. También se actualizó la Ley N° 14.908 de acuerdo a las modificaciones introducidas por la Ley N° 21.484 de 7 de septiembre de 2022.

En esta quinta edición se ha incorporado la modificación introducida por la Ley N° 21.526 a la Ley 14.908 y se ha completado el índice analítico.

A

B

C

D

E

F

G

H

I

M

N

O

P

Q

R

S

T

V